KB260603

여성노동 시대

일·가족양립을 위한 여성주의 사회복지

여성노동 시대

초판 1쇄 발행 2012년 9월 17일
초판 2쇄 발행 2015년 3월 27일

지은이 김미경
펴낸이 박정희

기획편집 권혁기, 이주연, 최미현, 양송희
마 케 팅 김범수, 이광택, 김성은
관   리 유승호, 양소연
디 자 인 하주연, 이지선
인터넷사업부 양채연, 이동민, 백윤경, 이정돈, 김정희

펴 낸 곳 사회복지전문출판 나눔의집
등록번호 제25100-1998-000031호
등록일자 1998년 7월 30일

주   소 서울 금천구 디지털로9길 68, 1105호(가산동, 대륭포스트타워 5차)
대표전화 1688-4604   **팩스** 02-2624-4240
홈페이지 www.ncbook.co.kr

ISBN: 978-89-5810-039-3(93330)

여성노동시대

김미경 지음

일 · 가족양립을 위한 여성주의 사회복지

사회복지 전문출판 나눔의집

여기에 실린 글들은 필자가 유학을 마치고 1998년 8월 귀국한 뒤부터 써온 글들의 일부를 모은 것이다. 지난해 9월부터 안식년을 보내고 있는 필자가 연구자로서 글을 쓰기 시작한 지 어느덧 만 14년이 되었다. 그동안 써온 글들을 정리하다보니 필자의 연구관 심을 크게 세 분야로 나누어 볼 수 있었다. 첫 번째로는 사회현상 으로서 여성 및 가족 문제에 접근하는 데 있어 인식론적이고 방법론 적인 문제, 두 번째는 일하는 여성들의 노동과 가족에서의 현실 이 해를 위한 사회구조 분석 및 일·가족양립 지원정책을 위한 제언, 세 번째는 미래의 대안적 사회상에 대한 고민이었다.

필자는 전라도 광주에서 태어나 고등학교 1학년 때 '광주 항쟁' 을 맞았고, 그것의 근·현대사적 의미가 무엇인지 모른 채 사회학 과를 들어갔다. 학과 친구들에게 '광주댁'이라 불리며 도서관과 책 보다는 막걸리집과 소주잔과 친하게 지냈고, '아다다'를 부르며 대 학생활을 보냈다. 대학시절, 낭만을 즐겼거나 나 자신의 실존적인 문제를 고민했다기보다 '시대적 의무감과 역사적 당위'를 외치면서 무기력한 자신에게 시달려야 했던 걸 보면, 난 내가 엄청 대단한 사 람이 될 거라고 착각했었던 것 같다. 졸업 후 함께 술을 마시던 친 구들은 곧바로 '운동판'이나 생활전선으로 뛰어들었고, 그들만큼 충분히 용감하지 못했기에 '당위와 의무'의 문제를 학문적으로 풀어 보고자 대학원을 택했다. 대학원에 들어간 1987년, 끝날 것 같았던 군사독재정권의 끝이 보이지 않았고, 1988년 올림픽을 보내고 그 이듬해 1989년 독일 유학을 떠났다.

진보적 사회철학과 정치경제학을 배우고자 떠났던 독일이 그 해 에 통일됐다. 일부러 찾아간 좌파 교수의 수업시간에 "하버마스는 절충주의자”라고 하면 칭찬받을 줄 알았는데 “절충주의가 뭐가 문제가 되냐”라는 역질문을 받으며, 시대와 역사의 문제를 내려놓고 내 자신의 문제를 돌아보게 됐다. 말도 통하지 않는 이국땅에서 도움을 줄 친정식구 하나 없이 아이를 키우고 살림을 하면서 공부를 병행해야 하는 내 자신의 삶조차도 설명할 수 없는 사회학자가 되고 싶지 않았다. 그래서 ‘직장과 가정의 긴장관계에 선 여성노동’을 주제로 1980년대 중반, 대학자율화 이후 전문직에서의 여성노동력 공급이 급격히 증가한 한국노동시장 구조변화에 대한 성인지적 분석을 시도하였다. 이렇게 ‘일하는 어머니’의 문제를 사회구조적으로 분석하는 학위논문을 쓰고 마르크스주의 정치경제학을 공부하고자 떠난 유학길을 마르크스주의 정치경제학을 비판하는 페미니스트가 되어 마감했다.

유학을 마치고 돌아오는 비행기에서는 고국에 돌아와 그동안 꿈꿔왔던 남녀가 평등한 세상을 펼칠 생각에 가슴이 부풀었었다. 귀국해 여성정책을 연구하는 첫 직장을 잡기까지, 3학기 동안 시간강사를 하면서 10년 동안 공부하며 키워 온 꿈을 맘껏 펼칠 공간을 찾지 못해 힘들어했다. 40세가 다 되어 처음 시작하는 조직생활을 통해 일보다는 사람과의 관계가 힘들다는 것도 알게 됐다. 현실과 이상의 괴리에서 벗어나려 유학을 떠났지만, 귀국 후 여전히 ‘아다다’를 즐겨 부르며 현실에 조금씩 적응해갈 무렵, 20세가 되던 해 떠났던 고향을 40세가 되던 해에 다시 돌아와 학생들을 가르치게 되었다. 이렇게 대학에 들어온 지 벌써 만 8년이 되어 연구년을 보내고 있다. 그렇게도 기다렸던 시간인데 막상 착잡한 마음이 드는 것은 왜일까.

학자로서 자식과도 같은 글들을 다시 보고 싶지 않은 마음이 드는 것은 가장 부끄러운 일이 아닐까 싶다. 귀국 후 14년, 그동안 길고 짧은 많은 글들을 썼지만, 정작 내 마음에 흡족하게 드는 글이 하나도 없다는 것은 너무나 부끄러운 일이 아닐 수 없다. 때로는 시간에 쫓겨, 때로는 타성에 젖어, 때로는 의무적으로 쓰긴 했지만, 그것이 탄생되기까지 밤잠을 설치며 쉽게 쓰지만은 않았을 '자식'과도 같은 내 글들이 정작 맘에 안 드는 이유는 무엇일까?

사실 학위논문을 쓰는 과정은 학문을 하는 연습과정이었을 뿐이라는 생각이 든다. 학위 과정에서 자신이 제기하고 증명하고자 했던 가설들을 학위 후 삶의 현장에서 재확인하고 새롭게 발전시켜 나갈 충분한 여유와 시간을 갖지 못한 채, 강의, 학회, 프로젝트, 회의뿐만 아니라 학생면담, 학교행정, 단체행사 등에 쫓기는 '생활고' 속에서 아는 것만을 '우려내는' 기능적인 일들만을 해왔던 것은 아닌가 반성하게 된다.

그동안 그 성과를 다른 사람이 인정해주든 아니든, 나름대로는 '지역여성의 노동 및 복지'를 위한 정책을 개발하고 연구해왔다. 향후에는 서구적 복지국가 모델의 한계를 극복할 수 있는 '한국적 복지국가 모델' 정립을 위한 복지사상 연구에 주력하고 싶다. 이번 연구년이 그것을 준비하기 위한 새로운 계기가 되길 희망해본다. 하지만 유학을 떠났던 20대 중반이 아닌 지천명을 눈앞에 두고 떠난 안식년의 발걸음이 그렇게 가볍지만은 않은 것을 보면, 인생을 마감할 때쯤에야 인생이 무엇인지 어렴풋이 알게 된다는 옛 선인들의 말씀이 하나도 틀린 것 같지 않다.

여기 실린 글들이 바로 '다시 보고 싶지 않은' 내놓기 부끄러운 글들이지만, 새로운 출발을 위해 지나온 과거를 돌아보고자 용기를 내어 묶어보았다. 대부분 새로운 수정없이 기존의 글들 중 일부를 추려 하나의 책으로 엮었기에 전체적인 흐름이나 연결이 어색한 것이 사실이다. 그럼에도 불구하고 애정 어린 마음으로 읽어주시기를 바란다면 염치없다는 생각도 든다. 너무나 많이 부족하고 하나의 통일성을 가지지 못한 글들의 묶음이지만, 새로운 출발을 위한 질책이 되었으면 하는 마음으로 출판을 결심했다. 마지막으로 이 책이 나올 수 있도록 격려와 도움을 주신 도서출판 나눔의집에 감사드리며, 무엇보다도 꼼꼼하게 처음부터 끝까지 챙겨주신 편집부 이주연님께 감사드린다.

2012년 6월
연구년을 보내며
김미경

차례

여성주의적 사회복지를 위한 시론

대학원에서 여성복지를 강의하고 있는 필자는 우리 모두 안에 뿌리 깊게 자리하고 있는 가부장성을 발견하곤 한다. 여성복지에 대해 논의하다보면 어느새 남성과 여성의 대립관계가 형성되기도 한다. 이는 우리가 사회복지사이기 전에 남자로서 또는 여자로서의 성정체성roleidentity을 가지고 있기 때문이며, 이 정체성은 너무도 오랜 기간 가정과 학교, 사회 등을 통해 우리 뼛속 깊이 사회화되어 왔기 때문이기도 하다. 요즘도 우리 사회의 각계각층에서는 남자답다/여자답다는 칭찬과 꾸중을 통해 아이들에게 성정체성을 심어주고 있다.

우리는 자라는 과정에서 부모님의 부부싸움을 한두 번쯤 지켜보게 된다. 또 남자친구 혹은 여자친구와 한두 번 다투지 않았거나 부부싸움 한 번 해보지 않은 사람 역시 없을 것이다. 한집에서 자란 형제지간에도, 절친한 친구지간에도 말다툼은 가끔 일어난다. 그렇다면 우리는 왜 매일 이런 경험을 하고 살아야 하는 것일까? 우리는 마음을 열고 상대의 입장이 되어 상대의 말을 경청할 줄 알아야 한다고 배웠다. 그런데도 오해와 분쟁은 이웃간, 지역간, 국가간에도 끊이지 않고 있을 뿐만 아니라 사랑하는 사람들 사이에서도 일어나고 있다. 더구나 사회복지사들은 내담자들의 문제에 근원적으로 접근할 수 있기 위해 무엇보다도 상대의 말을 경청할 줄 알아야 한다. 그렇다면 과연 사회복지 현장에는 오해와 분쟁이 일어나지 않는 것일까? 시시비비가 끊임없이 어디를 가나 가려지는 근원적인 이유는 무엇인가? 그것은 바로 자기 자신이 가지고 있는 정보를 가치의 잣대로 두고 상대의 정보를 평가하기 때문이다. 자기가 소유한 정보와 남의 정보가 맞지 않을 때 바로 분쟁이 일어나는 것이다. 그 대표적인 장소가 남녀문제를 논하는 곳이기도 하다.

우리는 제조업 중심의 산업사회를 지나 IT information technology 산업으로 대변되는 지식정보화 시대를 살고 있다. 매일매일 인터넷을 통해, 멀티미디어 매체를 통해 필요한 정보를 언제 어디서나 얻을 수 있다. 그러나 이렇게 넘쳐나는 정보의 홍수 속에서 어떤 정보가 자신에게 필요하고 어떤 것이 필요하지 않은지 가끔은 혼란스러울 때가 있다. 중요한 것은 정보의 양이 아니라 정보의 질이라고 할 수 있다. 내가 남보다 더 많은 정보를 아는 것이 문제가 아니라 나에게 진정으로 필요하고 도움이 되는 고급정보를 선별할 수 있어야 한다.

우리는 가정에서나 학교, 사회에서 남자로서/여자로서의 역할에 대해 교육을 받아왔다. 그래서 아버지는 어머니에게서, 남자친구는 여자친구에게서, 오빠는 여동생에게서 자기가 받은 교육적 가치에 맞지 않은 행동을 발견하게 되면 그 가치의 잣대로 상대를 평가하고 자신의 잣대에 맞추도록 요구한다. 이 과정에서 권력관계가 형성된다. 그래서 여성학자들 중에는 남녀관계를 권력관계로 접근하기도 한다. 결국 쌍방의 가치가 충돌할 때 어느 한 쪽이 다른 쪽의 가치의 잣대에 맞추게 되면 문제가 해결되는 것처럼 보이지만, 실제로 문제는 오히려 심화된다. 우리는 이 시점에서 나의 가치체계, 특히 성역할에 대한 가치체계를 점검해볼 필요가 있다. 사회복지학을 처음 배울 때 사회복지의 가치문제를 중요하게 다루듯이, 여성주의적 사회복지에 대해 논하고자 하는 필자는 무엇보다도 사회복지사들 스스로 가지고 있는 성역할에 대한 가치의 문제를 짚어보고 싶다.

우리가 가지고 있는 지식, 가치체계를 나의 전부라고 생각하지 말고 내가 가지고 있는 하나의 정보로 받아들일 수 있을 때 상대에 대한 이해의 폭은 넓어질 수 있을 것이다. 내가 배운 사회복지의 지식과 가치 체계 안에서만 사회복지실천을 하게 된다면 너무도 다양한 삶의 방식과 가치체계를 가지고 찾아오는 클라이언트들과 부딪힘 없이 진정한 원조가 이루어질 수 있을까?

여성주의에 대한 이해

인간은 법 앞에 남녀구분 없이 존엄하다고 누구나 생각하고 있지만, 실제 많은 생활현장, 사회복지현장에서는 여성들에 대한 차별이 이루어지고 있음을 여성학자나 여성운동가들이 지속적으로 지적해왔다. 그동안 여성운동의 결과로 여성의 권익과 복지를 보장하기 위한 정책 및 제도가 도입되었고, 이에 따라 여성들의 사회적 지위와 복지가 상대적으로 향상되었으며, 여성의 경제활동을 비롯한 정치·사회로의 참여 역시 활발해졌다. 이것을 가능하게 했던 정책 중 대표적인 것이 여성의 참여가 저조한 분야에 여성을 우선적으로 채용하도록 배려하는 여성할당제라 할 수 있다. 이 제도가 도입되자 남성에 대한 역차별에 대한 문제가 제기되었으며, 이제는 사회에서 남성들이 소외되는 부분에 대한 연구가 이루어지고 있다. 그래서 요즘은 여성해방, 여권운동이라는 개념보다는 양성평등이라는 개념을 사용하고 있다.

옛날에는 사회 곳곳에 여성들에 대한 차별이 심했지만, 여성들의 지위가 상대적으로 높아진 현대사회에서는 여성이든 남성이든 어느 한 성에 대해 이루어지고 있는 차별을 금지하기 위한 정책이 필요하다고 인식된 것이다. 바로 그 결과로 양성평등 정책이 만들어지는 것이다. 그렇다면 이러한 양성평등 정책이 사회복지학과 어떤 관계가 있는 것일까? 물론 사회복지 분야 중에서도 여성복지, 가족복지 등에 관심을 갖게 되면 양성평등 정책에 대한 공부를 하게 된다. 그러나 양성평등 정책은 단지 여성복지나 가족복지 분야뿐만 아니라 사회복지 전 분야에 걸쳐 해당된다. 즉 여성주의적 사회복지는 여성복지나 가족복지를 의미하는 것이 아니라 복지에 대한 성인지적 관점을 가져야 한다는 것이다.

성인지적 관점에 대해 논하기에 앞서, 이 문제를 여성부의 존재를 통해 살펴볼 수 있을 듯하다. 2001년 처음 생긴 여성부는 그사이 여성가족부에서 여성부, 또 다시 여성가족부로 명칭을 바꾸어 왔고, 아직까지 많은 남성들은 "그 어느 나라에도 없는 여성부가 한국에만 존재한다"고 불편한 심기를 드러내곤 한다. 그런 사람들 중에는 예를 들어 독일에도 여성 · 가족 · 노인 · 청소년부가 있다는 사실을 잘 모르고 있는 것 같지만, 어쨌든 이러한 문제제기를 하는 사람들은 저개발국가에도 없는 여성부가 OECD 국가인 우리나라에 필요하다면, 우리나라보다 가난한 나라에 비해 우리는 아직까지도 남녀차별이 심각한 것은 아닌지 역으로 생각해봐야 하지 않을까. 여성부의 영어식 표기는 Ministry of Gender Equality(여성가족부: Ministry of Gender Equality and Family)이다. 이는 양성평등부 쯤으로 번역할 수 있을 것이다. 즉 궁극적인 지향점은 양성평등인 것이다.

복지국가의 출발은 이전의 사회사업으로 이해되어 왔던 잔여적 의미의 복지가 제도적 차원으로 확대되는 것으로부터 시작한다. 즉 개인이 처해 있는 생존적 문제에 대한 보충적, 원조적 성격을 넘어선 국민의 의무이자 권리로서의 복지를 국가가 제도적으로 지원하는 것이다. 그래서 사회복지의 내용은 공공부조에 머무는 것이 아니라 사회보험과 사회서비스 일반을 모두 포함하고 있다. 이에 대해 이견을 보이는 사람들은 별로 없어 보인다. 또한 여성복지에 대해 논할 때, 한낱 '집안싸움'으로 여겨졌던 매맞는 아내의 문제를 여성복지 차원에서 받아들이기까지, 또 가족의 '결손'으로 밖에 이해되지 못했던 한부모가족의 문제를 다양한 가족의 하나로 받아들이기까지 여성운동이 해온 역할을 무시할 수 없을 것이다. 그러나 여성복지는 여기까지이다. 소위 사회의 취약계층에 대한 원조적 개입정도를 여성복지의 전부로 생각하고 있는 것은 아닌가. 아직까지 여성들은 남성과 똑같은 능력과 자격을 가지고 있어도 취업하기 더 힘들고, 똑같은 일을 하고서도 더 낮은 보수를 받고 있다. 사회·경제 분야에서 여성들의 수가 증가하는 것만큼 여성들의 승진 기회가 많은 것은 아니다. 자신이 행하고 있는 실제 노동의 질보다 낮은 평가로 여성들은 사회 각 분야에서 대표성을 가지고 있지 못하다. 또한 우리 사회는 여성들의 경제 또는 사회참여의 필요성을 강조하지만 남성의 재생산노동에의 참여에 대해서는 소극적이다. 이러한 문제들이 복지의 문제를 넘어선 '배부른' 이야기쯤으로 받아들이고 있는 것이 여성부를 반대하는 논리는 아닌가?

여성주의적 사회복지, 즉 성인지적 사회복지는 교육, 노동, 문화, 경제, 보건, 환경, 가족(노인, 여성, 청소년) 등 사회제도 전반에 이루어지고 있는 정책의 수혜자가 누구인지를 밝히는 일이다. 아직까지 우리 사회에 만연해 있는 남성중심적인 가부장성으로 사회복지의 혜택이 주로 남성들에게 가고 있는 것은 아닌지 하는 문제제기로부터 출발하고 있는 것이다. 그 대표적인 예로 연금제도를 들 수 있다. 핵가족화된 노동사회Arbeitsgesellschaft를 살아가고 있는 현대인들은 노후의 생활보장을 주로 연금에 의존할 수밖에 없다. 자신이 일할 수 있는 생애주기 동안 수행한 노동을 기반으로 더 이상 일을 할 수 없게 되었을 때 혜택을 받게 되는 것이 연금인 것이다. 그러나 여성들은 그들이 주로 맡고 있는 재생산노동의 특성으로 인해 생애주기 동안 생업에 종사할 수 없음으로 해서 노후에 남성들에 비해 매우 불리한 삶을 살아갈 수밖에 없다. 따라서 자칫 성性중립적인 것으로 이해되기 쉬운 사회복지의 모든 분야에 걸쳐 정책대상과 실제 수혜대상을 성인지적으로 분석해내는 작업이 필요하고 이렇듯 복지를 성인지적으로 인식하는 것이 바로 여성주의적 사회복지의 출발인 것이다.

여성주의적 사회복지란?

앞서 인식론적 문제제기로부터 이야기를 출발하였다. 이제, 여성주의적 사회복지에 대한 이해를 좀 더 심화시키기 위해 방법론적인 질문을 해보고자 한다. 여성주의적 사회복지란, 연구대상이 여성일 때 사용할 수 있는가? 아니면 복지를 연구하는 연구자가 여성인 경우 여성주의적 사회복지라고 말할 수 있는가? 한 여성이 사회복지 분야에서 일한다고 그 여성을 여성주의적 사회복지사라 할 수는 없을 것이다. 반대로 한 남성이 여성복지와 같은 분야에서 일한다고 여성주의적 사회복지사라고 말하지는 않는다. 그렇다면 여성주의적 사회복지사란 어떤 사람을 가리키는 말일까?

성중립적인 것으로 여겨져 오던 학문의 몰성적sexblind 성격을 비판한 여성학자들은 인류역사가 생산수단을 소유한 지배계급에 의해 쓰인 역사였음을 밝혀낸 마르크스주의 유물사관만큼이나 혁명적이었다. 즉 여성학은 이제까지 남성중심적으로 쓰인 역사를 여성의 시각으로 재편성하는 것에 관심이 있었기에 연구대상의 보편성과 특수성을 밝히는 일보다 여성의 생애사에 더 관심을 갖는다. 여성의 생애사는 소위 과학이라고 하는 실증주의적 계량화 방법보다는 심층면접이나 구술 등과 같은 질적 방법에 더 의존하고 있다. 더 나아가 실증주의적, 양적 방법론은 남성주의적 방법론이라고까지 이해되기도 한다. "여성이 만드는 역사는 여성 스스로 기록한다"는 슬로건으로 출발한 여성주의적 방법론women's studies은 역사 속 행위주체와 후에 이를 기록하는 연구자가 구분되어서는 안 된다는 입장에서 이론과 실천을 매개하려고 한다. 가장 대표적인 예가 독일 여성운동이다. 독일 여성학의 방법론은 "여성이 여성을 돕는다Frauen helfen Frauen"는 운동과 함께 남성의 폭력으로부터 뛰쳐나온 여성들을 위한 쉼터를 운영하는 현장으로 직접 들어갔다. 독일의 유명한 경제사회학자이자 여성학자인 마리아 미스는 직접 여성쉼터의 복지 현장을 만들어낸 선구자이다.

물론 이러한 문제는 닭이 먼저냐 달걀이 먼저냐 하는 인식론적인 문제를 가지고 있다. 여성주의적 시각이 없었어도 여성복지 분야에 종사하다 보면 여성을 위한 시각이 생길 수 있기 때문에 여성주의적 시각을 가진 사람만이 여성복지를 해야 한다고 주장하는 것은 억측이다. 또한 질적 방법이 양적 방법보다 문제의 본질에 더 접근할 수 있다거나 그 반대의 경우만을 주장하는 것은 방법론적 편협함이다. 그러나 사회복지를 여성주의적으로 접근한다고 함은 우리 사회의 다양한 분야에 아직까지 잔존해 있는 가부장성으로 인해 피해받는 여성의 입장에 서고자 함을 의미하며, 그 가부장성이 가장 여실히 드러나는 여성복지 및 가족복지 분야뿐만 아니라 복지 전반의 보다 넓은 영역에 관심을 갖는 것을 의미한다.

여성주의적 사회복지를 위하여

2001년 여성부의 신설과 시민사회 운동단체의 중요성이 커져 가면서 우리 사회에서 여성의 지위 및 역할에 변화가 일어나고 있다. 여성운동단체와 여성부의 교류를 통한 여성정책의 도입이 우리 사회를 보다 여성친화적으로 만들어가고 있는 것이다. 비록 비정규직의 확대라지만 50%를 넘고 있는 경제활동참가율, 여성의 교육수준 향상 및 경제활동참가율 증가에 따라 10%대를 바라보고 있는 관리자급 전문직 종사자, 여성(양성)채용목표제 도입으로 20%에 이르게 될 여성국회의원, 50%에 이르는 정부위원회의 참여비율, 동일노동 동일임금 원칙 적용에 따라 점차 줄어들고 있는 남녀 간 임금격차, 여교수채용목표제 도입으로 20%를 넘게 될 여교수 비율, 90%에 육박하는 여성의 고등교육기관 취학률, 50%를 넘어서게 될

유아 교육·보육 통합 수혜율 등 이러한 수치들은 향후 10년 여성의 지위향상을 예견하게 해주는 사회지표가 될 것이다. 현재 우리나라의 여성권한척도GEM는 아직까지 세계 64개국 중 최하위인 61위(2002년)에 머물러 있지만[1], 호주제가 폐지되었고, 더욱 많은 여성들이 경제적으로 독립하고, 선진국 수준을 넘어서고 있는 이혼율 및 저출산율이 가세하게 된다면 이제 여성들은 가히 남자 없이도 행복하게 될 '여성시대'를 맞게 될지도 모를 일이다. 그러나 우리는 이러한 통계적 수치 이면에 놓인 우리 사회의 가부장적 여성관에 한 번 더 주목할 필요가 있다.

여성운동을 달갑지 않게 바라보는 사람들은 여자들이 '설치는' 것에 대해 "모권제가 도래하고 있다" 든가 "사회가 여성화되어 간다"고 불만을 토로한다. 그리고 여성들의 고유하고도 신성한 어머니, 아내로서의 역할이 유기되고 방치되고 있다고 분노한다. 아이들은 어머니가 키워야 한다고 굳게 믿는 남성들이 초등학교 교사의 대부분이 여성이라는 사실 앞에서 남자아이들까지 여성화되어 간다고 소리 높여 말한다. 그러나 이렇듯 가부장적인 남성들도 여성의 지위향상이나 경제적 독립에 반대하지는 않는다. 그들이 철저히 자본주의적 개인주의를 신봉하는 사람이라면 개인의 지위향상이나 경제적 독립은 자유민주주의 국가의 시민으로서 가져야 할 가장 기본적인 권리이자 의무라는 것을 알기 때문이다. 또한 이들은 맞벌이부부 가구가 외벌이가장 가구보다 경제적으로 윤택하다는 사실을 누구보다도 잘 안다. 그럼에도 불구하고 여성들이 '너무' 해방되고 있다고 믿는 많은 남성들은 최근 급속도로 증가하고 있는 이혼율과 고령화사회에서 문제가 되고 있는 출산율 감소에 있어서 여성의 책임을 강조하고, 호주제 폐지에 대한 여성계의 주장을 전통미풍

---

1 2009년 109개국 중 61위에 머물렀다. 이후 UNDP는 GEM(여성권한척도)과 GDI(남녀평등지수)를 폐지하고, 2010년부터 GII(성불평등지수)를 발표하고 있다.

양속을 그르치고 사회혼란을 야기한다고 주장한다.

신분사회를 탈피하고자 하는 근대화 과정에서 근대적 교육의 일차적 수혜자는 두말할 나위도 없이 남성이었다. 그러나 차츰 여성 역시 근대적 교육기회를 남성과 공유하게 되었고 노동시장에 참여하게 되었으며, 교육수준의 향상에 따른 전문직 종사자 역시 증가하고 있다. 이 과정에서 여성의 역할이 가정 안에만 묶여 있지 않고 가정 외적인 부분으로까지 확장되었다. 여성의 사회제반 영역에서의 역할 및 지위의 향상은 여성해방의 지표가 되는 것이긴 하지만, 여성의 역할 및 지위의 확대에만 주목하는 남성들은 그만큼 감소하지 못한 여성의 가정 안에서의 역할, 즉 가사부담에 대해서는 무감각하다. 물론 취업주부의 가사노동 시간이 전업주부의 4분의 1에 지나지 않아 그 부담이 덜하다고는 하지만, 취업남성의 가사노동 시간이 취업주부의 5분의 1밖에 되지 않는다는 사실 앞에 남성들은 자신의 직장 여성동료들이 자신보다 5분의 1밖에 업무를 처리해내지 못할 경우에 좀 참아야 공평한 것이 아닐까? 이러한 억측을 부려보는 이유는 우리 사회의 여성에 대한 완고함 때문이다. 즉 여성들에게 '슈퍼우먼'이 되라고 요구하는 우리 사회의 청산되지 않은 가부장적 권위주의에 대해 주목하지 않고서는 향후 여성의 지위와 복지에 대해 낙관적으로만 예견할 수는 없을 것이다.

남성 못지않게 열심히 공부해 어렵게 직장에 들어가 사회인으로서 꿈에 부풀어 있는 여성에게 가정에서는 전업주부와 똑같은 역할을 수행하도록 요구하는 것이 우리나라의 현실이며, 여성의 경제활동참가율 그래프는 OECD 국가 중 가장 M자형에 가까운 형태로 나타나는 것이 우리나라 여성노동의 현재 모습이다. 맞벌이를 선호하는 남성에게 있어서도 이는 예외가 아니다. "부인의 직장생활을 찬성하지만, 자신의 일에 방해가 안 된다는 전제 하에서"가 일반적인 남성들의 견해이다. 대졸여성의 경우 미혼 시 남성보다 높은 경제활동참가율을 보이지만(여성 82.9%, 남성 81.7%), 결혼과 함께 상황이 역전되며, 그 역전의 정도가 이만저만 큰 것이 아니다. 이러한 현실 앞에서 남성과 똑같이 대우받고 싶으면 군대를 갔다오라고 요구하는 곳이 우리 사회이다. 이러한 열악한 여건에서도 적지 않은 여성들이 ─모든 여성이라고 억측을 부리진 않겠다─ 무임승차하지 않으려고 애쓴다. 남성들이 군대에 가라고 하면 군대도 마다하지 않고 가려는 여성들이 늘어나고 있다. 그러나 집안일에 신경 쓰지 않고 바깥일에만 정진할 수 있도록 내조하는 '부인'이 없는 여성들은 결혼이나 출산을 미루거나 기피하게 된다. 이것은 여성의 생존전략일 수밖에 없다. 여성도 남성과 마찬가지로 몸이 둘이 아니고 하나이기에, 그러나 직장에서 남성과 똑같이 일하지 않고 월급만 쏙쏙 받아간다는 소리를 듣지 않기 위해, 남성들의 업적에 무임승차하여 손도 안 대고 코 푼다는 말을 듣지 않기 위해 고군분투하고 있는 것이다.

남성에게 의존하지 않고 스스로 독립적으로 살아가고자 하는 여성들이 늘어나는 현상은 우리 사회가 건강한 사회가 되어가고 있다는 증거가 아닐까? 여성들이 아버지나 남편, 아들에 기대지 않고 스스로의 가장이 되려는 노력에 박수를 쳐야 하지 않을까? 여성이 시민사회의 일원으로서 남성과 똑같은 의무와 책임을 다하려 하는 노력에 모계사회가 도래한다고 주장하는 것은 너무 큰 억측은 아닐까? 여성은 남성의 적이 아니라 동지이다. 그것은 단순노동력만으로 생계가 보장되었던 산업화 초기와 달리 노동력만으로는 생계를 보장받지 못하는 후기 산업사회의 피해자가 남성들뿐이라고 믿는 그들의 짐을 여성들이 덜어주고자 하는 노력으로 받아들일 수 있다면, 이혼율 증가 및 출산율 감소를 여성의 탓으로만 돌릴 수는 없을 것이다. 여성의 세력화에 위협을 느낄 만큼 남성들의 힘이 약하지 않은 곳이 또한 우리 사회이다. 남성들은 여성들로부터 빼앗긴다고 생각할 것이 아니라 함께 나누고 연대한다고 생각해야 할

것이다. 남성들이 주체적인 삶을 살아가고자 하는 여성들에 대해
페미니스트라는 이름으로 단죄하는 것을 멈추지 않는다면, 단순한
여성 경제활동참가율의 증가나, 여성을 위한 제반 고용 · 복지 정책
의 증가, 이혼율의 증가 및 출산율의 저하라는 현상이 여성해방을
의미하는 것이라고 말하는 것은 억지가 될 것이다. 복지의 미래가
희망적이기 위해서는 남성의 이해와 연대가 절대적으로 요구된다.
바로 이것이 여성주의적 사회복지라고 생각한다.

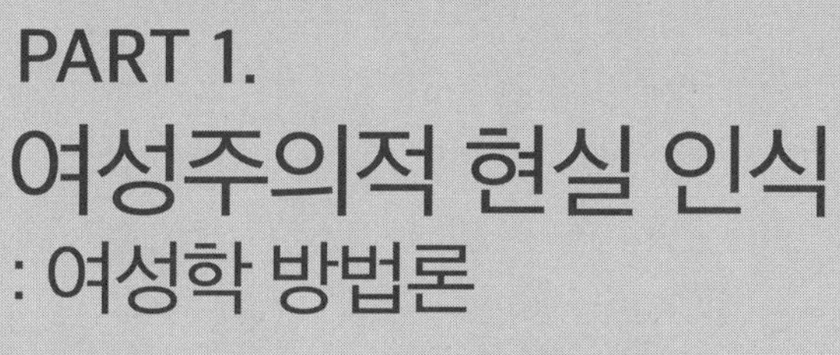

PART 1.
여성주의적 현실 인식
: 여성학 방법론

PART 1.에서는 사회복지 내의 여성복지의 위상에 대한 고찰과 함께 사회복지 연구에 여성주의적 관점을 어떻게 녹여낼 것인가에 대한 고민을 바탕으로 연구한 결과물들을 엮었다.

chapter 1.

보편적 복지로서 여성복지를 위한 방법론적 접근

- 사회복지 내에서 여성복지의 주변성에 대한 고찰을 중심으로

여성복지 이해를 위한 인식론적 문제

여성가구주, (미성년)미혼모, 여성이 주를 이루는 한부모가구 및 조손가구 등과 같이 결국 여성의 빈곤화를 초래하고 있는 집단은 여성복지의 주요 주제인 여성의 노동 및 폭력, 건강, 교육 등의 문제와도 매우 밀접하게 연결되어 있을 뿐만 아니라 가족문제와 분리하여 접근하기 힘들다. 하나의 사회현상을 이해하는 데 있어 매우 다양한 관점 및 접근방법이 가능하다. 따라서 사회문제에 접근하는 데 있어 무엇보다도 중요한 점은 문제에 접근하는 기본시각을 결정 짓는 인식론적 문제를 먼저 점검해보는 것이다. 인식론의 핵심은 "인식을 유도하는 관심"이라는 독일 사회학자 하버마스(Habermas, 1968)의 정의를 통해 접근해볼 수 있다. 이는 어떤 사회현상을 이해하고 진단하는 데 있어 무엇보다도 우리의 관심이 매우 중요함을 지적한 것으로, 이러한 인식론적인 문제는 문제를 해결하기 위한 방법론을 결정하는 매우 중요한 변수로 작용하기 때문이다. 쉽게 얘기하면,

연구자가 어떤 방법론을 적용하느냐의 문제는 그 연구자의 관심이 어디에 있느냐에 달려 있다는 것이다.

인식대상과 인식주체라는 개념을 통해 보면 인식대상은 그것을 인식하는 주체의 관심에 의해 결정된다고 하겠다. '미성년미혼모'의 문제를 예로 들면, 결혼한 성인남녀에 의한 출산을 통한 가족의 유지에 관심 있는 연구자의 관점과 아직 성년이 되지 않은 여학생의 인권문제 및 임신에 대한 자기결정권에 관심을 가지고 있는 연구자의 관점은 같은 문제를 바라보는 데 있어 현저한 차이를 보여주게 될 것이다. 또한 두 연구자의 시각 차이는 문제를 해결하기 위한 실천방법론에서 큰 차이를 드러낼 수밖에 없게 된다. 첫 번째 연구자의 경우, 아이의 입양을 진단할 가능성이 있는 반면, 두 번째 입장을 가진 연구자는 미혼모가 아이를 낳아 키울 수 있는 환경에 더 관심을 가지게 될 것이기 때문이다. 따라서 실천방법론은 연구자의 가치를 배제하기 힘들고, 가치의 문제는 결국 인식론적 문제이기에 인식론의 문제와 방법론의 문제는 별개의 것이 아니라 개념적으로 분리할 수 있을 뿐이다. 이하에서는 이를 여성복지의 문제를 통해 좀 더 구체적으로 접근해보고자 한다.

사회복지에서 여성복지의 위상

여성에 대한 차별금지 및 인권보장, 지위향상 및 경제활동 참여의 증가 등과 같은 주제를 다루는 여성복지는 사회복지 분야 내에서 대체적으로 주변적인 성격을 가지고 있다. 사회복지 분야는 크게 사회보험 및 공공부조, 사회(복지)서비스로 나누어져 있으며, 주제별로는 지역사회복지, 노인복지, 장애인복지, 청소년복지, 아동복지, 가족복지, 여성복지, 정신건강 등으로 분화되어 있다. 대학에서 사회복지학을 전공할 때에는 크게 사회복지정책과 사회복지실천으로 구분하고, 사회복지사 자격증 취득 과목을 중심으로 교육이 이루어지고 있는 실정이다. 그러나 현재 운영되고 있는 사회복지시스템을 이해하기 위해서는 무엇보다도 복지국가의 등장배경을 이해해야 하며, 자본주의의 발전과정 및 노동과 자본의 갈등 속에 등장한 노동운동과 사회주의 국가에 대한 이해가 동시에 선행되어야 할 것이다. 복지국가 모델은 자본주의 체제의 자본과 노동의 긴장관계 속에서 사회주의적 대안이 아닌 제3의 대안으로 등장했기 때문이다. 그러나 대학에서 학생들에 대한 강의는 자본주의 사회의 구조적인 문제를 해결하기 위한 대안으로서 복지국가의 등장 배경에 대한 역사적 이해는 뒤로 한 채 현장에서의 실천적 개입에 필요한 자격증 위주의 교육에 치중되어 있는 실정이다. 따라서 사회복지 분야는 사회의 대안적 변화를 견인할 수 있는 운동적 성격은 상실한 채 국가나 지방자치단체의 복지행정 및 서비스를 지원하는 역할, 사회복지사는 이를 담당하는 직원에 그치기 쉽다. 따라서 사회복지사의 전문성에 대한 시비는 바로 이러한 구조적인 문제에서 결과하는 측면이 강하다고 보아야 할 것이다.

여성복지와 분리해 생각할 수 없는 가족복지 역시 '건강가정'의 유지를 위한 가족의 기능 유지 및 재생산에 관심이 집중되어 건강가정사 자격증 취득을 위한 실천적, 기능적 교육에 치중되어 있는 실정이다. 특히 여성복지의 측면에서 보면 사회복지 분야 전반에 있어 성인지 감수성이 결여되어 있는 현실을 지적하지 않을 수 없다. 사회복지 안에서 여성복지의 주변성은 여성복지 분야가 사회복지 관련 자격증 취득과 직접적인 관련성이 약하고, 무엇보다도 여성복지를 수행하고 있는 관련 단체나 기관, 시설 등이 (사회복지보다는) 여성운동단체적 색채를 강하게 띠고 있다는 점에 기인하는 것으로 보인다. 이는 역사적으로 고아, 장애인, 임산부, 노약자로 표현되는 소위 사회적 '취약계층'에 대한 자선 및 봉사로부터 출발하고 있는 타 복지

분야와 달리 여성복지는 애초에 남녀불평등을 개선하고자 하는 여
성운동에 뿌리를 두고 있기 때문이다. 여성복지적 관점에서 봤을 때
사회복지를 공부하는 학생들에게 전 교과목에 걸쳐 성인지 감수성[1]
을 키울 수 있는 여성주의적 방법론, 달리 표현하면 여성학을 적용
한 과목이 활성화될 필요가 있다. 엄밀한 의미에서 여성복지는 여성
을 대상으로 사회복지에 소속된 하나의 분과학문으로 보기보다는
사회복지 전 분야에 중첩되는 방법론으로 보아야 할 것이다. 왜냐
하면 가부장제에 근거한 자본주의적 발전의 결과물로서 복지국가
의 구조 역시 성중립적이라고 보기 힘들기 때문이다(이혜경 외, 2003).

여성복지 연구방법론

여성복지 방법론으로서 여성학

여성복지를 연구하기 위한 중요한 방법론은 여성학으로서(이재경
외, 2007), 여성학을 공부하는 데 있어 가장 기본적인 질문들이 있다.
여성연구는 여성만이 해야 하는 것인가? 남성 역시 할 수 있는가?
여성주의적 시각이 없이 여성을 연구대상으로 하면 여성연구인가?
여성이라도 여성주의적 시각이 없이 여성을 대상으로 연구할 수도
있고, 반대로 남성이지만 여성주의적 시각을 가지고 여성연구를 수
행할 수도 있기 때문이다(Mies, 1978). 문제의 핵심은 연구자가 여성주
의적 시각을 가지고 있는가에 주어져 있기 때문에 여성주의적 시각
을 가지고 있다면 남성도 얼마든지 여성에 대한 연구를 할 수 있다
는 것이 논리적으로 맞다.

---

[1] 1985년 나이로비에서 열린 제3차 UN세계여성대회에서 제기되고 10년 후 페킹에서 열린
제4차 대회에서 채택된 개념인 성주류화(gender mainstreaming)는 여성만을 위한 정
책이 아닌, 사회제반 분야에서의 양성평등을 목표로 성별영향평가, 성인지 예산 및 통계
와 같은 정책을 이끌었다. 성주류화를 통한 양성평등한 사회를 만들기 위해서는 사회의
어느 분야에 남녀불평등이 여전히 존재하는지를 끊임없이 모니터링하는 성인지 감수성이
우선되어야 할 것이며, 이는 사회복지 분야에서도 예외는 아니다.

그러나 문제는 그렇게 간단하지 않다. 의식의 '존재구속성'이라는 지식사회학적 개념은 남성으로서의 자아정체성 형성이 남성상에 대한 사회적 역할기대로부터 자유롭지 못함을 의미하기 때문이다. 즉 프랑스 실존주의 여성학자 시몬느 드 보부아르의 "여성은 여성으로 태어나는 것이 아니라 만들어지는 것이다"라는 주장처럼, 남성의 역할 역시 선천적인 기질보다는 사회화 과정에서 남성들에게 기대되었던 역할을 내면화하면서 더욱 공고화되는 것이기에 남성들이 여성주의적 시각으로 여성의 입장을 대변하는 것을 기대하는 것이 쉬운 일만은 아니다.

바로 이 지점에서 사회과학 방법론의 가장 고전적인 문제제기였던 가치자유Wertfreiheit와 당파성Parteilichkeit의 문제에 다시금 주목하지 않을 수 없다. 가치자유는 대상을 인식하는 데 있어 인식주체의 도덕적, 규범적 가치를 개입하지 않는다는 점에서 인식방법론으로서 가장 기본적이고도 중요한 관점을 제시하지만, 현실에서 각자는 결국 자신의 이해관계를 대변하는 정치적 선택에 직면하기 때문에 현실 정치적 관점에서 가치자유나 가치중립성은 사실상 있을 수도 없고 불가능한 것이다. 대부분의 사람들은 사회구조를 형성하고 있는 각자의 계급적, 성적, 인종적 입장에 따른 당파성을 띨 수밖에 없다. 바로 그런 점에서 여성복지는 사회구조의 결과물로서 성적 불평등의 문제에 접근하는 데 있어 여성의 입장에 선 당파성을 갖는 여성학을 인식방법론으로서 채택하지 않을 수 없는 것이다(Beer, 1989).

따라서 여성복지를 연구하는 데 있어 가치의 문제를 배제한 중립적인 입장은 존재할 수 없으며, 여성복지라는 학문은 기본적으로 여성주의적 관점을 수용하여야 하는 정치적 당파성을 전제하지 않을 수 없다(김미경, 2008b). 여성복지의 접근방법은 크게 정책, 실천, 운동으로 구분해볼 수 있는데, 정책은 여성복지 관련 행정 및 전달체계와 같이 사회복지의 간접적 접근방법인 반면, 실천적 접근은 정책화된 여성복지를 현장에서 서비스를 통해 직접 수혜자에게 전달하는 보다 직접적인 방법이라 할 수 있다. 현장에서 어떠한 서비스가 사업으로 수행되어야 할지는 정책적 차원에서 결정되는 것이지만, 복지정책을 결정하는 주요 동기는 사회운동 차원에서 이루어진다고 하겠다. 특히 여성복지는 앞서 언급한 바 있듯이, 복지가 전반적으로 제도화되어 가는 현재의 구조 속에서도 여전히 가장 운동론적 성격을 띠는 분야라 할 수 있다.

여성복지의 역사 및 운동사를 통해 본 여성복지 이론

여성복지를 개념적으로 정의하기 위해 무엇보다도 여성정책의 발전 과정을 살펴볼 필요가 있다. 근대사회의 특징 중 하나인 개인주의화 개념으로 남녀불평등 구조를 분석한 독일의 사회학자 울리히 벡과 여성학자인 그 부인 벡-게른스하임은 근대적 교육 및 경제활동, 정치참여 등에 있어 남성보다 한발 늦은 여성의 개인주의화 현상(후발 개인주의화)을 분석하였다(Beck/Beck-Gernsheim, 1990). 여성정책은 누구의 며느리, 부인, 엄마라는 사회 속에서 대상화된 존재로서 여성이 아니라 시민으로서 주체성을 가진 여성에 관심을 갖는다. 그리고 사회집단으로서 여성들이 사회 속에서 겪는 불평등을 개선하기 위해 국가가 제도적으로 개입해야 할 내용이 무엇인지를 결정한다. '부녀복지'로 불렸던 초기의 여성복지 정책은 소위 말해 '요보호' 여성이라고 하는 성매매여성 및 미혼모 등에 대한 잔여적 복지차원에서 이루어졌다(조흥식 외, 2000). 이러한 잔여적 복지는 복지국가를 추구하는 오늘날에도 여성복지뿐만 아니라 사회복지의 주요한 영역임과 동시에 핵심을 이루고 있지만, 여성정책은 1980년대 이후 '요보호' 대상을 중심으로 한 잔여복지의 수준을 넘어 성차별적 사회제도를 개선하고 남녀평등을 실현하기 위해 국가가 제도적으로 개입하기 시작함으로써 질적인 변화가 이루어지기 시작하였다.

여성정책의 발전에 있어 중요한 역사적 사실은 1988년 정무 제2장관실을 거쳐 1998년 대통령 직속 여성특별위원회에 이어 2001년에는 여성부가 출범하였다는 데서 찾아볼 수 있다. 또한 1983년 정부출연 여성문제전담기구로서 한국여성개발원이 개원하면서 당시 보건사회부 산하 '국립부녀직업보도소'와 '국립여성복지원'을 폐지하여 성평등 실현을 위한 많은 사업들이 이루어져 왔고, 2007년 현재의 한국여성정책연구원으로 명칭을 변경하기까지 2000년 이후에는 본격적으로 여성정책에 관한 많은 연구들이 이루어졌다. 그밖에도 1995년에는 여성발전기본법이 제정되어 남녀평등과 여성복지증진을 위한 정책시행의 법적 근거를 마련하였으며, 1997년부터는 여성정책기본계획이 수립되었다.[2] 이렇듯 여성부를 중심으로 여성정책을 통해 여성의 인권증진과 지위향상을 위한 법적ㆍ제도적 기반이 마련되면서 여성정책의 대상은 여성에게만 국한되지 않고 양성평등 정책으로 발전하였다.

또한 이러한 변화를 이해하기 위해서는 변화를 유도하였던 사회운동으로서 여성운동에 대한 이해가 선행되어야 할 것이다. 여성운동사는 여성주의 이론 발전사와도 밀접한 관련을 갖는다. 여기에서는 어떤 운동이 무슨 이론에 바탕을 두고 일어났는지를 자유주의, 마르크스주의, 급진주의, 사회주의, 포스트모던주의, 생태주의 여성운동을 중심으로 간략히 살펴보고자 한다(공미혜 외, 2010).

봉건사회가 해체되고 근대사회로 이행하는 과정에서 가장 중요한 것은 근대적 가치에 대한 교육이 아닐 수 없다. 앞서 언급한 벡

---

2 여성정책기본계획은 여성정책의 기본방향뿐만 아니라 남녀평등의 촉진, 여성의 사회참여 확대, 여성의 복지증진 등에 관한 정책목표와 정책과제를 제시하는 범정부 차원의 여성정책에 관한 종합계획으로 여성발전기본법에 근거하여 5년마다 수립하여 추진되고 있다(1차 계획: 1998~2002년, 2차 계획: 2003~2007년, 3차 계획: 2008~2012년).

※ 출처: 여성가족부 홈페이지 http://www.mogef.go.kr/korea/view/intro/intro04_01a.jsp.

부부의 지적처럼 지역과 혈연공동체를 기반으로 한 봉건사회가 해체되어 도시화, 개인주의화가 진행되면서 근대적 인간으로서의 의식화 작업(교육)은 필수적일 수밖에 없었고, 그것을 정당화하는 기본 가치는 프로테스탄트 윤리였다. 독일의 법사회학자 베버(Weber, 1988)는 자본주의의 기원을 프로테스탄트 윤리라고 하는 자본주의 정신에서 찾았다. 즉 금욕주의를 기반으로 하는 중세의 내세관으로는 물질적 가치를 추구하는 자본주의가 태동할 수 없다. 종교개혁은 그런 의미에서 내세의 구제까지 면죄부로 파는 당시의 타락한 가톨릭 교단에 대한 반발이기도 했지만, 자본주의를 정신적으로 준비하는 과정이기도 했다. 이렇게 신분제의 굴레에서, 그리고 교권이 지배했던 중세의 암흑기를 벗어나 '자유로운' 임노동을 기반으로 한 근대적 인간으로의 교육은 남성에게 먼저 이루어졌다. 또한 근대적 법을 제도화하는 과정에서도 여성의 의사결정권은 배제된 채 출산을 비롯한 육체적 자기결정권조차도 남성들의 손에 맡겨져야 했다. 그런 의미에서 근대사회로의 진입은 여성에게 신분제적 예속에서 벗어난 자유인으로서 시민화의 성격보다는 결혼제도에 의해 더욱 공고화된 근대적 (핵)가족체계로의 예속의 의미가 더 강하였다고 보아야 할 것이다. 자유주의 여성이론은 바로 여성의 교육과 정치참여 권리를 주장하는 것에서 출발하고 있다. 여성의 지위향상과 남녀평등한 사회는 여성의 교육받을 권리 및 근대적 시민으로서 참정권 획득을 통해 가능하다는 것이 이 이론의 중요한 관점이다.

마르크스주의 여성이론은 자본주의의 기본 모순인 노동과 자본의 대립구도를 강조하는 마르크스주의를 기본적으로 수용하면서 나아가 노동자로서 여성의 역할을 강조한다. 여성의 지위향상과 남녀평등을 위해서는 여성이 남성으로부터 경제적으로 독립하는 것이 가장 급선무이며, 자본주의 사회의 핵심가치인 경제적 능력을 획득하기 위해 여성 스스로 경제활동에 참가하여야 한다고 주장한다.

여성의 노동시장에서의 역할을 강조하는 마르크스주의 여성이론가들에게는 여성과 남성의 대립구도보다는 여성이 노동자로서 남성노동자와 연대하여 자본에 공동 저항하는 것이 훨씬 더 중요하였다. 따라서 이 이론은 남녀문제에 있어 가부장제보다는 자본주의의 모순을 본질적인 것으로 본다.

급진주의 여성이론가들은 여성이 교육을 받아도, 민주주의적 선거를 위한 투표권을 획득하여도, 경제적인 능력을 가져도 여성에 대한 억압은 사라지지 않음에 주목하면서 여성에 대한 억압의 근본 원인은 여성의 출산을 기반으로 한 모성 이데올로기에 있다고 주장한다. 이 이론이 급진적인 것은 여성의 생물학적 출산능력까지 거부하기 때문이다. 여성이 모성을 근거로 출산과 양육의 부담으로부터 벗어나지 않는 한 진정한 의미의 남녀평등도 여권신장도 불가능하다고 보고, 출산거부 운동까지 펼치게 된다. 급진주의 이론은 봉건적 가부장제의 일체의 권위주의에 저항하는 68세대 운동[3]의 핵심에서 성해방 운동을 전개해 나갔으며 후에 에코 페미니즘에 영향을 준다.

사회주의 여성이론은 기본적으로 마르크스주의 이론을 따르지만 가부장제보다는 자본주의의 모순에 주목하는 마르크스주의와 달리 가부장제적 남녀불평등 체계의 중요성을 강조한다. 이 이론은 전근대적인 가부장적 권위주의는 자본주의 발전에 방해요소라기보다는 오히려 자본주의 체제의 유지를 위한 필요조건이자 충분조건으로 보는 자본주의적 가부장주의 이론으로 체계화되었다. 자본주의적 가부장제론Kapitalistischer Patrialismus은 노동시장이나 정치적 영역과 같은 공적 영역에서 일어나고 있는 여성 배제나 억압뿐만 아니라

---

3 1968년 5월 프랑스 학생운동은 1960년대 말 ~ 1970년대 초 사이의 청년운동을 이끌었으며, 이 세대를 68세대라고 한다. 이들은 프랑크푸르트 학파의 이론을 토대로 자본주의 체제 극복을 주장했고, 1980년대에 들어서면서 생태주의, 여성주의, 제3세계주의 운동 등으로 확대되었다.

가족과 같은 사적 영역에서 일어나는 여성억압에 주목하고서 그 핵심에 서있는 성별노동분업 구조를 분석한다(Kim, 2000). 즉 남성을 생계부양자로, 여성을 가사담당자로 전제하는 성별분업 구조 하에서 가족임금제는 여성의 남성보다 낮은 임금을 위한 정당화 기제로 작용하지만, 최저생계비를 기준으로 하는 남성의 가족임금은 가정 안에서 행해지는 여성의 무급노동이 없이는 도저히 유지가 불가능한 자체 모순적이면서도 자본주의에게는 순기능적인 역할을 수행하고 있다. 즉 가족임금제는 여성을 노동시장과 가정에서 이중으로 억압하는 기제로 작용한다. 따라서 사회주의 여성이론은 궁극적으로 공적/사적 영역에서의 불공평한 성별분업 구조를 해체하기 위한 남녀의 일·가족양립 정책으로 발전한다.

모든 근대적 사고체계의 해체를 추구하는 포스트모던주의 여성이론은 프랑스를 중심으로 한 포스트모더니즘을 근간으로 하고 있으며, 근대이론이 갖는 정치적 지향과 달리 문화운동으로서의 성격이 짙다. 포스트모던주의 여성이론은 기존의 여성이론이 사고의 가부장적 논리구조를 그대로 수용하고 있다고 비판함으로써 기존의 여성이론과는 본질적인 결별을 선언하고 남성중심적 사고 및 언어구조의 비판 및 분석에 역점을 두고 있다. 근대이론들이 공통적으로 가치지향 내지는 가치편향적인 성격을 갖는 반면, 포스트모더니즘은 일체의 가치지향을 거부하고 모든 가치를 상대화하는 경향이 강하다. 즉 하나의 사회현상에 대한 근대적 의미의 가치판단을 일체 보류하거나 거부하고 현상 그 자체로서 수용하고자 한다. 예를 들어 여성억압의 원인과 구조를 하나의 단일한 요인으로 설명하고자 시도했던 근대적 성향의 여성이론(자유주의: 교육 및 정치적 요인, 마르크스주의: 경제적 요인, 급진주의: 생물학적 요인, 사회주의: 성별분업 구조)과 달리 이 이론은 다양한 여성집단의 다양한 삶과 그 차이에 주목하고 있다. 사실 이러한 주장의 핵심은 앞에서 지적한 가치자유와 당파성의 문제에 대한 논쟁으로 다시금 귀결될 수 있는 여지가 있음에도 불구하고, 이 이론은 기존의 여성이론들이 여성을 하나의 단일한 집단으로 보는 오류는 범하기 쉬운 반면, 여성 내부의 다양성 및 차이를 인정하고 주목하고 있다는 점에서 매우 큰 장점을 갖고 있다.

생태주의 여성운동은 앞서 간략히 언급한 바 있듯이, 그 근간에는 급진적 여성이론이 자리하고 있다. 급진적 여성운동은 남녀의 대립구도를 분명히 하며, 남성의 파괴적, 폭력적 특성에 주목한다(Bennholdt-Thomsen, u. a., 1992). 생태주의 페미니즘은 자본주의의 비판에서 출발하고 있다는 점에서는 마르크스주의의 영향 하에 있지만, 자본주의의 성격을 남성적, 폭력적, 파괴적으로 규정하고 파괴적인 남성의 자본주의적 발전모델은 생태계의 파괴를 결과하였다고 결론짓는다. 생태주의 여성운동의 핵심은 남성적인 자본주의의 무차별한 발전전략에 의해 위기에 빠진 지구생태 환경을 회복할 수 있는 대안은 자연친화적이며 재생산 능력을 가진 여성에게 있다고 본다는 점에서 급진적 페미니즘과 맥을 같이 한다(Mies, u. a., 1995).

이상에서 간략하게 몇 가지 대표적인 여성이론의 특징을 그들이 주장하는 운동론적 성격을 중심으로 살펴보았다. 각각의 이론이 상호배제적이라기보다는 상호보완적이고 중첩적인 성격이 강하지만, 각각의 이론에서 가장 특징적으로 주장하는 내용을 중심으로 요약해보았다. 또한 각 이론은 시기적으로 중첩되기도 하지만 하나의 이론은 다른 이론이 갖는 취약성을 보완하는 측면이 강하며, 이론들이 등장하게 되는 당시의 시대적 배경의 영향을 받고 있어 시기적으로 구분해서 살펴볼 필요도 있다.

여성복지 연구자의 학문적 성향 및 사회복지 전공학생들의 여성복지에 대한 인식

앞서 서술한 사회복지 전공 안에서의 여성복지가 갖는 주변성과 여성복지 연구자의 학문적 성향 및 연구방법론은 사회복지를 공부하는 학생들에게도 많은 영향을 미치고 있다. 학문으로서 체계를 갖추기에는 역사가 가장 짧은 사회복지는 순수학문이라기보다는 현장지향적인 실천학문으로서의 성격이 강하다. 오랜 학문적 역사를 갖고 있는 신학과 철학, 정치사상과 달리 근대 학문이라 할 수 있는 자연과학이나 사회과학, 인문과학이 발전하는 과정에서 등장한 가장 최근의 시대조류를 반영하고 있기 때문이다. 사회복지학은 앞서 간략하게 언급한 복지국가의 태동이 자본주의의 자기모순을 극복하기 위한 사회주의적 대안에 대한 반대급부로서 등장한 복지국가가 채택한 사회정책을 현장에서 전달해야 하는 매우 실천적인 사명을 갖는다는 점에서 다른 학문이 갖는 사변성과 추상성을 뛰어 넘는 매우 강력한 강점을 가지고 있는 것이 사실이다. 그러나 사회복지학이 학문으로서 자리잡기에는 그 짧은 역사뿐만 아니라 현장 중심적 성격으로 인해 대학 내 커리큘럼이 자격증 중심의 기능적인 지식 전달에 치중되어 있다는 한계를 갖는다.

사회복지를 전공하고 있는 학생들 역시 학문에 대한 진지한 고민과 이론적, 역사적 연구방법론을 수용하고 적용하는 문제보다는 기술적이고 임상적인 실천방법론을 취득하고자 하는 성향이 강해, 정작 현장에서는 사회복지사의 전문성에 대한 시비가 끊이지 않고 있는 실정이다. 그러나 사회복지사의 전문성은 의사나 변호사와 같은 자격증으로 채워지는 것이 아니라 우리 사회가 처해 있는 문제점을 진단하고 처방할 수 있는 사회과학적 전문사고 및 사회구조로부터 발생하는 사회문제에 대한 대안을 제시할 수 있는 지식을 습득하는 데에서 출발하여야 할 것이다. 기존 정책결정 과정에서의 상명하달top-down식 체계에서 사회복지사의 역할이 단순한 정책전달자로서의 역할에 그치기 쉽다는 한계를 극복하고 아래에서 위bottom-up로 전달되는 민주적인 절차의 복지정책이 입안될 수 있기 위해서는 누구보다도 현장의 수요needs를 꿰뚫고 있는 사회복지사들이 국가정책을 제안할 수 있을 만큼의 전문성을 확보하는 것이 시급하다 (김미경, 2008a).

여성복지가 사회복지 안에서 갖는 취약성 내지는 주변성을 극복하기 위해서는 타 복지분야보다 좀 더 강한 여성주의적 시각을 바탕으로 한 운동론적 성향이 사회복지 내부에서 좀 더 적극적으로 수용되고, 대학의 교육과정 안에서 학생들에게 단순한 기능적 지식을 전달하기에 앞서 사회복지의 가치 및 사상과 철학에 대한 인식 및 복지국가의 역사성을 보강할 수 있는 교과과정이 보완되어야 할 것이다.

여성복지 방법론: 사회복지 안에서 가족복지와의 관계를 중심으로

앞서 간략히 언급했듯이, 여성복지는 가족복지와 분리해서 접근하기 힘들다. 사회복지 안에서 가족복지는 크게 여성, 아동, 청소년, 노인을 모두 포함하고 있는데, 이는 가족구성원이 배제된 가족복지는 존재할 수 없기 때문이다. 여성복지 역시 가족복지와 마찬가지로 아동, 청소년, 노인, 장애인까지 모두 포함하고 있는 교집합적 관계에 있다. 여성복지와 가족복지는 모두 구성원의 (사회 및 가족에의) 적응 및 통합에 관심을 가지고 있다는 점에서 공통점을 갖는다. 다만 여성복지는 가족복지 안에서 여성집단에 대한 당파성을 가지고 접근하고 있다는 점이 가장 결정적인 차이라 할 수 있다. 반면, 가족복지는 어느 한 집단(여성, 아동, 청소년, 노인, 장애인 등)에 대한 당파성보다는 체계로서 가족의 통합 및 유지에 더 관심을 갖는다. 그러나 바로 이처럼 중립적으로 보이는 '가족의 유지와 통합'은 가부장제 사회에서 여성, 특히 어머니의 자식과 남편에 대한 희생을 전제로 하는 경우가 많기 때문에 여성복지와 가족복지는 때론 대립적 관계에 있기도 하다.

연구목적

여성복지의 연구목적을 가족복지 및 사회복지 일반의 목적과 비교하여 살펴보고자 한다. 사회복지의 목적을 정의하기는 쉽지 않으나 간략하게 핵심만 정리해보면, 자본주의 체제를 통해 유지되고 있는 현재의 사회구조에서 소외된 계층의 사회적응 및 삶의 질 향상에 일차적인 목적을 두고 있다고 할 수 있다. 물론 이러한 잔여적 복지 개념을 넘어서 소외된 계층뿐만 아니라 체제에 비교적 잘 적응하고 있는 사람들에게도 보다 나은 삶을 보장하기 위한 보편적 복지 역시 오늘날 중요한 사회복지의 목표가 되고 있지만, 여전히 사회복지는 체제에 순응하지 못한 사람들에 대한 적응에 우선적인 관심을 갖는다.

가족복지 역시 이의 연장선상에서 체제 유지를 위한 가족해체를 방지하기 위해 도움이 필요한 가족에 대한 일차적인 원조를 통해 가족의 기능을 강화하고자 한다. 여성복지 역시 가부장적 체제에서 소외된 여성들에 대한 사회적응 및 지위향상을 목적으로 하지만, 사회주의 여성이론가들의 주장처럼 자본주의는 가부장제의 유지를 통해 재생산되기 때문에 자본주의 체제 유지를 위한 가족의 기능강화 및 사회제도를 유지하기 위한 여성의 소외나 인권유린이 일어나기 쉬운 것이 현실이다.

연구주제 및 방법론

연구주제를 분야별로 살펴보면, 사회복지는 크게, 지역사회, 장애인, 노인, 아동, 청소년, 가족, 여성, 산업, 정신보건 등으로 나누어 볼 수 있으며, 보다 거시적인 사회체제나 사회현상에 대한 연구주제가 주를 이룬다. 한편 가족복지의 연구주제는 한부모가족, 다문화, 성폭력, 장애인, 비행청소년, 알코올중독, 치매노인 등과 같이 사회체제로부터 파생되는 좀 더 구체적 사건이나 사람, 병리증상에 집중되어 있다. 반면, 여성복지는 여성에 대한 가족폭력 · 성폭력, 여성의 경제 · 정치 · 사회 · 교육 분야에서의 참여, 일 · 가족양립 및 양성평등의 문제와 같이 여성에 대한 당파성을 가지고 가부장적인 현 사회체제의 유지를 통해 파생되는 성불평등 문제를 완화하거나 수정하고자 하는 보다 체제 비판적인 성격의 연구가 많다.

이러한 관점에서 각 연구분야의 연구방법론을 간략하게 요약해 보면, 사회복지는 연구의 목적 및 대상, 주제의 성격에 따라 좀 더 거시적인 정책적 관점을 바탕으로 하고 있으며, 가족복지는 보다 서비스 중심적, 여성복지는 운동론적 접근방법을 사용하고 있다고 해석할 수 있다. 이는 사회복지의 방법론에 있어 서비스 및 운동론적 접근이 배제된다거나 그 반대의 경우가 아니라, 사회학 방법론자인 베버의 '이념형' 개념처럼 개념화를 위해 필요한 일반화를 통해 집중된 부분을 강조하는 것으로 당연히 상호배타적인 방법론을 사용하는 것은 아니다.

예를 들어, 어느 한 소도시에 사는 여성장애인이 성폭력을 당했다면, 이는 지역사회복지이면서 여성복지이며 가족복지가 중첩되어 있는 것이다. 따라서 지역사회복지에서는 다른 도시가 아닌 그 도시에서 여성장애인에 대한 성폭력이 일어난 구조적인 문제를 분석하고 성폭력을 예방하기 위해 지역적으로 개입하여야 할 정책적 과제를 제시할 수 있으며, 가족복지에서는 생태체계적 관점에서 성폭력에 노출된 여성장애인을 상담, 보호, 치료하는 서비스를 제공할 수 있고, 여성복지에서는 성폭력을 일으킨 가해자에 대한 개입까지 요구하고 대처방안을 마련할 수 있을 것이다. 따라서 지역사회복지, 가족복지, 여성복지라는 구분은 이해를 돕기 위한 편의상의 개념화이지 현장에서의 이 세 영역이 엄밀히 구분된다고 할 수는 없다.

주제를 통해 본 여성복지 쟁점

여기에서는 여성복지의 중요한 주제가 되고 있는 이혼 및 고령화, 저출산, 일·가족양립 문제를 통해 여성복지의 쟁점을 정리해보고자 한다. 이 주제들은 가족복지 및 사회복지 일반에 있어서도 매우 중요하므로 앞서와 마찬가지로 분야별 연구쟁점에 대한 상호비교를 통해 검토하고자 한다. 그러나 각 주제별 세부적인 내용을 자세히 다루기보다는 상호비교적 관점에서 간략하게 살펴볼 것이다.

이혼 문제

결혼한 두 쌍 중 한 쌍이 이혼하는, 세계 이혼율 1, 2위를 다투는 우리나라에서 이혼 문제는 매우 중요한 여성문제가 아닐 수 없다. 여성의 경제활동참가율이 증가하고 있지만, 남성에 비해 높은 비정규직의 불안정고용에 노출되어 있는 여성들은 경제적 자립도가 낮아 이혼 후 빈곤계층으로 전락함으로써 '빈곤의 여성화' 현상이 갈수록 심화되어 가고 있기 때문이다(김영란, 1998).

일차적으로 사회복지에서는 이혼 문제를 남녀의 문제라기보다 이혼한 여성 개인의 문제로 보며, 이 문제를 해결하기 위한 사회보장, 공공부조, 사회서비스 확충에 관심을 갖는다. 그런 면에서 사회복지는 성인지 감수성이 낮은 몰성적genderblind인 성격을 갖는다고 하겠다. 특히 이혼 문제와 관련해서는 저소득층인 모자가족의 지원에 관심이 주로 집중되어 있다.

가족복지는 현재 정부가 진행하고 있는 '건강가정지원'을 위한 서비스에 집중되어 있어, '건강한' 가정을 유지하기 위한 이혼방지 대책 및 사후 서비스를 제공하고 있다(정재훈, 2010). 여성복지는 국가가 복지를 제도적으로 정책화하기 이전부터 여성운동단체를 중심으로 상담소 및 쉼터를 통해 이혼의 위기에 처한 여성 및 이혼한 여성에 대한 상담, 가정폭력으로부터 보호, 이혼 후 자립 등을 지원하는 일을 하고 있다.

고령화 문제

우리나라는 2000년 65세 이상 인구가 전체 인구의 7%를 차지하는 고령화사회를 거쳐 곧 14%인 고령사회로 진입할 예정이다. 사실 고령화 자체가 문제가 된다기보다는 저출산 현상과 함께 연동될 때 사회적 부양비가 높아짐으로써 문제가 되는 것이다. 젊은 사람들이 노인을 부양하는 세대 간 연대에 입각한 사회적 노인부양의 문제는 노인을 부양할 젊은 세대가 재생산되지 않음으로써 매우 심각한 사회문제가 되고 있다(김미경 외, 2003).

고령화 문제와 관련하여 사회복지에서는 노인들이 혜택을 받을 수 있는 다양한 법과 제도를 도입하여, 시설 및 프로그램을 운영하는 데 관심을 갖는다. 노인부양이 주로 가족에 의해 이루어져 왔던 전통적인 방식이 점차 해체되어 가고 있는 과도기에서 가족복지는 가족 내 노인부양 책임과 관련한 다양한 문제 및 해결책에 관심을 갖는다. 이에 반해 여성복지에서는 여성의 사회 및 경제 참여가 높아지고 있는 현실 속에서 노인부양은 여전히 여성들에 의해 이루어지고 있는 전통적인 성별분업 방식에 문제를 제기한다. 또한 여성은 남성보다 평균 수명이 높기 때문에 고령화 문제는 여성문제로 직결된다.

저출산 문제

고령화 현상과 더불어 심각한 사회문제는 저출산 문제가 아닐 수 없다. 가정 안에서 여성이 주로 아이를 돌보고 노인을 부양하던 전통적인 역할이 변화하여 여성의 사회참여 및 노동시장에의 진입이 증가하면서 독신여성의 증가 및 만혼현상으로 인해 평균수명은 길어지는데 출산율은 낮아져 노인을 부양해야 하는 새로운 세대의 재생산이 이루어지지 못하고 있다.

이러한 저출산 문제와 관련하여 사회복지에서는 출산을 장려하기 위한 좀 더 거시적인 법과 제도의 도입을 서두르고 있으며, 가족복지에서는 육아 및 보육이 가족 안에서 이루어지지 못함으로써 이를 보조해 줄 보육시설 및 방과 후 프로그램 운영과 같은 서비스 지원에 역점을 두고 사업을 진행하고 있다. 반면 여성복지에서는 출산 당사자인 여성의 입장에 보다 역점을 두고서 일·가족양립을 지원할 수 있는 다양한 정책적 대안을 모색하고 있다(강이수 외, 2009).

일·가족양립 문제

앞서 언급한 저출산, 고령화라는 시급한 사회문제를 해결하기 위한 대안으로서 제시되고 있는 가장 현실적인 방법이 일·가족양립 정책이라 할 수 있다. 여성주의적 관점의 여성복지의 가장 큰 관심 또한 일·가족양립 정책을 통한 전통적인 남녀성별 구조를 해체하는 것에 있다. 그러나 현재로서 사회복지는 이 분야에 직접적인 관심이 없고 가족복지는 오로지 보육문제에 집중되어 있는 실정이다. 그나마 여성복지 분야에서는 그동안 쌓아온 여성정책의 노하우를 결집하여 일·가족양립 정책으로서 기업의 가족친화적 경영 및 근무제도 도입을 유도하기 위한 다양한 정책을 제시하고 있다(김안나 외, 2007). 물론 가장 근본적인 해결책은 전통적인 방식의 남녀역할에 대해 지속적으로 문제제기를 하는 것이지만, 이는 하루아침에 해결할 수 없는 매우 오래된 역사를 가진 문제이기에 좀 더 현실적이고 구체적으로 접근할 수 있는 정책을 개발하는 것이 현재 여성복지가 안고 있는 매우 중요한 과제가 아닐 수 없다.

여성복지: 여성주의적 사회복지

그동안 한낱 '집안싸움'으로 여겨졌던 매맞는 아내의 문제를 사회문제로 공론화시키고, '결손' 가족으로밖에 이해되지 못했던 한부모가족의 문제를 다양한 가족의 하나로 사회에서 인정하는 현재의 여성복지가 존재하기까지 여성운동이 해온 역할은 절대적이다. 그러나 아직까지 여성복지는 소위 사회의 취약계층 여성에 대한 원조적 성격이 더 강하다. 정부가 바뀔 때마다 민감한 사회복지 분야가 여성복지다. 정부의 정치적 성향과 무관하게 여성의 표를 의식한 정치인들은 하나같이 선진적인 여성정책을 공약으로 내세우지만, 정권이 들어서고 나면 또한 가장 뒷전으로 밀려나는 것이 여성복지 관련 정책이다. 진정한 복지국가가 되기 위해서는 의식주와 같은 기초적인 생계의 문제를 해결해 오던 보충적, 잔여적 복지를 넘어 전 국민의 의무이자 권리로서의 보편적 복지가 이루어져야 한다.

보편복지로서 여성복지를 이루기 위한 전제조건은 모든 복지분야에서 여성주의적 방법론을 접맥하는 것이다. 이러한 성인지적 사회복지는 교육, 노동, 문화, 경제, 보건, 환경, 가족(노인, 여성, 청소년) 등 사회제도 전반에 이루어지고 있는 정책의 수혜자가 누구인지를 밝히는 일이다(마경희, 2002). 이는 우리 사회에 아직까지 만연해 있는 남성중심적 가부장성으로 인해 사회복지의 혜택이 주로 남성들에게만 가고 있는 것은 아닌지 하는 문제제기로부터 출발하고 있는 것이다. 따라서 자칫 성중립적인 것으로 이해되기 쉬운 사회복지의 모든 분야에 걸쳐 정책대상과 실제 수혜대상을 성인지적으로 분석해내는 작업이 필요하고 이렇듯 복지를 성인지적으로 인식하는 것이 바로 여성주의적 사회복지의 출발이며 여성복지가 사회복지 내에서 갖는 주변성을 벗어날 수 있는 방법이다(김미경, 2006).

chapter 2.

이중사회화 과정을 통해 본 한국 여성 해방전략의 제한성과 부적절성

문제제기

현대사회에서 여성들의 역할은 더 이상 가정 안에만 축소되어 있지 않고 직장생활이나 정치활동, 사회봉사와 같은 가사 외적인 활동으로까지 확장되고 있다. 이 글은 여성의 사회활동 중에서도 기혼여성의 경제활동참가율 상승에 주목하고 있다. 여성의 경제활동 참여가 결혼과 함께 감소하다가 출산 및 양육기 이후 다시 증가하는 것으로 나타났던 산업화 초기와 달리, 고도화된 산업사회가 될수록 기혼여성의 경제활동은 계속 증가하는 경향이 있다.[1] 따라서 결혼과 아이의 양육시기를 중심으로 M자형을 그리던 여성의 취업구조가 아이의 출산과 무관하게 끊임없이 증가하는 기린형 모델(다나카, 2000)로 변화하는 추세를 보인다. 한국 사회 역시, 특히 1980년대를 축으로 서비스직의 성장과 함께 노동시장 구조에 양적, 질적

---

[1] 그 예로서 독일과 프랑스는 이미 1971년 여성노동자의 52%가 기혼이며, 벨기에의 경우 같은 해 66%나 된다(Helson, 1972: 34). 미국의 이러한 경향에 대해서는 Lewis(1968: 95~)를 참조하기 바람.

변화가 초래되었다. 한국 사회의 경제구조는 1960년대 경제성장 정책과 함께 시작된 산업화로 가난한 농업국에서 탈피하여 산업사회를 거쳐 서비스사회를 특징으로 하는 후기 산업사회로 진입하였다. 이러한 변동과 함께 노동시장 내부에서 여성노동력의 흐름에도 의미 있는 변화가 일어나 1980년 기혼여성의 경제활동참가율은 40.0%로 미혼여성(50.8%)보다 뒤처졌지만, 1999년 기혼여성의 경제활동참가율은 47.9%로 미혼여성(45.9%)을 추월하였다. 이러한 경향은 기혼여성의 경제활동이 주로 비공식부문 내지는 생존생산Subsistenzproduktion에 국한되어 통계에 잡히지 않고, 공식부문에서의 여성노동력이 대부분 미혼여성이었던 산업화 초기와 달리, 1980년대 이후 기혼여성들의 산업 공식부분으로의 경제활동참가율이 현저하게 증가된 데 기인한 것이다(Kim, 2000). 이 과정에서 무엇보다도 주목할 만한 사실은 기·미혼 여성의 임노동자 비율의 변화에 있다.[2] 1980년 14.4%에 불과하던 기혼여성의 비율이 1992년 37.5%로 상승하는 등 노동시장 내 미혼여성에 대한 기혼여성의 임노동자 비율이 계속적으로 증가하는 추세에 있다(노동부, 1992).[3] 바로 이러한 기혼여성의 경제활동참가율 증대 및 임노동자화 추세와 함께 여성의 이중사회화에 대한 연구의 중요성이 부각된다.[4]

이중사회화가 갖는 여성학적 의미는 기혼여성의 가사 외적 경제활동의 증가에 비례하는 남성들의 가사 내적 노동에의 참여 증가가 이루어지지 않고 있다는 사실에 있다. 여성해방론의 주장과 달리 경

---

2 기혼여성의 임노동자화가 중요한 이유는 산업화 초기까지만 해도 기혼여성들은 주로 비공식부문이나 생존생산부문과 같이 직장과 가정의 구분이 엄밀히 이루어지지 않는 영역에서 경제활동을 하였던 데 반해, 임노동자화로 가정과 직장이 확연히 분리됨으로써 기혼여성의 가사나 육아에 따른 이중부담의 문제가 대두되었기 때문이다.

3 유감스럽게도 임노동자 기혼·미혼 비율을 알 수 있는 가장 최근의 통계를 구하기 힘들었다.

4 기존의 여성사회화에 대한 논의는 여성의 성역할이 어떻게 답습되고 있는가에 주로 주안점이 주어져 있었으며, 어머니, 아내로서의 역할을 재생산해 내는 가부장적 사회화가 논의의 중심이 되어 왔다. 그러나 이중사회화에 대한 논의는 노동시장의 수요를 충족시켜야 하는 노동인력으로서의 여성사회화 과정을 동시에 주목하고 있다.

제적 독립만으로는 여성해방이 이루어지기 힘들다는 점이 기혼여성의 경제활동 증가와 함께 지적되었다. 오히려 기혼여성의 임노동자화는 여성에게 이중노동부담을 초래한다는 사실에 모두들 주목하게 된 것이다(Becker-Schmidt, 1980). 더불어 경제적 독립 외에 여성해방을 위해 필요한 조건들에 대한 연구가 이루어지게 되었다. 이 글에서는 이러한 문제를 무엇보다도 성에 기초해 위계적으로 구조화된 노동분업에 대한 분석을 통해 접근하고자 하며, 위계화된 성별분업이 재생산되는 구조를 여성의 이중사회화 과정을 통해 분석하고자 한다. 여성의 경제활동 참여가 이중노동부담만을 결과하는 이유는 성별위계적 분업구조가 해체되지 않고 있기 때문이다. 문제는 성별분업 구조가 가부장제의 물적 기초를 이루며, 자본제 역시 이를 통해 확대재생산을 한다는 사실에 있다. 결국 가부장적 자본제로 규정될 수 있는 현 한국 사회에서 가장 억압적인 계층은 바로 자본제와 가부장제의 이중적 억압을 매일의 삶 속에서 직접적으로 체험하고 있는 여성들, 특히 기혼여성노동자라 할 수 있을 것이다.

본 연구는 바로 남성과는 다른 −그리고 미혼여성과도 일정정도의 차별성을 갖는− 기혼여성이 안고 있는 이중노동부담에 대한 문제의식에서 출발하여 여성들의 이중사회화 과정을 추적하고 있다. 즉 어떠한 사회구조적 메커니즘에 의해 현대 여성들이 가정뿐만 아니라 직장일을 동시에 병행하도록 사회화Sozialisation되고 있으며, 또한 여성 스스로 이를 내재화Vergesellschaftung하고 있는가 하는 문제에 대한 해명을 시도하였다. 여성들이 교육과정을 마친 후 직장과 가정 중 결국 어느 하나만을 택하게 된다면, 이중사회화Doppelte Vergesellschaftung[5]는 여성학적 의미를 갖지 않는다. 문제는 직장과 가정,

---

[5] '이중사회론'은 독일에서 이미 1980년대 중반부터 하노버대학 내 여성사회학자들에 의해 발전된 개념으로, Hannover Ansatz라는 독일 여성사회학 내 주요한 학파를 이루고 있다. 독일어로 Vergesellschaftung은 흔히 '사회화'로 번역되는 Sozialisation과는 내용상의 차이를 가진 개념이지만 여기에서는 '이중사회화'로 번역하였다. 사회화를 담당하는 한 사회의 −규범과 가치체계의 담지자로서 학교나 가족과 같은− 제도에 역점을 두는

양자를 양립해야 할 때 생기며, 이는 현재의 성별분업 구조 하에서 일차적으로 기혼의 취업여성들에게 당면한 문제이다. 직장생활을 당연시하는 경향과 동시에 전통적 역할 또한 강조하는 여성에 대한 이중사회화 결과, 필자가 면접한 대부분의 여성들은 직장생활에 대한 깊은 애착에도 불구하고 강한 가족지향을 나타냈다. 따라서 그들은 직장생활을 원만하게 할 수 있다면 가사노동의 이중부담뿐만 아니라 승진기회의 박탈과 같은 불이익까지도 감내하고 있었다. 이것이 가부장적 자본제Patriarchalischer Kapitalismus 하에서 여성들이 직장과 가정을 원만하게 병행하기 위해 행하는 노력으로서 생존전략의 내용을 이루는 것이다.

본 연구결과, 여성들은 전공선택에서부터 직업·배우자 선택, 여가·노동시간의 분배에 이르기까지 나름대로의 생존전략 방식이 현재의 성별위계적 분업구조를 재생산하는 범위 내에서 발전되고 있다. 그 원인은 한국 사회의 가부장적 자본주의 특성에서 기인하는 것으로, 이는 기혼여성들의 직장생활이 당연시되어 가는 경향에도 불구하고 그들의 가정 내에서의 역할이 오히려 강조되고 있다는 데서 그 특징을 찾아볼 수 있다. 즉 여성의 경제활동을 중심으로 한 사회활동의 증가가 가부장제의 해체로 나아가는 것이 아니라, 가부장제가 여성노동력을 효율적으로 동원하기 위한 자본제적 이해관계에 따라 유동적으로 이용되고 있다는 것이다.[6] 여성 경제활동 참가율의 계속적인 증가에도 불구하고 서구와 달리 직장과 가정의 양립을 위한 제반 사회적, 제도적 틀이 충분히 구축되고 있지 못하는 이유는 바로 이러한 가부장적 논리가 자본제에 의해 이용되고 있기 때문이다.[7] 이러한 상태에서 기혼 취업여성들은 자신의 생존을 위

Sozialisation 이론과는 달리 Vergesellschaftung은 사회화의 주체로서 행위자인 '개인'의 의지에 더 중요성이 주어진 개념이다.

[6] 그 한 예로서 신세대 남성의 맞벌이 부인에 대한 선호는 가부장제의 해체가 아닌 경제적 이해관계를 위한 일시적인 유보를 의미하는 것으로 이해될 수 있다. 이는 맞벌이부부에 있어서도 아직 남성가장 의식이 지배적임을 확인할 수 있다.

한 전략을 개별적으로 발전시켜 나갈 수밖에 없으며, 이 전략은 여성들의 노동조건이 열악하고 연대기반이 취약한 만큼 현재의 성별분업 구조에 근본적인 변화를 초래할 만한 해방적 전략으로까지는 발전하지 못하는 한계를 갖는다.

그러나 본 연구는 여성들이 가부장제에 의한 일방적인 희생자만은 아니라는 사실에 동시에 주목하고 있다(Haug, 1990). 여성들이 자기방식의 생존전략을 발전시켜 나가고 있다는 사실은 여성들이 가부장제 하의 타자 내지는 객체로서만 존재한다는 것을 의미하지 않는다. 여성들은 —비록 그것이 가부장제의 틀 안에서 제한적으로 밖에 이루어질 수 없다 하더라도— 자율적인 행위의 주체로서 남성중심적인 사회에서 자신의 입지를 넓혀 가고자 하는 전략을 스스로 발전시키기도 한다.[8] 따라서 본 연구는 여성들이 가부장제의 해체를 위해 이제까지 형성해 온 생존전략이 해방전략으로서 어떤 한계를 갖고 있는가를 밝힘과 동시에, 그 한계를 어떻게 극복할 수 있을지 숙고해보고자 하는 문제의식에서 출발하고 있다.

연구대상

현대사회의 여성들은 한편으로 현대적인 교육과 고용체계 속으로 계속적으로 통합되고 있으며, 다른 한편으로 '현모양처'라는 전통적인 여성역할에 대한 기대 속에 살고 있다. 사실 '현모양처'라는 여성관은 여성의 역할을 가사 내적 활동으로만 국한시킴으로써 다

---

7 우리는 바로 이 지점에서 기든스(1996)의 "근대란 전근대성을 완전히 청산하기보다는 지속 · 재창출하고 있다"는 근대성 논의를 상기할 필요가 있다. 한국의 산업화 과정에서 가족주의의 동원에 대한 연구로 김수영(2001)을 참조하기 바람.
8 이 과정은 조형(1997)이 개념화하고 있는 '구조적 무권력화와 구성적 권력화'로 이해될 수 있다. 즉 여성은 가부장제 하에서 그들에게 주어진 역할의 범주 내에서 일정 정도의 권력을 갖는다(구성적 권력). 그러나 그것은 가부장제라는 구조에 도전할 수 있을 정도의 권력을 의미하는 것은 아니다(구조적 무권력).

양한 계층의 여성들의 생활 및 노동현실을 포괄적으로 반영하지 못하고 있다.[9] 바로 이 점에서 이는 중산층 전업주부의 생활양식을 중심으로 한 지배 이데올로기[10]로서 기능한다. 그러나 오늘날 중산층 여성들은 집에서 살림만 하는 경우가 점점 줄어들고 있다. 중산층의 높아진 소비수준과 교육기회는 산업화 초기까지 집안에만 머물러 있던 기혼여성의 활동범위를 가정 밖으로까지 확대시키고 있는 것이다. 따라서 현대적 의미의 현모양처란 가정을 직장과 동시에 병행하면서 가정경제에 기여하는 바가 크지만 이를 내세우지 않고 어머니로서 그리고 아내로서의 의무 또한 게을리하지 않는 소위 '슈퍼우먼'을 가리키는 경우로 변모하였다. 이러한 가부장제와 자본제의 이중억압 구조 하에서 여성들은 가정과 직장을 가장 부담없이 병행할 수 있는 전략을 터득해 갈 수밖에 없게 된다. 결국 문제가 되는 것은 '한 집안의 가장임과 동시에 직장인'이라는 정체성에 일치가 쉽게 이루어지는 남성들과는 달리, 여성들은 가정주부와 직장인이라는 현실자체가 모순적인 관계로 설정되며, 이 양 역할 사이에서 정체성 문제로 끊임없이 갈등하고 있다는 사실에 있다.[11]

본 연구자는 여성의 이중사회화의 내용이 전통과의 단절임과 동시에 연장선상에 있는 것으로, 또한 성별분업 구조를 공고히 하는

<hr>

9 바로 여기에 이데올로기의 이중성이 있다. 즉 이데올로기는 한편으로 −마르크스주의적 의미에서의− 지배계급에 의한 현실의 왜곡 및 조작을 통한 산물(허위의식)이기도 하지만, 다른 한편으로 "자신들의 현실적 생존조건에 대한 개인의 이미지적 관계"로 이해되기도 하기 때문이다. 이에 대해서는 Althusser(1997: 33)를 참조하기 바람. 이를 비판하는 관점으로는 Barrett(1990: 34-44)을 참조하기 바람.

10 그 대표적인 예가 '모성' 이데올로기이다. 바로 이 '모성' 이데올로기는 변화하고 있는 중산층 여성의 노동현실을 반영하지 못하고 그들의 삶을 억압하고 있는 것이다. 여성의 이중노동부담의 문제는 바로 이 '모성' 이데올로기에 기반하고 있다.

11 이미 1980년대 초반 공장 기혼여성노동자를 대상으로 한 조사에서 독일의 여성학자 Becker-Schmidt(1980)는 "모순적 현실(Widerspruechliche Realitaet)"에 관한 테제를 세우고 있다. 한국에서 역시 기혼취업여성의 이중역할 갈등에 대한 연구(이원표, 1983; 송순영, 1996; 최경희, 1997)가 상당히 축적되어 있는 실정이다. 그러나 문제의 관건은 이중사회화를 거친 여성들이 자신들이 직면하게 되는 모순적인 현실에 대해 얼마나 첨예하게 문제의식을 느끼고 −직장과 가정의 병행에 관한 문제를 당연시하기보다는− 이러한 현실을 극복하기 위한 정치적 행동전략을 만들어 가는가 하는 점에 주목하는 데 달려 있다.

기제로 작용한다는 본 연구의 주제와 연구틀을 검증하기 위해 대표적인 여성전문직으로 알려진 교직에 대한 경험조사를 실시하였다. 한국 사회에서 전문직 내 여성의 비율은 비록 증가추세에 있다고는 하지만 아직까지 높지 못하며,[12] 여기에 예외적인 직종이 바로 교직이라 할 수 있다. 교직은 여성에 대한 기피현상이 심하지 않은 곳으로 인정되고 있으며, 오히려 여성화[13]되어 간다는 우려까지 나올 정도이다(강세영, 1998). 따라서 여성화되어 가고 있다는 교직 내의 성별분업 구조를 살펴보는 것은 한국 사회의 가부장제의 현 단계를 규명하는 작업이 될 수 있을 것으로 보인다. 더군다나 여교사들은 대부분 맞벌이부부로서 한국 사회의 중산층을 이루고 있을 확률이 높고, 교사로서의 자부심과 직업의식이 비교적 투철한 것으로 보이며, 교육자라는 직업에 알맞게 자녀양육에 높은 열의를 보일 것으로 예상되는 바, 본 연구의 주제에 적합한 연구대상이라 할 수 있다. 즉 여교사는 높은 교육을 받고 전문직에 종사하지만 흔히 중산층 전업주부가 전형적으로 가지고 있는 보수적인 가족관을 답습하고 있다는 점에서 이중사회화의 과정과 그 결과를 연구하기에 적절한 집단이라 하겠다.[14]

1996년 1월부터 6월에 걸쳐 광주광역시의 중·고등학교 여교사 20명과 남교사 10명에 대해 구조화된 심층면접을 실시하였다.[15] 취

---

[12] 그 대표적인 예로, 중앙부처 5급 이상 공무원 중 여성 비율은 4.4%에 불과하다(중앙인사위원회 2001년 5월 조사결과).

[13] 교사직의 여성화가 거론되고 있지만 사실 이는 초·중등학교에 제한된다. 초·중등학교 여교사의 비율은 각각 66.0%, 56.8%인 데 비해, 고등학교의 경우 29.7%에 머무르고 있다(민무숙, 2001).

[14] 물론 그밖에도 소위 386세대의 여교사들은 1980년대 이후 대학교육의 자율화와 함께 배출된 인력이기도 할 뿐만 아니라 1980년대의 민주화 과정을 직·간접적으로 경험하였다. 특히 광주지역 전교조 여교사들은 1980년대의 '광주'를 경험하였으며, 전교조 합법화를 위한 투쟁 중에 5년 이상 해고되는 등 이를 미루어 볼 때 자신의 어머니 세대와는 다른 여성관과 정치의식을 지녔으리라 예상하였다.

[15] 면접결과에 대해 보다 자세한 내용은 김미경(1998)을 참조하기 바람. 각 면접은 본 연구자가 면접교사의 수업이 없는 날 학교로 찾아가 자유로운 분위기에서 평균 2시간 가량 진행하였다. 교사들의 종교 및 주거 등 생활환경과 수입, 가족관계와 같은 기초적인 자료는 설문지를 통해 조사하였다.

학 전 아동이 있을 확률이 가장 많은 20대 후반에서 30대 후반의 기혼 여교사 및 기혼 남교사를 주로 면접하였고, 세대차이를 알아보기 위해 40대에서 50대 사이의 여교사(4명)도 참고로 하였다. 질문 내용은 주로 결혼 전 가정과 학교에서의 사회화 과정 및 교사자격을 갖추기 위한 대학교육 과정, 그리고 직업 및 배우자 선택에 대한 것이다. 무엇보다도 결혼 후 직장과 가정에서의 성별분업 실태를 비교적 상세히 조사하여 성별분업이 구조화되는 원인의 규명을 시도하였다. 교사들의 정치의식이 성별분업에 미치는 영향을 알아보기 위해 30명의 면접교사 중 15명은 전교조 선생님들로 구성하였다.

이중사회화, 이중억압

여성의 역할이 가사 내적인 일에만 고착되어 있을 때 여성들에게 별다른 기술교육이나 직업교육을 필요로 하지 않았다. 그러나 서구적 산업화와 함께 이루어진 근대화 과정에서 여성노동력에 대한 가사 외적 영역에서의 수요가 급증하였으며, 교육기회의 확대와 함께 여성의 의식 또한 변화되고 사회참여에 대한 욕구 역시 증가하였다. 그러나 여성교육의 내용은 '전통적'인 성역할의 기대에서 크게 벗어나 있는 것이 아니었고, 여성교육의 이러한 한계는 오늘날까지도 지속되고 있는 실정이다.[16] 더군다나 가사 내적 영역에서의 성별

___
16 이는 여성교육이 주로 여성들에게 전통적인 덕목을 강조하거나 여성의 직업교육이 소위 '여성직'으로 불리는 부문에 제한되어 있는 것과 관련된다. 현대사회의 성별분업 구조를 여성의 '여성직' 선호도의 측면에서 접근하는 자유주의 여성해방론 전통의 엘리자베스 벡-게른스하임을 위주로 뮌헨 학파(Muenchner Ansatz)는 "왜 여성들 스스로 소위 '여성적 직업'을 선호하는가" 하는 이유를 설명하고자 시도하는 가운데 '여성적 능력(Weibliches Vermoegen)'이라는 테제를 세우고 있다(Beck-Gernsheim, 1976; Ostner, 1978). 즉 여성들이 내재적으로 여성적인 교육에 더 심취할 뿐만 아니라 또 스스로도 이를 원한다고 보았다. 그러나 이러한 주장은 이중사회화론자들과의 논쟁을 야기하였다. 비판사회학 전통의 하노버 학파(Hannover Ansatz)는 현대사회에서 여성들은 더 이상 여성적인 분야에서만 교육받지도, 여성적 직업만을 선호하도록 사회화되지도 않는다고 반박하고 있다(Becker-Schmidt, 1987). 그러나 우리나라의 경우 여성들

분업 내용이 크게 변화되지 않고 있는 현실로 인해 한국의 여성교육은 고용체계에 변화를 동반하지 못하고 있다.

무엇보다도 직업교육과 직접적인 연관을 갖는 대학교육 내용을 살펴보면, 여성들은 이공·자연계열보다는 인문·사회과학계열(65.9%)을 선호하는 경향을 보이고 있다. 특히 주목할 점은 이공·자연계를 지원하는 여대생 수가 많지 않다는 사실이 실제로 이를 전공한 여성들이 졸업 후 남성보다 현저하게 낮은 취업률을 보이고 있는 사실을 설명할 수 없다는 사실이다.[17] 1995년 통계를 살펴보면,[18] 자연계 졸업 남학생의 80.2%가 취업한 데 반해 여학생의 취업률은 55.7%에 그치고 있고, 1997년에는 다소 차이가 완화되긴 했으나, 여전히 75.6%의 자연계 졸업 남학생은 취업을 한 데 반해, 여학생은 55.9%만이 취업한 것으로 나타났다(교육부, 1996; 1998). 이는 다시 말해 여성들은 여성들만이 선호하는 전공이 아니라 남성과 같은 (노동시장에서 수요가 많은) 전공을 선택했거나 같은 자격증을 가지고 있다 하더라도 노동시장에서 기피당하고 있음을 의미한다. 사범계의 여대생 비율이 높은 이유는 바로 이러한 노동시장 내 여성들에 대한 수요를 반영하는 것으로, 교직은 그나마 여성들에게 차별이 덜한 '여성직'으로 알려져 있기 때문이다. 여성들이 교직을 선택하는 이유로 흔히 교직의 '여성성' 등이 논의되고 있지만, 실제로 '비여성적'으로 간주되는 직종에서의 공공연한 여성기피 현상이 여성들을 교직을 선호하게 만든다고 봐야 옳을 것이다. 이렇듯 남성중심적이고 성별분화된 교육과 고용구조 속에서 행해지고 있는 여성에 대한 직장과 가정에서의 이중사회화는 여성에게 결국 이중억압으로 작용

———

은 아직까지 소위 '여성적'으로 인정되는 학과나 직업을 선호하는 경향이 더 강하다. 앞으로 우리나라에서도 소위 '비전통적'인 여성학과 및 직업분야에의 여성진출에 대한 연구가 활발히 이루어져야 할 것이다.

[17] 이러한 사실은 소위 '비여성적인' 직업 분야에서의 여성노동력의 배제 기제에 대한 연구(Leeds, 1983)를 통해 입증되기도 한다.

[18] IMF 구조금융 도입 이후의 대학 졸업자의 취업률이 전반적으로 악화되었으므로 IMF 구조금융 도입 이전 통계를 인용하였다.

지 않을 수 없다.

성별사회화

기혼여성의 경제활동 참여는 비단 산업화 이후의 일은 아니다. 경제활동이 가사 내/외 구분 없이 이루어졌던 농경생산방식에서는 물론이고, 산업화로의 과도기에도 기혼여성들은 특히 생존생산을 위한 영역이나 산업의 비공식부문에서 주로 경제활동을 하였다. 따라서 이 시기에도 기혼여성들에게 이중노동부담의 문제는 존재하였다. 하지만 기혼여성이 산업의 공식부문에 대거 진출하게 된 임노동화 과정 속에서 여성의 노동현장이 아이를 동시에 돌볼 수 있었던 가정의 주변으로부터 아이들과 더 이상 함께 할 수 없는 직장으로 장소이동을 경험하게 됨으로써 직장과 가정의 병행의 문제가 하나의 사회문제로 대두되게 되었다. 그렇다면 여성의 노동범위가 가정의 테두리로 제한되어 있었고 교육의 기회까지도 차단되었던 산업화 이전까지는 그렇다 치더라도, 이제 많은 여성들이 남성과 같은 교육을 받고 같은 직종에서 비슷한 강도의 노동을 하며, 동일한 임금을 받게 되었는데도 왜 이들, 취업여성들은 아직까지도 가정 내에서는 가사노동을 거의 혼자서 떠맡아야만 하는 것일까? 여기서 우리는 여성들이 어린 시절 자신의 어머니로부터 받은 사회화의 영향을 간과할 수가 없다.

필자가 조사한 여교사의 어머니들은 대부분 가사노동 외에 부가적으로 가정경제에 어떤 형태로든 기여하였던 것으로 나타났다. 농사를 지었던 4명의 어머니를 포함하여 직업을 가졌던 7명의 어머니 외에는 다들 어머니의 직업을 가정주부라고 밝혔지만, 실제로 중간중간 공장에 가서 일을 했던 어머니도 있었고 하숙을 치거나 행상을 했던 어머니, 아버지가 하는 가게의 일을 도왔다고는 하지만 실질적으로 도맡아 했던 어머니도 있었다. 그 와중에도 어머니들은 가사노동을 '당연한 것'으로 알고 혼자서 했었고 이를 지켜보고 성장한 여교사들은 자신의 직장생활에도 불구하고 가사노동은 여성이 해야 하는 일로 자연스럽게 내면화했던 것이다.

> 친정아버지는 양복점 하시고, 엄마는 양복점 청소라든가 앞에 진열하는 것들을 도와드리고, 재단 같은 것은 못하셔도 웬만한 재봉일 같은 것은 손님 맞아가지고 사이즈 재고 하는 일도 다 하시고, 남편이 약사면 부인도 거의 반은 약사가 되듯이 전문적인 기술은 없어도 일을 많이 도왔죠. 아버지는 집안일은 전혀, 옛날 분들은 전혀 안하시니까. 그러니까 엄마는 집안일하고 엄마 일이니까 당연하다고 집안일, 자녀일 다 하고, 아버지 일까지 도와서 다 하고…
>
> _36세, 여, 미술교사

조사한 여교사들의 대부분은 여성에 대한 고등교육이 당연하게 받아들여지던 시대에 성장기를 거쳤다. 그러나 이 여성들은 동시에 남자형제들은 하지 않는 가사노동을 어머니를 도와 병행해야 했다. 즉 가사 내적/외적 일의 병행은 여성에게는 이미 성장기 시절부터 '자연스럽게' 사회화되었던 것이다.

> 초등학교 4학년 때부터 6시 반쯤 일어나가지고, 아빠가 그때 돈이 없어 가지고 항상 도시락을 싸가지고 다니셔서, 엄마가 반찬 만들 때 제가 일어나서 같이 했어요. [큰딸인가요?] 아니요, 언니는 초등학교 1학년 때부터 밥을 했다고 하대요. 언니, 오빠, 저, 그리고 밑에 동생 셋. 저는 자라면서 신세대 교육을 받았기 때문에 남자나 여자나 일을 똑같이 나눠서 해야 된다고 생각하고 있거든요, 근데 그게 잘 안 되죠.
>
> _28세, 미혼, 여, 가정교사

반면, 남성들에게 가사를 돕는 것은 어머니로부터 기대되지도 않을 뿐만 아니라 오히려 금기시되기까지 한다.

> 제가 봤을 때 어머님이 집안일을 다 하시고 또 누나가 같이 했으니까. 저는 어렸을 때 남자가 자질구레하니 집안일을, 예를 들어 설거지를 한다든가 걸레를 빨아가지고 청소를 한다든가 이런 것은 거의 집안에 있는 여자들이 하는 일이라고 알고 있었죠. 했다면 심부름 정도. 어머님은 보수적인 이런 분이니까 남자들이 부엌에 와서 뭘 한다든가 이런 것을 못마땅하게 생각하셨죠. 저는 꼭 해야 한다는 생각을 못 가졌죠. 밥상이 차려져야 밥을 먹는 이런 식이었죠. _36세, 남, 국어교사

이렇듯 남성들은 이미 학창시절부터 가사노동으로부터 자유롭게 학업에 열중하며 사회에서의 경쟁력을 키워나갈 수 있는 시간적·심리적 여력을 갖는 반면, 여성들에게는 어머니의 가사노동을 돕는 것이 당연시되었을 뿐만 아니라 심지어 남자형제들에 대한 뒤치다꺼리 역시 암묵적으로 요구되기도 한다. 또한 부모를 떠나 시골에서 도시의 상급학교로 진학할 경우에는 여자형제들이 남자형제들에게 밥을 해주며 학교를 다니는 것이 자연스럽게 이루어지기도 했다.

> 나중에는 자취를 했거든요, 시골에서 중학교를 나오고. 그때는 엄마가 일주일에 2~3일은 여기 와 계시고, 3~4일은 제가 오빠하고 남동생 밥해주면서 학교 다녔어요. 지금은 그렇게 하라고 그러면 못할 것 같아요(웃음). _36세, 여, 수학교사

그러한 배후에는 남성들은 후에 "가족의 생계를 보장해야 하는

가장이기 때문에 어머니나 여자형제들의 보살핌 속에서 학업에만 열중하여 졸업 후에는 바로 직장을 잡아야 한다"는 가족들의 기대나 사회적 분위기가 작용한다. 반면 여성들은 학창시절부터 가사노동에 대한 책임의식을 직접 내지는 간접적으로 교육받고, 졸업 후 직장을 선택함에 있어서 가정과 직장의 병행이 가능한 직업을 우선적으로 선택하게 된다. 즉 여성의 직업선택의 배후에는 바로 가정과 직장의 양립이라는 문제가 상당히 큰 비중을 차지하고 있다. 여학생들에게 "여자에게는 교사직이 제일"이라고 하는 부모님이나 주변의 권유 이면에는 "여성이 직장을 가져도 집안일은 떠맡아야 한다"는 기대가 반영된 것이다. 이는 교사직은 방학이 있고 출·퇴근시간이 비교적 안정되어 있어서 여성이 가정을 돌보면서 직장을 다니기에 적격이라는 점을 내포하고 있다. 실제로 많은 조사대상 여교사들이 이 점을 직업선택의 중요한 이유로 들고 있었다.

> 어렸을 때 보면 저는 그런 생각을 많이 한 것 같아요. 엄마가 너무 짠하고 그런 면이 있어요. 시골에서 살다보면, 그렇기 때문에 나는 저런 삶은 살지 않겠다, 독립적으로 살겠다, 그런 생각을 했었어요. 그래서 그것이 내 진로에 영향을 많이 끼친 것 같아요. 그래서 내가 할 일을 찾다 보니까 직업하고도 연결되고, 제일 그래도 우리나라에서는 그렇잖아요. 자식도 키울 수 있으면서 내가 할 수 있는 일이 교사겠다, 그런 생각을 했던 것 같아요. 고등학교 지나면서부터 생각했어요. 저도 계속 공부하고 싶었어요. 근데 고등학교 지나면서 그게 나한테 어렵다는 것을 알았어요. 왜냐면 우리 집이 대학을 졸업시키지 계속 공부하게는 시키지 않고, 그런 상황에서 딸인, 여섯 번째인 나한테 신경을 써주리라고는 생각을 못했거든요. 그러면서 맞춰가게 된 거죠. _32세, 여, 사회교사

이렇듯 여성들은 자신에게 주어진 조건 속에서 자신이 선택할 수 있는 최선의 전략을 세우게 된다. 즉 앞에 인용한 여교사처럼 많은 여성들이 자신의 어머니 세대보다는 좀 더 독자적인 여성으로서의 삶을 살기를 원하고 일을 위해 대학을 졸업하고 직장을 선택하고 있지만, 자신이 택할 수 있는 선택의 폭을 스스로 인지하고 그 범위 안에서 제한적인 '해방'을 시도함으로써 결국은 '전통'의 틀에서 크게 벗어나지 못하고 있는 실정이다.

> 제일 직접적인 동기는 대학 졸업했을 때, 엄마가 아들선호사상이 있었다고 했잖아요. 그래서 내내 대학 졸업할 때까지 집에서만 커 왔으니까 엄마로부터 탈출을 해보자 그런 게 컸어요. 저는 굉장히, 교수님들도 아버님도 전대 계시고 그러니까 내가 대학원 가고 계속하면 밀어준다는 교수님도 굉장히 많이 있었거든요. 그런데 그런 유혹을 다 뿌리치고 그때는 발령을 받아서 가면은 광주시내로 안 받고 저 멀리 발령이 나잖아요. 탈출을 할 수가 있잖아요. 그래서 그런 계기로 나는 교사를 처음 시작했던 것 같아요. 엄마로부터의 탈출, 아주 솔직한 거다 너무…(웃음).　　　　_39세, 여, 과학교사

서구와는 달리 여성들이 결혼 전까지 부모 곁에서 사는 것이 일반화된 한국에서 남아선호사상이 강한 어머니로부터 벗어나 자신의 삶을 구축하고자 시도했던 이 여교사의 선택이 '탈출'이라고 표현되고 있다. 이는 한국에서 여성들이 스스로 자신의 주체적인 삶을 개척해 나가기가 얼마나 힘든 것인지를, 그리고 한국 사회의 가부장적인 여성교육이 미치는 영향력이 얼마나 큰 것인지를 시사한다. 즉 강한 남아선호사상 하에서 교육받은 결과, 여성들은 사회에서 자신들에게 일반적으로 기대하는 것과는 다른 주체적인 선택을 ―결혼 전 부모로부터 독립하거나 독신으로 남으려 하는 경우와 같

이– 하게 될 때 이를 해방적 관점에서 자신의 자유의사에 의해 선택한 것으로 당당하게 평가하기보다 '탈출' 등으로 표현해야 할 정도로 자신감을 결여하고 있었다. 또한 이 여교사는 비교적 유복한 교수 집안 출신이었으며, 학창시절 성적이 전교에서 수석, 차석을 다투었던 점을 고려할 때, 여성들의 직업적 진로는 사회에서 '객관적' 변수로 인정되고 있는 성적이나 집안 배경과 같은 것들과 큰 상관관계 없이 여성으로서 받은 사회화가 결정적인 영향을 미치는 것으로 나타났다.[19] 결국 어린 시절부터 학창 시절까지 행해지는 성별 사회화 과정은 여성들에게 한편으로는 자신의 삶의 전략을 나름대로 터득하게 만들지만, 그 전략은 다른 한편으로 (가부장적인) 사회화의 영향 하에서 크게 벗어나지 못하는 제한적인 것일 수밖에 없는 것이 된다.

성별분업

해마다 증가하는 기혼여성의 경제활동으로 '남성은 직장, 여성은 가정'이라는 기존 성별분업 구조에 빠른 변화가 이루어지고 있다. 그러나 정작 가족 내부에서는 "남성은 생계를 책임지는 가장, 여성은 가사노동을 전담하는 주부"라는 '전통적' 역할분담에 기초한 이데올로기가 깨지지 못하고 재생산되고 있는 실정이다. 더 큰 문제는 이러한 성별분업 구조가 여성의 경제활동 증가와 함께 노동시장으로까지 전이되고 있다는 사실이다. 이는 여성의 경제활동 범위가 가사노동과의 연관성이 많은 직업으로 제한되고 있음을 통해 알 수 있다. 교사직의 여성화 역시 이러한 맥락에서 이해될 수 있다. 이와 더불어 지적되어야 할 또 다른 중요한 사실은 교직 내 노동분담에

---

19 이는 이 여교사가 "궁합이 좋다"는 이유로 집에서 권하는 농촌 출신의 평범한 교사와 결혼함으로써 자신의 '탈출'을 끝내고 있다는 사실을 통해서도 입증된다.

있어 학생을 가르치는 일 이외의 잔무나 학교행정업무 등의 분배에
있어 불공평한 성별분업이 존재하고 있다는 사실이다.

학과가 끝난 다음에 자율학습을 지도하는 그런 일 처리가 몇 사람
에게 편중되어 있는 것 같아요. 저 같은 경우는 교무과 기획 일을
보고 있습니다. 기준은 일을 열심히 하고, 제때제때 하는 사람한테
맡겨지죠. 여자, 남자 관계가 없습니다. 일반적으로 남선생님한테
많이 떨어집니다. 왜냐면 남자 위주로 모든 것이 이루어져요. 그리
고 여선생님들은 가정이라는 것 때문에 약간 그런 신뢰를 못 받는
것 같아요. 여선생님들은 잡일을 안 하게 되니까 그런 일 가지고 불
평하거나 그런 일은 없어요. 저는 그것에 대해 불만이 있죠.

_39세, 남, 독일어 교사

자신의 일처리 능력에 자부심을 갖고 있는 듯한 이 남교사는 한
편으로 학교 내에서 남녀 구분 없이 능력 있는 사람에게 일이 주어
지고, 다른 한편으로 남성 위주로 모든 것이 이루어진다는 모순적
인 진술을 하고 있다. 하지만 이 말을 다시 해석해보면, 결국 일처
리 능력에 있어서 남성의 우월을 전제하고 있는 것이다. 그도 그럴
것이 여교사들은 집안일까지 돌봐야 하는 부담 때문에 잡무가 맡
겨지지 않는 것에 불평하기보다는 오히려 좋아한다는 것이다. 이는
어떻게 보면 직장에만 전적으로 전념할 수 없는 여교사들의 이중노
동부담을 고려하는 듯하다. 하지만 이 또한 학교의 조직구조가 남
성중심적으로 돌아가고 있다는 점을 입증하고 있음에 지나지 않는
다. "일의 분배가 궁극적으로 성性과 무관하게 능력별로 분배된다"
는 신념이 존재한다는 것은 결국 여성과 남성 사이에는 직장생활을
위한 전제조건이 다를 수밖에 없다는 사실을 고려하지 않는 것이
며, 남교사와 여교사에 대한 능력평가가 남녀 간 서로 다른 노동조

건을 인정하는 가운데 이루어지지 못하고 있음을 의미한다. 즉 서로의 역할기대가 다르기 때문에 남녀에게 맡겨진 일의 내용이 다르며, 따라서 이에 대한 평가기준이 달리 정해져야 하겠지만 실제로 일에 대한 평가에 있어서는 남녀 구분 없이 일괄적으로 이루어지고 있었다. 여기서 무엇보다 문제가 되는 것은 직장세계가 성중립적이라고 믿는 허구가 존재한다는 사실에 있다.

> 일단은 내게 주어진 일을 열심히 하고, 그 다음에 또 더 열심히 하려고 하지만 지금 현실적인 체제에서 열심히 한다는 것은 학교에다 많은 시간을 줘야 하니까, 시간적으로 10시까지 애들하고 묶여있지 않으면 열심히 하지 않는 것으로 되어 있다고요, 지금. 그러니까 앞으로 음… 저번에 얼핏 들으니까 그 많은 여교사들 중에서 상급자인 여자는 교육계 만큼은 10%도 못된다고, 그럴 수가 있냐고 그러는데 당분간 계속될 것 같아. 지금 현 체제에서는 진짜로 어려워요. 그러니까 맡기면 하겠어요. 교직사회는 열심히 하면 인정해 줍니다. _39세, 여, 지리교사

위 면접에서 구체적으로 지적되고 있듯이 밤 10시까지 보충수업을 해야 하는 현재의 교육현실 하에서 −남교사와는 달리 가정에서의 연장노동이 기다리고 있는− 여교사가 남교사와 똑같은 역할을 학교에서 수행하고 그를 통해 인정받을 수 있다는 것은 사실상 기대조차 하기 힘들다. 여교사 역시 이 점을 강조하였다. 그러나 다른 한편에서는 직업세계에서 인정받는다는 것은 "실력만 있으면 된다"는 믿음이 존재하고, 그 실력을 갖추기 위한 기준이 얼마나 남성중심적인지는 −그것이 비록 가시적일지라도− 쉽게 문제제기되고 있지 못하는 것이 현실이다. 그럼에도 불구하고 주목해야 할 또 다른 중요한 사실은 남성과 똑같은 능력을 발휘하고자 애쓰는 여교사들

도 적지 않다는 사실이다.

이번에도 수학여행 때 보면 여선생님들이 담임이면 남자선생님을 한 명 더 붙여줘요. 여선생님들이 못하니까, 이런 경우도 있었고. 일을 시키면 힘들다고 한다든가 그런 이야기를 하는 경우도 있고요. 근데 사실 애들 앞에서는 다 같은 선생님인데, 여선생님이라고 (애들을) 통솔해서 안 되는 것은 아니거든요. 근데 그런 식으로 비유를 시키더라고요. 저는 그래요, 여선생님들도 할 수 있는 것이고, 여자는 가정을 가지고 집에 가서 일을 해야 하니까 이런 건 해서는 안 된다, 나를 시키지 마라, 그런 건 부당하다고 생각하거든요. 자기가 힘들지도 모르지만 그래도 직장은 직장이고 가정은 가정이다. 직장을 가지고 있는 동안까지는 그걸 별개의 것으로 생각해야 한다고 봐요.   _36세, 여, 가정교사

이렇듯 적지 않은 여교사들이 −나이와 무관하게− 그들에게 부과되는 가사노동을 통한 이중부담을 감내하면서까지 직장에서 인정받기 위해 노력하려는 마음가짐을 가지고 있었다. 여기에서 드러나는 문제는 직장 내의 위계적 분업이 실제 일에 대한 실무능력과 의지보다는 성별역할분담에 대한 고정관념 및 기대에 의해 이루어지고 있다는 사실에 있다. 이는 다시 말해 여성의 역할에 대한 사회적 편견이 여성들의 직장 내에서의 업무능력에 대한 평가나 승진에 오히려 많은 영향을 미치고 있음을 시사한다.

연수같은 것을 신청을 했는데, 능력대로 안 되고 주위 빽으로 들어가는 사람들을 보고 밥맛 떨어져 며칠동안 밥을 못 먹었어요. 컴퓨터 연수였는데, 점수가 있으니까 어른들이 교육청하고 가까우신 분들이 되셨어요, 속상해서 밥을 못 먹었네요(웃음). 저는 끝까지 하고

싶거든요, 절대 그만 둔다든지 그런 생각을 해본 적이 없어요.

_28세, 미혼, 여, 가정교사

하지만 여기에서 지적되어야 할 중요한 사실은 여교사들이 승진에 대한 욕구가 있거나 직장과 가사 일을 분리해서 생각하거나 또는 직장에서 남성 못지 않은 능력을 발휘하려는 의지가 있다 하더라도 직장과 동시에 가사를 병행해야 된다는 부담이 교사로서의 자질과 능력개발에 실제로 영향을 미치고 있다는 점이다.

그야 능력이지. 근데, 일단 여자가 거기서 딸리는 게 연수를 받는다고 하더라도 연수가 거의 한달 동안 걸리는 그런 기간이 있어, 그리고 지방으로 가야 되는 경우도 있고, 그럴 때는 남자선생님들은 가는 게 그리 큰 문제가 안 되는데 여자들은 문제가 되지.

_32세, 여, 독일어교사

그러나 가사노동을 병행할 때 따르는 어려움으로 여성들이 승진을 생각하지 않거나 못하는 것을 남교사뿐만 아니라 여교사 역시 거의 당연시하고 있다는 데 문제의 심각성이 있다. 반면 남성들이 가정을 위해 시간을 내지 못하고 직장 일에만 매달린다거나 승진을 위해 전념하는 것은 너무도 당연한 것일 뿐만 아니라 심지어 적극적으로 권장되기까지 한다.

그 어떤 능력보다 사회적으로 남자는 평생 평교사만 하면 쓰겠냐 하는 강력한 욕구가 있는 반면에, 여자는 남자가 같이 버니까 그냥 평교사에 만족한다는 스스로 그런 것도 있고, 사회적으로 남자는 출세를 해야 한다는 통념 때문에 남자들이 거기에 관심이 많고, 제가 현재 남자라면 승진에 대해서 눈에 불을 켜고 어떤 점수가 반

영되고 그런 것을 알았을 것 같아요. 근데 내가 스스로 포기하는
것이 있죠, 여자들이.   _36세, 여, 영어교사

　이렇듯 우리 사회에는 "여성은 가정에, 남성은 직장에 속한다"는
성별역할분담에 대한 고정관념이 직장을 다니는 여성들에게까지 뿌
리 깊게 각인되어 있다. 따라서 "남교사들은 집에 가봤자 할 일이
없으니까 8시까지 남아서 일을 할 수도 있지만 여교사들은 가정이
있으니까 일에 매달리기 불가능하다"는 인식이 여교사들의 일에 대
한 편견으로 이어진다. 비교적 위계가 약한 직업으로 알려진 교직에
서 일에 매달려 승부를 걸 수 있는 승진의 기회란 사실 주임교사를
거쳐, 교감, 교장이 되는 정도로 매우 제한적이다. 따라서 승진을
위한 경쟁이 심할 수밖에 없고, 결국 "여성화되어 간다"는 교직에서
도 역시 가정보다는 일에만 매달릴 수 있는 남성중심적인 가부장적
구조가 성별분업을 통해 더욱 공고화되어 있음을 알 수 있다.

　사무를 담당하는 데 있어서 여교사들은 새마을주임이나 윤리주임
이런 걸 해요, 대개는. 학교에서는 교무, 학생, 연구가 핵심이에요.
그런데 이런 거를 맡고 있는 여교사는 거의 없어요. 실제로 그런 능
력이 있는 사람이 있고, 하고자 하는 의사가 있어도. 그런 경우에
는 교장, 교감한테 평소에 잘 해야지만 주어지는 일이에요.
                                    _34세, 미혼, 여, 윤리교사

　결론적으로 (이미 중학교에서부터) 입시를 준비해야 하는 학생들을 위
해 거의 24시간을 학교에 매달려야만 능력이 있다고 인정받는 현재
의 교육구조 하에서 여교사들이 아무리 이중노동부담을 감수하고
직장에 충실하려고 노력해도 가사노동의 부담이 없는 남교사에 비
해 승진의 기회가 적고, 낮은 위계를 점할 수밖에 없는 것이 현실이

다. 때문에 여교사의 처우를 개선하기 위해서는 궁극적으로 현재의 위계적인 성별분업 구조가 일차적으로 변화되어야 할 것이며, 이를 위해서는 사회구조적인 변화가 함께 요구된다. 제도적인 변화를 유도할 수 있는 현실적인 대안은 무엇보다도 남성의 가사노동 참여를 유도하기 위한 끊임없는 문제제기가 이루어져야 하는 데에 있다. 그러나 실제로 많은 경우 여성들이 이중노동부담을 감내함으로써 자신들의 노동조건을 개선하기 위한 정치적 전략을 발전시키지 못하고 이중노동부담의 문제를 사적인 영역으로 가두어 놓고 있다. 어떤 '객관적인' 기준에 의해 능력을 인정받는 곳이 바로 공적 세계인 직장이라는 사회적 통념이 지배적이지만, 실제로 여성들은 남성중심적인 직업구조를 경험함으로써 모순적인 현실 속에서 끊임없이 혼란을 느끼게 된다. 여기서 중요한 것은 이에 대한 정치적 대안을 마련해가야 하는 데 있다. 그러나 많은 기혼의 직장여성들은 오히려 주어진 조건에 적응하려는 전략방식을 주로 채택함으로써 이중노동부담의 억압구조를 스스로 재생산하게 된다. 물론 이러한 전략방식은 여성들 스스로 의도했다기보다 그동안 살펴보았듯이 가부장제 하 여성들에 대한 사회화의 결과인 것으로 이해되어야 할 것이다.

여교사의 생존전략

여성들의 경제활동참가율이 저조했던 산업화 초기에 여성해방을 위한 전략으로 채택되었던 것이 주로 여성에 대한 교육기회의 확대 (자유주의 여성해방론)와 경제적 독립(프롤레타리아 여성해방론) 같은 것이었다. 그러나 이러한 전략은 후기 산업사회를 살아가는 현대 여성들에게 더 이상 전략의 의미를 상실한 채 이제는 당연한 여성관Verselbstaendigtes Leitbild이 되어 버렸다. 그리고 이와 더불어 당연시되고 있는 또 다른 여성상은 성별역할기대에 대한 적응이다(Prokop, 1976: 12-27). 즉 현대사회에서 많은 여성들은 직업을 통한 경제적 독립을 원하면서, 다른 한편으로 '가족중심적'이고 '낭만적인 사랑'을 동시에 꿈꾸고 있는 것이다(Beck & Beck-Gernsheim, 1990; 박혜경, 1993). 실제 여성들은 남성들보다 훨씬 더 '자상하고 가정적인' 배우자를 원하는 경향을 보인다(Schmidt & Sigusch, 1971; Reitz, 1974). 여성 경제활동의 급격한 증가를 경험해 온 지난 수십 년 동안 결혼을 기피하는 경향이 그에 상응할 정도로 증가하지 않았다는 사실은 이를 입증하고 있다. 물론 미혼여성의 결혼기피 현상이 증가추세에 있다고는 하지만 아직까지 한국 사회에서 의미있는 정도는 아닌 것으로 보인다.[20] 즉 아직도 많은 한국의 미혼여성들은 직업지향에 못지않은 가족지향을 나타내고 있는 것이다.[21] 여기서 가족지향이란 단순히 가정주부가 되고자 함을 의미하지 않음은 물론이다. 이렇듯 기존의 주부로서의 역할에 대한 문제제기 없이 성공적인 직장생활을 병행하기를 바라는 여성들의 가정과 직업에 대한 이중지향성은 —이 글에서 매번 강조되었듯이— 이중노동부담을 결과하는 것으로, 이러한 상황 하에서 여성의 경제활동 등을 통한 사회참여를 남녀평등과 동일시하는 것은 애초부터 잘못된 문제인식이라 보인다. 즉 여성의 사회참여를 위한 가부장적 주변 여건의 변화 없이 여성해방을 기대할 수

---

[20] 이러한 사실은 단독가구의 비율을 통해 유추해볼 수 있다. 1995년 현재 한국의 가구구성에 있어 단독가구가 차지하는 비율은 12.7%로 1980년의 4.8%에 비해 증가하고는 있지만, 2세대 가구가 63.0%로 아직까지 절대 다수를 차지하고 있다. 단독가구의 혼인상태를 보면 같은 해 미혼이 30.5%로 작지는 않게 나타나고 있지만 사별이 54.2%로 절대비율을 차지하고 있다(한국여성개발원, 2000: 85, 90).

[21] 이는 비단 한국적 상황만은 아니다. 한국 여성에 비해 여러 방면에서 비교적 '더' 빨리 그리고 많이 해방된 것으로 인식되고 있는 독일 여성들에게도 가족은 포기할 수 없는 가치이다. 특히 최근 어머니 세대의 여성해방주의 덕분에 자신들은 이미 해방되었다고 믿는 'girless'로 표현되는 신세대 여성들에게 가족지향은 더욱 증가하고 있는 추세이다. 이러한 가족지상주의는 정부의 가족보조금(양육비, 출산수당 및 세금혜택) 등의 지원을 통해 권장되고 있다. 그런 면에서 정부보조금 없이도 가족지향적 가치가 줄고 있지 않는 한국 여성들의 정서는 특이할 만하다.

는 없는 것이다.

직업지향을 위한 전략

우리 사회에서는 아직도 여성의 전통적인 역할에 대한 기대가 존재하고 여성들은 그 안에서 갈등하고 있지만, 그들을 그저 가부장제의 거대 권력 안에 이끌리는 힘없는 객체적 존재로만 인식할 수는 없다. 여성들이 나름대로 자신의 활동영역을 확장하기 위해 노력하였던 대표적 예는 앞서 지적하였듯이 경제활동에의 참여였다. 앞서 인터뷰를 통해 드러난 것처럼 많은 여성들이 어머니 세대의 '비참함'과 가부장제의 권위로부터 벗어나려는 노력을 하였고 그것은 일차적으로 자신의 직업을 가질 수 있는 교육과정의 이수로 나타났다.

> 선생만이 제일 좋은 직장이었어요. 대학갈 때 반대했지, 서울로 시험 보러 간다고 그러니까 차비를 안 줘요. 그래서 우리 엄마가 금반지 팔아서 간다고 그러니까 우리 아버지가 나는 워낙 사나워서 못 이기거든, 돈 내놓으라고 겁주고 싸우고 막 그러니까 차비를 줬어요. 우리 언니 대학 갈 때도 안 된다는 걸, 숙명여대 가정과를 나왔지. 못 가게 잠도 안 자고 지키시는 걸 우리가 비상금 마련해서 보따리 싸가지고 도망치듯이 시험 보러 갔어. 합격을 했는데 납부금 안 준다고 난리가 나니까 그때는 진짜 우리 엄마가 화를 냈지. 내가 나가서 남의 집 품팔이라도 해서 가르칠란다고, 엄마는 교육열이 대단했거든. 결국 딸들도 다 대학을 졸업했지.
>
> _50세, 여, 가정교사

위에서 인용한 여교사[22] 가정은 남녀차별이 심했던 아버지 밑에

---

[22] 연구참여자 중 다수의 여교사들이 30대였고, 이들 세대 때만 해도 여성이 교육을 받아

서 학업을 마치기 위해 언니와 어머니를 비롯한 여성들이 '단결'이라는 전략을 택하고 있다. 그 과정의 처절함은 앞의 인용문에서 충분히 서술되었을 것으로 보인다. 그녀가 스스로 지적하고 있듯이 어머니는 "아버지의 말씀을 기본적으로 거역하지 않았던 분이셨지만 딸들이 자신과 같은 인생을 가지 않도록" 최후에는 남편에게 저항하기까지 하였다. 그러나 그녀 역시 -앞서 인용한 다른 여교사와 마찬가지로- 자신의 이러한 직업선택을 '도피'라고 개념화하고 있었다. 즉 가부장제에의 도전으로 해석하기보다는 그로부터의 도피라는 것이다.

> 맨 처음에는 도피였지. 일종의 대학을 졸업하고 3년을 노는데 심심하고 그 다음에는 경제적인 이유였지. 무엇인가를 해서 돈을 벌어서 독립을 해야겠는데 여자가 할 수 있는 일이라는 게 직장에서 가장 대접받는 것이 교사가 되는 것이었어요.　　　　　_앞의 여교사

비록 여성들이 배우자 선택에 있어 남성보다 더 낭만적인 사랑을 꿈꾸는 경향이 있지만 직업선택에 있어서는 훨씬 더 현실적이었다.

> 엄마가 어렸을 때부터 여자는 선생님이 제일 좋다고 그랬고, 사실 나는 약대를 가고 싶었거든요. 약간 딸렸어요, 성적이. 학교에서 보던 것보다 덜 나왔고, 썼으면 아마 그래도 들어갔을 거예요. 근데 워낙 내 성격이 그렇고 집에서도 재수는 안 시킨다고 그래가지고 안정지원을 해서. 약대가면 집안 형편에 약국을 차려주지도 못할 것이고 그래가지고 그냥 사대를 갔어요.　　_36세, 여, 수학교사

야 한다는 사회분위기가 일반화되어 있었던 반면, 세대차이를 알아보기 위해 참고로 조사한 50대 여교사의 이야기는 당시 여성교육에 대한 사회분위기를 시사해준다.

어쩌면 여성들은 대학교육을 마칠 수 있다는 것만으로 만족해야 했을 것이다. 따라서 자신이 원하는 대학과 전공에 대한 선택의 여지는 남성들보다 훨씬 더 적었고 여성들은 그러한 선택의 여지보다는 대학을 졸업할 수 있게 되기만을 일단 바라고 있었던 것이다.

언니들 셋이 있는데 고등학교까지밖에 못 나왔어요. 근데 언니들이, 만약 큰언니가 교대를 갔었으면, 예비고사에 합격하고 그랬으면 아빠가 보내셨을 거예요. 근데 엄마가 애를 많이 낳고 그래서 건강이 안 좋고 그래서 언니가 많이 도와줬거든요. 그러다 보니까 언니가 공부를 제대로 못해서 대학을 못 갔어요. 이제 능력은 있다고 생각해요. 둘째 언니, 셋째 언니도. 밑에 남동생이 있거든요. 그 밑에 제가 있는데, 오빠는 남자니까 당연히 가야 하잖아요. 오빠를 보내니까 저는 대학 못 가는 건데 저는 제가 밀어 부쳤어요. 그러니까 부모님들이 보내주시고 그리고 남동생, 밑에는 다 대학을 나왔고 위에 언니 세 분만 못 나왔어요. 나한테 특별하게 편애를 해서 보냈다는 것이 아니라 제가 하니까 부모님께서는 보내준 거죠, 제가 안 했으면 안 보내줬을지도 몰라요. 큰아들에 대한 지지가 좀 유별났죠.   _앞의 여교사

여성들은 대학을 가기 위해서 공부를 잘 해야 된다는 것을 항상 의식해야 했다. 그렇지 않고서는 특히 식구가 많고 집안이 넉넉하지 않을 경우 남자형제들을 위해 일찍부터 어머니의 가사를 도움으로써 가정에 기여를 해야 했다. 물론 아들들은, 특히 장남일 경우 자신의 능력과 의사와는 상관없이 상급학교의 진학이 보장되어 있는 것이 당시 세대들이 자랐던 우리나라 가정의 현실이었다. 여자형제들 중에는 그나마 막내의 경우 남자형제들이 어느 정도 교육을 마치고, 부모들이 막내가 공부를 열심히 하는 것이 기특해서 –위에

서 인용한 여교사와 같이— 본인이 하기에 따라 대학교육의 기회가
주어지기도 한다. 그러나 여성들은 이미 교육과정에서부터 남성들
과 똑같이 인정받기 위해서는 몇 배의 노력을 해야 하는 것이다.

> 지금도 느끼는 게, 제가 학교를 다닐 때 공부를 잘했는데, 늘.. 우
> 리나라 교육과 가정 속에서 우리 모두가 영향을 받긴 하지만 저같
> 은 경우는 그것의 희생자란 생각이 들어요. 왜냐면 굉장히 다양한
> 직업을 학교나 가정에서 제시해 줬더라면 그리고 비전을 제시해 줬
> 더라면, 그런데 학교에서는 그냥 공부만 잘해가지고 여자가 갈 수
> 있는 직업이란 게 뻔한 걸 제시해 줬고요. (…) 저한테는 대학까지
> 가는 것이 부모님에게는 전부였을 수가 있죠. 니가 교수가 돼야 한
> 다거나 그런 얘기를 안 하셨으니까. 남자형제들에게는 달랐어요,
> 뭐가 되라는 요구도 많았고, 저는 결혼을 생각해서 아무래도 대학
> 도 여대를 권하고 이런 게 강했죠. 근데 남자형제한테는 그런 게 없
> 었으니까 그런 점이 제가 불만이었죠.   _37세, 미혼, 여, 국어교사

여대를 나와 좋은 곳으로 시집가기를 바랐던 부모님의 기대와는
달리 지금까지 미혼으로 남아있는 이 여교사는 학창시절 내내 수석
자리를 내준 적이 없다고 한다. 하지만 (당시만 해도) 이렇게 뛰어난 실
력을 갖춘 딸의 교육에 대한 부모님의 기대를 그저 "좋은 집안에 시
집가기 위해 대학교육은 필요하다"는 정도에 머물러 있었던 게 일반
적이었다. 실제 1993년 자녀의 성별 기대 교육수준을 보면,[23] 딸이
64.8%, 아들은 64.6%로 거의 비슷하게 나타나고 있지만, 자녀교
육의 목적은 딸의 경우 인격 · 교양(35.4%), 결혼 · 친구관계 유지
(25.5%), 취미 · 소질 육성(21.0%), 좋은 직장(12.9%) 순으로 나타난 반
면, 아들의 경우는 좋은 직장(36.8%), 인격 · 교양(34.5%), 취미 · 소질

―――――
[23] 이에 대한 1993년 이후의 통계치는 구할 수 없었음을 밝힌다.

육성(13.7%), 결혼·친구관계 유지(8.7%)로 나타나고 있다. 이는 교육을 통한 딸과 아들에 대한 부모님의 기대가 얼마나 '전통적'인 차원에 머물러 있는가를 제시해주고 있는 것이며, 오늘날 여성들에게 있어 대학이라는 고등교육의 한계를 반영하는 것이라 하겠다. 동시에 대학교육이 곧바로 직업선택으로 연결되지 않는 것이 한국 사회 여성교육의 현실이기도 하다. 이러한 현실 속에서 직장을 원하는 여성들은 가정과 함께 병행할 수 있는 소위 '여성적 직업'인 교사직을 택하게 되는 전략을 세우게 되는 것이다.

가족지향을 위한 전략

가부장제 사회에서 여성들은 교육과 직업획득을 위한 나름의 전략을 발전시켜 왔다. 그러나 여성들의 교육수준 및 경제활동참가율이 증가하여도 이에 상응하는 가족지향이 줄어들지 않고 있다.[24] 즉 여성들에게 직장과 가정은 그 어느 하나가 다른 하나를 위해 포기될 수 없는 필수적인 것으로 인식되고 있는 것이다. 결국 여성들의 교육기회의 확장 및 경제활동 참여의 증가라는 전략이 가부장제의 버팀목이 되고 있는 성별분업 체계를 해체하는 데까지는 미치지 못하는 것이다. 가정을 포기하지 않으면서 직장생활을 하기 위해 그들이 택하는 전략은 다음과 같다.

오후 5시 45분에 끝나거든요, 끝나면 서예학원에 가요. 애들이 시작했는데 엄마랑 같이 하면 좋아해서 동네학원에서 애들 글씨 쓸 때 나도 쓰고 (…) 학교 들어가기 전에는 일하시는 할머니가 있어서

---

[24] 여성의 경제활동을 의무화했던 구 동구권 사회에서도 교육 및 경제활동의 증가가 ―서구에서는 출산율이 감소되고 결혼이 늦어지는 데 반해― 출산율에는 별 영향이 미치지 않은 것으로 보고되고 있다. 즉 여성들이 가족에 대한 책임과 직장생활의 병행을 당연시하였던 것이다(Trappe, 1996: 365).

큰 애 키울 때 3년 사시고 작은 애 키울 때는 다른 분이 또 3년 사
시고 큰 애가 6살 작은 애가 4살이나 5살이 되어가지고 그 할머니
가 서울에 있는 딸집으로 가시게 됐어요. 그래서 친정집 옆으로 와
가지고 놀이방에 넣었더니 공간이 교실 절반이나 돼가지고 애들이
너무 아파요. 그래서 놀이방을 그만 두고 할머니 집에서 왔다갔다
하고 있었어요. (…) 저는 휴일이라고 해서 잠을 별로 안 자요. [시
간을 효율적으로 사용하고 계신다고 생각하세요?] 글쎄, 집에서
놀고 있다면 어영부영할 시간도 많이 있겠지만 직장을 다니면 아무
래도 시간이 한정되어 있잖아요. 한정된 시간에 모든 일을 다 해야
하니까 그렇게 쓸 수밖에 없겠죠.   _39세, 여, 과학교사

아이들을 방과 후 사설학원으로 보내는 것과 같은 방법은 맞벌
이 어머니들이 흔히 취하는 전형적인 전략으로 보인다. 자신의 취미
생활을 위해 따로 시간을 내기 힘들기 때문에 아이들과 함께 취미
활동을 하는 전략을 짜기도 한다. 무엇보다도 여성들이 가정과 직
장생활을 병행하기 위해 취하는 전략 중 가장 고전적인 형태는 아이
들을 어린이집이나 유치원에 맡기는 것이다(Trappe, 1996: 361). 그러나
경제적인 여건이 되는 중산층 여성들은 공공 혹은 사설 보육시설보
다는 도우미를 두거나 친정부모에게 아이를 맡기는 방법을 선호한
다. 친정부모가 사는 집 근처로 이사가는 것은 이제 여성들이 흔히
쓰는 전략 중 하나가 되었다. 또한 취업주부의 가사노동시간이 전
업주부의 가사노동시간보다 짧다는 연구결과들이 나오고 있듯이,
가사노동을 전업주부처럼 완벽하게 하려고 하지는 않는다. 그러다
보니 이를 "직장생활도 가정생활도 엉망이다"라고 표현하는 여교사
들도 있지만, 이 또한 여교사들이 직장생활을 위해 어쩔 수 없이 택
하게 되는 전략이 아닐 수 없다. 무엇보다도 위에 인용한 여교사의
지적처럼 주어진 시간이 한정되다보니 시간을 효율적으로 쓰기 위

해 적지 않은 노력을 기울일 수밖에 없는 것이 현실이다.

> 처음에 결혼해서 토요일, 일요일은 집안일 하느라고 정신이 없는데
> 요. 그 사이에 요령이 좀 생기고 애들도 크다보니까 이제 가능하면
> 토요일에 일을 다 끝내는데, 신세대 주부는 금요일에 다 끝낸다는
> 말을 듣고 노력을 해보기로 했어요. 토요일에 일을 하게 되면 확실
> 히 애들하고 노는 시간이 적어지고 그런 게 있어서, 주로 토요일에
> 퇴근해서 특별한 일이 없으면 일주일 동안 못했던 대청소나 집마무
> 리를 하고 일요일은 가능하면 가족끼리 애들하고 시간을 보내려고
> 노력을 하는 편이에요. 일요일에도 일을 막 해야 겠다 그런 생각은
> 최근 들어서는 안 해요. 자신만의 여가시간을 일상에서 찾아 쓴다
> 는 것은 참 힘들고요, 그게 전혀 없다는 것은 너무 슬프더라고요.
> 그래서 자투리 시간을 내기로 했어요. 우리 애들을 주로 9시에서
> 10시에 재우는데 그게 일정하지는 않지만 자고 나면 책을 본다든
> 가 뭘 하나 정해서 계속한다는 건 애들이 아직 어려서 엄두를 못 내
> 겠어요. 애들이 크고 나면 내가 하고 싶은 것을 해야 겠다는 생각
> 을 갖고 있는데 아직까지는. 그것 때문에 못했다고 스트레스 쌓이
> 면 나만 손해니까 스트레스를 안 받으려고 노력해요.
>
> _38세, 여, 교련교사

위에 인용한 여교사는 "시간을 효율적으로 쓰고 있다고 생각하
지 않는다"고 말하고는 있지만 '자투리' 시간을 활용하는 요령을 터
득하고 있을 만큼 자신의 시간을 내기 위해 부단히 노력하고 있음
을 알 수 있다. 신혼 때는 집안 일과 직장 일을 완벽하게 해보려고
욕심도 냈던 것으로 보이는 이 교사는 두 아이를 키우면서 직장생
활을 하기가 쉬운 일이 아니라는 것을 깨달은 뒤로는 집안일을 완
벽하게 하려는 욕심을 부리지 않을 정도의 요령을 터득하고 있었

다. 무엇보다 자신만을 위한 여가시간의 부재가 아쉽다고 하지만 여가를 즐기거나 스트레스 해소를 위한 방법을 따로 마련하기가 힘든 현실 때문에 가능하면 스트레스를 받지 않으려고 노력하는 것을 하나의 전략으로 세우고 있었다. 직장과 가정을 병행하기 위한 이 모든 노력들은 "여성들이 직장을 다닐 경우 가족 일에 소홀해질 수 있다"는 편견과 눈총으로부터 벗어나려는 여성들의 전략이 아닐 수 없다. 즉 가정을 포기하든지 직장을 포기하든지 하는 것이 낫다는 통념에서 벗어나 직장을 다니더라도 가정에 충실하려고 하는 여성들의 의지를 보여주는 것이다.

> 제 생각에도 그렇데요, 왜 여교사가 굳이 올라(승진)가려고 기를 쓰는지 모르겠어요. 좋은 가정을 이끄는 것이 좋지 않나 싶은데. 그건 상관이 없다고 봐요, 가정에 관심이 없고 그러면. 그러면 가정을 버리든지 아예 학교를 선택하던지. 둘 다 잘하려고 하는 건 정말 바보같은 짓이다, 성취감을 한 군데서 느끼기도 힘든데 두 군데서 느끼려고 한다. _28세, 미혼, 남, 기술교사

이렇듯 남성들에게는 여성과는 달리 가정과 직장을 병행한다는 관념자체가 성립하지 않는다. 결국 여성들이 "양자를 다 잘하려고 하는 것은 무모할 뿐만 아니라 불가능하다"고 생각하는 ─위에 인용한 남교사와 같은─ 남성들은 직장을 위해 가정을 포기하고 있는 자신들의 전략을 인정하고 있는 것이다. 직장을 가진 여성들이 직장 때문에 가정을 소홀히 하는 것은 용납이 안 되지만, 직장 남성들이 가정을 소홀히 하는 것이 불가피한 것으로 인식되는 이유는 여성들에게만 이루어지고 있는 현대의 이중사회화 때문이다. 즉 남성들은 아직까지도 가족의 생계를 책임지는 가장으로서의 역할에 충실하면 되는 것으로 기대되는 반면, 여성들은 남편을 내조하고 아이

들을 키우는 가정주부로서 뿐만 아니라 가족경제에 보탬을 주는 '경제보조자' 역할까지 수행하도록 사회화되고 있다.

가족친화적 여성정책을 위한 제언

이제까지 여성들이 취해 온 생존전략이 가부장적 성별분업 구조의 해체보다는 공고화에 직·간접적으로 기여하게 되는 한국 여성들의 가부장제 해체를 위한 해방전략의 제한성과 부적절성에 대해 논의하였다. 남녀평등의 기초는 여성만 어떻게 달라져야 한다고 할 것이 아니라 남성 역시 달라져야 한다는 문제제기를 통해 다져질 수 있다. 그러나 가부장제의 해체를 원하는 여성들은 증가하고 있지만, 남성들은 아직까지 그 필요성을 느끼지 못하고 있다. 따라서 현시점에서 중요한 것은 여성들에게만 변하라고 할 것이 아니라 남성들도 함께 변해야 한다는 점이다(김미경, 2000). 결국 앞으로의 여성해방론적 전략은 남성들의 변화를 유도하기 위한 방향으로 나아가야 할 것으로 보인다. 그러기 위해서는 '사적인 문제의 정치화'[25]가 더욱 이루어져야 할 것이다.

면접한 여교사들은 직장을 가진 부부사이의 공평한 노동분담의 문제를 정치적인 문제로 보지 않으며, 개인적인 문제로 이해한다. 또한 "노동문제는 정치적 주제가 되더라도, 가정문제는 그렇지 않다"는 공사분리 견해가 아직까지도 지배적이다. 인터뷰를 한 여성들 중 한두 명을 제외하고는 사회의 역할기대에 상응하게 자신의

---

[25] 공적인 부분과 사적인 부분의 경계는 모호하고 까다로울 수밖에 없다. 남편의 아내구타나 고부갈등이 개인적인 문제가 아닌 사회문제로 인식되기까지는 많은 시간과 —여성운동가 및 문제를 가진 당사자들의— 노력이 필요하였다. 아직까지 공적인 문제로 인식되고 있지 않는, 모성 이데올로기를 강요하는 사회분위기로부터 결과하는, 여성들이 안고 있는 문제들이 너무도 많다. 그 중 하나가 바로 육아나 가사노동에 있어서 남편과의 분담 문제이다. 그러나 아직까지 우리나라의 현실은 여성 스스로 '모성'에 대해 문제제기하기가 매우 힘든 실정이다.

'여성으로서의 역할'에 충실하려고 노력하였다. 그 결과 취업 여성들은 이중노동부담을 자의반 타의반 떠안고 있을 수밖에 없다. 기혼 취업여성의 가정과 직장을 통한 이중노동부담은 근래 여성계에서 가장 많이 제기하고 있는 문제 중 하나가 되었다. 더불어 기혼여성들이 가정과 직장을 병행할 수 있는 사회정책적 제언을 위한 연구들이 활발하게 이루어지고 있는 실정이다. 그러나 직장을 가진 기혼여성의 가사부담에 관한 문제는 국가정책 차원으로만 해결될 수 없는 보다 복잡한 사회구조적 문제들과 중첩되어 있다. 여기서 제도적 변화 못지않게 중요하게 고려되어야 할 점은 기혼 취업여성들의 성역할에 대한 태도나 의식변화의 문제이다. 이는 성역할 고정관념에 대한 탈이데올로기화(Fraser, 1997) 노력을 통해 가능하다.[26] 취업여성의 의식구조의 변화가 선행하지 않고서는 남성들의 가사노동에의 참여 또한 기대하기 힘들다.

여성들은 남성 가장의 배후에 가려져 이제까지 드러내지 못했던 자신들의 ―가정에서 뿐만 아니라 사회 및 경제 영역에서― 역할에 대해 강조할 수 있는 자신감을 가지고 사적인 문제로 보이는 가정과 직장을 통한 이중노동부담의 문제를 정치화하고 공론화하여야 할 것이다. 이를 위해 누구보다도 이중노동부담을 안고 있는 ―특히 취업한 기혼― 여성 스스로 주체가 되어 남성들이 그 부담을 분담할 수 있도록 더 많은 정치적 해방전략을 발전시켜야 할 것이다. 이제까지 여성들이 가부장제적 권위주의로부터 한발 벗어나려는 노력으로서 직장생활을 통한 사회참여라는 전략을 세워왔다면(Prokop,

---

[26] 한 가지 예로서 노동시간 단축은 직장과 가정에서 남녀의 노동부담을 공평하게 분배하기 위한 실현가능한 정치적 대안으로 여겨져 연구참여자들에게 노동시간 단축에 대한 견해를 물어보았다. 그러나 거의 대부분의 교사들이 단축된 노동시간을 본인의 건강과 여가를 위해 활용하겠다고 답변하였다. "아이를 위해 더 많은 시간을 할애하겠다"는 대답은 단지 여성들만이 하였다. 남교사들 중에서는 어느 누구도 만약 노동시간이 단축된다면 가족과 더 많은 시간을 보내겠다고 이야기하지 않았다. 이는 성역할 고정관념에 대한 탈이데올로기화 과정이 남녀 역할의 공평한 분담을 위해 얼마나 중요한지를 시사한다고 하겠다.

1976), 앞으로는 그 결과로서 발생한 이중노동부담으로부터 벗어나기 위한 전략을 세워나가야 할 것이며, 그 중심에는 남성들의 참여를 유도할 수 있는 가족친화적 정책이 자리매김되어야 한다.

chapter 3.

노인복지에 대한 가족사회학적 접근

-노인부양 문제를 통해 본 노인복지와 여성복지의 관계에 대한 시론적 고찰

문제제기

많은 사회학자들은 21세기 한국 사회를 고령화사회aging society라 부르기를 주저하지 않는다.[1] 산업화 이전 50세를 웃돌던(1960년 52.4세) 평균수명이 1990년 76.2세로 30년 사이에 20년 이상 연장되었고, 2020년에는 78.1세에 이를 것으로 예상된다(보건복지부, 1997). 노년사회학에서는 대부분 현직에서 물러나는 '은퇴' 시기를 기준으로 65세 이상을 노인으로 정의하는 것이 일반적이다. 많은 노년사회학자들은 노인인구가 2020년 전체 인구의 11.4%를 차지하게 될 뿐만 아니라 14세 이하 연소인구 100명에 대한 65세 이상 인구비(노령화지수)가 69.1%나 차지할 것이라는 사실을 가장 큰 노인문제로 지

---

1 UN이 정한 '고령화사회'란 65세 이상의 노령인구가 전체 인구의 7%에 해당하는 것을 말한다(남기민, 1998: 13). 반면, 노년학자들은 노령인구 비율이 7~10%인 나라를 고령화사회라 보고 있다(최순남, 1999: 360). UN의 기준은 1957년에 정해진 것으로, 프랑스의 경우 이미 1865년에, 그리고 미국은 1945년에 7%에 도달했음에 비추어 2020년에 이르면 고령화사회에 대한 기준이 상향조정될 것으로 보인다.

적하곤 한다. 그 대표적인 예는 노인인구의 증가와 평균수명의 연장
은 (전체 인구에 있어서 15세 이상 64세 이하의) 생산인구를 저하시킴으로써 노인
들의 문제와 욕구를 해결하고 예방하기 위한 사회적 비용을 증가시
켜 사회적 부담을 증가시키게 된다고 보는 시각이다(이혜원, 1998: 66).

이 장은 이러한 '부양지수'나 '노령화지수'의 사회학적 의미에 대
한 문제제기에서부터 출발하고 있다. 여기에서 무엇보다 지적되어
야 할 점은 바로 '노인문제'를 바라보는 기존 노년사회학의 시각으
로, 이를 달리 표현하면 현대화 이론이 노년사회학에 미친 영향에
대한 문제제기라 할 수 있다. 즉 기존의 노년사회학은 많은 경우 노
인들의 사회에서의 지위는 그 사회의 현대화(산업화) 정도에 반비례한
다(Cowgil & Holmes, 1972: 1)는 현대화 이론의 가설로부터 출발하고 있
다. '부양지수'나 '노령화지수'에도 역시 이 현대화 이론의 영향을 느
낄 수 있다. 즉 경제력을 상실한 노인들은 젊은 세대들에게 부담과

<표 3-1> 우리나라 노인인구의 연령구성과 관련된 주요 지표의 추이

연도	3대 연령집단별 구성비(%)			부양지수(%)			노령화지수 (%)
	연소인구 (0~14세)	생산연령인구 (15~64세)	노인인구 (65세 이상)	총 부양 인구지수	연소인구	노인인구	
1960	42.9	53.8	3.3	86.0	79.9	6.1	7.7
1966	43.5	53.3	3.3	87.9	81.7	6.2	7.6
1970	42.1	54.6	3.3	83.3	77.2	6.1	7.8
1975	38.1	58.4	3.5	71.1	65.2	5.9	9.1
1980	33.8	62.3	3.9	60.5	54.3	6.2	11.4
1985	30.1	65.6	4.3	52.4	45.9	6.5	14.3
1990	25.9	69.4	4.7	44.1	39.3	6.8	18.2
1995	23.4	71.2	5.3	40.3	32.9	7.4	22.6
2000	21.6	72.0	6.4	38.9	30.0	8.9	29.6
2005	20.8	71.6	7.6	39.7	29.1	10.6	36.5
2010	19.4	71.9	8.7	39.1	27.0	12.1	44.8
2015	17.8	72.4	9.8	38.1	24.6	13.5	55.1
2020	16.5	72.1	11.4	38.7	22.9	15.8	69.1

※ 자료: 1960~1986년은 각 연도별 인구센서스 보고서, 1990~2020년은 경제기획원조사통계국 (1988).
※ 장래인구추계 등과 같은 원자료만을 이용할 경우 노령화지수와 부양지수를 직접 산출해야 하는 부담이 있어 이미 이러한 작업이 되어 있는 이혜원(1988: 61)에서 재인용하였다.

짐으로 간주되며, 노인의 삶의 질은 젊은 사람들의 시각으로 끊임없이 반추되고 있는 실정이다. 그 한 가지 예로, 노인의 부양지수 증가현상을 이야기할 때, 노인인구에 대한 부양지수가 1960년 6.1%에서 1995년 7.4%로 크게 증가하지 않은 데 비해 2020년에는 15.8%로 2배나 증가하게 될 것이라는 것이 강조될 뿐, 연소인구의 감소(1960년 79.9% → 1995년 32.9% → 2020년 22.9% 추정)에 따른 총 부양인구지수의 감소(1960년 86.0% → 2020년 38.7% 추정)는 지적되지 않고 있다. 즉 〈표 3-1〉은 노인인구의 증가 추세보다 빠른 연소인구의 감소로 인해 생산인구의 부양부담은 오히려 감소하고 있음을 보여준다.

여기에서는 이러한 '부양지수'나 '노령화지수'라는 통계치의 변화에 담겨 있는 행위자의 사회적 관계의 변화를 읽어내고자 한다. 즉 이 글은 이러한 통계치에는 나타나지 않는 "노인을 부양해야 하는 실질적 당사자는 누구인가"라는 문제제기로부터 출발하고 있으며, 노인부양의 구체적인 내용을 분석함으로써 노인부양에 대한 기존인식의 틀로부터 벗어난 새로운 논의를 시작하고자 한다. 즉 노인부양의 문화적 가치로 작용하고 있는 '효' 사상은 봉건적 가족관계의 산물이었던 유교의 권위주의에 기초하고 있다. 따라서 오늘날 산업화에 따른 가족관계의 변화를 반영하지 못하고 단지 도덕적 명제로서만 기능하고 있는 경우가 많다. 뿐만 아니라 자유와 평등을 추구하는 현대인들의 사상적 기반을 반영하지 못하고 있는 실정이다. 따라서 이러한 변화를 반영할 수 있는 '효' 개념이 새롭게 재정립되어야 할 시점에 이른 것이다. 한국 사회에서 노인복지에 대한 논의가 이루어지기 시작한 역사는 길지 않다. 그 가운데서도 논의는 주로 실버타운의 설립이나 연금제의 도입과 같은 가족 외적인 요인에 초점이 맞춰져 왔다. 이러한 경향은 '효'라는 가치가 포기되어 가는 사회적 분위기를 반영하는 것으로 보인다. 그러나 노인복지의 관건은 봉건적 가족관계를 반영하는 전통적인 효에 대한 강조보다는 변화하는 현대의 가족관계를 반영하여 효가 장려될 수 있는 정책을 개발하는 데 두어야 할 것이다. 이러한 작업이 이루어질 때 비로소 노인문제를 가족사회학적 관점에서 접근할 수 있을 것이다. 따라서 이 장에서는 노인복지에 대한 기존의 연구들이 당위적으로 효를 강조하거나, 효 개념의 새로운 구성을 위한 노력보다는 가족 외적 차원에서의 정책 마련에 주안점을 두고 있는 경향이 있다고 보고, 노인문제에 대한 가족 내적인 차원에서의 접근을 시도하였다.

산업사회에서 노인의 지위: 여성의 경제활동 증가가 노인부양 실태에 미친 영향을 중심으로

한 연구조사(성규탁, 1989)[2]에 따르면, 노인부양의 주체는 대부분 기혼(68.6%)과 여성(67.0%)이며, 직업적으로는 가정주부(35.2%)가 가장 많은 것으로 나타났다. 결국 노인부양은 주로 전업주부에 의해 이루어진다는 것이다. 물론 노인부양은 경제적 부양, 신체적 부양, 정서적 부양으로 세분화되며(최순남, 1999: 533-536), 주 부양 주체가 전업주부라는 사실은 경제적 부양의 책임이 아직까지 여성보다는 남성에게 주어져 있다고 할 수 있다. 그러나 "실제로 노년기의 부모관계에서 노인의 생활만족도에 영향을 미치는 요인은 경제적 부양보다는 정서적 부양 및 동반자 의식"(Brody, 1981; 김경신, 1997: 53에서 재인용)이라는 연구결과뿐만 아니라, 부양 내용에서도 용돈마련과 같은 물질적 부양은 3.7%로 14위에 불과한 반면, 와병 중인 부모간병(1위), 식사시중(3위), 목욕시중(6위), 대화상대(8위)와 같은 신체적, 정서적 부양의 주 책임자는 경제적 부양을 위해 장시간 가정 밖에서 활동하고 있

---

2 이 조사는 817건의 효행사례를 통해 한국인의 효행에 관해 연구한 것이다. 비록 이 연구에서 제시하고 있는 자료가 상당 기간 지난 것이기는 하지만 오늘까지도 시사하는 바가 크므로 여기에서 몇 가지 결과를 인용하였다.

는 남성이라기보다는 대부분 여성의 책임으로 맡겨져 있다는 사실을 알 수 있다.

그러나 산업화, 도시화와 함께 수반되는 사회·문화적 변화는 노인정책의 기본방향의 설정에 변화를 가져왔으며, 그 중에서도 가족구조 및 구성원의 변화, 특히 기혼여성의 취업률 증가가 큰 변수를 차지하고 있다(김경신, 1994; 김태현, 1994). 실제로 기혼여성의 경제활동 참여는 1980년대 중반 이후 지속적인 증가 추세에 있으며,[3] 여기에서 특히 주목해야 할 점은 이들의 임노동화 현상이다.[4]

> 여성의 임노동화 현상은 산업화 초기 대부분 미혼여성에게서 나타났고, 기혼여성들은 거의 자영업에 기초한 경제의 비공식부문에 참여하여 왔다. 그러나 1980년대 이후 미혼여성과 기혼여성의 임노동 참가율에 커다란 변화가 초래되어, 1980년 14.4%에 불과했던 기혼여성 임노동자 비율이 1992년 37.5%로 급증하였다. 더불어 이러한 기혼여성의 임노동화 현상은 비단 저학력, 저임금에 기초한 불안정 고용관계에서만 나타나는 것이 아니라는 점에 주목할 필요가 있다. 1980년대 이후 대학교육자율화 정책에 의해 배출된 많은 고학력 여성들의 노동시장 진출과 함께 종일근무 고학력 기혼여성 비율 또한 증가 추세를 보이고 있다. (김미경, 1999: 4)

---

3 여성의 경제활동참가율은 미혼여성의 경우 1985년 44.7%에서 1998년 46.0%로 큰 변화가 없는 반면, 기혼여성은 같은 기간 동안 41.0%에서 47.3%로의 높은 증가 추세를 보이고 있다(통계청, 경제활동인구연보).

4 기혼여성의 임노동화 현상은 노인부양과 관련해 중요한 변수로 작용한다. 여성의 경제활동 참여는 경제의 공식부문과 비공식부문으로 나누어 접근할 수 있는데, 기혼여성들의 경제활동 참여가 주로 비공식부문과 생존생산(Subsistenzproduktion: Mies, 1983: 116)부문으로 제한되어 있었던 산업화 초기까지만 해도 자녀양육이나 노인부양이 사회문제로서 대두되지 않았다. 산업화가 야기한 생산노동과 비생산노동의 분리로 가사 내외적 노동의 분리가 심화되었고, 주로 집안을 중심으로 경제활동을 해오던 기혼여성들의 노동장소가 공/사가 분명한 공식부문으로 이전되면서 가사노동 병행의 문제 역시 사회문제로 부각되기 시작한 것이다(Kim, 1999: 6-8). 여기에서 여성의 임노동화 비율은 경제활동참가율보다 더 적절하게 경제의 공식부문에의 편입을 가시화해주는 사회지표가 될 수 있다.

결국 여성들의 교육수준 향상에 따른 경제활동의 질적·양적 증가는 노인부양에도 직접적인 영향을 미치고 있는 것이다. 더불어 이혼율 상승[5]과 같은 가족해체 현상 등으로 노인부양의 문제는 기존의 '효'를 기반으로 한 전통적 형태와는 다른 새로운 해결방안이 요구되고 있다.

그러나 노인부양에 관한 기존 논의들은 산업화가 낳은 도시화 및 핵가족화와 함께 노인들에 대한 부양의식의 결여에 대해 지적하면서 노인부양의 실질적 책임자인 여성의 노인부양의식의 결여를 비판하고 있다. 물론 여성들의 경제 공식부문에의 참여 증가로 부양책임의 '회피' 내지는 부양의무로부터의 '해방'을 시도하는 경향이 나타나고 있는 것은 사실이다. 하지만 아직까지 한국 사회는 서구에서와 같이 여성의 교육수준과 경제활동 상승이 수반했다는 여성의 '후발 개인주의화 Nachgeholte Individualisierung' (Beck & Beck-Gernsheim, 1990)에 대해 이야기할 수 있을 정도로 여성들이 직계가족의 영향력 하에서 벗어나 있다고 할 수는 없다. 즉 한국의 가족구조는 평균 가구원수가 4인에도 못 미치는 핵가족화의 경향을 보이고는 있지만, 내용적으로는 아직 직계가족의 형태를 유지하고 있는 실정이다. 직계가족 이념은 이를 사회적 규범으로 삼았던 조선시대에는 오히려 현실적으로 3세대 가구를 이룰 수 있을 만큼 오래 산 사람도 적었고 그만한 가구가 살만한 경제력을 가진 가족도 드물어 하나의 유교적 이상으로만 남아 있었다 한다. 오히려 평균 수명이 길어지고 물질적인 여유가 생긴 오늘날 그러한 규범의 적용대상이 된 가족이 많아졌다는 것이다(정진경, 1999: 55). 따라서 기혼여성의 경제활동 증가가 경제적 독립을 통한 여성의 지위향상에 기여하거나 개인주의화를 수반하기보다는 가사와 육아 등을 통한 노동의 이중부담 내지는 —노

---

[5] 1993년 현재 결혼 7건당 1건(15.0%)이던 이혼율이, 1990년 이후 급증하여 1998년 32.1%(3건당 1건 정도)로 서유럽과 비슷한 수준에 이르고 있는 것으로 나타났다(통계청, 1999).

인부양을 통한— 다중부담Mehrfachbelastung을 더 심각하게 야기했다
고 봐야 할 것이다(Kim, 1999: 22-24). 여성의 다중노동부담에 관한 논
의는 가족복지가 상대적으로 잘 발달해 있는 서구에서도 아직까지
중요한 (여성)사회학적 주제가 되고 있는 실정임을 감안할 때, 이렇
다 할 복지체계를 아직 정비하지 못하고 있고 가족이 여전히 사회적
안전망 역할을 하고 있는 한국 사회의 현실에서 중요한 사회학적
주제가 아닐 수 없다.

결국 여기에서 주목되어야 할 점은 산업화 및 핵가족화에 따른
여성의 경제활동을 통한 사회진출이 여권신장과 부부중심의 평등
주의를 수반한 것만은 아니라는 사실이다. 실제로 산업화와 함께
이루어진 기혼남성의 임노동화는 남성들을 빠르게 가내노동으로부
터 해방시켰으나, 기혼여성의 임노동화는 여성의 가사노동으로부
터의 해방을 극히 제한적이고 부분적으로밖에 이끌어내지 못하였을
뿐만 아니라, 오히려 여성들에게 이중노동부담을 초래하였다(김미경,
1999: 4). 그 이유는 여성의 경제활동 참여에 상응하는 남성의 가사노
동 분담이 이루어지지 않고 있기 때문이며, 이러한 현재의 성별분업
하에서 여성의 경제활동을 통한 노인부양 의식의 하락을 논할 때는
노인복지의 차원에서 뿐만 아니라 여성복지를 위한 시각에서도 검
토해볼 필요가 있다. 즉 노인복지와 여성복지의 관계는 어느 하나
가 다른 하나를 배제한다고 볼 수 없으며, 노인문제를 여성문제와
별개의 범주로 접근할 수 없다.

일부 여성단체에서는 호주제도 자체를 폐지해 버리자는 운동을 …
그러나 가사결정권도 재산관리권도 모두 젊은이들에게 넘겨준 노
인들에게는 설사 호주라는 칭호가 상징적인 성격의 것이라 하더라
도 이것만은 놓치고 싶지 않다고 한다. 만일 우리나라가 앞으로 호
주제도마저 폐지한다면 … 우리의 전통적인 가족제도는 전면적으

로 붕괴되지 않을 수 없는 위기를 맞이하게 될 것이다. (박재간, 1995: 50)

이와 같은 지적은 노인복지를 여성복지와는 별개로 접근하는 데에서 비롯된 것으로 보인다. 그러나 여기에서 '전통적인 가족제도'의 붕괴 자체를 문제 삼기보다는 오히려 '가족제도'가 어떤 방향으로 재정립되어야 할 것인가가 논의되어야 할 것이다. 기든스가 지적하고 있듯이 근대와 완전히 결별한 현대란 존재할 수 없다(Giddens, 1996). 결국 현대적인 가족형태는 근대적인 가족구조의 기반 위에 서 있는 것이지만, 현대적인 생산체계와 가족관계를 반영하는 것이어야 한다. 노인복지 문제 역시 이러한 논의의 연장선상에서 접근되어야 할 것이다.

현대사회에서 노인의 지위 하락을 논하는 학자들은 대부분 현대화 이론에 근거하고 있으며, 그들이 비판하는 가족 내부의 부양의식의 변화는 결국 여성의 부양의무의 약화를 지적하고 있는 것으로 보인다. 현대 산업사회의 경쟁 속에서 갈수록 빨라지는 정년으로 인해 느끼게 되는 남성들의 상대적 박탈감을 '산업화에 따른 노인의 지위 하락'으로 받아들이고 있는 것이다. 이는 '노인'이라는 개념 아래 '생산적' 경제활동의 주체로서의 남성이 주로 지칭되고 있음을 반영한다. 실제로 여성들은 노인이 되어서 새삼스레 지위가 하락된다고 느끼지 않으며 혹은 하락될 지위가 없으며, 나이를 먹을수록 오히려 주위로부터 대접을 받는 경우가 더 많다. 즉 우리의 문화는 여성을 연장자로서는 대우하는 것이다. 결국 문제는 산업화에 따른 여성의 경제활동 증가와 함께 수반되는 상대적인 지위향상을 여성의 여권신장으로만 해석할 수 있는가 하는 데에 있으며, 필자는 여성의 경제활동 참여를 —앞서 여러 번 지적했듯이— 오히려 다중노동 부담의 증가라는 차원에서 바라보아야 한다고 본다. 또한 노인의 지위 하락에 대해 일반화시키기에는 실제로 노인들 내부에도 경제력의 수준이 상이하며, 실제로 상당한 재산을 소유한 노인들도 적지 않다. 물론 정년과 함께 자녀에 대한 경제적 의존도가 높아지는 것이 ―특히 저소득층에 있어서― 일반적인 사실이지만 정년과 함께 노인의 지위가 완전히 하락한다고 볼 수만은 없다. 그러기에는 우리 사회는 아직도 노인에 대한 예우를 중요시 여기고 ―특히 가정이나 비공식영역 내에서― 이를 지키는 사람들이 많다. 그런 의미에서 노인에 대한 예우는 아직도 사회적 의미를 지닐 정도로 현존하고 있다.

그렇다면 현대화 이론에서 바라보고 있는 노인문제를 좀 더 자세히 비판적으로 검토해볼 필요가 있을 것 같다. 여기에는 보건의료기술의 발전과 경제적 생산기술의 발전, 그리고 대중교육의 확대와 도시화가 노인지위에 미친 부정적인 영향이 그 내용의 중심을 이루고 있다(Cowgil, 1981).

첫째로, 보건의료기술의 발전으로 사망률이 낮아지고 평균 연령이 높아지면서 노인인구가 증가하였을 뿐만 아니라 노인의 여가시간이 증가하여 노인의 역할상실과 여가활용의 문제를 야기했다고 본다. 이러한 시각에는 기본적으로 노인인구의 증가에 대한 비관론이 자리하고 있다. 그러나 보건의료기술의 발전에 따른 노인인구 증가나 여가시간 연장자체가 문제가 되는 것이 아니라 이러한 현상에 보조를 맞추지 못하는 사회 · 제도적 장치의 부재에 더 큰 문제가 있다는 점을 노인복지 차원에서 다시 한 번 상기할 필요가 있다.

둘째로, 경제적 생산기술의 발전은 노동자의 수요를 감소시키고 경쟁에서 불리한 노인은 퇴직을 감수할 수밖에 없게 만들어 자녀들에게 경제적으로 의존하게 하였다는 것이다. 뿐만 아니라 퇴직 후 신체적 노화로 촉진된 건강악화와 질병은 감소된 수입 때문에 의료 · 진료를 통해 충분히 해결되지 못하며, 핵가족화와 가족원 수의 감소로 가족부양의 어려움이 발생함으로써 노인의 건강보호와 수발의 문제 역시 발생하였다고 본다.[6] 그러나 이러한 문제와 관련하여 현대사회의 경쟁력을 강조하기보다는 '은퇴이론disengagement theory'[7](Cumming & Henry, 1961; Hendricks & Leedham, 1992)에서와 같이 정신적으로나 신체적으로 쇠약해진 노년기의 휴식의 중요성을 강조할 필요가 있을 듯하다. 즉 능력을 중시하는 일 중독의 '노동사회Arbeitsgesellschaft'(Kurz-Scherf, 1992)에 대한 대안적 노동문화의 창출과 관련하여 노인복지 문제가 다루어져야 할 것이다. 더불어 노년기의 경제력의 감소는 퇴직의 필연적인 결과라기보다는 퇴직을 준비하는 과정에서의 노후대책과 관련이 더 깊은 문제로 보아야 할 것이다.

현대화가 야기한 세 번째 노인문제는, 대중교육의 확대로 후 세대보다 교육수준이 뒤지고 지식도 상대적으로 쇠퇴함으로써 세대 간의 가치관의 차이를 만들고 대화를 두절시켰으며, 노인을 가족과 사회로부터 고립시키는 사회·심리적 문제가 발생하였다는 것이다. 그러나 전통사회에서 역시 노인들의 지위가 절대적이었다고 보기는 힘들다. 즉 현대나 과거를 막론하고 농경사회에서도 모든 노인이 토지를 소유하고 부유한 것은 아니었다. 경제적으로 부유한 노인들만이 자녀로부터 존경을 받을 수 있었다. 즉 노인들의 높은 지위는 나이에서 오는 것이 아니고 그들이 소유한 '경제력 때문'(유성호, 1995: 61-62)이라는 주장이 있듯이, 오히려 현대화 이전에 우리 사회의 고려장이나 유목민의 식노속食老俗 또는 남태평양 케오스Ceos 섬의 살노속殺老俗이 행해졌던 기록을 볼 때(이원호, 1985), 노인공경은 오히려 문명화 과정에서의 사회화 결과라 할 수 있다.

마지막으로 도시화는 지역 간의 이동과 핵가족화를 촉진시켜 세대 간에 지리적 거리를 멀어지게 하는 한편, 계층 간의 이동도 촉진

---

6 바로 이 점에서 노인들에 대한 실질적인 부양 주체로서 여성의 사회참여에 대한 부정적인 시각이 깔려있는 것이다.

7 disengagement theory를 노년학에서는 일반적으로 '은퇴이론'으로 번역하고 있으나 '이탈이론'이라고 번역하는 것이 원래의 의미를 좀 더 곡해하지 않는 것이라는 지적도 있다.

시켜 사회·심리적 거리감을 생기게 하여 결국은 노인이 자녀세대로부터 소외되고 고립되는 문제를 초래하였다는 것이다. "눈에서 멀어지면 마음에서도 멀어진다"는 서양 속담에서와 같이 지리적 거리감이 심리적 거리감을 유발하는 것은 사실이다. 하지만 현대가족의 내부 구조를 보다 자세히 들여다보면, 오히려 다양한 갈등과 문제점에도 불구하고 '효'라는 보편윤리에 대한 요구와 기대 때문에 —물론 경제적인 이유도 크게 작용하겠지만[8]— 부모님과 생활은 함께 하되, 마음의 문은 닫고 사는 자녀들의 경우도 적지 않다고 한다. 또한 함께 사는 것보다 가깝게 사는 것을 젊은 세대뿐만 아니라 노인들도 선호하는 경향이 증가하는 것을 볼 때,[9] 자식과 함께 살지 않는 현상을 노인의 지위 하락과 바로 연결시키는 것은 무리가 있는 시도로 보인다.

결국 현대화 이론은 시장에서의 노동경쟁력을 중심으로 현대인들의 지위가 평가되고 있는 자본주의의 문제점에 주목하고 있으나, 그 대안으로서 제시하고 있는 노인복지에 대한 시각은 여전히 근본적인 문제해결이 아닌 오히려 '노인들의 일할 권리' 내지는 '경쟁력 강화'라는 시장논리에 따라가는 경향이 있다. 그러나 앞으로 노인복지의 문제는 자본주의가 요구하는 '일 중독'적인 인간상을 극복할 수 있는 대안적 문화개발 차원에서 접근되어야 할 것이다. 이는 비단 노인복지뿐만 아니라 여성복지, 나아가 전체 가족복지의 개선을 위한 전제이기도 하다. 그러나 노인문제를 분석하는 기존의 시각들이 앞에서도 언급하였듯이 "산업화에 따른 핵가족화와 교육기회의 확대가 노인보다는 여성들의 지위향상에 기여했다"는 잘못된

---

8 서병숙(1991)에 따르면, 노인의 자녀세대와의 동거이유로 1980년대 중반 이전까지만 해도 '생계비 때문'이 55.5%로 과반수를 넘었으나, 1986년의 경우 '자식의 도리'가 74.5%를 차지하고 있다(김경신, 1994: 61에서 인용). 이는 1980년대 중반 이후로는 경제적으로 자식에게 의존해 있지 않은 노인들을 중심으로 별거가 많아지고 있음을 시사한다.
9 김경선(1994)에 따르면, 최소한 1/3 이상의 노인이 여러 가지 이유로 자녀와 별거를 희망한다고 한다.

문제제기로부터 출발하고 있는 경우가 많다. 오히려 문제는 노인 뿐만 아니라 우리나라 국민들에 대한 전반적인 국가 차원의 복지정 책 결여에서 찾아야 할 것이다. 흔히 '복지국가'란 정부예산의 50% 이상을 복지를 위해 지출하는 나라를 일컫는다. 그러나 우리나라 노인복지 예산은 1990년 이후로 지속적인 증가 추세에 있다고는 하지만 1999년 정부예산의 0.24%에 지나지 않는다(보건복지부, 1999).[10] 이는 일본의 3.7%, 영국의 15.0%, 미국의 35.0%에 비하면 비교할 수 없이 낮은 수치임을 알 수 있다. 따라서 노인복지의 문제는 사회 보장 예산비율이 절대적으로 낮은 우리나라 국민복지의 열악성에 그 원인이 있다는 점을 지적하지 않을 수 없다.

노인부양의 제도적 문제점

우리나라 노인복지법의 기본방향은 제정 당시부터 "경로효친을 바탕으로 한 미풍양속의 가족제도를 유지·발전하도록 선 가정보 호·후 사회보장"(최순남, 1999: 529)을 우선으로 하고 있다. 1981년 노 인복지법이 제정된 후 여러 차례 개정을 거쳐 오고 있지만 이러한 기 본 골격은 큰 변함이 없는 것으로 보인다. '선 가정보호·후 사회보 장'을 해석해보면, 사회보장의 급여내용은 가족에서 해결하지 못하 는 부분으로만 한정됨을 의미하며, 수혜자 역시 가족의 울타리로부 터 보호받지 못하고 있는 노인의 경우로만 제한되어 있다고 볼 수 있다. 예를 들어 전체 노인이 포함되는 보편주의 원칙에 입각하여 1988년부터 실시되기 시작한 국민연금의 경우는 적립기간이 20년 이 지난 2008년에 가서야 급여가 발생하는 관계로 현재의 노인들 에게는 해당되지 않는 사항이다. 결국 현재의 노인들에게 적용되는

[10] 이는 보건복지부 예산의 4.92%에 해당하며, 보건복지부 예산은 정부예산의 4.86%이다.

사회복지 혜택은 생활보호대상자에 대한 공적부조로 제한되어 있으며, 1997년 노인복지법 개정과 함께 생활보호대상 노인이 아닐지라도 적용될 수 있도록 확대되긴 하였지만, 이 역시 '부양의무자로부터 적절한 부양을 받지 못한 65세 이상 노인'이라는 제약 조건이 있어 전체노인을 포괄하고 있는 것은 아니다(최순남, 1999: 401).

오늘날 노인부양의 문제는 '효'에 대한 당위론적 접근만으로 해결될 수 없는 문제로 변하였다. 부모님을 부양하는 자식들의 부담을 덜어줄 수 있는 구체적인 정책들이 가족복지 차원에서 수립되면서 효행이 권장되어야 할 것이며, "노인부양에 도움이 되는 우리의 전통적인 가치 및 관행을 보존, 유지"(성규탁, 1989: 28)하고자 하는 의지만으로 부족할 것이다. 그만큼 우리 사회의 모든 사회·경제·문화적 조건들이 전통사회와는 질적으로 변화된 것이다. 흔히 가족부양을 중시하는 경우 전통사회의 '효'의 미덕을 이야기하지만, '효'가 얼마나 사회적인 개념인가는 앞서 지적한 바 있다. 즉 노인부양은 본능적인 행위가 아니라 인류 문명화 과정에서 교육되고 사회화된 것이다(최순남, 1999: 527). 효를 관습화하기까지 씨족사회로부터 봉건사회에 이르기까지 행해진 노력은 오늘날의 도덕률로서 이해되고 있는 효의 개념과 같이 추상적이기보다는 훨씬 더 구체적이고 정책적이었다.

우리나라에서 효와 경로가 강조된 것은 신라 때부터 기록이 있다. 신라 경덕왕은 효행이 두드러진 사람에게 조곡 300석을 내리고 집과 전답을 하사하였다고 한다. 뿐만 아니라 신라와 고려시대 때 부모님을 모시기 위한 휴가제도가 있었다는 기록이 있다. 나아가 효행자에게 조세의 감면이나 부역의 면제 그리고 신분상의 해방이나 승진 등의 혜택까지 주었다 한다. 또한 고려왕조는 효성이 지극한 자를 관리로 특별채용하는 제도를 실시하기도 하였다. 고려시대 효도를 권장하기 위해 실시한 특전 중에서도 가장 광범위하게 시

행되었던 것으로는 관리들에게 효도할 기회를 주기 위해서 휴가를
주는 급가제도給暇制度라는 것이 있었다(박재간, 1995: 31-35). 그러나 조
선시대에 오면서 이전까지만 해도 종교적, 가족적, 도덕적 성격이 강
했던 효 윤리가 규범적, 교조적, 수직적, 타율적인 성격으로 변화되
었으며, 국가 권력에 대하여 종속적인 관계가 되었다. 유교 철학적
바탕 위에 충효라는 윤리문화는 보편적 가치로 인정되었고, 부자,
군신, 부부, 장유, 붕우 간의 차별논리는 천의에 의한 것으로 규정되
었다(박재간, 1995: 35). 경로효친이 가장 강조된 때가 바로 조선시대였
으며, 이 시기는 또한 가부장적 체계가 구축된 때이기도 하다. 유교
적 권위주의에 근거한 가부장적 가족제도 하에서 모든 가족구성원
에게도 엄격한 신분질서가 있었으며, 부父는 가계 전통으로부터 물
려받은 절대적 권력을 가지고 있었다. 이러한 가부장권 하에서의 노
부모 봉양의 의무는 어버이의 자식에 대한 양육보다 더욱 막중한
관습이었고 규율이기도 하였다(최순남, 1999: 544). 이러한 사회화 과정
을 거쳐 효는 오늘날 우리 사회의 중요한 관습의 하나로 정착하였
던 것이다.

그러나 이러한 '효' 사상은 현대에 와서 어떻게 변하였는가? 서병
숙(1991)에 따르면, 노인과 자녀 세대의 동거 이유로 '당연'이 60.4%
(1986년)로 가장 높게 나타났다. 동거의 이유로 '자식의 도리'나 '당연'
이 높게 나타나고 있음으로 해서 노인부양이 효 사상과 직접적인
상관관계를 갖고 있는 것으로 보일 수 있다. 하지만 자세히 살펴보
면, 함께 산다고 해서 자식과 부모의 유대관계가 꼭 돈독한 것만은
아님을 알 수 있다. 이러한 사실은 같은 조사에서 별거 이유로 '자
식들 불편'이 1976년 37.5%에서 1986년 42.0%로, 그리고 '심리적
부담'이 1976년 27.1%에서 1986년 43.2%로 증가하는 추세에 있
음을 볼 때 알 수 있다. 즉 노년 세대들이 자신의 삶을 스스로 책임
져야 하는 일은 이제 피할 수 없는 현실이 되어가고 있는 것이다(김경

신, 1997: 52). 따라서 자식과의 동거 이유가 '생계비 때문(1976년 55.5%)'이 지배적이었던 1980년대 초반까지와는 달리, 중반 이후부터 '자식의 도리(1986년 74.5%)'나 '당연'이 동거의 과반수 이상을 차지하게 된 것은 경제적인 여건만 허락된다면 자식과 별거하는 노인의 수가 증가하고 있음을 반영하는 것으로 해석되어야 할 것이다. 그러나 이러한 전통적인 효나 부양의지의 희석화 원인을 근대화가 결과한 가족구조의 변화에서만 찾을 수는 없다. 앞서 지적했듯이 전통사회에서는 효나 부양의식을 고양하기 위해 국가로부터 제도적이고 정책적인 구체적 노력들이 끊임없이 이루어진 데 반해, 현대에서 효는 거의 하나의 도덕적 명제로만 남게 되었고 노인부양은 개별 가족단위로 해결해야 하는 문제가 되어버렸을 뿐 노인부양을 위한 제도적 장치가 전통사회에 비해 느슨해졌다는 사실에 주목해야 할 것이다.

가족 내 노인부양을 위한 제도적 뒷받침이 전통사회보다 부족한 이러한 현실에서 부양의 의무는 여성들이 대부분 지고 있다고 서두에서 지적한 바 있다. 그렇다면 그 여성들은 구체적으로 누구인지 살펴볼 필요가 있다. 성규탁(1989)에 따르면 효도를 받는 부모는 시어머니가 48.2%, 시아버지가 33.8%를 차지하고 있다. 이렇듯 친자식이 아닌 며느리가 부모부양의 주된 주체라는 사실은 자식의 보은이나 사랑보다는 의무감이나 희생정신이 부양의 원인으로 더 크게 작용하는 것으로 해석된다. 즉 자신을 낳아주고 길러준 부모에 대한 보은이나 사랑보다는 남편의 부모에 대한 며느리로서의 도리나 희생정신이 현대 우리 사회 효의 기반을 이루고, 노인부양의 명맥을 유지시키고 있는 것이다. 더군다나 기혼여성의 경제활동을 통한 사회참여가 증가하고 있는 상태에서 시부모에 대한 부양의무는 맹목적인 것이라 아니할 수 없다. 그러나 이러한 맹목성은 '효'라는 대의명분 앞에서 의무감이라기보다는 사랑으로 표현되기 쉽다. 아니 사랑으로 표현되기를 (직/간접적으로) 강요받는다.

한 가지 예로서 —물론 노인부양과 직접 관계된 조사는 아니지만— 광주광역시 20명의 '중 · 고교 여교사들의 성별분업에 관한 태도' 조사결과(Kim, 1999)를 보면, 여교사들은 모두 직장인으로서 자신의 역할에 대한 대단한 자부심과 높은 만족도를 보이고 있었다. 그러나 다른 한편으로는 자신의 직장생활을 통해 가족부양이 소홀해질 수밖에 없다는 사실에 대해 의기소침해 하는 '이중적 정서Wieder-sprüchliches Gefühl'(Becker-Schmidt, 1980)를 나타냈다. 즉 자신이 직장생활 때문에 힘들어 가족들에게 소홀할 수밖에 없다는 사실을 정당화시키는 사람은 거의 없었다.

> 대부분의 여교사들은 자신의 직장생활에도 불구하고 혼자에게만 떠맡겨진 가사노동의 책임이 힘들다고는 했지만, 그것이 부당하다고 말하기를 꺼렸다. 그럴 경우 마치 어머니로서, 그리고 부인으로서 역할을 거부하는 인상을 줄지도 모른다는 우려를 가지고 있는 것 같았다. 이러한 의식구조는 우리 사회가 가정문제를 사회문제화하고 또 이 사회문제를 공개적으로 토론할 수 있는 분위기가 아직도 성숙되어 있지 않다는 사실에 기인한다. (김미경, 1999: 17)

이렇듯 아직도 가정문제를 타인에게 말하는 것이 조심스러울 수밖에 없는 문화적 배경 속에서 많은 여성들은 조사자들에게 자신의 이중부담의 고통을 여성의 운명으로서 내지는 종교적으로 승화된 모습으로 표현하는 경향이 강하고(Kim, 1999: 209). 자신의 속마음을 드러내기를 꺼리는 경향이 있다. 이를 염두에 두고서 성규탁이 1991년에 실시한 노인부양에 대한 조사결과에 주목할 필요가 있다. 이 조사에서도 역시 주부양자의 85%가 여성이었으며, 여기에서 며느리가 75%, 딸은 12%인데 반해 아들은 13%로 나타났다(성규탁, 1995). 피부양자는 물론 시부모 중에도 특히 평균수명이 남성보다 긴 여

〈표 3-2〉 미국인과 한국인의 부양 이유 비교

단위: 순위 (%)

효행 동기*	한국인 (N=172)	미국인 (N=203)
책임/의무감	4 (63%)	1 (58%)
애정/사랑	1 (83%)	2 (51%)
보은	2 (77%)	3 (17%)
존경	3 (74%)	
가족조화	5 (61%)	
희생	6 (24%)	

* 응답자의 17% 이상이 지적한 항목만 제시
※ (%)는 지적한 부양자의 비율
※ 자료: 성규탁, 1995: 295.

성, 즉 시어머니가 절대 다수를 차지할 것으로 보인다.[11] 이 조사결과는 미국인의 노인부양 실태와 비교연구되었는데, 두 나라 모두에서 애정, 보은, 의무감이 부양의 주요 원인으로 나타나고 있다는 점에 주목한다. 그러면서도 문화적 차이를 나타내고 있지 않는 이 세 가지 이유 외에 한국에서는 존경, 가족화합, 희생과 같은 2차적 부양이유가 나타나고 있는 반면, 미국의 경우에는 그렇지 않다는 점이 문화적인 차이로 지적되고 있다(〈표 3-2〉 참조). 동시에 "미국인과 비교해볼 때, 가족주의의 영향을 받는 한국인은 가족성원들과 극도로 친밀한 정서적 관계를 맺는 경향이 강하다"고 결론짓는다. 나아가 "효라는 문화적 배경을 가지는 한국인들은 같은 조건이라면 노인에 대해 미국인들보다 더 높은 수준의 질적 부양을 하게 될 것으로 보인다"(성규탁, 1995: 306)고 전망하고 있다. 그러나 필자의 견해로 문화적 차이란 부양태도의 차이에서 뿐만 아니라, 오히려 자신의 부양태도를 상대방에게 표현하는 방법의 차이에서 더 크게 나타나는 것으로 보인다. 즉 미국의 경우는 주부양자는 남녀 모두인 동시에 피부양자는 부모(65%)인데 비해, 한국에서의 주부양자는 며느리였다. 그러나 한국 며느리의 정서로 연구조사자들에게 시부모님을 사랑과 보은 때문이 아니라 "할 수 없이 의무감에서 모신다"고 말할 사

---

11 이 조사에서는 피부양자의 66%가 여성이라고 제시했을 뿐, 친어머니인지 배우자의 어머니인지에 대한 구분이 없다.

람이 얼마나 될지 의문이 간다. 또한 부양동기로 제시된 한국인들의 '사랑'과 미국의 '책임/의무감' 사이에 얼마나 큰 내용적인 차별성이 있는지도 확인하기 힘들다. 이 두 조사는 조사자가 각각 다르며, 조사방법도 동일하지 않은 상태에서 그 결과만이 비교되고 있기 때문에 질적조사방법을 통해 심층면접을 했을 경우 결과가 달라질 수 있음을 배제할 수는 없을 것이다. 왜냐하면 같은 내용도 서양식으로는 책임감으로, 동양식에서는 사랑으로 표현될 수 있기 때문이다. 즉 문화적 차이에 따라 사랑이 기저에 깔린 행동도 책임감으로 표현될 수 있으며, 반대로 의무나 책임감에 의한 행동도 사랑으로 표현될 수 있는 개연성을 배제할 수 없는 것이다.

무엇보다도 사회복지 체계가 잘 갖춰져 있는 나라에서도 가족부양이 선호될 뿐만 아니라 우선되고 있다는 사실에 또한 주목할 필요가 있다. 독일의 경우는 노인의 80~90% 정도가 가족들로부터 보호를 받고 있으며, 스웨덴 여성의 80%가 임노동에 참여하고 있어 가족보호보다는 국가보호를 선호하지만 스웨덴 노인의 삶의 만족도가 세계에서 가장 높은 이유는 절반 이상의 노인들이 아직도 자녀들과 15㎞ 이내의 거리에 살고 있어 가족과의 유대감을 끊임없이 확인할 수 있다는 점이 크게 작용한다. 즉 "국가보호를 더 선호한다고 해서 이는 반드시 가족 간의 유대가 약화되고 있다는 증거는 아니다"(최성재, 1997: 166). 결국 노인부양의 문제는 동거 혹은 별거라는 부양의 형식을 따지기보다는 그 내용에 있으며, 노인들의 삶의 만족도는 ―동/서를 막론하고― 여전히 가족과의 유대가 강할수록 높다. 따라서 노인부양이 꼭 동양적 내지는 한국적 효 관념을 필연적으로 요구하는 것은 아니다. 서양에서도 효 관념은 역시 존재하는 것이며, 단지 그 표현방식이 우리와는 문화적으로 다르게 나타날 뿐이다.

앞서 살펴본 바와 같이 '효'가 사회화의 과정이라 했을 때 효를 장려하기 위한 제도적인 장치는 비단 전통사회에서만 요구되었던 미덕은 아닐 것이다. 그러나 현재 우리나라의 민법에 따르면 "처자식에 대한 부양은 생활유지를 위해 필요한 모든 것을 전적으로 책임지도록 되어 있는 반면, 부모부양에 있어서는 부모가 생활능력이 없을 경우 또는 자식이 생활능력이 없을 경우에 한하여(제977조), 그것도 생활부조만 하면"(최순남, 1999: 649-650) 된다. 그러나 노인복지법에서는 노인부양을 '선 가정부양, 후 사회부양'을 원칙으로 하고 있어 노인부양에 관련된 법제 간의 불협화음을 보이고 있다. 이는 노인복지를 위한 법적 기반이 얼마나 취약한지를 시사한다. 이러한 환경에서 전통적인 효 의식의 강조만을 통해 노인문제가 해결되기는 힘들 것이다. 오히려 자식들이 효도를 다할 수 없는 현대사회의 객관적·제도적 조건을 반영하여 변화된 삶의 조건에 맞는 새로운 효 개념이 개발되어야 할 것이다.

따라서 앞으로 우리 사회도 서구에서와 같이 계속적으로 증가하고 있는 여성들의 경제활동 참여에 따른 부모와 별거 추세를 '문제'로만 볼 것이 아니라, 오히려 자식과 부모와의 자율성을 인정하고 서로의 보다 자유로운 삶을 영유할 수 있는 전제조건이 될 수 있다는 측면에서 받아들여야 할 것이다. 문제는 지역적 거리감에도 불구하고 정서적 거리감을 줄일 수 있는 방안을 연구하는 것이며, 또한 자녀들에게 효도할 수 있는 기회를 제공하기 위해 —이미 신라와 고려시대 때 부모님을 모시기 위한 다양한 제도적 장치가 있었듯이— 국가가 정책적인 대안을 만들어가야 하는 데 있다. 따라서 노인복지 정책은 생활보호대상 노인들이나 가족의 보호를 받지 못하는 노인들만을 대상으로 할 것이 아니라, 자식들이 부모를 보다 많이 (직/간접적으로) 부양할 수 있도록 가족차원의 지원 역시 이루어져야 할 것이다. 나아가 부모를 모시는 것이 전통적인 미덕으로만 권장될 것이 아니라 조세의 감면이나 승진 및 휴가 등 구체적인 혜택으로 나타나야 할 것이다. 이는 아직까지 우리 사회의 성별분업 형태로 보아 노인부양자가 주로 여성, 특히 며느리임을 감안할 때 여성복지와 만나는 정책이 될 것이며, 궁극적으로 가족복지에 기여하는 방향이 될 것이다. 그러나 문제는 그 무엇보다도 여성들의 증가하는 임노동자화 추세를 감안하여 노인부양의 문제를 여성에게만 전가할 것이 아니라, 궁극적으로 남성들도 참여할 수 있는 방향으로 바꿔가야 한다. 따라서 사회부양이 먼저냐, 가족부양이 먼저냐에 대한 논의는 더 이상 의미가 없으며, 자식과 별거하는 노인이나 동거하는 노인 모두를 대상으로 국가 차원의 적절한 지원이 있어야 할 것이다.

앞으로의 연구과제: 노인문제에 접근하는 시각의 재정립을 위하여

남녀의 평균수명을 비교할 때 1995년 현재 여성은 77.4세인데 비해 남성은 69.6세이며, 2020년에는 각기 81.7세와 74.5세로 전망되어 여성들이 남성에 비해 평균적으로 6~7년을 더 오래 사는 것으로 나타났다(통계청, 1997). 또한 노인 성비를 보았을 때도 여성노인 100명에 대한 남성노인의 비율은 같은 기간 동안 각기 54.3%와 68.3%로 나타나고 있다. 뿐만 아니라 이러한 현상은 연령이 높아질수록 심화되어 65~69세까지는 75%를 상회하다가 점차 감소추세로 들어서고 75~79세에 이르면 50% 내외로까지 감소한다(이혜원, 1998: 64). 따라서 노인문제에 접근할 때 '노인'이라는 통칭 속에 담긴 노인 내부의 남녀 및 연령 차이에 대한 인식이 동시에 전제되어야 할 것이다. 노인빈곤의 문제를 다룰 때도 마찬가지로 흔히 문제가 되는 것은 60세 이상 노인의 3.9%만이 공적연금과 퇴직금을 주 수입원으로 생활하고 있는 반면, 44.3%가 자녀의 지원에 의존하고 있다(이가옥 외, 1994)는 것과 같은 노인의 경제적 의존성에 관한 것이다. 따라서 공식적 경제활동의 경험이 적은 현 여성노인의 빈곤 문제는 남성노인보다 훨씬 더 심각한 것임에도 불구하고 이 점이 분화되어 접근되지 못하고 있는 실정이다. 앞으로 노인문제 연구자들은 '노인'이라는 통칭 속에 성별에 따라 또는 경제적 능력에 따라 다양한 차별성이 존재한다는 점에 주목해야 할 것이다.

노인계층의 다양성에 영향을 미치는 또 다른 변수 중 하나는 노인 내부의 연령차이다. 정년을 기준으로 보통 65세부터 노인으로 규정하고 있으나 갈수록 정년 시기는 앞당겨지고 평균수명은 연장된다는 점을 감안할 때, '노인'이라는 개념 하에 너무도 큰 연령편차가 존재함을 주의해야 할 것이다. 즉 이제 막 정년을 맞은 60대 전후의 노인과 정년을 맞은 지 10년 내지는 20년이 지난 노인들이 느끼는 노인문제는 상이할 수밖에 없으며 이에 대한 대책 역시 달라야 한다. 그러나 흔히 빈곤, 건강, 역할상실, 소외로 집약되는 노인문제를 논할 때 "노인에게도 일자리를 줘야 한다"는 젊고 건강한 남성노인 중심적인 생각이 지배하고 있는 실정이다. 물론 노년사회학의 활동이론(Harvighurt, 1963; Lemon, Bengton & Peterson, 1972)에서 주목하고 있듯이 노인의 사회활동 참여와 생활만족도에는 상당히 긍정적인 상관관계가 존재하지만, 젊었을 때 개인생활이라는 것이 따로 없이 '일'에만 매달려 살아온 노인들의 생활을 돌아보면 은퇴(이탈)이론에서 제시하듯이 "늙음을 자연스럽게 받아들이고 자아를 재편성하여 자기 나름대로의 만족이 있는 휴식의 생활로 들어가야"(최순남, 1999: 35) 할 시점이 있기도 할 것이다.

일생에 있어서 노년기와 다른 주기의 결정적인 차이는 죽음을 준비해야 한다는 점이다. 아무리 자연사보다 사고사가 더 많은 현대 사회라 하지만 젊은 세대는 죽음을 맞이하며 살지는 않는다. 문제는 많은 노인들이 자신이 원하는 대로만 죽음을 맞이할 수 없다는 데 있다. 즉 질병을 수반하지 않은 죽음은 거의 없기 때문이다. 그 중에서도 가장 불행한 병은 치매일 것이다. 더 이상 스스로를 지각할 수 없을 정도로 쇠퇴해진 정신과 육체 앞에서 당사자뿐만 아니라 가족들의 고통이 수반되는 것은 당연한 것이다. 노인부양에 있어 신체적 부양이 경제적, 정서적 부양 이상으로 중요한 문제가 되는 것은 바로 이 때문이다. 이는 다른 한편 거동이 불편한 노인을 젊은 사람들 중 누가 부양해야 하는가 하는 역할 및 시간 분배와 관련된 문제이기도 하다. 물론 요즘에는 호스피스라는 전문기관이 생겨나고 있지만(서혜경, 1995), 죽음의 단계에 이르면 결국 가족의 보호가 우선시 될 수밖에 없다. 여기에서 중요한 점은 노인에 대한 인식전환일 것이다. 노인이란 누구인가? 오늘날 젊은 세대를 지금의 자리에 있게 해준 부모들이자, 젊은이들의 앞으로의 자화상이다. 이청준(1998)의 『어린이를 위한 동화』에서 묘사되고 있는 노인의 모습은 우리에게 노인에 대한 새로운 인식을 가능하게 해준다. 할머니가 나이가 들어가고 키가 작아진다는 것을 어린아이에게 나누어주는 것으로 묘사하거나, 나이를 그렇게 나누어주다가는 언젠가는 기억이나 지혜도 어린아이처럼 된다는 것으로 치매를 받아들이고 있다. 인간은 자립이 가장 늦은 동물로 적어도 4~5년간 타인의 도움이 없이는 살아남을 수 없다(기든스, 1994: 79). 부모가 자식을 키울 때 투자한 시간들을 자식들도 부모의 생의 마지막 기간 동안 돌려드려야 함은 어쩌면 당연한 이치일 것이다. 그러나 며느리가 42.7%로 가장 많고, 딸 22.3%, 부인 21.4%, 아들 6.8%, 남편 2.9%라는 연구결과(이성희, 1993)에서 나타나듯이 치매노인의 주부양자 역시 여성, 특히 며느리라는 점은 생각해봐야 할 문제이다. 직접 낳아주신 부모가 아닌 배우자의 부모에 대한 부양책임 전가는 전통적인 효 개념이 갖는 문제점을 시사하는 것이라 하겠다.

여성의 역할이 주로 가정 내에서의 재생산노동에 한정되어 있을 때, 자녀양육이 끝나는 시기쯤 시부모부양이 다시 시작된다. 나아가 심한 경우 남편부양까지 마치다 보면 홀로된 여성들은 쓸쓸히 죽음을 맞이하게 될 확률이 남성보다 더 큰 것이었음을 앞서 살펴본 치매노인 부양자에 관한 통계치가 시사해주고 있다. 또한 가사 외적 노동에도 참여하는 여성, 특히 며느리에게 시부모부양이 부가되는 것은 불합리한 것이 아닐 수 없다. 더 이상 며느리로서의 도리를 강조하기에는 여성의 삶과 노동방식에 큰 변화가 이루어진 것이다. 따라서 앞으로 가족차원의 노인부양은 자기 부모에 대한 책임을 위주로 아들, 딸 구별 없이 이루어질 수 있도록 해야 할 것이다. 결국 앞으로의 노인을 위한 정책은 가족 내적 차원에서의 복지에 유념하지 않으면 안 될 것이다.

그러나 현대적 효 개념의 정립을 위해 무엇보다 중요한 것은 유교적 권위주의의 극복이다. 권위주의는 신분, 지위, 나이, 성 등을 기준으로 한 상·하 위계적 사회질서를 유지하는 근간으로, 봉건적 사회관계의 산물이다. 물론 자유와 평등을 표방하는 민주주의의 법체계를 갖춘 근대국가에서도 권위주의가 여전히 남아있는 것 또한 현실이다. 이는 기든스(1996)의 지적처럼 '근대'란 전근대성을 완전히 청산하기보다는 지속das Weiterbestechen·재창출die Neuschöpfung하고 있는 데서 기인한다. 하지만 한국 사회의 현존하는 권위주의는 시민혁명을 거치지 못한 근대로의 이행이 낳은 병폐의 전형이 아닐 수 없다. 현대사회의 노인문제 역시 이와 맥을 같이 하는 것으로 보인다. 나이가 더 많다고 해서, 지위가 더 높다고 해서, 남성이라고 해서 권위를 인정받을 수 있는 정당성은 점점 상실되어 가고 있다. 그러나 아직까지 한국 사회에는 남편과 아내, 자식과 부모, 교사와 학생 혹은 관리자와 교사, 상사와 부하 혹은 남직원과 여직원과의 관계에서 나타나듯 학교, 가정, 직장 등 사회 전반에 걸쳐 권위주의적인 사회관계가 팽배해 있다. 물론 다른 한편에서는 대안적 사회에 대한 갈망 역시 커지고 있다. 그러나 대안적 사회에 대한 요구가 이룰 수 없는 막연한 이상향에 대한 동경이나 서구적 모델에 대한 지향이 되지 않기 위해서는 현재 기반하고 있는 권위주의적 억압구조에 대한 올바른 인식에서부터 출발하지 않으면 안 될 것이다. 여기서 무엇보다도 중요한 것은 사람들 사이의 민주적 의사결정 절차에 있다.

혹자는 노년기에 새로운 사회화를 시작하기에는 너무 늦었다고 말한다. 그렇기 때문에 젊은 사람들은 노인들에게 적절히 맞춰야 한다고 주장하기도 한다.

> 노인들이 급속히 변화하는 사회의 가치관을 이해하기 어려운 것은 자연스러운 일이며, 젊은 세대와 세대 차이, 가치관의 차이를 느끼는 것은 당연하다. 그럼에도 노인의 가치관을 바꾸려 한다면, 노인은 행동의 준거로서의 가치관에 혼란을 일으켜, 결과적으로 부적절한 행동을 하게 될 가능성이 많다. 그것은 또 다른 복잡한 문제를 일으키는 요인이 된다. (성민선, 1995: 118-119)

그러나 인성발달이 아동기에 고정된다고 보는 프로이드와는 달리 인성발달에 있어 인간의 능동성과 환경의 중요성을 강조하고 있는 에릭슨의 주장에 주목해야 할 것이다. 사회심리학자인 에릭슨은 인생주기의 각 단계를 하나의 도전과 위기로 보고 이 위기를 극복하기 위한 노력을 통해 성격이 발달한다고 보았다. 이를 성공적으로 수행하는 것이 자아통합에 이르는 길이며, 자아통합이 이루어진 사람은 죽음을 행복하게 맞이할 수 있다는 것이다(Erickson, 1986). 이는 노년기에 역시 자아통합을 위해 노력한다면 얼마든지 변화할 수 있음을 시사하는 것이다(성민선, 1995: 106). 사실 현대사회에서 젊은이들의 노인에 대한 불손도 문제가 되지만, 젊은 사람들을 이해하지 못

하는 노인들의 아집과 보수성도 못지않은 문제이다. 이는 고부 간
의 갈등 내지는 직장 상사와 직원 간의 갈등을 통해 짐작할 수 있
다. 한국 사회의 미래에 대한 전망은 권위주의에 대한 근본적인 문
제제기와 철저한 변혁 없이는 불투명할 것이다. 기존의 권위적인 불
평등 체계를 청산하는 작업은 노인복지뿐만 아니라, 여성복지를 위
해 해결해야 할 사회학자들의 과업이 아닐 수 없으며, 이는 궁극적
으로 가부장제의 극복을 위해 선행되지 않으면 안 될 연구과제이기
도 하다.

chapter 4.

가족복지의 근대성과 전근대성

-한국 가족복지 방법론에 대한 비판적 성찰과 과제

문제제기

탈근대에 대한 논의가 활발하게 진행되고 있지만, 한국 사회를 이끄는 주요 쟁점들은 여전히 근대의 문제들로부터 크게 벗어나 있지 않은 듯하다. 특히 가족은 그 어떤 영역에서보다도 근대의 문제의식 속에 존재하며, 가족문제를 해결하고자 하는 가족복지 역시 여전히 근대의 틀 안에 존재한다. 필자는 탈근대 현상이 일어나고 있는 현시점에서 가족복지의 근대성과 전근대성을 논하고자 하는 이유를, 무엇보다도 가족복지 연구자와 우리 안에 존재하는 가족에 대한 인식에서 찾고자 한다. 산업, 기술, 문명의 발달과 함께 인간의 가치관과 문화는 끊임없이 변화하고 있고, 가족의 구조와 형태 역시 변화하고 있다. 하지만 가족의 개념이 존재하는 이유는 가족의 고유한 기능 때문이며, 탈근대 가족을 논하는 오늘날에 있어서도 가족의 기능에 대한 인식은 여전히 근대와 전근대적 가족개념의 연장선상에 존재하고 있다.

근대와 전근대 그리고 탈근대를 구별 짓는 가장 큰 특징은 무엇인가? 생산력의 발전에 따른 생산관계의 변화에 주목하는 정치경제학적 관점에서 살펴볼 때, 신분제에 기초한 봉건적 인식구조를 가진 농경사회의 해체와 함께 탈신분제에 기초한 자유주의적 사상의 자본주의와 함께 근대로 진입하였다. 근대의 가장 큰 특징은 산업화와 도시화, 합리성이라 하겠다. 근대를 이끌던 제조업 중심의 경제 체제가 서비스 산업의 발달과 지식정보화 시대를 맞이하면서 탈근대로 이동하고 있는 것으로 보기도 한다. 그러나 문제는 그렇게 간단하지 않다. 인간의 사고를 지배하는 세계관이 새로운 사회변동에 항상 순행하는 것은 아니기 때문이다.[1] 이를 설명하는 사회학적 개념인 아노미anomie는 전근대에서 근대로, 근대에서 탈근대로 이어진다. 새로운 정치경제 체제가 항상 기존의 세계관까지 교체하면서 확립되는 것은 아니다. 사회의 어떤 부분은 전근대에서 근대를 거쳐 탈근대로까지 향해가는 듯 보이지만, 대부분의 경우는 근대와 전근대, 탈근대가 상호중첩되어 있다(Beck, u. a., 1996). 한국 사회에서 가족에 대한 가치관은 여전히 전근대적인 특성을 갖고 있으며, 근대로의 완전한 이행도 확신할 수 없다. 따라서 한국 사회에서의 가족과 관련하여 탈근대를 말하기는 시기상조로 보인다.

사실 근대를 재구성하고자 하는 인식론적 시도는 이미 근대의 시작과 함께 이루어져 왔다고 할 수 있을 것이다. 다니엘 벨의 '정보화 사회론'에서부터 울리히 벡의 '위험사회'를 거쳐 근래 학계를 평정하다시피하고 있는 '포스트모더니즘'과 관련된 사상적 조류의 공통점을 찾는다면 '근대의 재구성'이라는 코드이다. 특히 근대를 해체하고자 하는 대담한 시도인 포스트모더니즘이라는 사상적 조류는 연속적이고 보편적이고 단선적이고 추상화된 '근대'를 단절적이고 국지적이고 구체적이고 복선적인 모습으로 해체시킨다. 근대의 해체

---

[1] 따라서 중국의 사회주의적 문화혁명이 실패한 것은 놀랄 만한 일이 아니다.

를 통해 근대를 재구성하고자 하는 논의의 중심에는 더 이상 근대의 고전적인 문제의식인 '계급'이 존재하지 않는다. 그러나 필자는 계급문제와 같은 소위 '근대적' 문제가 여전히 해결되지 않았다는 문제의식에서 출발하고 있다. 가족복지에 대한 인식 역시 여전히 근대의 연장선상에 존재하며, 가족복지는 아직도 근대가 제기한 고전적인 문제들을 다 해결하지 못하고 있다. [2]

이 글에서는 가족복지를 근대성과 전근대성의 문제를 통해 접근해보기 위해 가족복지 연구의 동향을 살펴보고자 한다. 이를 위해 한국가족사회복지학회 창립 이후 학회지에 실린 논문의 연구주제들을 분석해보았다.

결론부터 먼저 말하자면 현 단계 한국 사회의 가족은 구조적 측면에서 근대성을 넘어 탈근대로 진입하고 있는 듯 보이지만, 가족의 기능적 측면에서 보았을 때 여전히 근대적 틀 안에 있다. 즉 우리나라 가족구성원들이 추구하는 가족가치관에는 여전히 결혼, 출산, 정서적 지지라는 가족의 기능이 중요하게 자리하고 있기 때문이다. 그러나 가족의 형태변화에 주목하는 일부 학자들은 가족의 탈근대성에 대해 논하기도 한다(이혁구, 1999). 필자의 판단으로 가족의 탈근대성은 형태변화 속에서 부분적으로 일어나고 있을 뿐 가족에 대한 인식은 아직도 전근대적이기까지 하다. 본 연구에서는 가족복지의 근대성과 전근대성의 문제를 가족복지 연구방법론에 대한 검토를 통해 좀 더 자세히 고찰하고자 한다.

---

2 물론 근대 내지 현대의 개념이 그것을 바라보는 사람이 어느 시점에 서 있는가에 따라 정해진다고 보는 견해도 있다. 통상적으로 사회과학에서 프랑스 시민혁명을 거쳐 영국의 산업혁명으로 이어지는 자본주의의 등장 배경 속에 존재하는 18~19세기 유럽인들의 이성중심 세계관과 계몽주의적 실천의 산물로서 정치·경제·문화적 현상을 근대로 보고, 그 이전 시기를 전근대로, 그 영향으로부터 벗어나기 시작한 시기를 탈근대로 보고 있다. 한편, 현재 탈근대로 이해되는 시기가 기준 시점이 된다면 근대가 될 수 있다는 관점도 있다(신종화, 2008). 예를 들어 동거가족, 동성애가족, 한부모가족, 자발적 무자녀가족, 위탁가족 등 탈근대적 형태의 가족을 논할 때 근대가 전통으로 이해되기도 한다(최희경·이인숙, 2005).

근대성과 가족[3]

가족의 탈근대성에 대한 논의는 가족의 위기에 대한 논의와 함께 이루어지고 있으며 대부분의 논의는 산업사회의 핵가족 구조가 붕괴되는 현상을 위기 또는 기회로 보고 이를 근거로 탈근대를 논한다(이혁구, 1999; 윤홍식, 2004). 필자가 가족을 오히려 전근대적이라고 보는 이유가 아이러니하게도 가족의 위기를 논하는 바로 이 지점에 있다. 가족의 위기에 대한 논의는 근대적 가족형태의 붕괴 또는 해체라는 관점에서부터 출발하고 있다. 근대 산업화가 진행되면서 전통적인 확대가족 구조가 해체되었고, 도시를 중심으로 혼인을 통해 맺어진 부부와 그들 사이에 출생한 미혼의 자녀로 구성된 핵가족 형태가 전형적인 근대 가족으로 받아들여지게 되었다. 즉 근대 가족의 형태는 핵가족으로 결혼과 출산을 통해 매개되는 것이다. 최근 들어 이러한 근대적 핵가족 형태는 단독가구의 증가와 함께 한부모가족, 조손가족, 입양가족, 다문화가족, 동성애가족 등 다양한 가족형태가 등장하면서 감소 추세에 있는 것이 사실이다. 그러나 근대에서 탈근대에 이르는 가족형태의 변화 추세에도 불구하고 변하지 않는 것이 바로 가족의 기능이며 가족의 기능에 대한 전근대적 인식은 아직까지 현대인들에게 중요한 가치관을 차지하고 있다.

가족이 근대와 전근대의 연속선상에 있는 근거는 법적 혼인제도와 생물학적 출산이 여전히 중시된다는 점이며 이는 "모든 국민은 혼인과 출산의 사회적 중요성을 인식하여야 한다"라는 건강가정기본법 제8조제1항의 규정에 반영되어 있다. 2003년 건강가정기본법이 제정된 배경에는 출산율 저하와 이혼율 상승이라는 인구사회학적 요인이 자리하고 있지만 무엇보다도 혼인과 출산이라는 과정을

---

3 이 글은 필자의 졸저, 김미경(2004), 「사회구조와 제도」, 김미경 외, 『현대사회의 이해』에 수록된 가족부분에 기초하고 있음을 밝힌다.

거치지 않은 탈근대적 형태의 다양한 가족의 확산을 방지하고자 하는 정부의 의지가 담겨 있는 것으로 보인다(윤홍식, 2004). 그리고 필자의 판단으로 현재 우리나라 사회복지 분야에서 가족에 대한 인식은 이러한 건강가정기본법의 범위를 크게 벗어나지 않을 것으로 보인다.

가족의 변화: 구조적 측면

가족은 사회를 구성하는 가장 기본적인 조직체이다. 가족을 중심으로 사람들은 가정이라는 공동체를 통해 생존에 필요한 가장 기초적인 생산과 재생산을 수행한다. 산업화 이전까지만 해도 가족 안에서는 생산과 재생산에 필요한 모든 행위가 이루어졌으니 오늘날과 같은 경제 · 정치 · 교육 · 종교 등 인간의 기초적인 활동을 위한 제도적 체계가 분화되기 시작한 것은 인류사에 있어 그리 오래되지 않았다. 가족의 형태는 인류의 문명화 과정과 맥을 같이 하고 있어, 가족발달사를 통해서 알 수 있듯이 '미개'와 '야만'을 거쳐 소위 '문명'사회에 와서는 가족이라는 공동체보다 개인의 중요성이 부각됨으로써 가족의 의미나 기능은 상실되고 대신 개인을 중심으로 사회가 재구성되어 간다.

학자에 따라서 가족은 인류문명과 함께 구성되었다고 보는 견해와 인류문명사 훨씬 이전부터 가족형태가 존재했다고 보는 견해가 있다. 이러한 상반된 견해는 가족에 대한 개념규정과 관련되어 있다. 즉 오늘날 일부일처제를 근간으로 결혼을 매개로 한 혈연집단으로서의 가족은 그리 긴 역사를 갖고 있지 않다. 흔히 가족의 발달사는 세 단계로 정의한다(엥겔스, 1985).

① 미개wildness: 친족의 형성시기, 즉 혈연으로 맺어진 운명공동체

로서 동일한 계보를 가지는 흔히 종족sippe이라고도 이해되는 집단이 구성됨으로써 가족성립의 단초를 마련한다.

② 야만barbarei: 가족의 성립시기, 종족끼리 무리 지어 모여 사는 형태가 무너지고 국가가 등장하면서 동시에 가족이라는 개념이 형성되기 시작한다.

③ 문명civilization: 가족을 대체하는 개인의 중요성이 대두되는 시기, 현대사회의 발달과 함께 공동체보다는 개인이 중요하게 부각됨으로써 가족의 의미나 기능은 상실되고 대신 개인을 중심으로 사회가 재구성되어 간다.

일부일처를 근간으로 하는 핵가족Kleinfamilie은 지구상에 유일한 가족형태가 아니다. 하나의 가구에 동거하는 두 명의 성인과 출생 또는 입양한 그들의 자녀를 근간으로 하는 핵가족은 산업화가 결과한, 즉 산업사회에서 하나의 이념형적인 가족형태일 뿐이다. 산업사회 이전단계의 농경사회에서는 결혼한 배우자와 그들의 자녀 이외에 증조부, 조부, 부, 자녀, 손자녀 등 몇 대에 걸친 남성중심의 가구주를 중심으로 그 직계 또는 방계의 친족이 한 가구에 거주하는 대가족이 지배적인 가족형태를 이루었다.

산업사회로의 진입과 함께 부모와 미혼의 자녀로 구성된 근대적 핵가족 형태가 지배적으로 나타났으나 최근에는 단독가구 형태가 증가하고 있다.[4] 단독가구의 증가는 이혼 및 미혼모의 증가와 함께 한부모와 그의 미혼자녀로 구성된 한부모가족과 고령화사회에 따른 65세 이상의 노인단독가구의 증가, 독신주의의 추세에 따른 청장년 1인 가구, 경제구조의 악화에 따른 소년·소녀가장의 증가에

---

4 1997년 통계청 「인구주택총조사」에서 단독가구는 11.7%였으나 2005년 20.0%로 증가하였다. 아직까지 혈연관계를 중심으로 맺어진 가족의 개념이 지배적이지만 단독가구 및 비혈연관계로 맺어진 가족의 증가와 함께 가족의 개념을 가구의 개념으로 대치해야 한다는 주장도 늘고 있다.

기인하고 있다. 이에 따라 가족의 개념 역시 변화하고 있어 더 이상 하나의 또는 유일한 가족the family이란 존재하지 않으며 다양한 형태의 가족들이 병존한다. 물론 아직까지는 핵가족의 형태가 지배적이긴 하지만, 이를 이루는 내용은 계속해서 변화해가고 있는 것이다. 이제 핵가족은 부부 및 혈연으로 맺어진 그들의 분가하지 않은 자녀들만으로 구성되는 것이 아니라, 부부와 비혈연의 입양자녀의 구성에서부터 시작하여 한부모와 그 자녀 및 동성애부부와 그들의 입양자녀에 이르기까지 매우 다양한 스펙트럼으로 나타난다. 2007년 통계에 의하면 부부와 그들의 자녀로 구성된 전형적인 핵가족의 형태가 42.0%로 가장 높았으며, 다음으로는 1인 가구(20.1%)가 높게 나타났다. 이어 부부가족(14.6%), 모자가족(6.82%), 부자가족(1.8%), 비친족가족(1.3%) 순이며, 조부모-손자녀가구는 0.38%를 차지하고 있고, 기타 형태가 13.0%로 나타나 산업화 초기보다는 다양한 가족구성이 이루어지고는 있지만 여전히 전형적인 부부-자녀 중심의 핵가족이 지배적임을 알 수 있다(한국여성정책연구소 성인지통계 DB에서 재구성).

또한 통념상 이제까지 가족제도가 사회제도의 다른 하위제도와 다른 가장 큰 특징은 결혼을 통한 혈연으로 맺어진 친·인척관계(부, 모, 기타 자손, 조부모 등)를 바탕으로 형성된다는 데 있다고 정의되어 왔으나 이제는 혈연관계가 아닌 다른 가족형태의 증가와 함께 이를 수용해야 하는 단계에 이르게 되었다. 그리고 단독가구의 증가와 함께 가족과 가구의 경계가 모호해짐에 따라 가족의 개념이 경제공동체로 흔히 개념화되고 있는 가구household로 대치되어야 한다는 주장 또한 증가하고 있다. 이렇듯 소위 핵가족을 중심으로 '정상가족'이라고 이해되는 근대적 가족의 범주가 변화하고 있으나 아직까지 우리 사회는 '가족'이라는 개념 하에 가정경제를 책임지는 '가장'으로서 남성(아버지)과 남편 및 자녀에 대한 정서적인 역할을 담당하는 여성(어머니)를 중심으로 전통적인 성별분업 구조가 계속적으로 유지되어 오면서 가부장적 이데올로기를 재생산하고 있다. 그리고 현 단계 가족복지적 관점은 이러한 가부장적 틀에서 크게 벗어나고 있지 않다. 바로 이 점이 필자가 가족이 구조적인 측면에서는 탈근대성을 띠고 있지만 기능적인 면에서는 여전히 전근대적 의식 속에 존재한다고 보는 이유이다.

가족의 변화: 기능적 측면

가족은 자연발생적인 산물이 아닌 역사적으로 조건 지워진 사회형태이다(Weber-Kellermann, 1977). 다시 말해 가족은 자신을 둘러싸고 있는 사회환경과의 관계에 있어서나 구성요소 및 내면적, 기능적 구조에 있어서 사회변동에 가장 민감한 가변적인 사회제도이다. 기능적인 측면에서 봤을 때 가족은 생물학적일 뿐만 아니라 사회적이기도 한 이중의 성격을 갖는다.

가족의 가장 중요한 기능은 첫째, 2세대의 재생산이다. 가족은 최소한 2세대 이상으로 구성되어 있다. 물론 출산율의 감소추세와 함께 2세 없는 부부가족의 증가로 한때 가족의 가장 중요한 기능이었던 2세의 재생산 기능은 점차 축소되고 있는 실정이나 아직까지 가장 지배적이고 중요한 기능에 속한다고 할 수 있다. 둘째로 가족의 사회화 기능을 꼽을 수 있다. 2세의 사회적 역할을 답습하도록 가르치며, 사회구조를 이해하고 사회의 규범 및 가치관에 따른 관습을 내면화하는 역할을 주로 담당한다. 따라서 가족은 그 사회를 유지하는 체제의 재생산과 가장 밀접한 관련을 맺는 하위체계이다. 그러나 2세의 사회화에 있어 일찍이 가족이 중요하게 맡아 왔던 지식전수의 기능은 학교교육 및 제반 교육제도의 발달 및 분화로 그 기능을 거의 상실하고 있다. 셋째, 가족은 사용가치를 창출하는 자급자족 형태의 소위 생존생산Subsistenzproduktion에서부터 교환가치를 창출하는 수공업 생산에 이르기까지 경제적 생산 및 재생산의 기능 역시 매우 중요하게 수행하여 왔다. 하지만 산업화 정책과 함께 모든 생산이 시장을 매개로 공업화됨에 따라 가족의 경제적 기능은 주로 소비 및 지출 형태의 재생산적 기능으로 대부분 축소되고 있다. 가족의 생산적 기능의 축소와 함께 오늘날 가족의 기능으로서 가장 중요한 역할을 수행하는 것이 바로 넷째, 가족구성에 대한 심리적 · 육체적 안정을 제공하는 공간으로서의 역할이다(기든스, 1992). 외부의 자극과 압력으로부터 가족구성원을 보호하고 이들에게 재충전할 수 있는 물리적 · 정서적 재화를 제공함으로써 사회구성원으로서의 역할을 계속해서 수행해나갈 수 있도록 안식처 역할을 수행한다.

가족복지는 이러한 가족의 기능을 지지하고자 하는 데 역점이 주어져 있다. 바로 그러한 측면에서 가족복지는 근대의 연속선상에 존재한다. 그러나 가족의 기능을 좀 더 구체적으로 살펴보았을 때 2세의 출산 및 사회화, 가족구성원에 대한 물리적, 정서적 재화의 제공, 경제적 재생산의 기초를 제공하는 일은 가족 안에서 주로 여성에 의해 이루어지고 있다는 점과 가족복지는 이 점에 대해 커다란 이의를 제기하고 있지 않다는 점에서 여전히 다소 전근대적인 문제의식의 틀 안에 놓여 있다고 볼 수 있다. 즉 임신 · 출산의 생물학적인 경험을 비롯하여 육아 및 가사, 노약자 보호에 이르기까지 가족 내에서 이루어지는 모든 물리적 · 정서적 노동은 여성의 일로서 규정되고 요구되고 있으며, 이는 전근대적인 가부장적 가치관에 기인하고 있다. 가족복지는 이러한 전근대적인 인식에 문제제기를 하기보다 근대의 변화된 여성의 역할에 따른 이중부담을 원조하는 데 더 관심을 둔다. 이러한 성별분업을 유지하는 기본 근간은 바로 사회적 규범과 문화적 가치이며, 이를 근간으로 구조화되어 있는 사회의 하위체계로서 가족제도가 기능한다. 바로 이러한 점에서 가족복지는 전근대적 인식자체에 문제제기하지 않는다. 물론 김인숙(2005)

은 여성(가족)부의 신설을 사회복지와 여성주의 관점의 접합계기로 바라봄으로써 전근대적인 보수성을 띤 가족복지 연구에 새로운 전환점을 마련하였지만, 가족복지의 현장에서는 여성주의적 관점과 같은 근대성에 아직 큰 관심이 기울여지고 있지 않다. 김인숙의 기대처럼 가족복지의 주무 부처가 보건복지부에서 여성가족부로 옮겨감에 따라 가족복지 연구주제가 전근대적 틀을 크게 벗어날 수 있었던 계기를 마련하였음에도 불구하고, 이명박 정부가 출범하면서 여성가족부는 그동안 어렵게 붙인 가족을 떼어 다시 보건복지부로 돌려주어야 했을 만큼 여전히 가족의 문제는 전근대적 인식에서 벗어나지 못하고 있다.

가족복지의 연구동향

본 연구는 근대와 전근대, 탈근대를 구분 짓는 기준이 무엇인가 하는 질문에서 출발하여 가족복지 연구에서 근대성 논의가 어떻게 반영되고 있고 그러한 논의의 저변에 전근대적 의식이 존재하는지를 살펴보고자 한다. 이를 위해 필자는 근대성의 논의를 근대에 대한 인식의 문제를 통해 접근하고자 한다.

연구자의 인식을 유도하는 것은 바로 연구자의 연구주제에 대한 관심에서부터 나온다(Habermas, 1968). 예를 들어 가족복지 연구범위 안에서 가족폭력이라는 주제에 대해 가지는 개별 연구자의 인식은 그러한 인식을 유도하는 연구자의 관심이 있었기에 가능하며 이 관심은 결국 연구자의 정치적 성향을 반영하며 연구방법론을 결정짓는다. 따라서 근대와 전근대, 탈근대를 구분할 수 있는 인식론적 쟁점 중 하나가 연구대상에 대한 관심이다. 가족복지 연구에서 다루어지는 연구대상은 "복지수혜의 대상이 누구인가"라는 정치적 선택의 문제로 귀결되기도 한다. 일례로 근대적 연구주제에는 농경사회

<표 4-1> 사회구조 및 가족의 변화

	생산방식	사회관계	가족형태	가족의 주요기능	가족 가치지향
전근대	농경사회	신분사회	대가족	결혼, 출산, 교육, 생산, 정서적 지지	위계적 가족관계, 부모중심, 전통적 성역할
근대	산업사회	계급사회	핵가족	결혼, 출산, 소비, 정서석 지지	민주적 가족관계, 부부중심, 여성의 경제활동 참어 승가에 따른 이중부담증가
탈근대	기술정보 사회	위험사회	다양한 가족	소비, 정서적 지지	결혼과 출산 거부, 혈연을 초월한 가족관계 형성, 개인의 자유중시

를 기반으로 한 전근대적 신분제로부터의 탈피의 문제이자 산업사회의 산물인 계급갈등의 문제에 관심이 집중되어 있었다. 이는 연구자가 "어느 계층을 대변하고 있는가"라는 정치적 선택의 문제와 관련되어 있다.

<표 4-1>에서는 사회구조 및 가족의 변화를 전근대, 근대, 탈근대의 특징으로 구분하여 보았다. 전근대는 신분제에 기초한 농경생산방식의 대가족 형태를 띠며 출산, 교육, 생산 및 정서적 지지라는 전형적인 가족의 기능을 수행한다. 산업화에 따른 근대적 가족에서는 교육과 생산의 기능은 점점 소멸하고 소비와 정서적 지지의 기능이 증가한다. 또한 전근대적 가족에서 중시되던 노부모를 중심으로 한 대가족의 전통적 위계적 성역할에 기초한 가족관계는 근대사회로 오면서 부부중심의 보다 민주적인 가족관계로 바뀌며 여성의 역할이 가족 안에서의 전통적인 성역할로부터 탈피하여 경제활동 및 사회참여가 증가한다. 탈근대 가족의 특징은 근대까지 유지되어 온 결혼과 출산의 중요성은 사라지고 소비 및 정서적 지지 기능이 더욱 중시된다.

지식정보화 시대를 살아가고 있는 현 단계의 한국 사회는 탈근대적 징후들이 나타나고 있는 것이 사실이지만 가족은 여전히 근대적 성격이 강한 것이 아직까지 우리의 현실이다. 물론 이제 가족의

탈근대성에 대한 논의를 시작할 필요가 있지만, 국가의 복지정책을 살펴보면 가족문제에 대한 인식에 있어서는 특히 아직까지 전근대성조차도 벗어나 있지 못한 경우가 많다. 복지국가의 성립은 복지가 의식주의 가장 기본적인 수요$_{need}$에 대한 잔여적 지지 수준에서 벗어나 국민의 의무와 권리로서 복지를 제도적으로 보장할 수 있을 때 가능할 것이다. 그러나 부모부양, 자녀양육에서 한부모가족, 조손가족, 이혼, 가족 내 폭력, 입양 등과 같이 가족복지 연구에 주로 등장하는 주제나 정부의 주요 가족복지 정책은 아직까지 근대적 문제의식을 크게 벗어나지 않고 있다. 필자는 그 이유를 대부분의 정책입안자들의 전근대적 가족가치관에서 찾고자 한다. 전근대적 가치관을 가진 대부분의 정책결정자들이 현대사회에서 일어나고 있는 탈근대적인 변화를 받아들이지 못하고 정책을 근대의 수준에라도 맞추려 하고 있다는 것이 필자의 생각이다. 물론 최근 다문화가족의 증가에 따른 정책수요의 증가가 탈근대적 가족정책의 필요성을 제기하고 있지만, 비혼가족이나 동성애부부 등 탈근대적 가족형태에서 나타나는 문제들에 대한 정책에는 무관심하다. 건강가정기본법의 제정 역시 이러한 정부의 전근대적 가치관을 반영하고 있는 것이다.

다음에서는 〈표 4-1〉에서 나타난 문제의식을 바탕으로 한국가족사회복지학회에 기고된 170여 편의 논문에서 다루어진 연구주제를 분석하였다.

가족복지 연구자의 연구관심

한국가족사회복지학회의 학회지인 『한국가족복지학』은 1997년에 창간되었다. 학회지는 이듬해인 1998년까지 연 1회 발간되다 1999년부터 연 2회로 증간되었고 2007년부터 연 3회 발간되어 2007년까지 총 21권이 발간되었고, 1997~2007년 10년 동안 170

여 편이 발표되었다. 초기 학회지에 발표된 논문들은 근대 가족의 유지에 필요한 결혼과 출산, 육아, 청소년, 가족의 빈곤 및 경제적 자립, 부부갈등 등의 문제를 다루고 있다. 학회지가 발간된 해가 1997년 IMF 구조조정에 따른 '가족해체'의 문제가 사회적으로 심각하게 대두된 시점이라는 점을 감안할 때 이 기간 동안 학회지에 발표된 글들은 당시 사회변동을 반영하기보다는 비교적 고전적인 근대의 가족문제들을 주로 다루고 있다. 1999년에는 「탈근대사회의 가족변화와 가족윤리: 21세기 가족복지의 실천방향」(이혁구, 1999)이라는 탈근대에 대한 논문이 게재되었다. 이 논문은 탈근대화에 대한 개념적, 이론적 논의와 이에 대한 경험론적 증명보다는 가족의 해체를 둘러싼 담론을 정리하고 있다. 그러나 이 과정에서 서구의 가족담론을 그대로 받아들이고 있어 마치 한국의 가족이 근대의 문제를 넘어 탈근대의 속성을 갖는 듯한 인상을 주고 있다. 그러나 한국가족사회복지학회의 『한국가족복지학』에 실린 대부분의 논문들은 가족변화에 대한 위기감에 대한 관심으로 정책적 대안이나 개입기술을 제안하는 데 치우치고 있는 점을 감안할 때 당시 이혁구의 탈근대 담론은 한국의 가족복지 현실에서 조금 앞선 논의였다.

〈표 4-2〉에서 보듯이 2002년 이전까지 가족복지의 연구주제는 몇몇 주제에 제한되어 있었으며, 주로 가족폭력, 부부갈등, 자녀교육, 경제적 자립 등의 문제에 치중되어 있었다. 반면, 2002년 이후에는 연구주제뿐만 아니라 연구대상 역시 매우 다양해졌음을 알 수 있다. 더불어 근대적 핵가족을 유지, 재생산할 수 있도록 돕는 지지적인 연구 외에도 소위 탈근대적 현상으로 이해되는 다양한 가족형태에 대한 연구들이 이루어지기 시작하였다.

이러한 연구동향의 변화가 갖는 가족복지적 함의는 연구주제에 대해 갖는 개별연구자들의 관심과 이것이 반영된 연구방법론에서 찾아볼 수 있다. 가족복지를 연구하는 연구자의 연구대상(이하 '클라이

<표 4-2> 가족사회복지학회지에 수록된 연구논문의 주제

	1997(창간호) ~ 2001년	2002 ~ 2007년
전근대	—	—
근대	부부 권력구조 갈등, 가족 내 폭력, 출산, 건강, 성, 가족자립, 실직자, 맞벌이부인 스트레스, 저소득층 노인문제, 재혼가정, 중년위기, 아동적응, 여성노인빈곤, 알코올 중독자 재발 예방, 장애아동, 자녀양육, 아동정신건강, 음주문제, 노인수발, 장기요양보호, 빈곤, 실업, 실직가정, 발달장애, 대학생 이성교제	여성장애인, 장애아동 어머니, 맞벌이남녀, 북한이탈주민 가족, 사별가족 아동, 저소득층 노인, 조기퇴직자, 경찰관의 가정폭력 개입태도, 노인복지서비스, 문제음주 여성, 방문간호 대상 노인, 중년기 직장남성, 성공적 노후, 간질아동, 한인 이민여성, 빈곤가족건강, 청소년비행, 부모역할, 가정폭력, 여성장애인 가사노동분담, 정신분열환자, 쇼핑중독/카드남용 딸, 청소년 성폭력, 지적장애아동 부모, 노년기 죽음불안, 가정폭력 피해여성, 노후준비, 재혼가족 양육태도, 아동학대, 가족친화적 기업복지, 성공적 노화, 도서지역 가족문제, 아동방임, 학교폭력, 만성질환노인, 청소년 학교적응, 가구주의 음주형태, 부부 친밀감, 입양가족, 치매 배우자, 배우자 사별
탈근대	한부모가족, 이혼여성	호주제, 한부모가족, 이혼 후 적응, 이성교제 폭력, 이혼가정 자녀, 노인 성상담, 이혼 후 비양육부모와 자녀관계, 조선족여성 한국적응, 미혼모 자기결정권, 이혼공동체, 부모이혼 자녀 적응, 다문화가족, 여성결혼이민자, 결혼이민자부부의 갈등

어트')에 대한 관심은 클라이언트들이 갖는 문제에 개입하여 사정, 원조를 통해 클라이언트의 욕구와 삶의 질을 지지하고자 하는 것으로, 연구자의 연구대상에 대한 당파성Parteilichkeit을 반영하는 것이다. 그러나 소위 '가치자유Wertfreiheit'라는 이름으로 연구대상과 연구자의 가치를 구분하는 경향이 존재한다. 이러한 현상은 현장에 근무하는 사회복지사들이 직접 당면한 문제이기도 하다.

최근 사회복지 분야의 확대로 사회운동가와 사회복지사의 연대가 확대되고 있다. 그러나 종종 복지 분야에 종사하는 사회운동가들은 사회복지사들의 클라이언트를 대상화하는 태도에 대해 불만을 토로하곤 한다. 예들 들어 매맞는 아내들의 쉼터에서 일하는 사회복지사에게 매맞는 아내는 개입이 필요한 사회복지실천 대상으로 이해되며, 클라이언트에게 유대감을 느끼지 못할 뿐만 아니라 몰성적인genderblind 관점으로 대하기까지 한다는 것이다.[5] 이러한 문제

---

[5] 실제 사회복지사들의 가족에 대한 이해가 가족과 관련된 근대 이전의 고정관념, 즉 성별 분업적 이데올로기를 재생산하는 기능을 수행할 가능성에 대한 지적이 있어 왔다(최희경 · 이인숙, 2005).

는 여성학 도입 초기 여성학 방법론에 대한 논의에서 자주 거론되었던 고전적인 주제이다. 즉 여성을 다만 연구대상으로서 보아야 할 것인지, 연구대상인 여성에 대해 동지적 유대감을 가져야 하는지에 대한 논의이다. 물론 연구자가 연구대상에 대해 명시적으로 어떤 입장을 드러낼 필요는 없으며 그것을 요구할 수도 없다. 그러나 지식사회학적 관점에서 보았을 때 연구자의 정치적 성향이 연구주제에 명시적으로 드러나지는 않았다 하더라도 글의 논지 등에 실리게 되어 있다. 가족복지 연구주제 내에 어떤 연구자가 어떤 주제를 왜 선택하였는지를 따져봄으로써 연구자의 연구관심에 묻어 있는 근대성에 대해 살펴볼 수 있다. 이하에서는 가족복지 연구방법론에 대한 보다 구체적인 논의를 통해 가족복지 연구방법론의 근대성과 전근대성의 문제에 접근해보고자 한다.

가족복지 연구방법론의 근대성과 전근대성

연구방법론의 근대성과 전근대성은 크게 연구주제에 대한 연구자의 관심과 이 관심이 반영된 조사방법 두 측면에서 접근해볼 수 있을 것이다. 먼저 연구자의 연구관심이 반영된 논문주제의 측면에서 살펴보면, 1997년 10월『한국가족복지학』창간호에 7편의 연구논문이 실렸다. 여기에는「가족복지에 있어서 가족사회사업과 가족치료 간의 차이성에 관한 논의」,「부부권력구조와 갈등, 그리고 폭력」,「결혼과 가족문제 해결에 관한 태도 연구」,「가족의 출산건강 및 성문제에 관한 가족복지적 개입전략」,「청소년 가출 및 가족기능과 가족체계 유형과의 상호관계」,「시각장애인 가족의 자립을 위한 사례연구」,「원가족 접근방법의 유용성과 활용방안」등의 주제가 다루어졌다. 1997년 말은 IMF 외환위기에 따른 국가의 총체적 위기가 드러나기 시작한 시기이지만 학회지의 가족에 대한 연구주제에 IMF 위기가 미친 영향은 찾아보기 힘들다. 가정폭력, 출산, 청소년 가출과 같은 근대적 핵가족의 재생산을 위한 전형적인 주제들이 채택되었고, 가족의 경제적 기능에 대한 혼란을 반영한 연구는 이듬해인 1998년 10월에 실린「실직자의 심리사회적 대처기능 향상을 위한 위기개입 프로그램 개발」이라는 논문에서 눈에 띈다. 그러나 이 논문 또한 IMF 외환위기라는 당시 시대적 상황이 얼마나 반영되었는지는 알기 힘들다. 논문구성이 실직과 사회심리적 관계 분석에 치중되어 있고 서두에서도 실직이 왜 문제가 되는가 하는 사회적 배경에 대한 분석은 없기 때문이다. 어쨌건 1998년 2호 학회지가 발간될 당시 이정숙 학회장(제2대)은 발간사에서 5월 학술대회가 "인간사회의 가장 기초적인 구성요소로서 가족의 보호를 위해 IMF 위기 이후 증가하는 실직자 가족의 위기에 개입"하기 위한 주제를 채택했었다는 경과보고를 하고 있지만 그 결과물이 그 해 학회지에 반영되고 있다고 보기는 어렵다.

1997년 IMF 외환위기의 경험은 한국 사회에 있어 가족의 변화에 커다란 영향을 미쳤다고 할 수 있기에 가족복지 연구자의 시대변화에 대한 관심은 중요하지 않을 수 없다. 그러나 시대변화에 따른 의식의 탈근대성을 논의할 수 있는 성과물을 발견하기는 쉽지 않다. 주제 자체도 근대적 가족의 유지를 위한 위기개입의 내용이 대부분이며, 굳이 든다면 한부모가족, 다문화가족에 대한 논의가 내국인 중심의 근대적 핵가족의 형태를 벗어난 새로운 가족형태에 대한 논의로 받아들여질 수 있을 것 같다. 그러나 가족에 대한 의식구조의 탈근대성을 논한 논문은 발견하기 힘들다. 오히려 전통과 근대라는 구분 자체가 명확하지 않게 이해되고 있는 실정이다. 이영분 · 양심영의「가족의 변화에 따른 가족복지서비스의 대응」(1999)에서는 가족변화의 의미가 근대적 가족관계의 정립으로 이해되며, 이에 필요한 복지서비스 개입 발전에 관심을 갖고 있다. 박영희의「편모가족 개입 모델 개발에 관한 연구」(1999)는 양부모가족을 이상적으로 지향하는 경향을 비판하고 한부모가족의 사회적응에 필요한 사회복지적 개입을 논의하고 있다. 그러나 박영희 역시 한부모가족에 대한 이해가 부부중심의 근대적 가족형태의 대안으로 한부모의 의식적인 선택이라기보다는 근대가족의 위기현상인 것으로 이해하며, "편모가족의 성립이 서구와 같이 이혼을 통해서가 아니라 사별을 통해 대부분이 형성되고 있다"는 점에 주목한다. 이런 상황에서 같은 해 실린 이혁구의 「탈근대사회의 가족변화와 가족윤리」(1999)에 대한 논의는 한국 사회에 지배적인 가족에 대한 인식을 구체적으로 반영하고 있기보다 서구적 담론을 통해 한국 사회에서의 탈근대적 가족관을 준비하고자 하는 성격이 짙다고 하겠다.

김성천의 「한국 가족복지정책의 재조명: 개혁방향의 모색」(2000)에서는 한국의 가족복지정책이 발전하지 못하고 있다고 전제하고 그 이유를 가족정책에 대한 철학의 부재에서 찾고 있다. 가족정책 변화의 주요 환경으로 여성 경제활동참가율의 증가를 들면서 여성의 취업에 따른 가족에서 여성의 지위변화뿐만 아니라 부부관계, 자녀관계, 노부모와의 관계 변화에 주목한다. 또한 우리나라의 가족복지의 열악성 속에서도 여성의 취업을 장려하는 국가정책의 이중성에 대해 비판적으로 분석하고 있다. 그러나 여성의 경제활동을 지원하고자 하는 김성천의 정책적 대안에 대한 관심은 여전히 여성의 직장과 가정의 병행에 대한 근대적 문제의식에 따른 것이다. 물론 성역할 태도를 중심으로 이혼여성의 적응에 관해 연구한 성정현(1999)의 연구처럼 이혼을 통해 여성들이 전통적인 성고정 관념으로부터 벗어나 상대적으로 자유로움을 느끼고 있으며, 이혼여성의 사회적응을 위해 성역할 의식이 변화되어야 할 필요가 있음을 주장하는 연구도 있다. 그러나 여기에서 이야기되는 여성의 자의식과 새로운 역할 전환도 전근대에서 근대로의 전환을 의미하는 것이다. 따라서 많은 가족복지 연구자들에게 우리나라 가족복지의 수준이 상당히 전근대적이라는 사실이 암묵적으로 인정되고 있는 것으로 보인다.

성정현·송다영·한정원의 「이혼가족 및 사별가족 아동에 대한 교사의 인식」(2003)에 관한 연구에서는 이혼과 사별에 의해 이루어진 한부모가족이라는 근대의 비전형적인 가족에 대한 연구를 실시하고 있으나 연구자의 연구관심은 이 가족의 아동에 대한 교사들의 인식에 있다. 이 연구결과에 따르면 교사들이 사별가족보다 이혼가족에 대해 부정적인 태도를 가지고 있는 것으로 나타나고 있는데, 이러한 교사들의 태도는 가족에 대한 전근대적인 인식을 반영하는 것으로 보인다. 이 연구는 교사들의 가족관계의 변화에 대한 올바른 인식과 아동교육을 위한 학교사회복지 실천 프로그램의 필요성을 피력하고 있다. 김성천·안현미의 「참여정부 가족정책의 기본구성요소의 분석과 발전방향 모색」(2003)에 관한 논문에서 역시 우리나라 가족정책은 '선 가정보호, 후 국가개입'의 원칙 하에 "가족정책의 범위는 분명하지 않고, 가족정책의 체계적 전달체계는 미미하거나 체계화되어 있지 않다"고 주장하고 "가족정책의 발전방향으로 가족친화적 가족정책의 지향"을 제안하고 있다. 가족정책이라는 개념 안에 가족친화성이 내제되어 있다고 생각하는 필자에게 '가족친화적 가족정책'이라는 개념은 동어반복적인 인상을 주지만, 논문은 주로 가족정책의 개념정립과 범위설정에 치중되어 있고 가족정책의 효과적 서비스 제공을 위해 기존 종합사회복지관을 '가족복지센터'로 특화할 것을 제안하고 있어 해당 논문에서 제기하고 있는 '가족친화성'에 대해 구체적으로 이해하기는 힘들다. 그러나 이렇듯 전근대적 가족에 대한 인식과 정책으로부터 벗어나고자 하는 시도들은 가족복지 연구 안에서 점차적으로 대세를 이뤄가고 있는 듯하다. 더군다나 가족을 불가침의 성역으로 전제하고 '가족의 정상화'를 위한 사회복지적 개입이 아닌, 미혼모의 자기결정권을 강화하는 문제 (이영미·최승희, 2005), 이혼공동체를 지지하기 위한 전략을 모색하는 연구(성정현, 2007) 등은 매우 고무적이라 하겠다.

가족복지 연구에 반영된 근대성과 전근대성의 문제를 연구주제에 대한 연구자의 관심에 따른 구체적 조사방법의 측면에서 접근해 보았을 때, 창간호의 경우 문헌연구(2편), 양적 연구(3편), 질적 연구(2편)로 구성되었다. 이렇듯 2007년까지 총 170여 편의 연구논문의 주요 방법론은 문헌연구나 계량적 연구이나 사례연구, 프로그램 개발 등이 주를 차지하고 있으며 역시 계량적 분석이 주류를 차지하고 있다.

대부분의 연구자들은 가족의 유지와 기능 회복에 관심을 갖는다. 이를 위해 부부관계 및 부모자녀관계의 강화에 연구의 초점이 맞추어져 있다. 그러나 부부관계를 연구하는 연구논문에도 부부사이에 이루어지는 질적 상호소통을 엿보기는 쉽지 않다. 김재엽의 「부부권력구조와 갈등, 폭력」(1997)에 대한 연구에서는 부부권력 구조를 몇 가지로 유형화하여 조작적 정의를 통해 구조화된 설문조사 결과를 유형화의 틀 안에 대입하고 있다. 물론 조작적 정의에 의해 이루어진 설문지에 알아보고자 하는 부부관계에 대한 질적인 내용이 충분히 담보되어야 할 것이다. 하지만 질문지를 받아본 응답자들의 입장에서 보면 자신의 삶에 녹아 있는 부부 권력관계와 폭력의 문제를 몇 개의 질문문항에 담아내기가 쉽지 않을 것이다. 그리고 인간의 내면에 존재하는 미묘한 심리적 갈등구조가 질문지 안에 반영되기를 기대하기 힘들다. 즉 계량화된 양적 연구방법론을 통해서는 연구자와 연구대상의 상호교감은 힘들다고 하겠다.

양옥경의 「한국가족개념에 대한 질적 연구」(2000)에서는 전통적 가족의 이미지가 과학과 기술의 발전과 함께 변화하는 현상을 가족해체로 바라보는 시각에 반해 '새로운 가족'의 개념을 도출하기 위한 시도로 현상학이라는 질적 연구방법론을 통해 젊은 세대의 가족구조를 분석하고 있다. 이 연구에는 30~40대 젊은 전문직 주부 및 독신자 가정, 이혼가족을 대상으로 하였다. 연구결과에서는 "한국 가족의 현재 모습은 전통과 진보의 혼재를 보여주었으며, 가족주의와 개인주의적 가치가 거의 동등하게 혼재되어 있었다"라고 분석하고 있다. 그리고 가족에 대한 '새로운 개념'을 정서적 기능강화에서 찾고 있다. 따라서 양옥경은 설문조사와 같은 계량주의적 방법론에서 한 발 더 나아가는 가족의 구조를 보다 심층적으로 연구하고자 시도하였지만, 연구결과에서 보여주고 있는 '새로운 가족'으로서 미래의 개념이 근대적 가치관의 정착에 있음을 알 수 있다.

근대의 가장 큰 특징 중 하나가 과학의 발달이라고 할 수 있다. 과학의 책무란 현상의 인과관계를 밝히는 것이고, 자연과학처럼 기계적이고 물리적으로 밝혀지기 힘든 미묘한 감정과 심리구조를 가진 인간사회를 연구하는 사회과학이 과학이 된 이유는 인간 사이에 일어나는 현상에 대한 인과관계의 규명이 가능하다는 믿음 때문이었다. 물론 과학에 대한 이해가 근대 학문인 사회학의 창시자로 불리는 콩트처럼 자연과학적 방법론을 인간에 대한 이해에 적용한 실증주의적 계량화 방법에만 국한되어지는 것은 아닐 것이다. 다음에서는 실증주의적 방법론에 대한 비판으로부터 출발하고 있는, 필자가 '성찰적 페미니즘'으로 부르고자 시도한 여성학 방법론에 대한 가족복지에서의 수용가능성을 살펴보고자 한다.

가족복지 연구방법론의 여성학적 수용가능성[6]

여성학 연구방법론이 가족복지학에 주는 함의는 최근 사회복지학, 그 중에서도 특히 장애인 인권과 관련하여 일고 있는 '당사자주의'의 움직임과 맥락을 같이 한다(김병하, 2005). 물론 장애인의 인권을 장애인이 직접 대변해야 한다는 당사자주의와는 달리 여성이 가지

---

6 필자의 졸고, 김미경(2005), 「지구화시대 여성주의적 방법론에 대한 일고찰 - 성찰적 페미니즘을 위하여」, 《한국여성학회 추계학술대회 발표논문집》, 한국여성학회에 수록된 내용의 일부에 기초하고 있음을 밝힌다.

고 있는 문제를 직업으로서 사회복지사에 의해 소위 '객관성'에 입각하여 매개되는 것에 그치는 것이 아니라, 사회복지사가 클라이언트에게 느끼는 유대감 또는 동질감의 문제와 관련한다.[7] 사회복지 학문이 갖는 실용주의적 실천학문으로서의 특징은 학과의 커리큘럼에 영향을 미치며 학문보다는 취업을 강조하고 있는 대학의 현실에서 사회복지학은 자격증을 많이 취득할 수 있는 인기학과로서의 전성기를 누리고 있을 뿐이다. 사회복지사의 전문성이 의사나 간호사, 병리사와 같은 자격증 소유 여부에서 찾아질 때 안타까움을 금할 수 없다.[8] 이러한 경향은 사회복지사의 클라이언트에 대한 연대와 동질감 형성에 부정적인 영향을 미친다. 클라이언트를 다양한 개입기법이 필요한 실천대상으로 간주하는 경향이 사회복지사의 전문성으로 이해되는 것은 매우 위험천만한 일이다. 사회복지의 전문성 확보를 위해 갈수록 실천과목이나 임상과목에 기울고 있는 사회복지의 학문적 정체성을 사회과학으로서 다시 자리매김할 필요가 있으며, 사회복지학은 그 학문적 정체성을 실천학문으로서 제한하기보다는 사회과학적 기초를 단단하게 구축하여 종합학문으로서 위상을 제고할 필요가 있다.[9]

사회복지학에서 이야기하고 있는 '당사자주의'에서 주장하는 논리는 그동안 남성중심적으로 쓰여 온 역사를 여성의 시각으로 재편

---

[7] 김유순·이기영(2002)은 「사회복지전공학생들의 호주제에 대한 인식, 성역할태도, 교육적 함의」라는 논문을 통해 여성중심 사회복지 방법론과 성인지적 관점의 중요성을 역설하고, 성인지 관점이 가장 드러난 당시의 이슈로서 호주제에 대한 사회복지전공 학생과 여성단체 실무자의 인식을 설문조사하여 사회복지교육에서 성인지 관점이 얼마나 교육되고 있는지를 연구하였다. 조사결과에 따르면 성인지 관점에 전공보다는 성차가 성인지 관점에 더 영향을 미치는 것으로 나타났으며, 이에 대한 대안으로 김유순·이기영은 사회복지 과목에서 여성이슈를 다룬 여성복지와 같은 과목이 선택과목보다는 필수과목으로 채택되어야 함을 주장하였다.

[8] 2006년도 한국사회복지학회 춘계학술대회에서 조성우는 「사회복지학 커리큘럼 타당도 개선을 위한 사회복지사의 실천개입 및 능력분석」(2006)이라는 주제 발표를 통해 사회복지사의 자격증 취득을 위해 사회복지사의 사회복지현장 실천의 중요성을 강조하고 실천능력 제고를 위한 커리큘럼 개선을 제안하였다.

[9] 이를 위해 사회복지학과 교과목에 사회과학적 기초지식과 사회구조분석 및 사회운동과 변혁론과 같은 과목이 대폭 보강되어야 한다(김미경, 2008).

성하고자 하는 여성학 방법론과 통한다. 이 여성학 방법론은 과학이라는 이름으로 연구대상의 보편성과 특수성을 밝히는 일보다 여성의 삶에 더 관심을 갖기 때문이다. 여성의 삶을 구술하는 생애사적 연구방법은 소위 과학으로 이해되는 실증주의적 방법보다는 심층면접이나 구술 등과 같은 질적 방법에 더 의존한다.[10] 더 나아가 일부 여성학자들은 실증주의적 방법, 양적 방법론을 남성주의적 방법론이라 말하기도 한다(Mies, 1978). "여성이 만드는 역사는 여성 스스로 기록한다"는 슬로건으로 출발한 여성주의적 방법론women's studies은 역사 속 행위주체와 후에 이를 기록하는 연구자가 구분되어서는 안 된다는 입장에서 이론과 실천을 매개하고자 한다. 독일 여성학의 이러한 방법론은 "여성이 여성을 돕는다Frauen helfen Frauen"는 운동과 함께 남성의 폭력으로부터 뛰쳐나온 여성들을 위한 쉼터를 운영하는 현장으로 들어갔다(Mies, 1994). 여성학의 이론과 실천을 매개하고자 하는 방법론적 시도가 주는 가족복지학적 함의는 가족복지의 구체적 주체의 문제와 관련이 있다. 즉 가족복지라는 추상적 개념의 구체적 시혜자는 가족에서 일어나는 문제로부터 고통 받는 구체적 대상일 것이다. 가족을 구성하는 구성원에는 크게 노부모, 부부, 자녀로 구분해볼 수 있다. 가족복지와 제반 사회정책과의 차이를 정책의 시혜자가 누구인가의 관점에서 가족구성원 중 어느 개인이 아닌 '가족전체'가 가족복지의 시혜자라는 이해를 바탕으로 '가족전체'라는 개념의 구체성을 한 가족구성원이 타 가족구성원과 맺는 관계 속에서 찾고자 한다. 즉 가족구성원이 노인, 여성, 아동, 청소년이지만 이들 개별집단에 대한 복지와 가족복지의 차이는 개별집단이 타 가족구성원과 맺는 관계적 맥락에 있으며 이 맥락에 개입하는 것이 가족복지라는 것이다(변화순, 1997; 김성천, 2000).

---

10 이러한 입장에서 1960~1970년대 여성노동사 연구방법론을 검토하고 있는 글로는 강
   남식(2004), 이종구 외(2007: 235-269)의 글을 참조하기 바람.

바로 이 지점에서 가족복지 방법론이 −소위 성찰적 사회학자들이 자주 던지는− "개방적이고 대화적이며 구성적인가?"라는 질문을 던져 볼 필요가 있다(임현진·정일준, 1994: 4). 즉 가족복지와 개별 가족 구성원의 복지와의 궁극적 차이는 가족복지 방법론의 성찰성에 대한 문제일 것이다. 독일 여성학 방법론을 통해 성찰적 방법론을 간단히 살펴보면, 여성학에서 '성찰reflexion'의 개념이 주요하게 등장한 것은 사회심리학적 배경을 가진 사회주의 여성학자들에 의해서였다. 공장여성노동자의 생애사에 관심을 가지고 오랜 연구를 해오던 Becker-Schmidt는 프랑크푸르트 학파의 비판이론에 근거하고 있는 '성찰'의 개념에 주목하고 있다. 그러나 남성주의적 비판이론과 달리 독특한 여성학적 방법론으로 자기성찰Selbstreflexion의 개념을 들여온다. 자기성찰은 첫째, '자신이 당면한 문제Selbstbetroffenheit'에 대한 분석이다(Becker-Schmidt, 1985). 이는 연구자가 연구대상인 여성의 현실에 한 발짝 더 다가갈 수 있는 기회를 의미한다. 즉 동질감 내지는 동료애의 기본이 되는 것이다. 둘째는 공감Empathie으로, 이는 상대에 접근하기 위한 도구적 틀이 아닌 서로를 연대해낼 수 있는 것이어야 한다. 셋째, 연구대상의 갈등상황에 자리를 놓아주는, 즉 갈등상황에 대한 심리적 대처방안에 대한 이해방법으로서 비판적 자기반성Introspektion이다. 이 세 가지 성찰유형Reflexformen을 통해 "연구자의 연구대상에 대한 당파성, 아래로부터 보는 관점, 연구와 해방적 실천의 통합, 실천을 통한 여성지위의 변화, 여성에 대한 억압과 착취에 저항하는 운동에 대한 연구자의 관심, 연구를 통한 연구주체와 객체 스스로의 의식화, 그리고 여성학적 방법론의 최종목적인 이론과 실천의 지향"이라는 성찰적 여성학 방법론이 성립한다(Mies, 1978). 결국 방법론으로서 성찰적 페미니즘이 "개방적이고 대화적이며 구성적"일 수 있는 이유는 연구대상에 대한 연구자의 입장 때문이라고 보아야 할 것 같다(김미경, 2007). 따라서 가족복지 방법론은 필자가 주장하는 성찰적 방법론을 취할 것을 주장한다. 여성학적 방법론에서 제시하는 성찰성은 사회과학, 보다 엄밀하게는 성찰에 주목하는 비판이론의 흐름 또는 벡과 기든스, 래쉬와 같은 성찰적 근대화론자Reflexive Modernisierung들이 주장하는 성찰성보다 이론과 실천이 분리되어 있지 않기 때문이다. 성찰적 페미니즘은 객관적, 과학적, 총체적이기보다는 비판적, 일상적, 실천적이기 때문에 그러하다.

가족복지 방법론은 근대 가족에 대한 전근대적인 가치지향을 지양하기 위해 이러한 여성학 방법론을 수용할 필요가 있다. 그러나 사회복지, 특히 가족복지에 있어 정치적 실천은 애초에 관심대상이 아닌 듯하다. 욕망의 시대, 감각의 시대를 살아가는 현대인들에게 현대사회는, 특히 문화적 성향은 탈근대성으로 나아가고 있는 것처럼 보이기까지 한다. 그러나 가족복지의 영역은 근대도 아닌 전근대의 가치관에 묶여 있을 정도이다. 여성학적 주제들은 마르크스주의적 전통의 계급이론이나 후기구조주의의 관심영역 밖에 있었던 일상의 문제들에 주목함으로써 현실에 발을 딛고 삶을 영유해가고 있는 여성의 일상에 한층 가깝게 접근하고 있다. 필자는 최근 사회복지학에서 제기되고 있는 당사자주의에서 주장하는 문제의식은 바로 이 '성찰성'에 있다고 보고, 성찰적 방법론에 기반하고 있는 가족복지 방법론에 있어서도 생애사와 같은 여성학적 연구방법론이 보다 수용되어야 한다고 생각한다. 가족복지는 그동안의 양화적 과학관으로부터 나아가 가족복지의 주 클라이언트인 여성들의 '당사자주의'에 따른 질적 연구방법론을 보다 적극적으로 수용할 것을 제안한다. 왜냐면 계량적 방법론에 치우친 학문에는 성찰성이 결여되기 쉽기 때문이다. 계량적인 방법이나 개입 기법의 발전은 탈근대를 재촉하고 있을지 모르지만, 탈근대적 기술과 기법을 가진 연구자나 현장활동가들의 사고까지 탈근대적이라고 보기는 힘들다. 특히 가족복지에 개입하는 기술과 기법은 날로 근대를 넘어 탈근대를 향해가고 있지만 가족에 대한 인식은 여전히 전근대적 사고의 틀을 벗어버리지 못하고 있다.

생애사 연구에 기반하고 있는 성찰적 페미니즘은 계급, 민족, 성에 의해 개인의 삶이 상이하게 구성되고 있음을 밝힘으로써 여성 내부의 다양성에 주목한다. 이와 관련하여 대표적인 연구자인 Becker-Schmidt는 공장여성노동자의 생애사를 분석한 후 "사적 영역과 공적 영역의 분리로 인해 여성은 비지속성Diskontinuitaeten과 양가감정Ambivalenzen에 빠지게 된다"(Becker-Schmidt, 1992: 182)는 결론에 도달한다. 즉 가정과 직장이라는 공간적 분리는 여성들에게 직장일과 가사일이라는 이중의 노동부담을 안겨주었고, 여성은 노동시장에서의 지속성을 잃게 될 뿐만 아니라, 엄마로서, 또 직장인으로서 이중적 정체성 속에서 양가감정에 시달리고 있다는 것이다. 여성의 구체적 삶 속으로 들어가 여성이 가족과 사회의 행위주체로서 존립하기 어려운 '단절성'과 '모순성'을 고찰해내고 있다. 이러한 연구방법론은 내국인의 가족관계뿐만 아니라 최근 가족복지 차원에서 이슈가 되고 있는 이주여성들의 노동현실과 가족관계, 이민국에의 사회통합을 연구하는 데도 유익하다(김미경, 2004b).

가족복지 방법론의 과제

이성애를 근간으로 남성가장 중심의 부계 혈연주의를 특징으로 하는 현대 산업사회의 이념형적 가족형태는 계속적으로 증가하고 있는 이혼율과 여성가구주 및 단독가구의 증가, 비혼가족 등으로 인해 근대적 핵가족의 '정상성'에 도전을 받게 되었다. 단독가구를 비롯한 한부모가족의 증가[11](〈표 4-3〉 참조)로 부부와 그들의 자녀로 구

〈표 4-3〉 한부모가족의 증가 추세   단위: 1,000가구(%)

연도	총 가구수	한부모가구수					한부모가구 비율(%)
		유배우*	사별	이혼	미혼	계	
1985	9,571	254(30.0)	443(55.2)	50(5.9)	101(11.9)	848(100.0)	8.9
1990	11,355	227(25.5)	498(56.0)	799(8.9)	85(9.6)	889(100.0)	7.8
1995	12,958	216(22.5)	526(54.8)	124(12.9)	94(9.8)	960(100.0)	8.6 (편모: 82.1, 편부: 17.9)
2000	14,312	252(22.5)	502(44.7)	245(21.9)	122(10.9)	1,124(100.0)	9.4 (편모: 80.4, 편부: 19.6)

* 유기, 가출, 장기복역 등으로 인한 배우자와의 비동거에 의해 발생
※ 자료: 통계청, 해당연도별 『인구주택총조사보고서』; 변화순 외, 2001: 23에서 인용.

성된 소위 '정상가족'의 유형에서 벗어난 가족형태의 다양성을 인정하지 않을 수 없게 되어가고 있는 것이다. 이혼가정을 '결손가족'으로 바라보던 편견 및 고정관념이 수정되고 있으며 한부모가족[12]에 대한 이해도 증가하고 있다.

사회체제에 대한 도전을 막기 위해 하위체제의 구조변화를 수용해야 하는 것이 현대 국가가 직면한 과제이다. 이 숙제를 풀기 위한 대안 중의 하나가 복지국가 모델이며, 이는 산업사회의 자본주의적 체제유지를 위한 수단으로서 비자본주의적 조절도구Nichtkaptalistische Steuerungsinstrumente로 기능한다(Beyme, 1991). 즉 다양한 가족형태를 수용하고 이에 대해 국가적인 지원체계를 구축하는 것은 현대 산업사회의 체제유지를 위해 필수적인 전략이 되었으며 여기에 있어 우리나라의 경우도 예외가 아니다.[13]

그러나 여성의 지불되지 않는 노동을 근간으로 유지되고 있는 자

---

11 2000년의 경우 우리나라 총 1,431만 2천 가구 중 9.4%가 한부모가구로 집계되었다. 이 중 편모가구가 차지하는 비율이 80.4%로 절대다수를 차지한다.
12 한부모가족은 이혼, 사별, 사망, 유기 등에 의해 양친 중 한쪽과 그 자녀로 이루어진 가족을 일컫는다. 한부모가족의 개념은 구조적 결손의 개념이 최대한 배제된 용어라고 할 수 있다(변화순 외, 2001).
13 우리나라의 경우 역시 가족정책으로 부부중심 가족보다는 한부모나 노인, 단독, 소년소녀가장 가구에 대한 지원이 더 많은 것은 사회소외 계층에 대한 복지지원이라는 복지국가의 이념완성이라는 커다란 정책기조 하에 부부중심 가족제도를 유지하기 위한 전략이 숨겨져 있는 것이다.

<table>
<tr><td colspan="9"><표 4-4> 주요국의 출산율 추이   단위: 명</td></tr>
<tr><td>구분</td><td>한국</td><td>일본</td><td>캐나다</td><td>미국</td><td>프랑스</td><td>독일</td><td>이태리</td><td>스웨덴</td></tr>
<tr><td>1970</td><td>4.5</td><td>2.1</td><td>2.3</td><td>2.5</td><td>2.5</td><td>2.0</td><td>-</td><td>1.9</td></tr>
<tr><td>최근연도</td><td>1.16
(2004)</td><td>1.29
(2004)</td><td>1.53
(2004)</td><td>2.05
(2004)</td><td>1.9
(2004)</td><td>1.37
(2004)</td><td>1.33
(2004)</td><td>1.8
(2005)</td></tr>
</table>

본주의적 가족제도가 여성의 고학력화에 따른 경제활동을 비롯한 제반 사회제도에의 참여요구 속에서 얼마나 지속될지는 아직까지 누구도 예측하기 힘들다. 즉 남성중심의 가부장적인 성별분업 구조의 변화가 함께 수반되지 않은 상태에서 부분적인 복지정책을 통해 '정상'적인 부부중심의 핵가족 형태가 그렇게 오래 지속되지는 않으리라는 예측이 얼마든지 가능하다. 서구 사회는 출산율 저하에 따른 사회의 재생산에 대해 이미 1980년대 초반부터 문제제기가 이루어져 왔으며(Beck-Gernsheim, 1988), 한국 사회 역시 여성 경제활동참가율의 증가와 함께 출생률 감소가 본격적으로 문제제기 되고 있다(〈표 4-4〉 참조). 1960년대 초 가임기 여성(15~49세) 1명 당 평균 6명의 아이를 낳았던 것에 비해 지난 2005년에는 1.08명으로 감소하였다. 즉 여성의 사회참여가 늘어남에 따라 증가하는 결혼과 출산의 기피현상은 자본주의의 가부장적인 성격에 변화를 초래함으로써 소위 '모성보호' 형태의 여성보호 정책을 가능하게 만들었다.

사회변동론에 있어 현존 사회주의의 붕괴와 함께 급진적 변혁론이 설득력을 잃어가고 있다. 즉 일상에서의 변화가 사회체제의 변화를 초래할 수 있다는 믿음이 확산되고 있는 것이다. 여성의 경제활동 증가는 결혼제도뿐만 아니라 가족구조의 변동을 초래하고 있으며, 이혼율 및 여성가구주, 한부모가족의 증가는 가부장제 구조를 약화시키고 있다. 그러나 이러한 변화가 꼭 여성에게 유리하게 진행되고 있다고만 볼 수는 없다. 여성의 사회참여 증가가 여성의 지위 향상을 가져오기도 하지만, 다른 한편으로 여성에 대한 이중의 억압구조(Becker-Schmidt, 1987)가 되기도 하기 때문이다. 즉 여성의 가정 내에서의 역할만이 강조되었던 사회에서 여성은 가족 안에서나마 상대적인 자율권을 행사할 수 있었다(조혜정, 1988; 조형, 1987). 그러나 현대사회로 갈수록 여성에게 가족 안의 사적 영역뿐만 아니라 사회라는 공적 영역에서의 역할도 강조되고 있다. 가족 내에서 여성이 안고 있었던 육아 및 가사, 노약자 부양 등 재생산노동에 대한 부담이 분담되지 않은 채 이루어지는 여성의 사회진출은 여성에게 이중의 노동부담만을 증가시키는 것으로 결과할 따름이다(김미경, 2000). 이렇듯 현 단계의 한국 가족은 근대성과 탈근대성을 넘나들고 있다. 그러나 가족에 대한 가치관은 여전히 좀 더 전근대적이다.

제도로서 가족에 접근하는 데 있어 대안적 가족에 대해 논하기란 매우 어려운 일이 아닐 수 없다. 현대사회에서 가족은 앞서 지적했듯이 사회제도를 유지하는 마지막 보루로서의 역할을 수행하고 있기에 그 기능에 있어 가장 보수적일 수밖에 없기 때문이다. 따라서 가족비판론자들은 제도로서의 가족이 사라지기를 바란다. 그러나 가족이 사라질 것이라고 전망하기란 쉽지 않다. 분명한 것은 가족의 형태를 규정하는 데 있어 결혼을 통해 이루어진 부부중심의 산업사회 핵가족을 '정상가족'으로 규정하고, 이에 벗어나는 모든 가족형태를 비정상 또는 결핍, 일탈로 보던 편견은 사라지고 있다는 사실이다. 기든스(1992)는 결혼은 더 이상 경제적 행위의 기반이 아니며, 여러 형태의 사회적 관계나 성 관계가 앞으로 다양하게 전개되겠지만, 결혼과 가족은 확고하게 자리잡은 제도로서 남아 있게 될 것이 거의 확실하다고 전망하였다. 물론 아직까지 가족은 결혼을 통해 가장 많이 형성되고 있다. 하지만 이미 서구의 경우 결혼하지 않은 남녀들이 동거가구를 이룬 채 아이를 출산, 양육하는 사례가 늘고 있다[14]. 이에 따라 이들 자녀에 대한 법적 보호의 문제가 중요

---

[14] 1997년의 통계에 의하면, 스웨덴의 경우 출생아의 1/3이 결혼하지 않은 남녀의 가구구성에 의해 태어났으며, 프랑스의 경우 전체 출생아 중 22.9%, 독일의 경우 14.2%가 결혼관계에 의한 출생이 아닌 것으로 나타났다(Hans-Boeckler-Stiftung, 2000: 23-24).

한 사회적 이슈가 되고 있기도 하다. 이러한 추세에도 불구하고 서구 사회에서 역시 여전히 가족의 중요성이 강조되고 있으며 가족해체를 막기 위한 복지 대책들이 개발되고 있다. 예를 들어, 독일의 경우 아이들이 태어나면 주는 자녀수당이나 양육수당과 같은 복지정책들을 긍정적으로 바라봤을 때는 출산과 양육 같이 주로 여성에 의해 이루어지는 보이지 않는, 즉 지불되지 않는 재생산노동에 대한 보상체계의 확립으로 이해할 수 있지만, 다른 한편으로는 여성을 여전히 가족의 틀 안에 묶어 놓으려는 사회적 기제로서 볼 수 있는 측면이 다분하다. 1992년 3세 이하의 아이에 대해 신청할 수 있었던 탁아보조금을 없애고 양육비용은 증가시켰던 정책은 바로 3세 이하의 아이를 공공탁아소에 맡기기보다는 집에서 양육하기를 권장하는 가족정책으로, 여성을 가정에 묶는 결과를 낳는 보수적인 노동시장 정책이기도 하다.

가족의 경제적 기능 및 자녀에 대한 사회화 기능이 점차 상실되어 감에 따라 정서적 기능은 더욱 더 중요하게 강조되고 있다. 그러나 현대사회에 팽배해 있는 경제 우선주의, 이기주의적 개인주의화 경향은 가족의 중요성에 대해 망각하도록 만들고 있는 것이 현실이다. 가족의 중요성은 아무리 강조해도 지나치지 않는다. 사라져야 할 것이 있다면 어느 한 가족구성원(주로 어머니이거나 부인)의 희생을 바탕으로 유지되고 있는 전근대적 '가족주의'에 대한 환상이며 이를 지탱해주고 있는 제반 근대적 제도장치들일 뿐이다. 여성의 사회적 역할이 변화해 가고 있음에도 불구하고 가족 내에서는 여전히 남성중심적인 가부장적 관계가 유지된다면 증가하는 이혼율을 멈추게 하기는 힘들 것으로 보인다. 현대사회에서 가족이 직면해 있는 문제를 해결하기 위해서는 가족 자체의 해체가 아닌, 가부장적 권위주의의 해체를 논해야 할 것이다. 따라서 가족복지는 '정상'에서 이탈된 가족의 정상성 회복을 위한 실천적 개입을 넘어서 가족의 가부장적 전

근대성에 도전할 수 있는 새로운 가족복지 방법론에 대한 관심이 필
요하다.

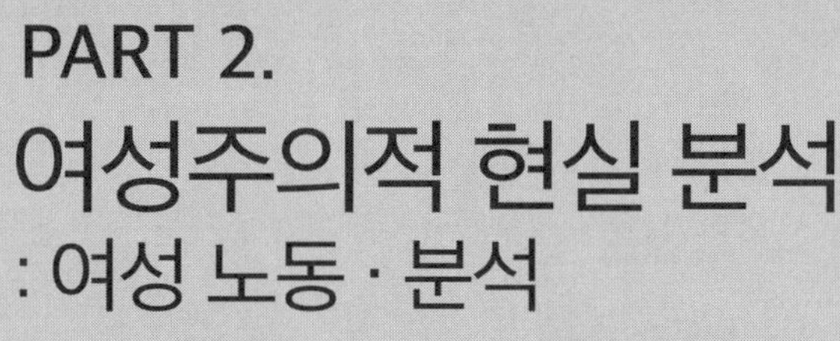

PART 2.
여성주의적 현실 분석
: 여성 노동 · 분석

PART 2.에서는 여성과 관련된 사회적 이슈들 중에서도 특히 노동과 관련된 주제에 초점을 둔 연구들을 모았다. '일하는 여성'의 결혼, 출산, 양육에서 노인부양까지 일 · 가정양립 차원의 고민들을 분석하였다.

chapter 5.

직장과 가정의 긴장관계에 선 여성노동

문제제기

1980년대 이후 한국 산업구조의 커다란 변화 중 하나로 서비스직으로 대표되는 3차 산업의 확장을 들 수 있다.[1] 이와 함께 노동시장 내 여성노동력의 흐름에도 커다란 변화가 있었는데, 그 중 무엇보다도 기혼여성의 높아진 임노동화 현상을 지적할 수 있다. 여성의 임노동화 현상은 산업화 초기에 대부분의 미혼여성에게서 나타났고, 기혼여성들은 거의 자영업에 기초한 비공식부문에 생업참여도를 보여 왔다. 그러나 1980년대 이후 미혼여성과 기혼여성의 임노동 참가율에 커다란 변화가 일어나 1980년 14.4%에 불과했던 기혼여성 임노동자 비율이 1992년 37.5%로 급증하였다. 더불어 이

---

[1] 이러한 현상에 대한 서구사회의 이론적 설명 틀로서 '후기산업사회론'이나 '서비스사회론' 등이 있다. 이와 관련하여서는 D. Bell(1979), *Die Nachindustrielle Gesellschaft* 나 J. Gershuny(1984), *The Future of Service Employment* 등을 참조하기 바란다. 한국에서의 제3차 산업발달의 특징으로 서구와 같은 제조업이나 금융계 관련 서비스직보다 소비중심 산업, 특히 음식, 숙박, 유흥업계의 급성장에 주목할 만하다. 이에 대해서는 D. Y. Song(1990), Kapitalismus, Soziale Bewegung und Gesellschatsformation in Südkorea 등을 참조하기 바란다.

러한 기혼여성의 임노동화 현상은 비단 저학력, 저임금에 기초한 불안정 고용관계에서만 나타난 것이 아니라는 점에 주목할 필요가 있다. 1980년대 이후 대학교육 자율화 정책에 의해 배출된 많은 고학력 여성들이 노동시장으로 진출하였으며, 종일근무 고학력 기혼여성 비율 또한 증가하였다.

이렇듯 1980년대를 축으로 한 산업구조의 재조정 속에서 양적, 질적으로 상승하는 기혼여성의 생업참여도로 인해 '남성은 직장, 여성은 가정'이라는 기존 성별분업 구조에도 빠른 변화가 있어 왔다. 하지만 정작 가족 내부에서는 '남성은 생계부양자, 여성은 가사노동 전담 주부'라는 가부장적 역할분담이 계속 유지되고 있는 것이 현실이다. 무엇보다 직장을 가진 아내를 둔 남편의 가사참여도를 살펴보면, 가정 내에서의 노동분업의 변화는 아주 서서히 일어나고 있음을 알 수 있다. 결국 기혼남성의 임노동화는 남성들을 빠르게 가내노동으로부터 해방시켰으나, 기혼여성의 임노동화는 여성의 가사노동 해방을 극히 제한적이고 부분적으로 이끌어냈을 뿐만 아니라, 오히려 여성들에게 이중노동부담을 초래하였다.[2]

본 연구는 바로 이러한 남성과는 다른 여성들만의 특수한 '이중노동부담Doppelbelastung'에 대한 문제의식으로부터 출발하여 여성들의 이중사회화Doppelte Vergesellschaftung[3] 과정을 추적하였다. 즉 어떠한 사회구조적 메커니즘에 의해 현대 여성들이 가사뿐만 아니라 직장

---

2 여성의 이중노동부담의 문제는 물론 어제, 오늘의 일은 아니다. 하지만 기혼여성들이 대부분 영세 자영업과 같은 비공식부문에서 종사할 때만 해도 표면화되지 않다가 (아이들을 데리고 일을 할 수 있었으므로) 급증하는 기혼여성의 임노동자화 현상과 함께 당사자뿐만 아니라 사회적으로도 큰 문제로 부각되었다. 기혼여성의 임노동자화 현상이 갖는 사회적 딜레마는 바로 여기에 있다. 즉 기혼여성은 가사를 동시에 책임져야 한다는 이유로 다른 노동력에 비해 비교적 값 싸고, 쉽게 해고할 수 있는 노동력으로 매력적인 요인을 갖는 반면, 사회는 기혼여성 노동자들이 안고 있는 육아의 문제를 부분적으로나마 해결해주지 않을 수 없기 때문이다.

3 '이중사회화론'은 독일에서 이미 1980년대 초부터 Hannover대학 내 여성사회학 연구진들에 의해 주창되고 연구된 학설로, 독일 여성사회학 내 주요한 한 학파를 이루고 있다. 그 대표적인 인물로 Regina Becker-Schmidt와 Gundrun Axeli-Knapp과 같은 여성사회학자들이 있다.

일을 동시에 병행하도록 사회화Sozialisation되고 있으며, 또한 여성 스스로 어떻게 이를 내재화Vergsellschaftung하고 있는지에 대한 해명을 시도하였다.

접근방법

이 글은 여성의 이중사회화와 이중노동부담에 기초해 있는 우리 사회의 성별분업 구조에 대한 조사결과이다. 대표적 여성 전문직으로 알려진 교직 내 분업구조 및 교사들의 가정에서의 가사분담 실태, 그리고 성별분업에 관한 의식구조를 조사하였다. 더불어 교사들의 성장과정에서의 사회화 과정을 성별분업에 초점을 맞춰 조사하였다. 여성 전문직으로 알려진 교사직을 선택한 이유는 여성 전문직종에 대한 기존의 설명방식과는 달리, 교사직이 이중사회화 과정을 거친 여성들에게 직장과 가사를 이상적으로 병행할 수 있는 가장 적절한 직업이라는 사실에 주목하였기 때문이다. 노동시장론과 같은 기존 연구는 노동시장에서 상대적으로 여성들이 불리한 조건에 놓인 것과 직장 내 남녀불평등의 원인을 남녀 간의 상이한 능력 때문이라고 설명해왔다.[4] 즉 여성들은 남성에 비해 비교적 낮은 업무수행 능력을 갖고 있으며(Lappe, 1986; Seifert, 1976), 여성들 또한 스스로 가사노동과 관련이 많은 소위 여성직종을 선호하는데, 여성직들이 공교롭게도 대부분 직업위계상 하위직에 속해 있다(Beck-Gernsheim, 1976; Ostner, 1978)는 것이다. 하지만 전문직을 조사함으로써 동일한 자격증을 갖춘 직종 내에서도 남녀 간 위계는 존재하며, 여

---

4 이러한 설명들은 주로 노동시장 내 수직적 위계화(Horizontale Hierarchisierung: 타직종, 상이한 업무 내 남녀위계) 구조를 밝히는 데에는 비교적 유효한 것으로 보이지만 수평적 위계화(Vertikale Hierarchisierung: 동일직종, 같은 업무 내 남녀위계) 구조를 해명하는 데에는 적절하지 않은 것으로 보인다.

성들의 여성직 선호도는 여성의 기호나 생물학적 조건보다 오히려 훨씬 더 현실적인 문제와 관련되어 있음을 밝히고자 하였다. 이 조사의 의의는 (기혼)직장여성들의 삶과 노동조건을 밝히고, 동시에 한국 사회의 가부장적 남녀 위계구조를 분석하는 단초를 마련하는 데에 있다.

본 연구는 1996년 1월부터 6월에 걸쳐 광주광역시의 중·고등학교 여자교사 20명, 남자교사 10명에 대한 구조화된 심층면접을 토대로 한다. 연구참여자는 취학 전 자녀가 있을 확률이 가장 많은 20대 후반에서 30대 후반의 기혼여성 및 기혼남성을 위주로 하였으며, 세대 차이를 알아보기 위해 40대에서 50대 사이 교사들과의 면접도 참고하였다. 또한 3명의 미혼여성과 2명의 미혼남성, 1명의 이혼여성도 포함되어 있다. 종교 및 주거 등의 생활환경과 수입, 가족관계와 같은 기초적인 자료는 설문지를 통해 조사하였고, 가정과 학교에서의 사회화 과정 및 교사자격을 갖추기 위한 대학교육과정, 그리고 직업 및 배우자 선택에 대해서는 심층면접을 진행하였다. 또한 직장과 가정에서의 성별분업 실태를 비교적 상세히 조사하였고, 성별분업이 구조화되는 원인을 규명하고자 하였다. 무엇보다도 개인들이 당면한 사적인 문제에 대한 그들의 정치의식에 주목하여, 전교조 교사와 비전교조 교사로 구분하여 면접을 진행하였다. 또한 좀 더 나은 노동조건을 위해 해결해야 할 앞으로의 과제에 대해서도 동시에 고려해보고자 하였다.[5]

---

5 보다 자세한 조사결과에 대해서는 필자의 박사학위 논문 *Frauenarbeit im Spannungs-feld zwischen Beruf und Familie -Arbeits- und Lebenssituation von LehrerInnen in Südkorea*, Dissertation an der Ruhr-Universität Bochum, 1999.을 참조하기 바라며, 이 글은 그 결과를 간략하게 요약한 것이다.

연구결과

직업선택

면접을 했던 남·녀 교사들 중 많은 경우 이미 이른 시기(어린 시절 혹은 청소년기)부터 교사직을 희망했다고 진술하였다. 특히 여교사의 경우, 부모님들이 여성에게 적합한 전문직으로 교사직을 추천했고, 실제로 교사가 되기까지 지원을 아끼지 않았다고 회고했다. 그러나 교사직을 선택하는 가장 결정적인 동기는 당사자들이 당면한 현실적인 문제를 해결하는 데서 등장할 것이라는 본 연구의 가정을 확인해주는 많은 진술들을 들을 수 있었다. 특히 여성들에게 있어서 교사직 선택의 결정적 동기는 결혼 후 가정과 직장의 병행이라는 문제였고, 많은 여교사들이 이 문제를 일찍부터 염두에 두고 있었다고 이야기했다. 결국 여성들의 직장선택의 폭은 가정과 직장의 병행 문제를 해결할 수 있는 범위 안으로 제한되고 있다고 지적할 수 있을 것이다.

반면에 직장과 가정의 병행 문제는 남자들의 직업선택에 있어서 그다지 중요한 변수로 작용하지 않는 것으로 나타났다. 남성들에게 교사직은 무엇보다 쉽게 취업을 할 수 있는 안정적인 직업을 의미했다. 면접을 했던 대부분의 남교사들은 자기 가족들을 경제적으로 지원하기 위해 대학졸업과 동시에 취업을 해야 하는 형편에 놓여 있었다. 특히 형편이 어려운 집안의 큰아들인 경우, 취직과 동시에 어린 동생들(특히 남동생)의 학비를 지원해야 하는 경우가 많았다. 이로서 면접한 대부분의 남교사들이 장남이었다는 사실은 결코 우연이 아닌 것으로 볼 수 있다. 남교사들에게 직업선택시 경제적 이유가 결정적으로 작용했다는 점에서 그들 역시 여교사들과 마찬가지로 직업선택의 폭이 제한되어 있었다고 볼 수 있다. 다시 말해, 여성은 가사를, 남성은 가족의 생계를 떠맡아야 한다는 전통적인 역할분담에 대한 기대가 직업선택의 배후에 여전히 중요한 변수로 작용하고 있었다.

교육과정 및 능력평가

교사가 되기 위한 교육과정에서 연구에 참여한 남·녀 교사들의 학업성적을 비교해보았을 때, 여성과 남성으로 구분할 수 있을 만큼 충분한 차이가 존재하지 않은 것으로 나타났다. 여성들은 자신이 "중·고등학교와 대학에서 남성들보다 더 나은 성적을 받았다"고 대답했고, 남성들 역시 마찬가지로 자신들이 "여성들보다 성적이 우수했다"고 진술했다. 그러나 연구결과 학교성적은 성별 차이라기보다는 개인별 차이에 기인하는 것으로 나타났다. 물론 여교사들 중 2~3명은 눈에 띄게 성적이 우수한 경우도 있었지만(중·고등학교와 대학에서 수석/차석 등을 한 경우), 대체로 남·녀 교사의 학창시절 성적은 비슷한 수준이었다.

그러나 승진의 기준이 되는 남·녀 교사의 능력은 −면접 전 예상했던 바와 같이− 여교사가 결혼을 하고 아이를 출산하는 시점부터 차이가 나기 시작하였다. 결혼과 출산은 여성들에게 연수와 교육 등을 통한 자기발전의 기회를 차단하는 계기가 되었다. 면접했던 기혼 여교사들은 직장일 외에도 가정을 돌봐야 했지만, 남교사들은 부인의 내조를 받으며 승진을 위한 자기계발에 전념할 수 있었다. 자기계발이라는 점과 관련하여 미혼여성의 경우 미혼남성과 큰 차이를 보이지 않는다는 사실을 고려할 때, 가정과 직장의 병행 문제가 기혼 여교사들의 직업적 진로에 결정적 영향을 미치고 있다고 지적할 수 있다. 결국 성별 역할분담에 대한 사회적 기대가 직장 내 성차별적 역할분담과 능력평가에 영향을 미치고 있는 것이다. 따라서 필자는 남교사와 여교사에게는 서로 다른 능력평가 기준이 적용되어야 하며,[6] 직장과 가정의 병행 문제와 같은 성별에 따른 불평등 문제를 고려하지 않은 채, 남성 위주의 일방적인 능력평가를 적용하는 것은 여성차별의 단면으로 밖에 볼 수 없을 것이다.

가족구성

면접을 진행한 남·녀 교사들은 조사 전 세웠던 가설과 크게 다르지 않게 보수적인 중산층 이데올로기를 반영한 가족구성 경향을 보였다. 참여자 중 학교를 마치기 전에 결혼을 했거나 결혼 전 아이를 낳은 사람은 없었다. 한부모가족이나 사실혼(동거) 등 다양한 가족형태가 나타나는 서구에 비해, 우리 사회에서는 법적·제도적 결혼 절차를 통해 가족이 구성되는 형태가 아직까지 지배적이기 때문으로 보인다.

1960년대 이후 시행된 가족계획 정책의 결과로 한국의 평균 출산율은 지속적으로 감소하고 있으며, 최근 평균 자녀수는 가장 이상적인 자녀수로 꼽는 2명에도 미치지 못하고 있다. 면접참여자들의 평균 자녀수는 2명이었지만, 두 자녀가 모두 딸인 경우 —아들을 낳겠다는 희망과 함께— 세 번째 출산을 계획하고 있는 경우도 있었다. 특히 남교사 본인 혹은 여교사의 남편이 장남이거나 외아들인 경우에 아들에 대한 집착이 좀 더 강하게 나타났다. 그러나 이러한 경향에도 불구하고 면접참여자들 중 세 자녀 이상을 원하는 사람은 한 명도 없었다.

또 한 가지 눈에 띄는 점은 1960년대까지만 해도 중매결혼이 일반적이었던 것에 비해, 면접참여자들의 거의 대부분이 연애결혼을

---

6 아직도 여성들의 출산휴가는 적지 않게 '쉰다'는 관념으로 받아들여지고 있는 실정이며, 직장 여성의 출산 및 양육에 대한 사회적 재평가가 필요하다.

하였다는 사실이다. 물론 여기서 연애결혼이라고 해서 자신의 계층 및 출신배경과 전혀 무관하게 배우자를 만난 것이라고 볼 수는 없다. 대졸 여성이 저학력 남성노동자와 결혼하는 경우는 매우 드물며, 또한 여성노동자 역시 대졸 남성과 결혼할 확률은 상대적으로 낮다. 물론 이는 한국 사회의 폐쇄적인 계층이동이 반영된 것이다. 본 연구의 결과, 남성들의 경우 자신과 차이나게 많은 교육을 받은 여성을 결혼상대로 부담스러워 하는 반면, 여성들은 자신들보다 좀 더 많은 교육을 받고 좀 더 나은 위치에 있는 남성과 결혼하기를 원하는 전통적인 배우자 관을 가지고 있는 것으로 나타났다. 면접한 여교사들 중 남편 역시 교직에 있는 여교사들의 경우, 적지 않은 불만을 토로하곤 하였다. 남편이 자기보다 나아야 한다는 여성의 기대는 결혼 후 가사분담에 직접적인 영향을 미치는데, 그 결과 여교사들과 같이 대학교육을 받고 중산층을 구성하는 여성들조차 본인보다는 남편의 사회진출을 위해 거의 혼자 가사노동을 떠맡고 있었다. 남교사들 또한 순종적인 가정주부를 이상적인 배우자형으로 선호했는데, 그 이면에는 가정으로부터 방해받지 않고 직장에만 전념하고자 하는 남성들의 이해관계가 존재하기 때문이다.

가정에서의 노동분업

면접한 여성들의 대부분이 결혼 전에는 남편의 수입만으로 가족의 생활을 꾸려갈 것이라고 전제했던 것으로 나타났다. 그 결과 여성들 스스로 자신의 직장생활을 가족 수입의 원천으로 생각하기보다는 '부차적'인 것으로 여기는 경향을 보였다. 이러한 경향은 남편보다 수입이 더 많은 여교사에게서도 확인할 수 있었다. 대부분의 여성들은 자신의 남편에게서 무엇보다도 가장으로서의 역할과 권위를 기대했는데, 여교사들은 예외없이 "남편이 무엇보다도 아이의 아빠로서, 그리고 한 집안의 가장으로서 충실해주기 바란다"고 진술하였다. 또한 적지 않은 여성들이 "애 아빠가 있다는 사실 하나만으로 든든하고 보호망이 된다"고 답하여 한국 사회의 지배적인 소극적 어머니상과 아내상을 스스로 내면화하는 모습을 보여주기도 하였다. 심지어 남편의 잦은 부재나 외박, 타 도시에 거주하는 경우에도 남편이 집안의 가장이며 정신적 지주라고 대답하였다. 이러한 역할기대 하에서는 직장과 가정의 병행이 거의 자연스럽게 여성 혼자의 문제가 되어버리기 쉽다.

여성들은 남성보다 훨씬 많은 집안일을 한다는 사실을 조사결과 확인할 수 있었다. 여교사들은 하루 중 집안일에 보내는 시간이 1~6시간이라고 답한 반면, 남성들은 30분~3시간 정도라고 답하였다. 평균적으로 여성은 하루에 2.4시간을, 남성은 1시간을 집안일에 소요하고 있었다. 여성들이 요리, 빨래, 청소 등 매일 하지 않으면 안 되는 가사노동을 하는 반면, 남성들은 고장이 난 물건을 손보거나 대청소 돕기 등 매일 하는 것이 아닌 일을 자신의 몫이라고 하였다. 매일 해야 하는 엄밀한 의미의 가사노동은 거의 대부분 여교사들이 직접, 혹은 ─그들이 표현하듯 운이 좋은 경우─ 시어머니나 친정어머니 또는 가사도우미의 도움을 받는 것으로 나타나 가사노동은 여전히 전형적인 '여성의 일'로 받아들여지고 있음을 확인할 수 있다.

그밖에 혼자 사는 2명의 미혼여성들은 가사노동을 위해 평균 2시간 정도를 할애한다고 답했고, 부모님과 함께 사는 한 미혼여성과 또 다른 한 미혼여성은 하루 평균 1시간 30분~2시간 정도 규칙적으로 어머니의 가사노동을 돕고 있었다. 이에 반해 3명의 미혼 남교사들은 설문지에 가사노동 시간을 적지 않은 것으로 미루어, 가사노동에 규칙적으로 참여하지 않음을 시사했다.

비단 남성들뿐만 아니라 많은 여성들에게서도 가사노동 분담 문제에 대해 상당히 모순된 생각과 태도를 확인할 수 있었다. 남·녀 교사 모두 "가사노동이란 어느 누구 하나만의 책임이 아닌, 부부 공동의 일"이라고 지적하였으나, 실제의 태도에서는 남·녀에 따라 커다란 차이를 보였다. 남성들은 왜 자신들이 주로 가정 밖에서 시간을 보낼 수밖에 없는가에 대한 변론에 급급한 반면, 여성들은 퇴근과 동시에 저녁 준비를 위해 서둘러 집에 귀가해야 하는 현실을 토로하였다. 여성들은 한편으로는 "남편이 지금보다 훨씬 더 많이 가사노동을 도와주길 희망한다"고 말하면서, 다른 한편으로는 "워낙 실망을 많이 해서 아예 포기한 상태이며, 기대도 하지 않는다"고 반응하였다. 이로써 많은 여성들이 자신의 희망과는 달리, 실제 부부생활에서 남편의 가사노동 참여에 그리 큰 비중을 두고 있지 않는다는 인상을 받았다. 심지어 자기주관과 자의식이 아주 뚜렷했던 여성들조차도 "가사노동에 관한 한 남편에게 별로 큰 기대를 하지 않는다"고 답하여 이중역할의 어려움을 모르는 '강한 어머니'라는 인상을 주려는 듯하였다. 반대로 이와 달리 "직장일도 집안일도 엉망"이라는 의기소침형 여교사들도 있었다.

남·녀를 가리지 않고 많은 사람들이 아직도 '모성'이 생물학적이며 자연적인 여성만의 본능이라고 생각한다. 이러한 생각을 여성들 스스로가 버리지 못하는 한, 부부사이에 공평한 가사노동 분담이 이루어지기는 힘들 것이다. 현실은 여전히 직장을 가진 많은 여성들로 하여금 가사노동을 자신이 혼자 부담해야 하는 운명적인 것, 혹은 가정과 직장은 별개의 문제라는 생각을 갖도록 한다. 면접한 대부분의 여교사들 역시 '평등한 부부조건'으로 공평한 노동분업을 지적하지 않았고, 그런 의미에서 가정과 직장을 별개의 문제라고 파악하고 있었다.

대부분의 여교사들의 남편과 남교사들은 거의 매일을 주로 바깥에서 활동하고 늦은 귀가를 한다. 따라서 그들은 일요일을 제외하고는 아이들을 위한 시간을 거의 갖지 못한다. 여교사들은 남편의 늦은 귀가를 큰 문제라고 지적함에도 불구하고, 이 문제를 이혼의 직접적인 사유가 될 정도의 심각한 문제로 생각하는 사람은 거의 없었다. 남교사들 역시 유일한 이혼사유는 배우자의 부정으로 꼽아 가사노동 분담 문제가 이혼사유와 연결될 수 있음을 인식하지 못하는 것으로 나타났다.

면접한 3명의 미혼여성들은 앞으로 배우자가 될 사람이 자신의 직업을 적극적으로 지원해주고, 가사노동을 똑같이 분담하기를 희망하였다. 그 중 34세, 38세의 미혼여성은 이 문제를 지금까지 결혼하지 않은 중요한 이유 중 하나로 꼽았으나, 28세의 미혼여성은 직접적인 이유는 아니라고 답하여 미혼여성 중에서도 아직 젊은 여성은 부부사이의 역할분담 문제에 그리 큰 비중을 두지 않는 것으로 나타났다.

직장에서의 노동분업

성에 기초한 노동분업 형태는 직장에서도 존재한다. 수업 외의 시간에는 남·녀 교사에게 각각 상이한 업무가 주어졌다. 교무실 환경에 신경을 쓰거나 학교 정원을 가꾸는 일 등 흔히 '여성적'이라고 이야기되는 일들은 여교사가 담당하였고, 학교행정과 관련된 일은 상당 부분 남교사가 맡았고 수당이 지급되지 않는 잔무 역시 대체로 남교사가 맡았다. 그러나 여성들이나 남성들 그 누구도 일에 대한 능력을 이와 같은 분업의 이유로 들진 않았다. 행정업무나 수당 외 잔무와 같이 승진과 관련된 일을 남성들이 주로 떠맡게 되는 이유는 일의 처리능력에 있다기보다는, 가사노동에 대한 부담이 적은 남성이 상대적으로 많은 시간을 가지고 있다는 사실에 있었다. 실제로 많은 남·녀 교사들이 "여선생님들은 가정에 더 전념해야 한다"고 답하였다. 남·녀 역할에 대한 전통적인 기대와 그에 상응한 여성과 남성의 행동양식이 직장 내 성별분업에 크게 작용하고 있는 것을 확인할 수 있었다. 가사노동을 당연히 여성이 떠맡는 것으로 전제하는 가부장제 사회에서, 가족은 여성들의 승진에 있어 걸림돌이 된다. 바로 여기에 가정과 직장의 성별분업 구조를 서로 분리하여 볼 수 없는 이유가 있는 것이다.

교사직은 물론 승진의 기회가 그리 많지 않은 직업군 중 하나이다. 그럼에도 불구하고 그 기회는 주로 남교사 중심으로 주어지고 있는 실정이다. 많은 여교사들은 승진 기회가 불공평하게 남자들에게만 주어지는 또 다른 이유 중 하나로 남교사들 사이의 사교를 지적했다. 즉 남교사들끼리는 학교일이 끝나고 자주 회식의 기회를 가지며, 교장, 교감 등 상관과 개인적으로 친해질 기회가 여교사들보다 훨씬 많다는 것이다. 한국과 같은 가부장제 사회에서 회식이나 사교는 두말할 나위 없이 여전히 남성문화의 한 단면이기도 하다. 따라서 기혼여성들은 거의 대부분 승진에 대해 기대를 아예 하지 않거나 쉽게 포기하는 것으로 나타났다.

정치의식

직장에서 성별노동분업에 대한 당사자들의 문제의식을 살펴보고 그 대안을 마련하기 위해 다음의 두 가지를 질문하였다.

첫째, 현재의 성별분업 구조가 개선되길 원하는가?

둘째, 만약 원한다면, 이를 실현하기 위해 정치적으로 어떤 일을 하고 있는가?

처음 필자의 예상과 달리 이 문제에 관한 한 전교조 교사와 비전교조 교사 사이에 큰 견해 차이가 없는 것으로 나타났다.[7] 여성이

___
7 정치의식의 차이를 조사하기 위해 30명의 교사 중 전교조 조합원과 비조합원을 각각 절

현재 처해 있는 직장과 가사 병행의 문제에 대해서 전교조 소속 여부에 상관없이 면접한 모든 교사들이 관심을 표명하였으나, 그 관심이 성별분업에 대한 문제의식으로, 또는 이를 개선하기 위한 정치의식으로 체계적으로 이어지지는 않았다. 전교조 교사들은 교육정책에 관한 한 매우 비판적이었을 뿐만 아니라 정치적으로도 활동적이었던 반면, 고정된 성역할에 대해서는 그리 비판적이지 않거나 자연적인 것으로 받아들였다. 여교사들 역시 예외가 아니었다.

물론 몇몇 전교조 여교사들 중에는 직장과 가정 내에서의 성별분업이 갖는 불공평함에 대해 날카로운 문제의식을 나타내기도 하였으나, 비전교조 여교사들과 마찬가지로 자신들의 남편에게 가사노동에의 참여를 요구하지는 않았다. 또한 이 여교사들은 본인들의 전교조 활동에 대해 "그저 교육운동의 일환이었지 정치운동은 아니었다"고 말해 정치에 대한 소극적인 입장을 나타냈다. 대부분의 여교사들은 정치에 무관심하다고 답했으며, 정치는 '남자의 일'이라는 반응을 나타냈다. 따라서 그들은 자신의 문제의식을 정치화하거나, 대안적인 생활방식에 대해서 구체적으로 고민하지 않는 것으로 보였다. 남교사들은 전교조 소속 여부에 상관없이 일반적으로 정치에 큰 관심을 표명하였다. 그러나 정치적으로 활동적인 전교조 남교사조차 현재의 성별분업 구조를 개선할 필요성에 대해서는 크게 고민하지는 않았다.

결론적으로 이야기하면, 여성들이 직장일 외에 가사노동의 이중부담을 계속 짊어지는 가장 큰 이유는 바로 이 결여된 정치의식에서 찾아볼 수 있다. 곧 가사노동의 공평한 분담의 문제가 사적인 일로 치부됨으로써 전혀 사회적인 문제로 인식되고 있지 않는 것이다.

반으로 구성하였다.

여성의 노동과 생활을 위한 전략

가사노동은 단순노동이며, 또한 사회적으로도 인정을 받지 못한다. 이러한 가사노동의 성격으로 인해, 가사노동을 하는 사람들은 대부분 자신의 일에 보람을 느끼기 힘든 실정이다. 여성들은 거의 혼자서 처리해야 하는 단조로운 가사노동으로 인해 상실감을 경험하고 있으며, 이 상실감은 높은 교육을 받은 여성들에게서 더 강하게 나타나는 것으로 나타났다. 실제 조사결과, 이러한 상실감을 강하게 느끼는 여교사일수록 교사로서의 사회적 지위와 일에 더욱 큰 애착을 드러냈다. "스스로 가정주부의 역할에만 한정시켜 상상해볼 수 있는가"라는 질문에 대부분의 여성들은 "아니다"라고 답하였다. 이는 다시 말해, 많은 여성들이 직장생활을 중요하게 생각하며, 직장생활을 원만하게 할 수 있다면, 가사노동으로 인한 이중부담이나 승진기회의 박탈과 같은 불이익을 감내한다는 것이다. 물론 이때 여성들은 스스로 '모순적인 감정Widersprüchliches Gerfühl'을 경험하게 된다.[8] 곧 여성들은 자신의 이중역할Doppelrolle을 굉장히 힘들어하면서도 어느 하나를 포기하거나 또는 다른 대안을 찾지 못하고 갈등에 빠지게 되는 것이다.

면접한 여교사들은 하나같이 자신을 위한 시간이 전혀 주어지지 않는다고 호소했지만, 그 누구도 주어진 시간을 효율적으로 분배하는 일(예를 들면, 남편과 가사노동을 공평하게 분담하는 것)이 실현가능하다고 생각하지 않았다. 여교사들 중 대부분이 "남편이 가정일에 좀 더 적극적이고, 가사일을 많이 도와주기를 희망한다"고 했지만, 이 희망을 남편에게 강요하는 여성은 한 명도 없었다. 여기에서 무엇보다 문

---

[8] 독일의 여성 사회학자 Becker-Schmidt(1980)는 이미 1980년에 공장노동자 중 기혼여성을 대상으로 한 조사에서 이와 같은 테제를 세웠다. 필자는 이에 더 나아가 여성들이 삶 속에서 끊임없이 모순적인 감정에 빠지게 되는 원인을 (직장과 가사 병행과 같이) 자신이 안고 있는 문제에 대한 문제의식과 이를 극복할 정치의식이 결여되어 있다는 데서 찾고자 한다.

제가 되는 것은 현재 여성들이 갖고 있는 어머니상Mutterbild이다. 본 연구의 주 대상이었던 30대 여성들은 비록 어머니 세대와는 다른 교육을 받았고, 가정에만 머물지 않고 남편과 똑같이 종일근무 전문직에 종사하고 있지만, 가정에서 아이만 돌보는 여성을 기준으로 만들어졌던 소위 '모성'에 기반한 어머니상을 여전히 가지고 있다. 이것은 또한 그들의 전 세대(40~50대)나 후 세대(20대) 여성들에게도 다소의 차이는 있지만 거의 공통적으로 나타나고 있다. 한마디로 말하면, 현재의 교육내용은 여성역할을 과거처럼 가정의 테두리에만 한정시키고 있지는 않지만, 여전히 '모성'을 생물학적인 여성의 본성으로 강조하며 재생산하고 있는 것이다. 바로 이것이 여성들에게만 특수하게 이루어지는 이중사회화의 내용이다. 실제로 우리 사회의 교육내용은 주체적인 여성상을 만드는 데에 별다른 기여를 하지 못한다. 대학교육을 받은 여성들이라 해도 여전히 전통적인 '현모양처'에 길들여짐으로써 일하는 어머니로서의 자부심과 자신감을 갖기보다는, 오히려 자식과 남편에게 '양심의 가책'을 느끼게 하기 쉽다. 이러한 교육현실 아래서 여성들은 실제 직업을 가질 경우, 흔히 '모순적인 현실Widersprüchliche Realität'과의 갈등에 빠지게 된다.

물론 여성의 역할을 가부장제의 피해자로서만, 혹은 주체가 결여된 소극적 존재로서만 바라보는 것은 문제가 많은 시각이다. 많은 여성들은 스스로 행위의 주체가 되어 주어진 여건에 최선을 다한 자기 나름대로의 노동과 생활의 전략Arbeits- und Lebensstrategie을 발전시킨다. 그 과정에서 여성들이 이 사회의 발전과 가족의 행복에 직 · 간접적으로 많은 기여를 해왔다는 사실은 아무리 강조해도 지나치지 않을 것이다. 그러나 동시에 지금까지 여성들의 노동과 생활의 전략이 현재의 성별분업 구조에 대한 근본적인 도전이었다기보다는 오히려 이에 대한 수용과 적응이었다는 점 역시 지적되어야 할 것이다. 바로 이 점에서 여성들이 택한 전략이 현재의 가부장적 사회구조를 견고화하는 데에 기여한 측면도 적지 않았다고 할 수 있다.

그 한 가지 예로서, 여교사들의 대부분은 가정과 직장에서의 이중노동부담으로 인해 운동을 하거나 친구를 만나는 등 자신을 위한 시간을 갖지 못하는 것으로 나타났다. 반면 남성들의 경우 거의 가정에 상관없이 본인이 원하는 일을 위해 시간을 낼 수 있었다. 면접한 여교사들 중에는 자신만의 취미생활을 할 경우 자녀와 함께할 수 있는 취미를 택하는 경우가 있었다. 반면 남성들은 "취미생활을 할 시간까지는 없다"고 말하면서도 거의 매일을 동료들이나 친구들과 시간을 보내는 경우가 적지 않았다. 그런데 문제는 여가시간 활용에 있어서 이러한 불공평한 시간분배가 남성뿐만 아니라 여성들에게도 거의 무비판적으로 수용되고 있다는 점이다. 결국 여성들이 가사노동에 대해 혼자만 책임감을 느끼는 경우, 여가활용에서조차도 각인된 현재의 성별분업 구조는 변화되기 힘들 것으로 보인다.

결론 및 전망

"개인적인 것이 정치적인 것이다"라는 서양 여성운동의 고전적 구호는 지금의 한국 상황에 더 시급한 듯하다. 면접한 대부분의 여성들은 직장과 가정에서의 성에 기초한 위계질서를 실제로 체험하고 있고, 또한 이 때문에 "차별당하고 있다"고 생각하고 있었다. 나아가 노동조건의 개선을 희망하기도 하였다. 그러나 성별 역할기대 및 역할분담의 실제적 개선을 통해 직장과 가정에서 자신들의 노동조건이 변화할 수 있으리라는 가능성에 대해서는 단지 소극적으로만 반응하였다. 여교사들은 직장을 가진 부부사이의 공평한 노동분담의 문제를 정치적인 문제로 보지 않으며, 개인적인 문제로 이해한다. 또한 "노동문제는 정치적 주제가 되더라도, 가정문제는 그렇지 않다"는 견해가 지배적이었다. 한두 가지 예외를 제외한다면, 대부분의 여성들은 사회의 역할기대에 상응하게 자신의 '여성으로서의 역할'에 충실하려고 노력하였다. 대부분의 여교사들은 자신의 직장생활에도 불구하고 혼자에게만 떠맡겨진 가사노동의 책임이 힘들다고는 했지만, 그것이 부당하다고 말하기를 꺼렸다. 그럴 경우 마치 어머니, 그리고 부인으로서의 역할을 거부하는 인상을 줄지도 모른다는 우려를 가지고 있는 것 같았다.

직장을 가진 어머니의 이중노동부담은 한 여성의 개인적 문제일 뿐만 아니라, 여성정책 및 노동정책의 차원에서 다루어져야 할 정치적 주제이기도 하다. 또한 여성들을 위한 노동조건의 개선은 여성 스스로 주체적으로 참여하여 해결해야 할 정치적 과제임은 물론이다. 이를 위해 여성들은 이제까지 드러나지 않았던 자신들의 −가정에서뿐만 아니라 사회 및 경제 영역에서− 적극적인 역할을 스스로 강조하고 공개화해야 할 것이다. 고학력 여성들 역시 중산층 이데올로기에서 벗어나 좀 더 진보적으로 사고하는 것이 필요하다. 나아가 여성의 정치화를 위해서는 무엇보다 성역할 고정관념에 대한 탈이데올로기화 과정이 요구된다.

여성을 위한 해방적 사고가 남성들의 이해관계와 대립된다고 생각하는 것은 잘못이다. 물론 직장과 가정의 병행이 현재의 성별분업 구조하에서 일차적으로 여성에게 당면한 문제임에는 분명하다. 하지만 남성들 역시 이 문제와 전혀 무관하지는 않다. 어떤 남편이 아내의 고통을 보고 행복을 느끼며, 어느 가정이 이를 통해 행복해질 수 있겠는가. 남성들 역시 직장에서의 성공이라는 현재의 성역할 기대로 인해 많은 강박과 스트레스를 받고 있는 것이 사실이다. 40대 남성의 높은 사망률은 이를 입증해주고 있다. 더불어 남편의 성공이 다른 가족구성원의 희생을 토대로 이루어진다면, 그것은 결코 행복한 가정이 아닐 것이다.

물론 여성과 남성은 신체적으로 다른 조건을 가지고 태어난다. 그러나 문제가 되는 것은 이러한 생물학적 차이를 공고화하고 심화시키는 현재의 경제, 사회, 문화적 제반 구조이다. 여성들이 자신의 한계를 극복하고 자기발전을 할 수 있는 기회를 사회가 보장하기보다는 오히려 방해하고 있는 것이 현실이다. 설령 여성과 남성의 신체적 차이가 그렇게 큰 것이고, 이를 기반으로 한 현재의 성별분업 구조가 '절대불변'의 것이라고 가정한다고 치더라도 오히려 사회는 여성이 처한 특수한 노동조건들을 고려하여 남성과 여성에게 다른 기준으로 능력을 평가할 수 있는 여건을 마련해야 할 것이다. 그러나 지금까지 우리 사회의 모든 가치는 '건강한 종일직종 근무 기혼남성'을 기준으로 정해져 있는 실정이다. 이러한 사회에서는 여성은 물론 신체장애인, 불안정고용인들은 항상 불이익을 감수해야만 한다. 여성을 위한 사회정책으로 할당제, 유급 산전·산후휴가의 연장, 출산휴가의 인정, 가사노동의 인정을 통한 기본생활권의 보장과 같은 제도적 장치들이 도입되어야 한다. 직장을 가진 부부를 위한 값싼 양질의 제도적 장치들이 도입되어야 한다. 직장을 가진 부부를 위한 값싼 양질의 공공탁아소와 같은 사회간접시설에 대한 국가차원의 지원은 시급히 해결되어야 할 문제이다.

그러나 궁극적으로는 남성도 가사노동을 기피하지 않도록, 가사노동이 직장노동과 다르지 않다는 사회적 의식이 뿌리내려야 할 것이다. 그렇지 않고서는 남성들이 가사노동에 참여하기를 기대하기 힘들다. 또한 직장을 가진 어머니들에 대한 사회인식의 변화 역시 시급하다. 출산과 양육은 더 이상 여성 혼자만의 의무는 아니다. 이러한 의식개조를 기반으로 할 때, 헌법이 명시하듯 여성 역시 남성과 평등한 존엄성을 보장받을 수 있을 것이며, 여성들 스스로도 어떠한 도덕적 편견 없이 자아개발과 자신의 복지를 위해 노력할 수 있게 될 것이다.

　　남·녀 모두의 노동조건을 개선하기 위해 현실적이고 실질적인 방법으로 노동시간 단축을 들 수 있다. 현 한국 사회의 경제위기를 고려했을 때 '노동시간 단축'은 더욱 시급한 문제이다. 노동시간 단축은 '정리해고'로 인한 대량실업을 크게 완화할 수 있을 것이며, 위기극복책의 일환일 뿐만 아니라 "남자는 직장, 여성은 가정"이라는 성별분업의 불균형과 부담을 줄이는 데에 효과적으로 기여할 수 있다. 왜냐하면 노동시간 단축은 남성들에게 가정을 위한 시간을 낼 수 있도록 하고, 여성에게는 좀 더 많은 사회참여의 기회를 제공할 수 있기 때문이다.[2] 이러한 방향으로의 발전은 직장과 가정에서의 성별분업 구조를 완화할 것이며, 가부장제적 권위주의로부터 한 발짝 더 벗어날 수 있는 기회가 될 것이다. 물론 이러한 변화는 남·녀 모두의 합의를 요구하며, 이를 일구어내는 것은 결국 정치적인 문제로 보인다.

---

2 노동시간 단축은 직장과 가정에서 남·여의 노동부담을 공평하게 분배하기 위한 실현가능한 정치적 대안이다. 그러나 연구참여자들에게 노동시간 단축에 대한 견해를 물었을 때, 거의 대부분의 교사들이 단축된 노동시간을 본인의 건강과 여가를 위해 활용하겠다고 답변하였다. "아이를 위해 더 많은 시간을 할애하겠다"고 답한 경우는 여성들뿐이었다. 남교사들 중에서는 어느 누구도 만약 노동시간이 단축된다면 가족과 더 많은 시간을 보내겠다고 답하지 않았다. 이는 성역할 고정관념에 대한 탈이데올로기화 과정이 남·여 역할의 공평한 분담을 위한 얼마나 중요한가를 시사한다고 하겠다.

chapter 6.

양성고용평등지표를 통해 본
양성평등의 현주소

서론

저출산 · 고령화 사회로 진입함에 따라 발생할 사회문제에 대한 인식이 높아가고 있다. 고령화사회의 문제는 65세 이상 고령인구의 비율이 높아가는 데 있는 것이 아니라 고령인구의 증가에 부합하게 이들을 경제적으로 부양할 생산인구가 증가하지 않고 오히려 감소하고 있다는 데 있다. 즉 고령화 현상은 저출산 문제와 만날 때 문제가 되는 것이다. 경제활동인구가 증가하지 않는다면, 문제는 비경제활동 상태에 있는 집단을 노동시장으로 유인하는 정책으로 해결하는 방법이 있을 수 있다. 노동시장의 새로운 수요를 채워줄 수 있는 집단은 학생도, 장애인도, 고령자도 아닌 여성, 즉 유휴 여성 노동력에서 찾을 수밖에 없다. 즉 향후 국가 및 기업의 경쟁력은 여성인력의 활용 여부에 달려 있다고 해도 과언이 아니다.

실제로 산업화와 함께 공/사가 분리되면서 재생산활동을 중심으로 주로 경제의 비공식부문에 종사해오던 여성들이 공식부문에 참여하며 여성들의 경제활동참가율이 꾸준히 증가하여 왔다.[1] 여성노동력에 대한 노동시장의 수요증가도 큰 원인으로 작용하겠지만 노동시장에서의 여성에 대한 차별금지를 위한 제도적 장치의 마련도 중요한 몫을 하였다. 남녀고용평등법(1987년 제정), 남녀차별 및 구제에 관한 법률(1999년 제정, 2005년 폐지) 등의 제정과 함께 최소한 가시적인 직접차별 차원에서는 성차별적 노동시장의 관행은 꾸준히 감소해 왔다. 그러나 우리나라 여성의 연령별 경제활동참가율은 아직까지도 M자형 그래프로 나타나고 있고, 실제로 모성보호가 필요한 연령계층의 여성은 다른 OECD 국가에 비해 현저히 낮은 경제활동참가율을 보이고 있다.

또한 우리나라는 OECD 국가 중 고학력 여성인력 활용이 가장 낮은 것으로 나타나고 있다. 우리나라 여성의 경제활동참가율은 50%를 넘어서기 시작했으며 대졸여성의 경제활동참가율 역시 2006년 62.3%를 나타내고 있지만 OECD 국가들과 비교했을 때 평균에도 미치지 못하고 있다. 뿐만 아니라 30개 국가 중 8위를 차지하고 있다. 특히 고학력 여성의 경제활동참가율은 OECD 평균인 74.8%에 훨씬 미치지 못하고 있을 뿐만 아니라 30.1%인 멕시코 다음으로 최하위를 차지하고 있다(OECD, 2004).

앞서 언급했듯이 노동시장에서 여성노동력의 중요성에 대한 사회적 인식의 증대로 1988년 남녀고용평등법이 개정되고,[2] 1995년 여성발전기본법, 1999년 남녀차별 및 구제에 관한 법률이 제정·시행되면서 우리 사회에 팽배해 있는 성차별적 관행에 대한 시정을 요구할 수 있는 법적 근거들이 마련되어 왔다. 또한 출산 및 육아가 여성의 경제활동 참여에 있어 가장 큰 걸림돌이 되고 있다는 사실에

---

[1] 여성의 경제활동을 비롯한 사회참여에의 요구가 최근 들어 그 어느 때보다 높아가고 있으며, 실제로 남성의 경제활동참가율은 지난 20년 사이 점차 감소한 반면, 여성의 경우는 증가하고 있다. 1985년의 경우 여성의 경제활동참가율은 42.8%, 남성은 76.4%였던 데 비해, 2006년 여성은 50.3%, 남성은 74.1%의 비율을 보이고 있다.

[2] 개정된 주요내용 중에는 "노동부장관은 남녀고용평등법 시행의 실효성을 확보하기 위하여 필요하다고 인정하는 경우에는 남녀고용평등 이행실태, 기타 조사결과를 공표할 수 있다"는 내용이 포함되어 있다(남녀고용평등법 제20조의2).

대한 사회적 공감대로 2001년 근로기준법, 남녀고용평등법, 고용
보험법 등 소위 '모성보호 관련 법제'가 재정비되었다. 그러나 기업
의 여성노동력에 대한 기피 현상은 여전히 줄어들지 않고 있는 실정
이다(김미경 외, 2002).

물론 그 중요한 이유로 기업의 모성보호 비용에 대한 부담을 지
적하지 않을 수 없다. 우리나라 기업들이 여성의 모성보호에 투자
해야 할 동기를 자체적으로 갖기에는 현재 청년실업 문제를 비롯해,
조기정년 및 고령자 재취업 문제 등 노동시장 내에 산적한 문제들이
너무 많다. 따라서 기업들은 여성인력, 특히 기혼여성에 대해 투자
하기보다는 그때그때 필요한 값싼 비정규직 인력을 위주로 고용하
고 있다. 여성들 역시 육아 및 가사 문제 때문에 처우가 불안한 비
정규직을 수용하지 않을 수 없는 것 또한 현실이다. 그러나 직업세
계에서의 지속적인 경력개발을 원하는 여성들은 결혼을 미루거나
아예 포기하는 경우가 생기고 있으며, 이는 최근 우리나라 저출산
현상의 원인을 제공하고 있다.[3]

기업의 입장에서 볼 때, 모성보호 비용이 드는 여성인력을 기피하
는 현상이 당장은 이익처럼 보이는 것 또한 사실이다.[4] 그러나 저출
산 · 고령화 사회를 대비해야 할 현시점에서, 기업들이 여성인력에
대해 계속적인 차별을 할 때 발생할 장기적인 국민 경제적 손실은 매
우 다양하고도 치명적인 것이 아닐 수 없다. 그 하나의 이유로, 앞
서 지적했듯 여성의 출산기피에 따른 저출산 현상으로 인해 차세대
노동자의 재생산이 불가능하다는 사실을 지적하지 않을 수 없다.
또 다른 이유는 저출산 · 고연령화로 인한 인구구조 변동에 따른 경

---

[3] 2005년 기준 우리나라 가임여성은 1년에 평균 1.08명의 아이를 출산하는 것으로 나타
났으며, 이는 1970년 4.5명에 비해 매우 낮은 수치로 저출산 문제에 대한 대책 마련의 필
요성에 대한 문제제기가 확산되기 시작하였다.
[4] 실제로 본 연구자가 수행한 모성보호 관련 연구조사에서 정규직 여성 중 모성보호가 필
요한 대상자 자체가 별로 없었다는 사실은 기업이 아직까지 여성의 모성보호 비용을 부
담하기를 꺼린다는 것을 의미한다(김미경 외, 2002).

제활동인구의 감소로 고령자에 대한 사회적 부양부담이 절대적으로 증가하게 된다는 사실에 있다(김미경, 2003). 따라서 현재의 저출산·고령화라는 인구구조의 변화추세 속에서 여성인력에 대한 노동시장 내 차별을 근절하지 않고서는 기업뿐만 아니라 국가 역시 장기적으로 국제사회에서 경쟁력을 잃을 수밖에 없다.

본 연구에서는 노동시장에서 남녀차별을 드러내는 '양성고용평등지표'를 개발하여 양성평등의 현주소를 밝히고 정책방향을 제시하고자 한다. 본 연구는 저출산·고령화에 따른 노동력 감소와 고령인구에 대한 경제적 부양부담의 증가라는 사회문제를 해결하기 위한 해법이 비경제활동 상태에 있는 여성노동력을 노동시장으로 적극적으로 유인하는 데 있다고 보고 노동시장 내 성차별 현상을 철폐하고자 하는 문제의식에서부터 출발하고 있다. 노동시장에서의 양성평등 정책을 통해 여성노동력의 경제활동참가율이 제고되면 생산인구가 증가할 것이며 노령인구에 대한 사회적 부양부담의 문제가 일정정도 해소될 것으로 기대한다.

양성평등지표 개발의 필요성 및 의의

남녀고용평등법, 남녀차별금지 및 구제에 관한 법률 등의 제정으로 노동시장에서의 남녀차별이 줄어들고 있는 것은 사실이지만 완전히 근절되지 못하고 있는 실정이다. 여기에는 1991년 6월부터 실시한 신문 및 TV 등의 모집·채용광고에 대해 모니터링 등을 통한 철저한 지도·감독이 큰 역할을 하고 있다.[5] 그러나 이러한 노력에

---

[5] 노동부에 의해 1995년 국감자료로 제출된 남녀고용평등법 위반조치 현황을 살펴보면, 1993년 1,410건에서 1994년 924건으로, 1995년 6월까지는 636건으로 감소하였다(윤성천, 1996: 2). 또한 김태홍(1997: 107)은 기업이 남녀고용평등법 실시 이후 변화시킨 제도로서 모집·채용제도(조사대상업체의 28.8%)를 가장 많이 지적하였다.

도 불구하고 IMF 외환위기와 함께 더욱 심각해진 취업난은 여성들만의 문제가 아닌 남녀 공동의 문제가 되었으며, 정규직에 대한 수요 감소에 따른 여성노동력 배제전략(Walby, 1990: 54)은 여성인력에 대해 공공연한 기피 내지는 차별로 나타나고 있다.[6] 그러나 우리 사회는 아직까지 '남성들도 취업하기 힘든데'라는 가부장적 의식이 팽배해 있으며, 이는 기업의 인사관리에 직/간접적인 영향을 미치고 있다. 특히 이제 막 학교를 졸업하고 노동시장에 진입하는 신규인력의 취업난이 전반적으로 심각해져 감에 따라, 신규 여성인력들은 경기침체와 채용차별이라는 '이중장벽'으로 인해 더욱 힘든 취업난을 겪는다.

무엇보다도 차별의 형태가 갈수록 직접차별에서 간접차별의 형태로 변화하는 추세라는 사실에 주목해야 한다(조순경, 1994; 한승희, 2000; 김미경, 2001). 문제는 고용평등 관련 법제의 제정과 해당 정부행정 부처 및 여성단체의 모니터링에 따라 여성에 대한 채용에 있어 직접차별은 어느 정도 통제가 가능한 반면, 간접차별에 대한 통제는 실질적으로 불가능하다는 사실에 있다. 즉 신문 · TV 광고 · 인터넷 등을 통한 모집과정의 남녀차별은 모니터링을 통해 경고 · 고발 조치를 취할 수 있으나 면접 및 서류전형 등의 채용과정 상에서 나타나는 (간접)차별 사례는 적발이 실질적으로 불가능하다는 것이다. 이에 대해 여성계는 끊임없이 문제제기를 하였고, 그 결과 1999년 남녀고용평등법 3차 개정 과정에서 "사업주가 여성 또는 남성 어느 한 성이 충족하기 현저히 어려운 인사에 관한 기준이나 조건을 적용하는 것도 차별로 본다"는 간접차별 개념[7]을 도입하였다. 여성부 역시

---

[6] 한국여성노동자회협의회 평등의전화가 2003년 한해 접수한 성차별 상담건수는 모두 226건으로, 이 중 결혼 · 임신 · 출산으로 인한 차별해고가 63.2%(143건), 차별임금 13.3%(30건), 승진차별 · 부당인사 8.0%(18건), 모집채용 4.0%(9건) 순으로 나타났다. 또 내담자의 69.7%가 30인 이상 사업장 근무자였으며, 이 중 100인 이상 사업장 종사자가 41.5%를 차지해 대기업의 성차별적 인사 관행이 여전함을 보여주고 있다(내일신문, 2004년 8월 9일자).
[7] 은행의 여행원 제도가 남녀고용평등법에 위반된다는 노동부의 시정조치로 폐지된 후 금

간접차별 개념의 도입과 남녀차별에 대한 제재 강화 등을 골자로 하는 남녀차별금지 및 구제에 관한 법률을 국회에 상정하여 2001 년에는 법 개정의 성과를 이루었다.[8] 그러나 간접차별에 대한 법률 적 처벌근거를 마련하였음에도 불구하고, 실질적으로 퇴직을 각오 하거나 노동시장에서 '블랙리스트'에 오를 각오가 되어 있지 않고서 는 입증이 어려운 간접차별에 대해 소송을 제기할 여성들이 많지 않 은 것이 현실이다. 따라서 간접차별 관련 법률의 실효성은 높지 않 은 실정이다.

무엇보다도 성에 대한 고용평등을 논할 때 최근 달라진 현상은 기존의 남녀고용평등이 주로 여성고용을 강조하였던 것에서 남성 을 함께 고려한 양성고용평등으로 개념이 바뀌고 있다는 사실이다. 즉 노동시장의 성별 분절화 현상은 성차별적 직업분리를 심화시키 고 있어 여성적 일과 남성적 일의 분화로 인한 '남성직종'에서의 여성 차별뿐만 아니라 '여성직종'에서의 남성배제 현상이 나타나고 있다 는 것이다. 따라서 노동시장에서의 여성에 대한 차별뿐만 아니라 남성에 대한 차별을 근절할 수 있는 양성평등적 관점에서의 고용평 등지표 개발이 필요한 시점에 와 있다.

노동시장의 남녀고용평등 이행실태는 다양한 방법으로 파악될 수 있으나 상호 비교가 가능한 객관화된 지표를 설정하여 파악하 는 것이 필요하다. 따라서 남녀고용평등지표의 개발은 앞에서 언급 한 바와 같이 성으로 인한 노동시장 내 차별을 근절하여 남녀평등 을 달성하고 근로자 개인의 능력신장과 지위를 향상시키며, 성차별 없이 다양한 인적자원을 활용함으로써 고령사회를 대비한 기업의

융권을 중심으로 도입된 '신인사제도'가 오히려 간접차별을 결과한다고 지적되고 있다 (윤성천, 1996; 문유경, 1998). 또한 IMF 외환위기 직후 사내 부부직원 가운데 여성의 퇴 직을 유도한 농협의 인력구조조정이 대표적인 간접차별 사례로 여성단체에 의해 지목된 바 있다.

8 그러나 1997년 시행된 남녀차별금지 및 구제에 관한 법률이 여성부가 여성가족부로 출 범하면서 법률의 유효기간이 끝났으며, 관련 업무는 국가인권위원회에서 인권위원회법에 근거해 맡게 되었다(서울신문, 2004년 6월 14일자).

경쟁력을 제고시키는 데 기여해야 할 것이다.[2]

양성고용평등지표를 통해 본 양성평등 현황 및 시사점

우리나라 남녀고용실태를 분석한 결과, OECD 평균보다 낮은 여성의 경제활동참가율 및 고학력 여성과 중장년 여성의 낮은 취업률 등을 나타내고 있지만, 이것을 노동시장에서의 여성에 대한 차별이라는 변수로만 설명할 수는 없다. 그러나 남성보다 높은 여성의 비정규직 분포나 남성보다 낮은 평균임금, 신규 노동시장 진입과 재취업의 어려움, 또한 낮은 승진의 기회 등은 노동시장에서의 성차별이라는 관점에서 문제에 접근하지 않을 수 없음을 동시에 시사한다고 하겠다. 따라서 노동시장에서 남녀평등에 대한 문제에 접근할 때, 기업이 남녀고용평등 관련 법규를 잘 준수하고 있는지에 대한 현황 파악에 그쳐서는 안 될 것이다. 따라서 본 연구에서는 양성고용평등지표Gender Equal Employment Index 개발을 위해 남성과 비교한 여성의 취업률 및 상용직 비율, 임금, 관리직 및 전문직에서의 여성비율을 중심으로 노동참여도, 직업안정도, 노동보상도, 노동위상도 등 4가지 기준으로 접근하고자 한다.

연도별 양성고용평등지표

남성 취업자 비율에 대한 여성 취업자 비율을 통해 본 노동참여도는 1995년 63.7%에서 2004년 기준 67.0%로 지난 10년 동안 남

---

2 그럼에도 불구하고 아직까지 노동시장에서의 성차별은 여성들에 해당되는 경우가 지배적이므로 여성인력 개발 및 활용의 의의가 더 큰 것으로 보인다.

녀 간 차이가 조금씩 줄어들고 있는 경향을 보이고 있다. 남녀 간 차이가 가장 적은 부분은 노동보상도로 연도별 남녀 차이 역시 1995년 49.0%에서 2004년 78.6%로 가장 많이 줄었다. 남녀 차이가 가장 많이 나고 있는 부분은 직업안정도로, 여성은 남성의 60.4% 수준을 나타내고 있으며 지난 10년간 연도별 변화도 가장 낮다.

양성고용평등지표로서의 의미는 노동참여도보다 직업안정도나 노동보상도 및 노동위상도에서 더 찾아볼 수 있다. 즉 여성의 취업률 증가는 여성의 경제적 독립을 의미한다는 점에서 양성평등에 가까운 지표로 볼 수는 있으나 가사로 인한 이중노동부담의 문제가 해결되지 않은 상태에서 단순히 취업률의 수치상 증가를 양성고용평등지표로 바로 이해하기는 어렵다고 하겠다. 그러나 남성 상용직 대비 여성 상용직의 비율을 통해 알 수 있는 직업안정도나 남성의 월평균 임금 대비 여성의 월평균 임금을 통해 알 수 있는 노동보

〈표 6-1〉 연도별 양성고용평등지표

단위: %

	노동참여도[1]	직업안정도[2]	노동보상도[3]	노동위상도[4]
2004년	67.0	60.4	78.6	63.2
2003년	65.9	58.5	78.1	62.9
2002년	67.1	56.4	68.0	63.0
2001년	67.2	53.6	64.1	63.9
2000년	66.5	50.3	73.3	63.3
1999년	65.4	49.0	47.7	63.5
1998년	64.2	49.5	47.2	61.7
1997년	65.7	54.9	45.7	61.0
1996년	64.6	56.3	48.8	59.5
1995년	63.7	57.4	49.0	58.1

주: 1) 노동참여도 = $\frac{15세\ 이상\ 여성취업자\ 비율}{15세\ 이상\ 남성취업자\ 비율} \times 100$

2) 직업안정도 = $\frac{여성\ 상용직\ 비율}{남성\ 상용직\ 비율} \times 100$

3) 노동보상도 = $\frac{여성\ 월평균\ 임금}{남성\ 월평균\ 임금} \times 100$

4) 노동위상도 = $\frac{여성\ 관리직\ 및\ 전문직\ 비율}{남성\ 관리직\ 및\ 전문직\ 비율} \times 100$

※ 자료: 통계청, 『경제활동인구연보』(1996~2005).
노동부, 『임금구조기본조사보고서』(1996~2004).

〈그림 6-1〉 양성고용평등지표(2000년)

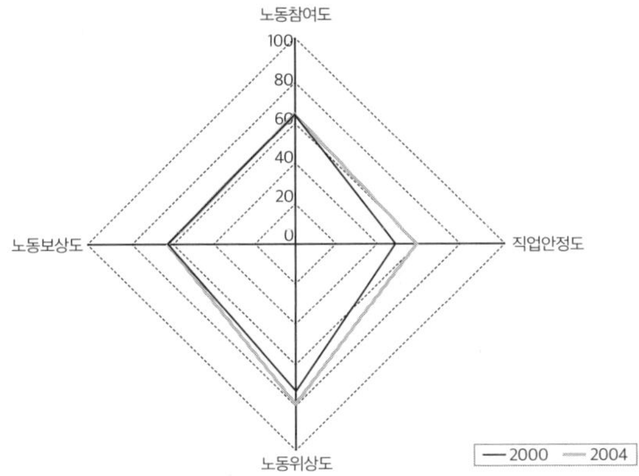

〈그림 6-2〉 양성고용평등지표(1995년)

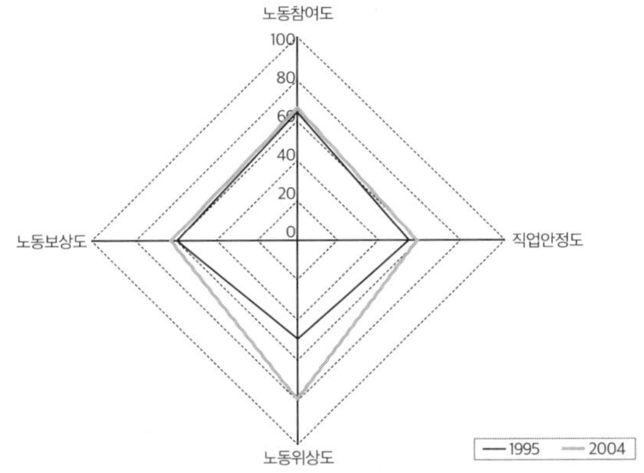

상도, 남성 관리직 및 전문직 종사자 대비 여성 관리직 및 전문직 종사자의 비율을 통해 알 수 있는 노동위상도는 노동시장에서 여성의 지위를 나타내는 양성고용평등지표로 사용하기에 적합하다.

직업안정도의 경우 1997년 경제위기 이후 남녀 모두 낮아져 위기 이전의 수준을 회복하지 못하고 있지만, 여성에 비해 남성은 높은 직업안정성을 나타내고 있음을 알 수 있다. 임금수준 역시 지난 20년 동안 꾸준히 높아지고 있지만 여성은 여전히 2004년 기준 남성의 78.6%에 지나지 않은 보상만을 받고 있는 실정이다. 노동위상도 역시 남성에 비해 매우 낮다.

양성고용평등지표를 방사형 그래프를 통해 살펴보면, 남성을 100으로 기준하고 있기 때문에 정사각형에 가까울수록 평등하다고 할 수 있다. 그러나 2004년 양성고용평등지표는 남성의 60% 수준을 나타내고 있다. 가장 눈에 띄는 것은 노동위상도가 1995년에 비해 높아졌다는 점이다.

연도별 양성고용평등지표의 특징을 간략히 살펴보면, 1995년의 경우 2004년에 비해 노동위상도에 있어 차이가 가장 많이 나고 있는 반면(〈그림 6-2〉 참조), 2000년의 경우는 직업안정도에 있어 차이가 가장 많이 나타나고 있다(〈그림 6-1〉 참조). 이는 1997년 경제위기 이후 고용불안정을 반영하는 결과로 보인다.

산업별 양성고용평등지표

〈표 6-2〉를 통해 산업별 양성고용평등지표를 살펴보면, 노동참여도의 경우 오락, 문화 및 운동 관련 산업(96.4%)의 남녀 차이가 가장 낮고, 다음으로는 가사 서비스업(95.9%), 전기, 가스 및 수도 사업(95.5%)으로 나타났다. 가장 차이가 많이 나는 산업은 광업, 어업으로 각각 75.2%, 79.4%를 나타내고 있다.

직업안정도의 경우 건설업(188.5%), 운수업(132.9%)은 남성보다 높은 비율을 나타내고 있으나, 기타 공공, 수리 및 개인 서비스업(21.8%)의 직업안정도가 가장 낮고 여성들이 많이 진출해 있는 음식 숙박업(38.1%)의 직업안정도가 다음으로 낮음을 알 수 있다.

노동보상도의 경우 산업별 편차가 가장 높게 나타나고 있는데, 교육 서비스업이 79.7%로 가장 높으며, 다음으로는 오락, 문화 및 운동 관련 산업(79.4%), 보건 및 사회복지 산업(79.4%) 순으로 높게 나타났다. 어업 및 광업, 국제 및 외국기관의 경우 노동보상도가 0.0%를 나타내고 있으며, 농업 및 임업은 2.8%, 금융 및 보험업은

〈표 6-2〉 산업별 양성고용평등지표(2004년)　　　　　단위: %

	노동참여도[1]	직업안정도[2]	노동보상도[3]	노동위상도[4]
전체	67.0	60.4	78.6	63.2
농업 및 임업	85.2	44.4	2.8	-
어업	79.4	48.5	0.0	-
광업	75.2	43.5	0.0	62.0
제조업	84.9	61.7	48.4	56.7
전기, 가스 및 수도 사업	95.5	56.4	0.0	53.7
건설업	92.5	188.5	50.9	62.3
도소매업	89.7	68.6	38.1	64.3
숙박 및 음식점업	95.8	38.1	16.9	67.5
운수업	92.6	132.9	66.1	78.4
통신업	91.4	96.3	13.7	72.0
금융 및 보험업	92.3	58.7	6.7	56.6
부동산업 및 임대업	86.4	57.9	31.2	78.0
사업 서비스업	89.8	76.0	44.0	58.8
공공행정, 국방 및 사회보장행정	82.4	59.9	37.8	-
교육 서비스업	93.2	61.6	79.7	69.1
보건 및 사회복지사업	91.9	92.3	79.4	63.3
오락, 문화 및 운동 관련 산업	96.4	84.4	79.5	55.3
기타 공공, 수리 및 개인 서비스업	89.7	21.8	15.7	67.5
가사 서비스업	95.9	-	-	-
국제 및 외국기관	90.9	112.5	0.0	-

주: 1) 노동참여도 = $\frac{15세\ 이상\ 여성취업자\ 비율}{15세\ 이상\ 남성취업자\ 비율} \times 100$

　　2) 직업안정도 = $\frac{여성\ 상용직\ 비율}{남성\ 상용직\ 비율} \times 100$

　　3) 노동보상도 = $\frac{여성\ 월평균\ 임금}{남성\ 월평균\ 임금} \times 100$

　　4) 노동위상도 = $\frac{여성\ 관리직\ 및\ 전문직\ 비율}{남성\ 관리직\ 및\ 전문직\ 비율} \times 100$

※ 자료: 통계청, 『경제활동인구연보』, 1996~2005.
　　　　노동부, 『임금구조기본조사보고서』, 1996~2004.

6.7%에 지나지 않아 산업별 남녀임금 격차가 매우 높은 것을 알 수 있어 산업별 노동보상도 차이의 해소방안이 시급히 요청된다.

노동위상도의 경우 남녀 차이가 가장 낮은 산업은 운수업(78.4%)이며, 다음으로는 부동산 임대업(78.0%), 교육 서비스업(69.1%)이다. 남녀 차이가 가장 많이 나는 산업은 전기, 가스 및 수도 사업(53.7%), 오락, 문화 및 운동 관련 산업(55.3%), 제조업(56.7%) 순이다.

그밖에 도소매업 및 통신업, 사업 서비스업의 경우 남녀 차이가 타

산업에 비해 높지도 낮지도 않게 나타나고 있지만 전반적으로 노동위상도가 낮은 실정이다. 이상에서 산업별 양성고용평등지표를 살펴본 결과, 상대적으로 양성평등한 산업은 교육 서비스업, 보건 및 사회복지사업, 오락, 문화 및 운동 관련 산업으로 나타나고 있다.

이상에서 연도별, 산업별 양성고용평등지표를 살펴본 결과 연도별 특성보다 산업별 특성에 따라 양성 차이가 두드러짐을 알 수 있다. 즉 노동참여도, 노동보상도, 노동위상도, 직업안정도에 있어서 앞서 지적한대로 연도별로 다소 차이가 나타나고 있으나 그 차이는 산업별로 나타나는 차이에 비해서는 적다고 하겠다. 이는 다시 말해 양성평등을 위해 무엇보다도 산업별로 차별화된 정책개발이 필요함을 의미한다.[10]

학력별 양성고용평등지표

〈표 6-3〉을 통해 학력별 양성고용평등지표를 살펴보면, 노동참여도에 있어 가장 평등한 학력집단은 중졸 이하, 전문대졸, 고졸, 대졸 이상 순으로 나타나고 있다. 직업안정도에 있어서 남녀 차이가 가장 적은 학력집단은 전문대졸, 대졸 이상, 고졸, 중졸 이하 순이며, 유일하게 노동보상도에 있어서만이 학력이 높을수록 남녀 차이가 적은 것으로 나타나고 있다. 노동위상도는 전문대졸, 대졸 이상, 고졸, 중졸 이하 순이며, 전문대졸(328.8%), 대졸 이상(116.5%)은 남성보다도 훨씬 높게 나타나고 있어, 고졸의 36.8%, 중졸 이하의 11.1%와 큰 대조를 보이고 있다. 따라서 노동위상도에 있어 여성의 학력별 차이가 매우 높음을 알 수 있다.

학력별 양성고용평등지표를 방사형 그래프를 통해 봤을 때 대졸

---

[10] 산업별 양성고용평등지표를 나타내고 있는 방사형 그래프는 이 장의 〈부록 6-1〉에 수록하였으니 참조하기 바람.

〈표 6-3〉교육정도별 양성고용평등지표(2004년)

단위: %

	노동참여도[1]	직업안정도[2]	노동보상도[3]	노동위상도[4]
중졸 이하	73.8	49.5	64.5	11.1
고졸	68.6	57.9	68.8	36.8
전문대졸	72.9	75.7	70.5	328.8
대졸 이상	67.2	75	71.4	116.5

주: 1) 노동참여도 $= \dfrac{\text{15세 이상 여성취업자 비율}}{\text{15세 이상 남성취업자 비율}} \times 100$

2) 직업안정도 $= \dfrac{\text{여성 상용직 비율}}{\text{남성 상용직 비율}} \times 100$

3) 노동보상도 $= \dfrac{\text{여성 월평균 임금}}{\text{남성 월평균 임금}} \times 100$

4) 노동위상도 $= \dfrac{\text{여성 관리직 및 전문직 비율}}{\text{남성 관리직 및 전문직 비율}} \times 100$

※ 자료: 통계청(2004), 『경제활동인구조사』, 원자료 분석.
　　　노동부(2005), 『임금구조기본조사보고서』.

〈그림 6-3〉 교육정도별 경제활동참가율(2004년)

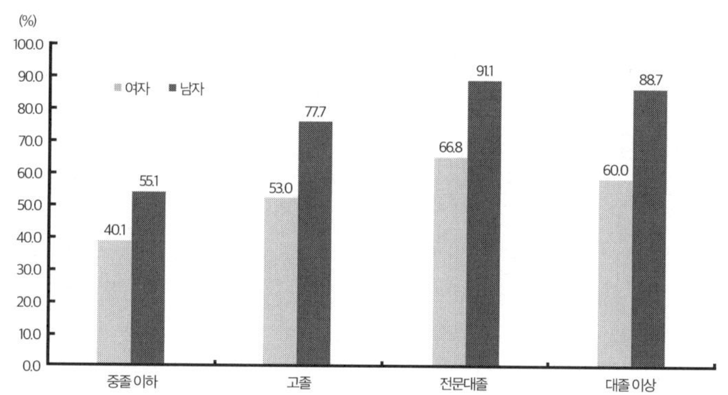

이상 여성의 노동참여도가 가장 낮기는 하지만 그래도 가장 정사각형에 가까운 양성평등한 모습을 보이고 있다.[11]

연령별 양성고용평등지표

여성의 경우 경제활동참가율이 가장 높은 연령집단은 40~44세인 반면, 남성의 경우는 35~44세로 남성의 경제활동참가 연령층이

---

11 학력별 양성고용평등지표를 나타내고 있는 방사형 그래프는 이 장의 〈부록 6-2〉에 수록하였으니 참조하기 바람.

훨씬 광범위한 상태이다. 남녀 경제활동참가율에 있어 가장 차이가 많이 나는 연령집단은 30~34세로 41.6%p의 큰 차이를 나타내고 있다.

연령별 양성고용평등지표를 살펴보면, 15~19세, 20~24세 연령집단은 노동참여도, 직업안정도, 노동보상도에서 남성보다 훨씬 높

〈표 6-4〉 연령별 양성고용평등지표(2004년)

단위: %

	노동참여도[1]	직업안정도[2]	노동보상도[3]	노동위상도[4]
15~19세	131.5	234.6	107.0	75.0
20~24세	124.6	127.0	107.2	459.3
25~29세	81.1	98.7	97.0	213.4
30~34세	54.0	62.9	83.6	122.1
35~39세	61.9	45.2	62.6	75.9
40~44세	69.2	43.3	51.0	52.6
45~49세	67.7	38.1	48.5	27.1
50~54세	63.3	42.3	49.1	33.1
55~59세	62.1	35	52.2	23.3
60세 이상	57.5	17.2	64.7	10.8

주: 1) 노동참여도 = $\frac{15세\ 이상\ 여성취업자\ 비율}{15세\ 이상\ 남성취업자\ 비율} \times 100$

2) 직업안정도 = $\frac{여성\ 상용직\ 비율}{남성\ 상용직\ 비율} \times 100$

3) 노동보상도 = $\frac{여성\ 월평균\ 임금}{남성\ 월평균\ 임금} \times 100$

4) 노동위상도 = $\frac{여성\ 관리직\ 및\ 전문직\ 비율}{남성\ 관리직\ 및\ 전문직\ 비율} \times 100$

※ 자료: 통계청(2004), 『경제활동인구조사』, 원자료 분석.
　　노동부(2005), 『임금구조기본조사보고서』.

〈그림 6-4〉 연령별 경제활동참가율(2004년)

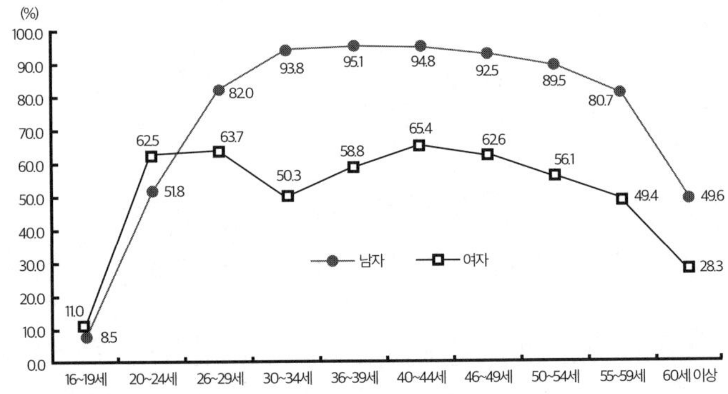

게 나타나고 있으며, 노동위상도에 있어서는 20~34세 연령집단이 남성보다 높게 나타나고 있다. 노동참여도의 남녀 차이가 가장 많이 나는 연령집단이 30~39세이며, 직업안정도가 가장 낮은 연령계층은 60세 이상, 55~59세 순이다. 노동보상도에 있어서 가장 남녀 차이가 많은 연령집단은 45~49세, 50~54세, 40~44세의 중장년 여성계층이다. 노동위상도에 있어서는 60세 이상이 가장 낮고, 다음으로는 55~59세, 45~49세 순이다.

방사형 그래프를 통해 가장 정사각형의 양성고용평등지표를 나타내고 있는 연령집단은 40~44세임을 알 수 있다.[12] 40세 미만 여성의 경우 직업안정도나 노동보상도는 높게 나타나고 있으나 노동참여도나 노동위상도가 낮은 반면, 45세 이상은 노동참여도나 노동위상도는 상대적으로 높은 반면, 직업안정도나 노동보상도는 낮다. 따라서 연령별 변수를 고려한 양성고용평등정책이 필요하다고 하겠다.

결론

결론적으로 100%의 정사각형에 가까운 지표를 나타낼 때 양성평등한 고용조건이라고 할 수 있으나 정사각형을 나타내고 있다고 하더라도 여성 비율 자체가 매우 낮은 경우에는 여성에 대한 적극적 노동시장 정책affirmative ation이 필요한 것으로 판단된다. 노동시장에서의 양성평등은 학력별, 연령별 등 다양한 변수들을 통해 더욱 분명하게 드러나고 있는 바, 양성고용평등 정책을 수립함에 있어 산업별, 학력별, 연령별 등 다양한 변수를 고려하여야 할 것이다.

---

[12] 연령별 양성고용평등지표를 나타내고 있는 방사형 그래프는 이 장의 〈부록 6-3〉에 수록하였으니 참조하기 바람.

〈부록 6-1〉 산업별 양성고용평등지표

오락, 문화 및 운동 관련 산업 양성고용평등지표

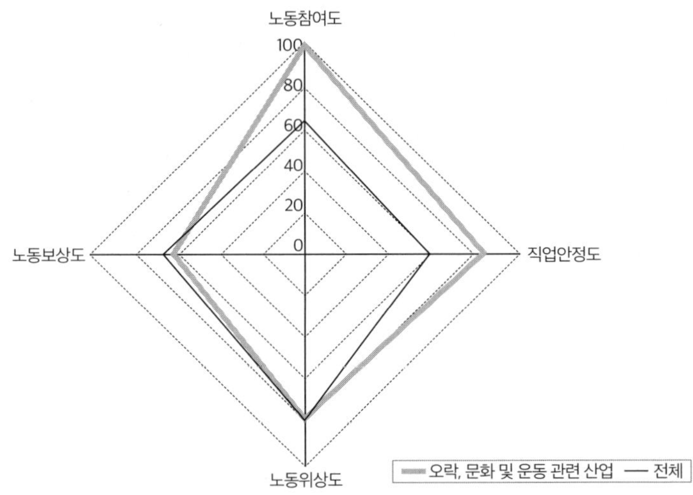

가사 서비스업 양성고용평등지표

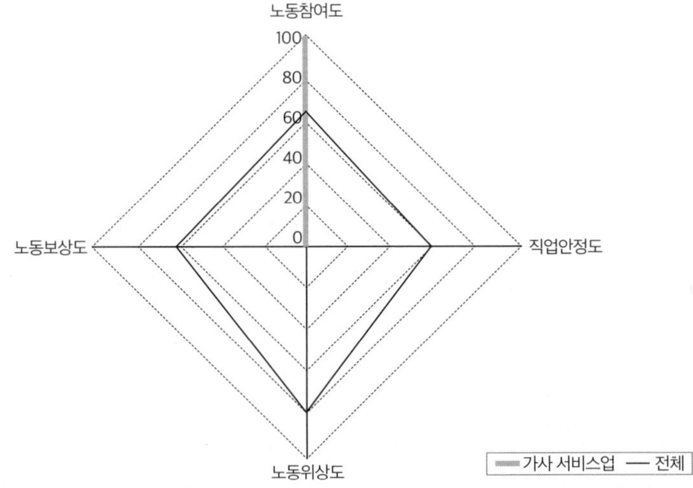

전기, 가스 수도 사업 양성고용평등지표

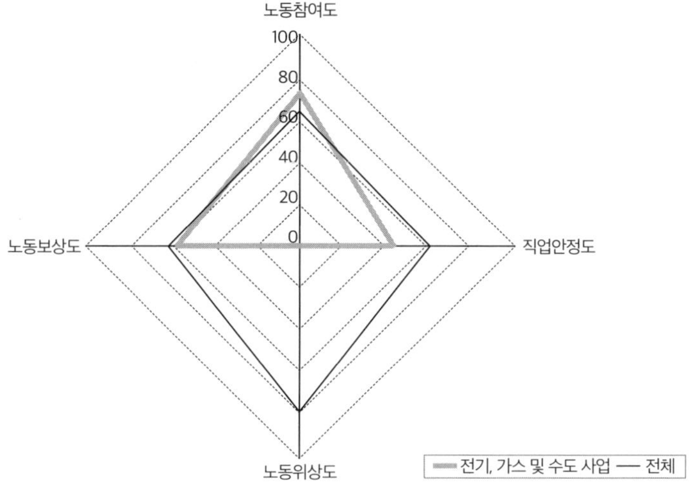

광업 양성고용평등지표

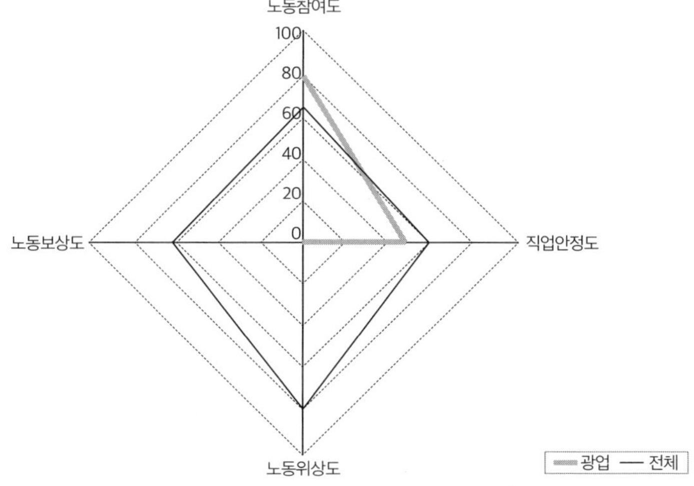

어업 양성고용평등지표

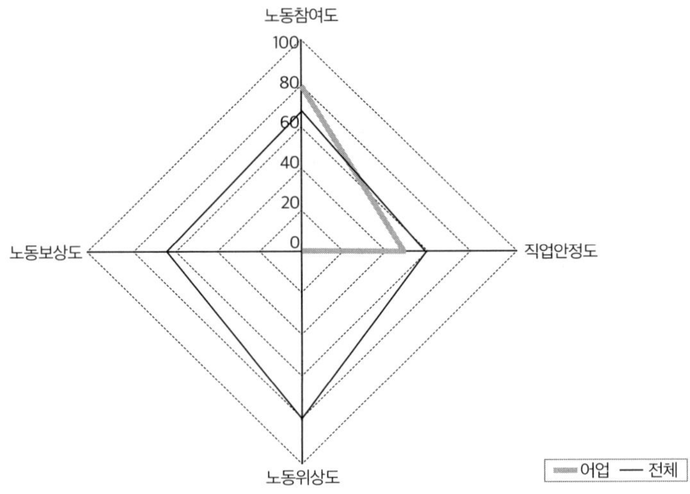

건설업 양성고용평등지표

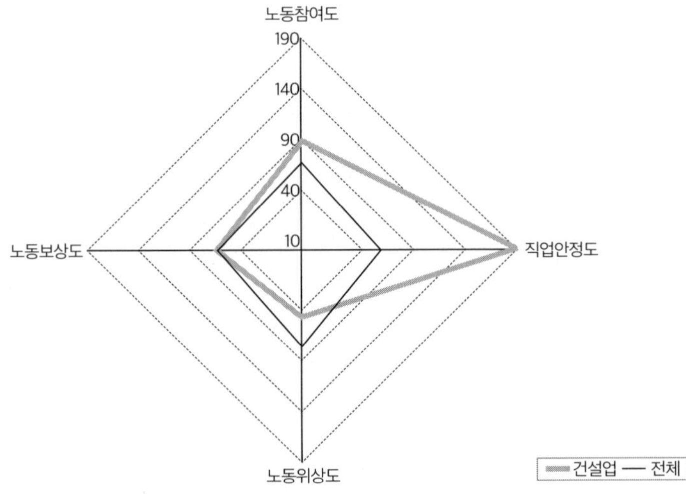

운수업 양성고용평등지표

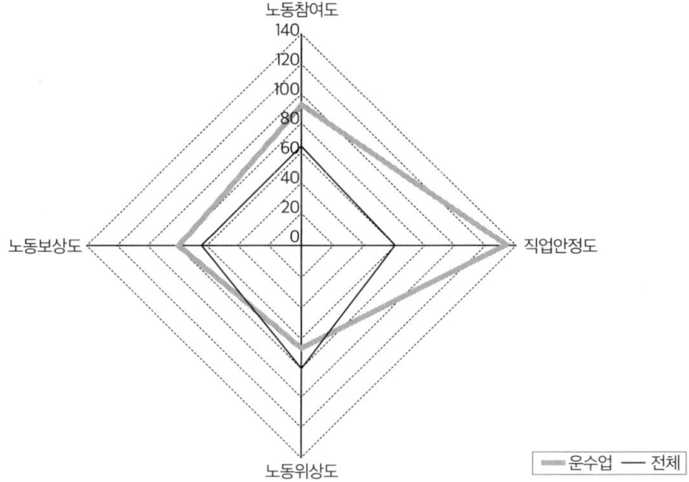

기타 공공, 수리 및 개인 서비스업 양성 고용평등지표

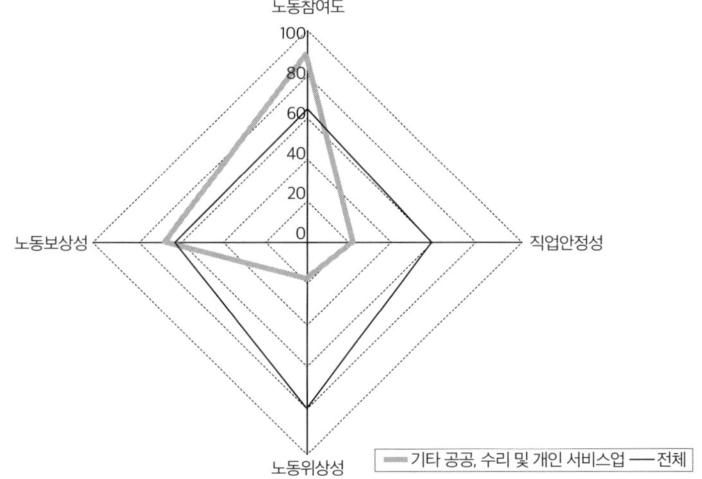

숙박 및 음식점업 양성고용평등지표

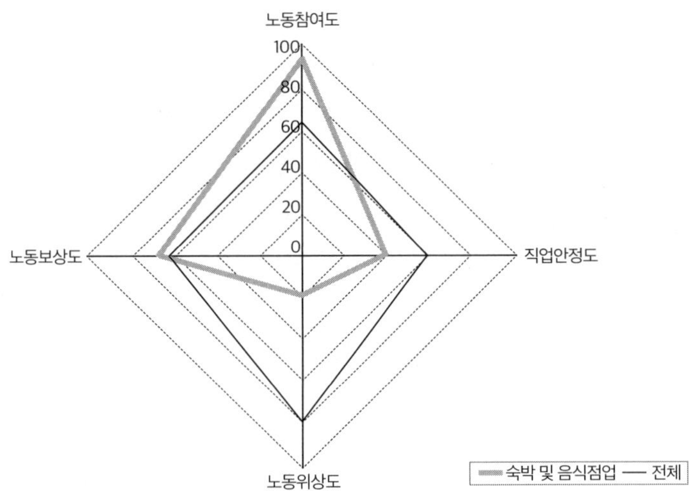

교육 서비스업 양성고용평등지표

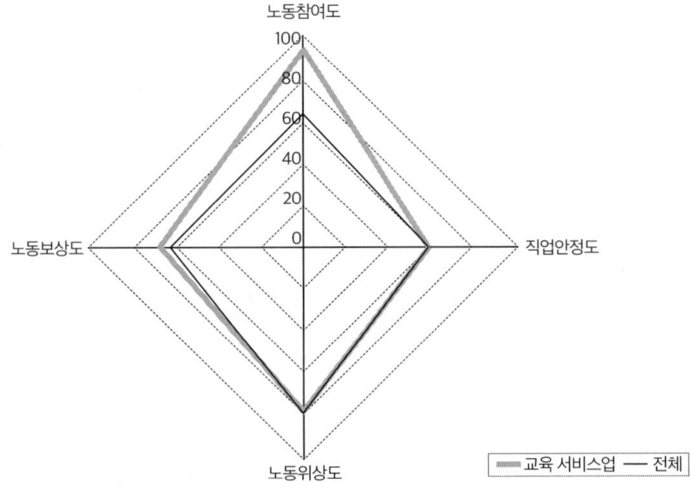

보건 및 사회복지 사업 양성고용평등지표

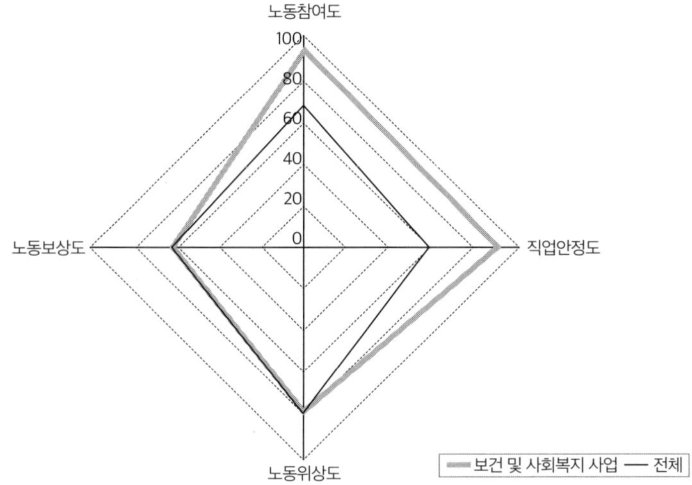

국제 및 외국기관 양성고용평등지표

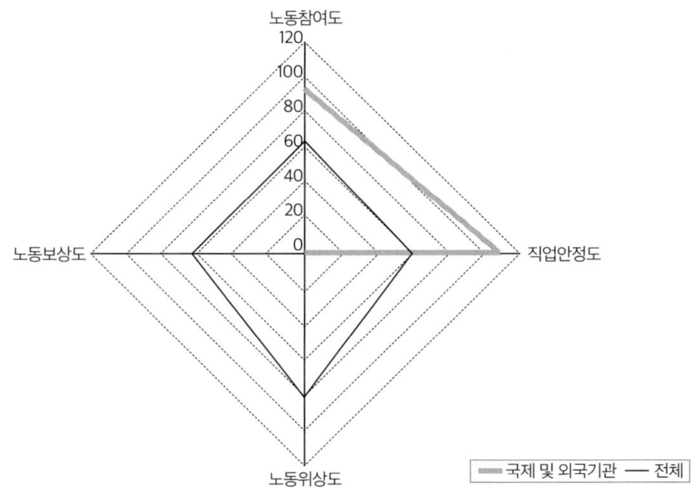

농업 및 임업 양성고용평등지표

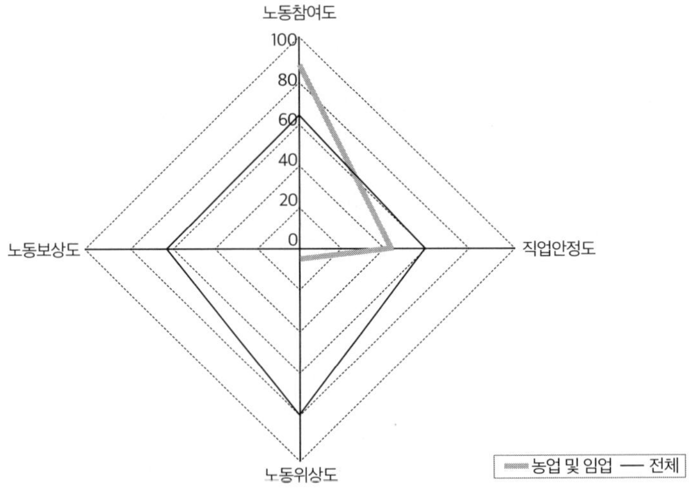

금융 및 보험업 양성고용평등지표

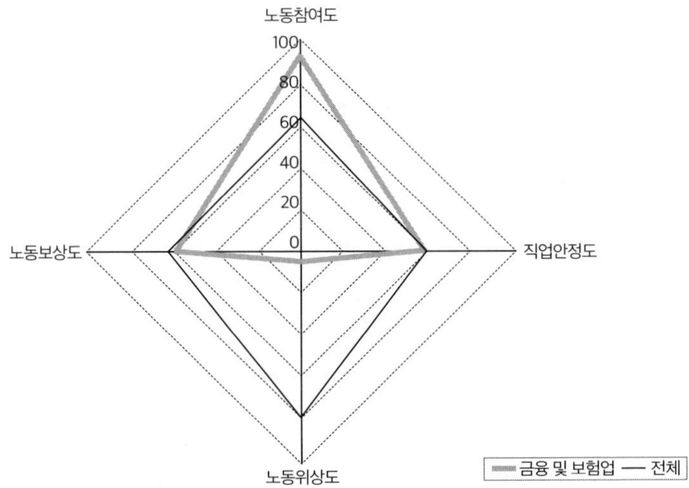

부동산 임대업 양성고용평등지표

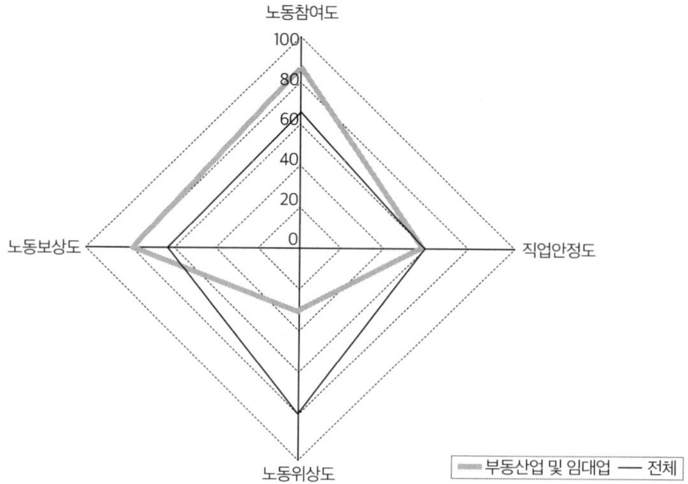

제조업 양성고용평등지표

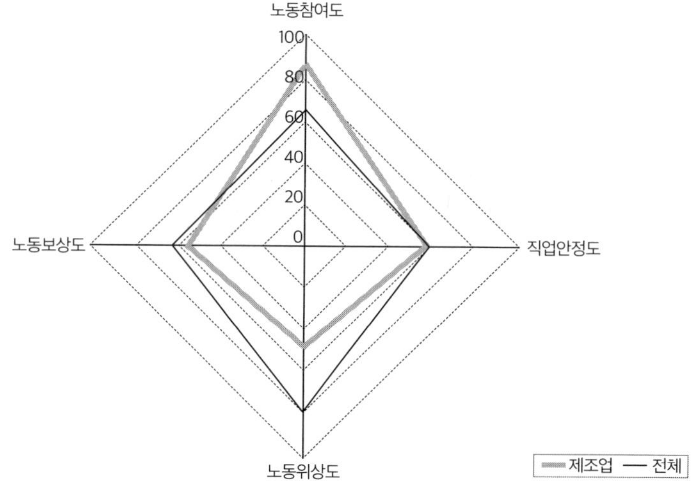

도소매업 양성고용평등지표

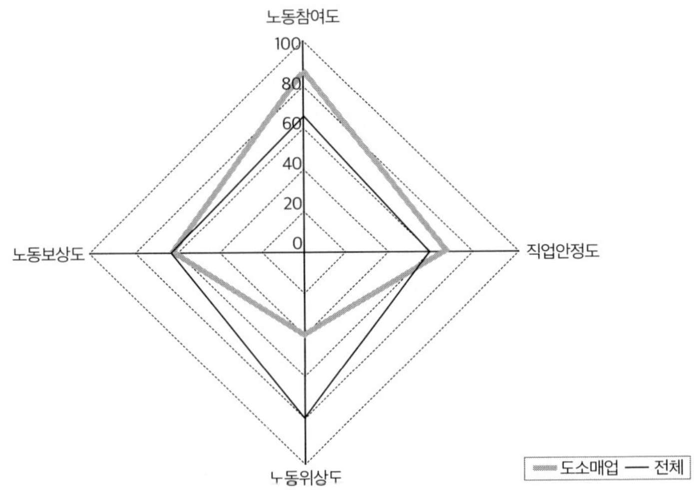

통신업 양성고용평등지표

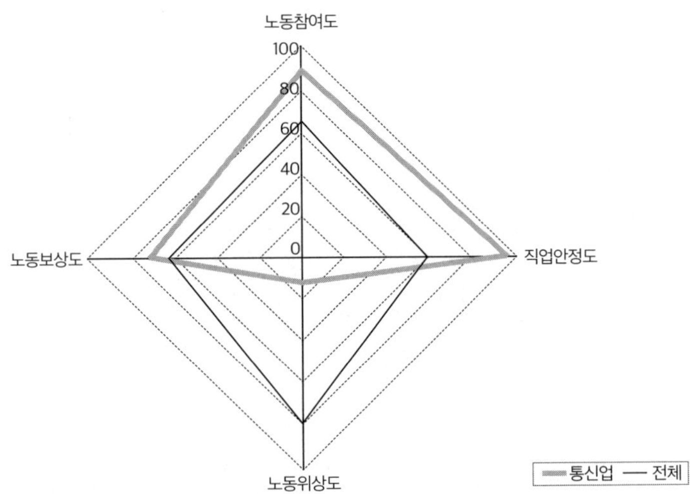

사업 서비스업 양성고용평등지표

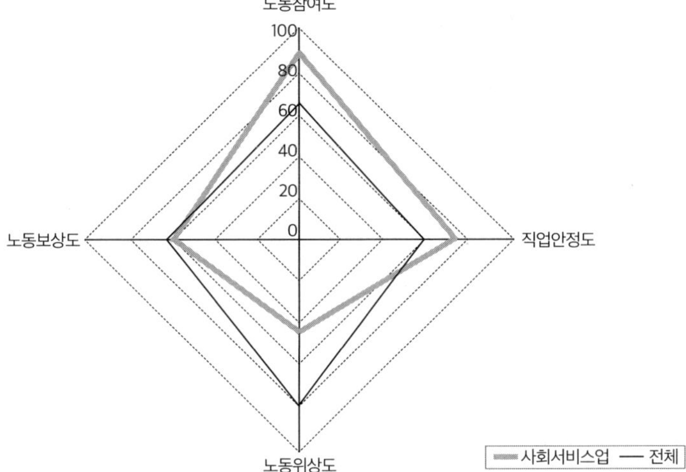

〈부록 6-2〉 학력별 양성고용평등지표

중졸 이하 양성고용평등지표

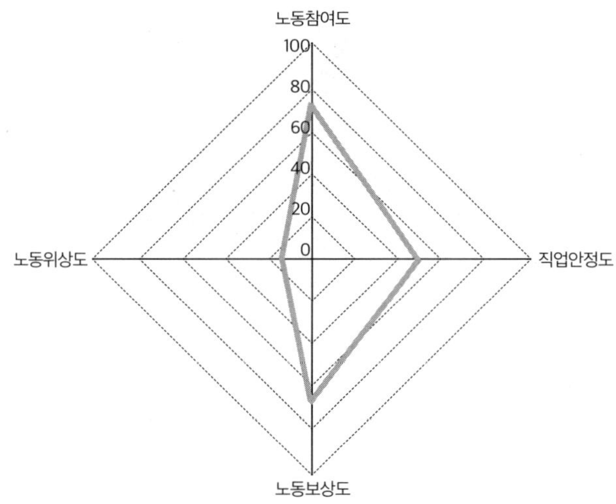

고졸 양성고용평등지표

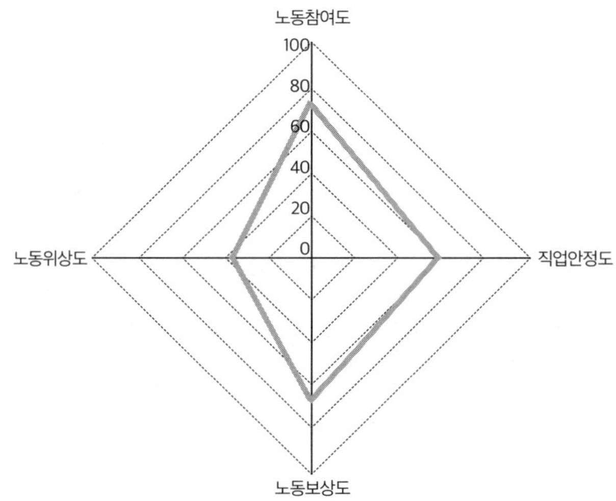

전문대졸 양성고용평등지표

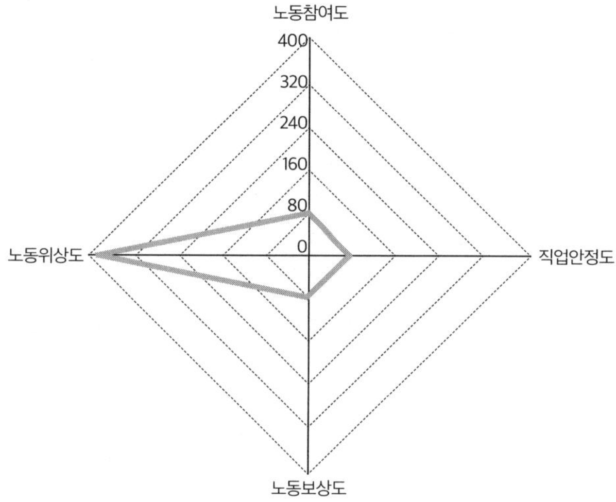

대졸 이상 양성고용평등지표

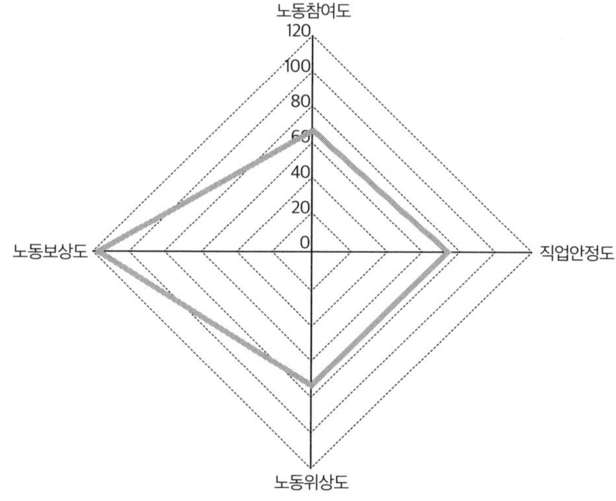

〈부록 6-3〉 연령별 양성고용평등지표

20세 미만 양성고용평등지표

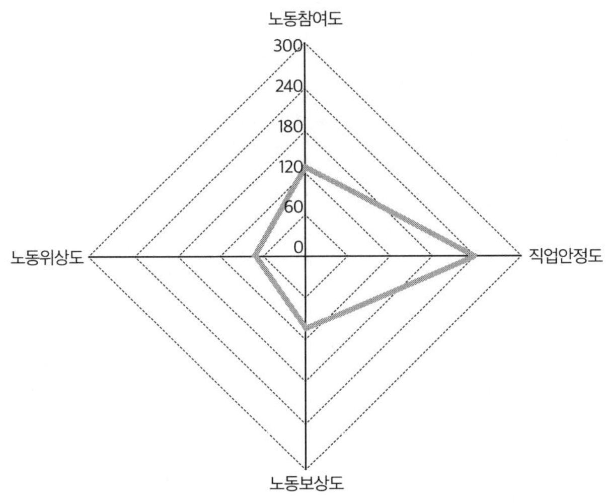

20~24세 양성고용평등지표

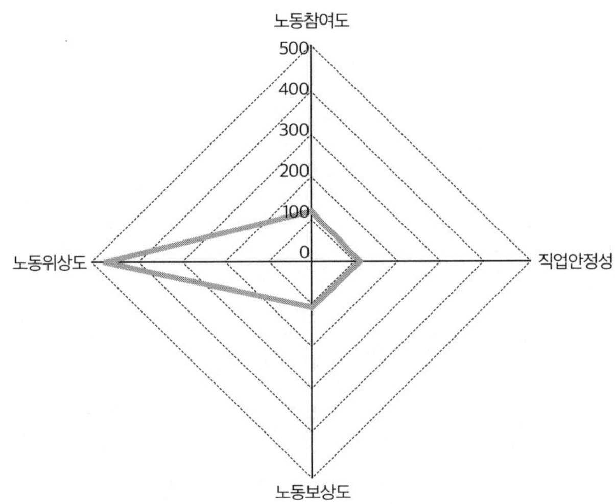

25~29세 양성고용평등지표

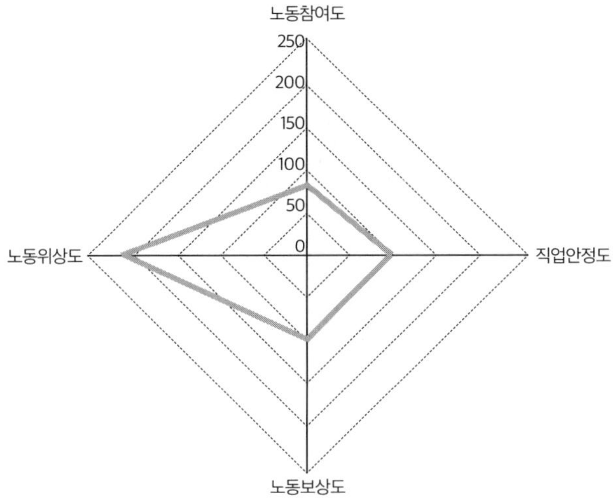

30~34세 양성고용평등지표

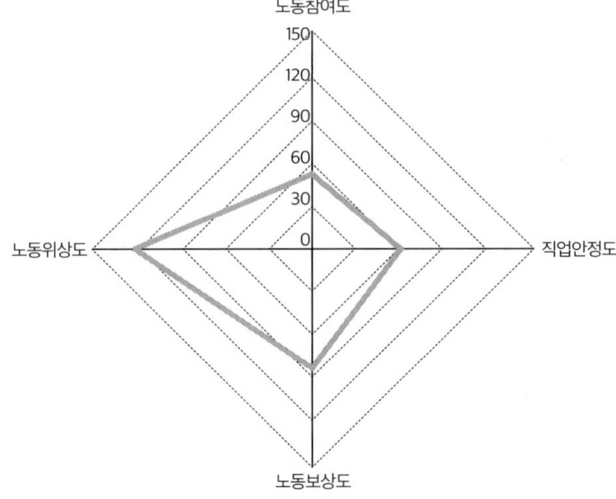

35~39세 양성고용평등지표

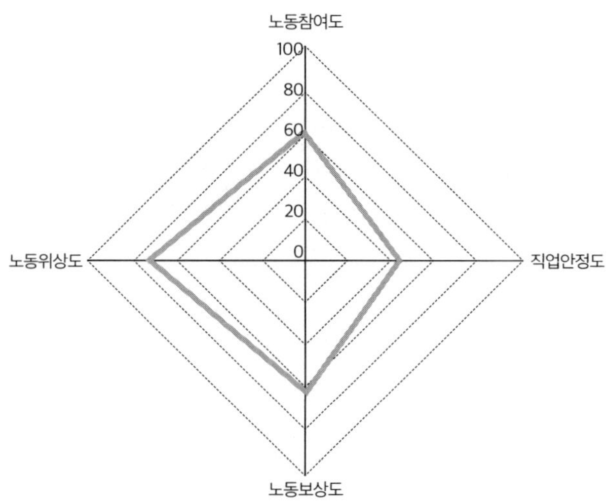

40~44세 양성고용평등지표

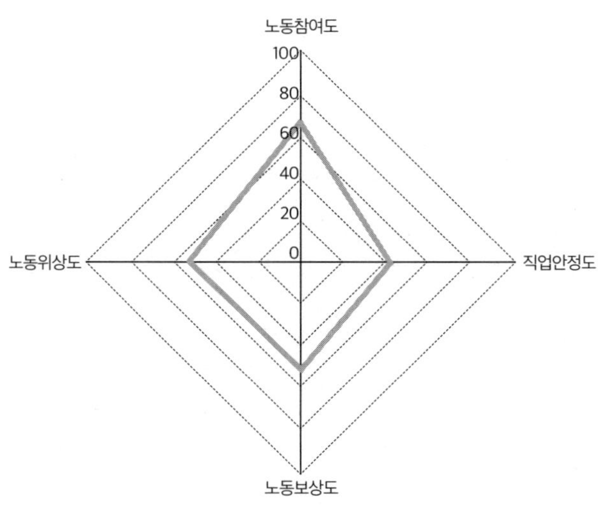

45~49세 양성고용평등지표

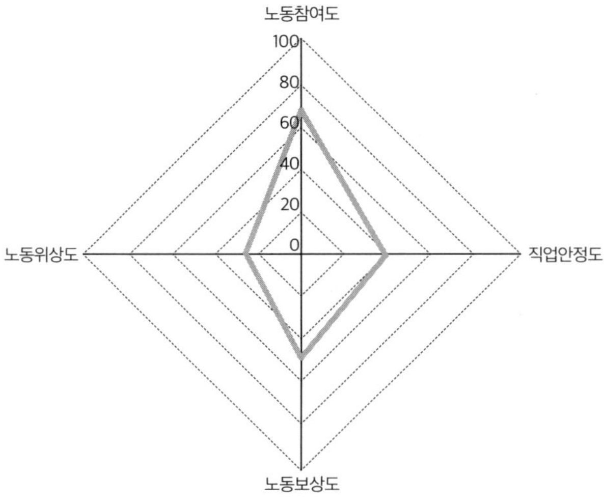

50~54세 양성고용평등지표

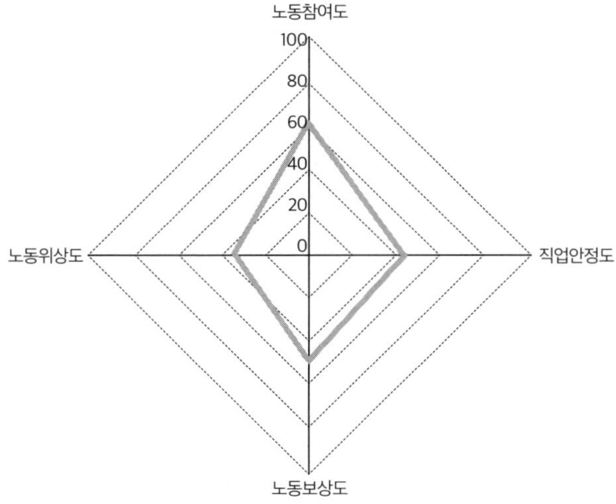

55~59세 양성고용평등지표

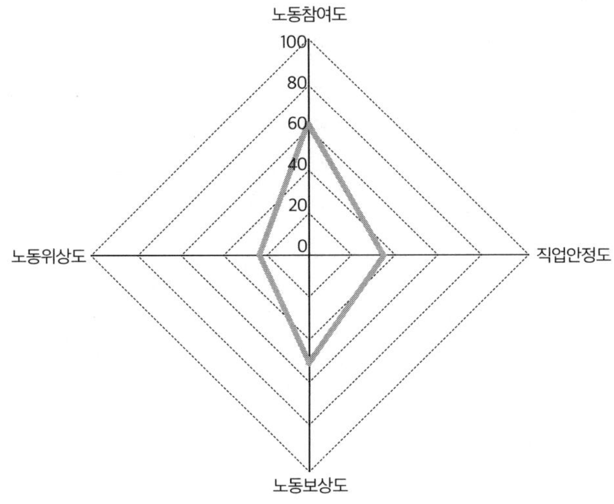

60세 이상 양성고용평등지표

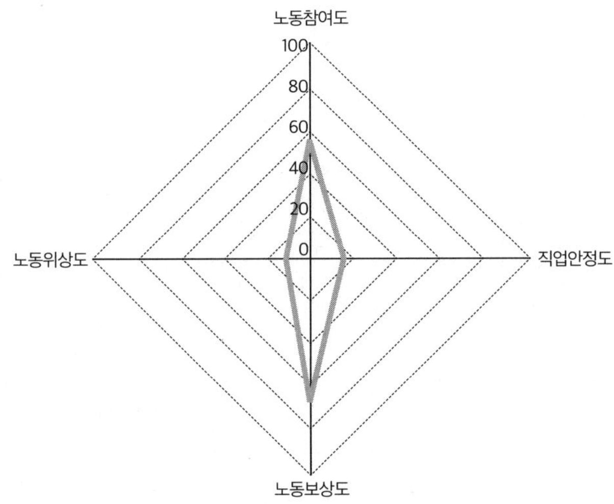

chapter 7.

고령화시대 노인부양부담과
여성의 경제활동

문제제기

고령화사회로 진입함에 따라 가족부양의 영역으로만 여겨져 왔던 노인부양의 문제가 사회문제로 부각되고 있다. 우리나라의 경우 노인부양은 여전히 사회부양보다는 가족부양이 주를 이루고 있는 실정으로, 노인부양의 주책임자는 가족 내에서도 며느리(35.1%)나 부인(31.5%) 등 여성이 대부분을 차지하고 있다(정경희, 2001). 최근 들어 가족 내 노인부양부담을 완화하기 위한 사회지원 방안에 대해 활발한 논의가 이루어지기 시작하고 있지만 현재 진행되고 있는 노인부양 정책 및 프로그램 개발의 방향은 만성질환 및 기능장애 노인들에 대한 요양시설 이용 및 이에 대한 경제적 부담 완화에 주로 초점이 모아지고 있을 뿐이다. 따라서 여성들이 재가 무보수 노인부양부담을 져야 하는 이유 때문에 결과하는 취업을 비롯한 사회참여에 있어서의 어려움은 단지 문제제기(Brody, et. al., 1987; 최혜경, 1999)에만 그치고 있을 뿐, 이에 대한 보다 구체적인 실태조사 및 대책마련이 아직까지 이루어지지 못하고 있다.

그러나 점차 증가하는 생산연령인구의 노령인구에 대한 부양부담을 감소시키기 위해서는 취업을 원하는 생산연령인구를 노동시장에서 최대한 활용하여야 한다는 목소리가 커지고 있다. 실제로 IMF 외환위기 이후 현재까지는 청년실업을 비롯한 남성 중고령자의 조기퇴직 문제 등이 아직까지 노동시장 내 중요한 이슈가 되고 있지만, 이러한 인구변화 추세로 간다면 65세 이상 노인인구가 전체인구의 14% 이상을 차지하는 고령사회[1]로 진입하게 되는 2020년 이후에는 생산연령인구의 감소로 인한 노동력 부족 현상이 문제화될 것으로 보인다. 따라서 그때를 대비한 고용정책의 도입이 시급하며, 이는 현재로서 취업의사가 있을 경우 대부분 경제활동 상태에 있는 남성보다는 취업의사가 있음에도 불구하고 충분히 경제활동을 하고 있지 못하는 여성인력, 특히 기혼여성을 대상으로한 고용대책이 마련되어야 할 것이다. 아직까지는 여성 취업의 걸림돌(여성부, 2001)로 보육문제가 가장 크게 작용하고 있는 실정이지만 출산율 감소 및 평균수명 연장에 따른 고령층 증가는 앞으로 보육 문제보다 노인부양 문제를 더 부각시키기에 이를 것으로 보인다. 따라서 고령사회에 대비한 여성고용 대책을 지금부터 준비해야 할 것이다. 본 연구에서는 그 대책마련을 위한 선행작업으로 여성의 연령별 노인부양 및 취업실태를 분석하고자 한다.

노인부양부담 완화를 위한 정책수립과 관련하여 가장 중요한 목표집단은 중고령 여성계층이다. 결혼·출산과 함께 취업을 중단하였거나 애초에 취업경험조차 없는 여성들이 출산 및 육아부담을 벗어난 시점에 이르러 재취업을 원하고 있다. 실제로 한국여성개발원이 2000년 실시한 '제4차 여성의 취업실태조사'의 결과를 보면, 비경제활동 여성 중 '일자리가 있다면 취업을 희망하는가'라는 질문에

---

[1] UN은 65세 이상 노인인구비가 전체 인구의 7% 이상을 차지할 때 고령화사회(aging society)로, 14% 이상일 때는 고령사회(aged society)로 칭하고 있다.

대해 미혼여성의 경우 19.8%만이 취업의향이 있다고 응답한 반면, 기혼여성의 경우 31.2%가 '희망한다'고 응답하였고, 기혼여성이 취업의향이 있음에도 불구하고 구직을 못한 이유로 '가사 및 집안일 때문'을 38.7%로 가장 많이 꼽았다. 또한 취업을 원하는 기혼여성들 중 70.2%가 고졸 이상의 학력을 지닌 사람들이었고 가사 및 집안일 때문에 취업의향이 있음에도 구직을 못한 기혼여성들 중 대졸 이상인 경우가 39.1%로 가장 높게 나타났다.

여기에서는 고령화사회로의 진입에 따른 여성의 노인부양부담 실태에 대해 제4차 여성의 취업실태조사 자료를 토대로 여성의 연령별로 노인부양부담 및 취업실태를 분석하고자 한다. 무엇보다도 최근 노동시장 유연화 정책에 따른 노동시장 내 여성노동력에 대한 수요 증가 및 여성 고학력화 경향에 따른 경제활동 참여 욕구의 증가 등을 고려하여 여성의 취업을 활성화할 수 있는 가능성을 제고하고자, 특히 중장년층(45세 이상) 여성인력의 활용에 초점을 맞추고, 중장년여성의 취업을 방해하는 요인으로서 노인부양 문제를 살펴보고자 한다.

연구배경

고령화시대 여성의 경제활동

최근 우리 사회 인구구조의 변화 가운데 가장 주목되고 있는 현상이 출산율 감소에 따른 연소인구의 감소 및 평균수명 연장에 따른 고령인구의 증가라 할 수 있다. 65세 이상 노령인구가 전 인구의 7%에 해당하는 경우 고령화사회로 보는 UN의 기준[2]에 따르면 우

____
2 노년학자 Cowgill(1986)은 65세 이상 노령인구가 전체 인구 대비 4% 미만인 경우 유년

<표 7-1> 1980년 이후 유소년, 청장년 및 고령인구 현황

단위: 천명, %

구성비	1980년	1990년	2000년
	100.0	100.0	100.0
0~14세	33.8	25.7	21.0
15~64세	62.3	69.3	71.7
65세 이상	3.9	5.0	7.3
유소년부양비[1]	54.3	37.0	29.2
노년부양비[2]	6.2	7.2	10.2
노령화지수	11.4	19.4	35.0

※ 주: 1) 유소년부양비 = 유소년인구(0~14세) / 청장년인구(15~64세) × 100
　　　 2) 노년부양비 = 노년인구(65세 이상) / 청장년인구(15~64세) × 100
※ 자료: 통계청 DB.

리나라는 이미 2000년 고령화사회로 진입하였다. 노령인구 증가와 출산율 감소라는 문제는 경제활동인구의 부양비의 구조변화를 의미한다. 즉 유소년인구에 대한 부양부담의 증가는 줄어드는 반면, 노인부양부담은 증가한다는 뜻이다. 그러나 <표 7-1>에서 알 수 있듯이 2000년 현재 유소년부양부담(29.2%)이 노년부양부담(10.2%)보다 더 높게 나타나고 있다.

따라서 고령인구의 증가가 곧바로 생산연령인구의 부양부담 증가를 의미하는 것은 아니다. 노년인구의 증가보다 급속히 진행되고 있는 유소년인구의 감소로 현재까지 생산연령인구의 총 부양비는 오히려 감소하고 있기 때문이다. 장래인구추계 자료에 따라 부양비를 산정해보면, 노년부양비가 유소년부양비보다 높아지는 때는 2020년 즈음이다. 즉 출산율 감소 및 고령화 추세에 따른 인구구조의 변화에 따라 생산연령인구의 부양부담이 가중되기 시작하는 시점이 유소년인구보다 고령인구가 많아지는 시점인 2020년 즈음이다.

<그림 7-1>에서 보듯이 1980년 이후 꾸준히 감소 추세에 있던 총 부양부담이 현재의 인구변화 추세로 간다면 2020년을 시점으로 다

인구국(young populations), 4~6%인 경우 청년국(youthful populations), 7~9%인 경우 성년국(mature aging populations), 10% 이상을 노년국(aged populations)으로 구분하고 있다.

〈그림 7-1〉 총 부양비

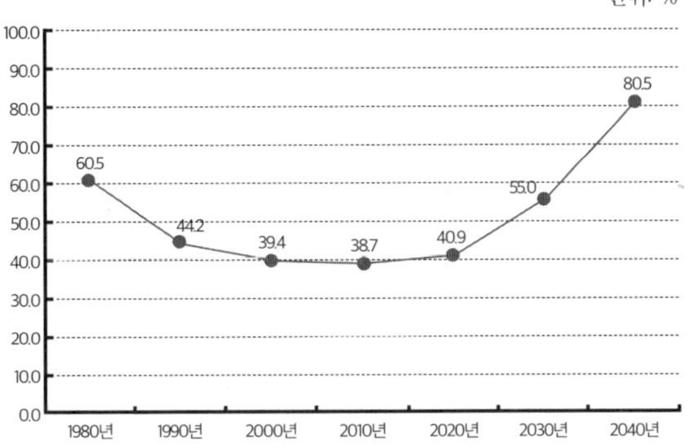

※ 자료: 통계청 DB에서 재구성.

시 증가하다가 2040년에는 80.5%로 정점에 도달할 것으로 전망할 수 있다. 즉 인구고령화에 따른 생산연령인구의 부양부담의 문제는 2020년에 이르러 진정한 사회문제로 우리의 피부에 와 닿을 것으로 보이며, 따라서 이에 대비하는 고용정책이 필요함을 시사한다.

현재 우리나라 남녀 경제활동참가율 변동추이를 살펴보면, 남성의 경제활동참가율은 지난 20년 사이 점차 감소하고 있는 반면, 여성의 경우는 오히려 증가하고 있으며[3], 여성의 경제활동을 비롯한 사회참여에의 요구가 최근 들어 그 어느 때보다 높아가고 있다. 그러나 여성의 경제활동 실태는 질적인 증가보다 양적인 증가에 머물러 있는 실정이다. 이는 IMF 외환위기 등을 계기로 급격히 진행되는 구조조정 및 노동시장 유연화[4] 과정에서 비정규직이 증가하였으며, 이렇듯 노동시장이 불안정해짐에 따라 남성보다 유연한 여성 노동력에 대한 수요가 노동시장에서 증가하고 있기 때문이다. 2001년 현재 비정규직 노동력 중 여성이 차지하는 비율은 52.1%[5]로 비정규

---

3 1985년의 경우 여성의 경제활동참가율은 42.8%, 남성은 76.4%였지만, 2002년 8월 기준 여성은 49.1%, 남성은 74.2%의 비율을 보이고 있다.

4 노동시장 유연화 정책에 따른 여성 노동력의 변동과정에 대해서는 Seifert(1976)를 참조하기 바람.

5 통계청 「경제활동인구조사」 부가조사 자료에 따라 분류하면, 전체 근로자 중 여성 비율은 40.4%를 차지하고 있으며 정규직 내 여성 비율은 26.6%이다. 또한 비정규직과 —법적으로는 정규직이나 기업 내에서의 신분이나 처우가 정규직과 다른— 명목비정규직 근로

단위: %

	2010년	2020년	2030년	2040년
유소년부양비	23.9	19.6	19.2	22.8
노년부양비	14.8	21.3	35.8	58.7

※ 자료: 통계청 DB에서 재구성.

직 문제는 여성의 문제라 해도 과언이 아닌 실정이다. 비정규직 문제[6]는 노동시장의 수요차원에서만 접근할 수 없는 것이 현실이다. 즉 노동력 공급자인 여성들 역시 전일제 노동보다는 시간제[7] 노동을 선호하고 있는 것이 사실이기 때문이다.[8] 물론 시간제 노동을 선호하는 이면에는 여성들이 전일제 노동을 선택할 수 없는 구조적인 문제가 존재하며, 그 중심에는 여성의 재생산노동에 대한 책임이 중요한 자리를 차지하고 있다.

그동안 여성의 재생산노동에 대한 책임 중 임신, 출산, 육아 문제가 여성취업을 방해하는 가장 중요한 요인으로 지적되어 왔다. 따라서 여성취업을 활성화하기 위한 지원정책은 주로 보육문제 및 모성보호와 같은 문제들에 치중되어 있다. 물론 이러한 정책적 고려에도 불구하고 우리나라 여성의 연령별 경제활동참가율은 여전히 20~24세를 기점으로 감소하여 30~34세에 가장 낮게 나타나다가 이후 서서히 다시 증가[9]하는 전형적인 M자형 구조를 보이고 있는 실정이다. 보육문제 및 모성보호 정책을 통해 여성 경제활동참가율

자를 합하면 전체 여성 근로자의 70.9%를 차지하고 있다. 이에 대해서는 김태홍(2002)을 참조하기 바람.

6 비정규직에 대한 개념정의는 연구자에 따라 다양하게 이루어지고 있다. 가장 일반적으로는 서류상의 고용계약 유무, 노동시간(주당 35시간 미만), 근무형태(가내, 파견 등), 고용계약 형태(임시, 일용) 등을 중심으로 개념이 규정되고 있다(김태홍 · 김미경, 2002: 98).

7 시간제 노동은 흔히 35시간을 기준으로 35시간 미만으로 정의되고 있으나 시간제 노동에 대한 정의는 다양하다. 이에 대한 자세한 논의는 김태홍 · 김미경(2002)을 참조하기 바람.

8 제4차 여성의 취업실태조사에서 실시한 여성들의 35시간 이상 일자리 희망여부에 대한 조사결과에 따르면, 57.6%가 '아니오'라고 응답하였다(김태홍 · 김미경, 2002: 94).

9 35세 이후 다시 급격히 증가하는 여성의 경제활동은 여성의 재취업이 전문직을 비롯한 상용직에서 보다 단순서비스업을 비롯한 임시직 등에서 이루어지는 데서 기인하고 있음을 주목해야 한다.

〈그림 7-2〉 연령 및 성별 경제활동참가율(2001)

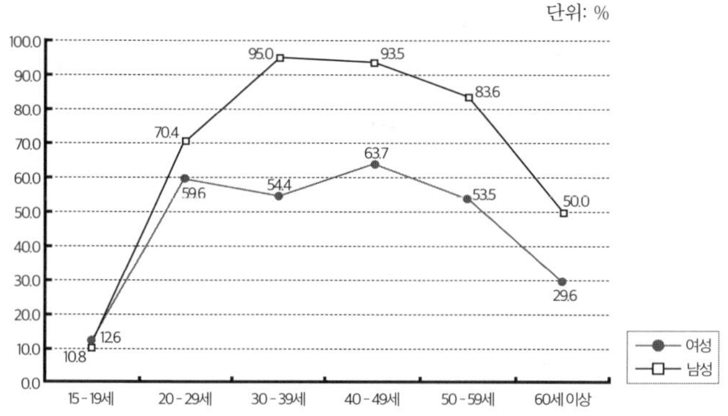

※ 자료: 통계청(2002), 『경제활동인구연보』.

의 향상을 꾀할 경우 목표집단은 결혼, 출산, 육아, 자녀교육의 문제에 직면해 있는 20~34세 사이의 여성이 된다. 그러나 여성의 경제활동참가율 제고에 있어 또한 고려해야 할 집단은 45~64세의 중고령 여성집단이라 할 수 있다. 그 이유는 육아의 부담으로부터 벗어나기 시작한 35세부터 여성의 경제활동참가율이 다시 증가하다 45세에 정점을 이루고 그 후 다시 하락하고 있기 때문이다(〈그림 7-2〉 참조).

실제로 우리나라 여성의 연령별 경제활동참가율을 남성과 비교해보면 여성인력 활용 문제가 심각함을 알 수 있다. 즉 남녀 차이가 가장 두드러진 연령대가 30~40대로, 이 시기는 출산 및 자녀교육이라는 변수가 취업에 가장 많은 영향을 미치며, 40대 중반 이후부터서는 노인부양에 대한 책임을 떠맡기 시작하는 시점이기도 하다.[10] 40~49세 남성의 경제활동참가율은 93.5%인데 반해, 여성은 63.7%에 지나지 않고 있다. 이러한 중고령층의 성별 경제활동참가율의 차이는 50~59세에서도 두드러지게 나타나 남성은 83.6%로

---

[10] 보건사회연구원이 2001년 조사한 장기요양보호대상 노인 수발자의 특성을 살펴보면, 74.3%가 여성이며, 40대 이상이 82.4%인 것으로 나타났다(보건사회연구원, 2001).

여전히 높게 나타나고 있는 반면, 여성은 53.5%로 감소하고 있다
(〈그림 7-2〉 참조).

45세 이상 여성노동력에 대해 노동시장 내 수요가 낮은 이유를
노동수요 측면에서 설명하면, 여성들이 20대부터 출산·육아 등으
로 인해 직업경력을 충분히 쌓지 못하기 때문에 45세 이상의 중년층
여성들에 대한 수요 —특히 전문직에서— 역시 낮다고 할 수 있다.[11]
따라서 이 연령층 여성들에 대한 수요는 저임금, 단순직에 대부분
머물러 있는 실정이다. 그러나 노동공급 측면에서 살펴보자면, 출
산과 육아의 부담으로부터 벗어나 다시 노동시장에 진입한 여성들
이 다시 직업경력을 쌓아갈 즈음에 노인부양이라는 또 다른 부양책
임이 떠맡겨진다는 점에 주목할 필요가 있다. 노인부양 책임을 지
는 여성이 주로 중고령자에 몰려 있다는 사실을 감안할 때 여성의
경제활동참가율이 45세 이상부터 다시 하락하는 현상은 어느 정도
설명된다. 따라서 고령화사회 시대를 맞아 중고령자 여성의 경제활
동참가율을 제고하고자 하는 목소리가 높아 가고 있는 현시점에서
짚고 넘어가야 할 중요한 쟁점은 바로 여성의 노인부양부담에 대한
문제가 아닐 수 없다.

노인부양부담이 여성취업에 미친 영향에 대한 기존연구 검토

현재 한국 사회는 그 어느 때보다 여성들의 경제활동을 중심으
로 한 사회참여에의 욕구가 높으며, 이러한 추세는 여성의 고학력화
를 반영하고 있는 것이다. 그러나 여성들은 결혼과 함께 출산, 양
육, 자녀교육의 문제뿐만 아니라 가사노동, 노인부양 등 재생산노
동에의 이중, 삼중 부담을 안고 있으며(Becker-Schmidt, 1987; Kim, 2000),

---

11 2000년 자료에 따르면 여성의 전문직 종사자는 38만 7천명으로 전체의 35.2%를 차지
하고 있으며, 이 중 45세 미만이 33만 4천명으로 전체 전문직 여성의 86.3%를 차지하
고 있다(한국여성개발원, 2001: 191).

〈표 7-3〉 장기보호대상자의 연령별 분포

	전체	남자	여자
65~69세	26.0	28.6	25.3
70~74세	26.0	24.8	26.4
75~79세	23.4	23.4	23.4
80세 이상	24.5	23.2	24.9

※ 자료: 보건사회연구원(2001: 455)에서 인용.

이러한 부담은 여성의 직업경력에 부정적인 영향을 미치고 여성노동력에 대한 수요를 감소시키는 결과를 초래하고 있다. 특히 인구의 고령화로 치매 및 만성질환 노인 인구층의 증가가 여성의 부양부담을 더욱 더 증가시키고 있으며 고령화사회로의 진입과 함께 이 문제는 나날이 더 심각해져 갈 전망이다.

평균수명의 연장과 함께 장수의 길은 열렸지만 중요한 관건은 노인들의 건강이 아닐 수 없다. 실제로 우리나라 노인들의 평균수명은 늘었지만 이들이 모두 건강한 노후를 보내고 있는 것은 아닌 것으로 나타났다. 보건사회연구원이 2001년 전국 22,000가구 5,058명의 노인을 대상으로 조사한 결과에 의하면 조사대상 노인의 45.6%가 장기요양보호 대상자였다(한국보건사회연구원, 2001). 또한 이들 장기요양보호 대상자의 50.9%가 가족부양을 받고 있었다(정경희, 2001: 67). 이는 결국 우리나라 노인들의 평균수명은 늘었지만 상당히 많은 노인들이 건강하지 못한 와병상태에서 노후를 보내고 있으며 이들을 돌봐야 하는 노인부양 문제가 심각해져 가고 있음을 의미한다.

2001년 한국보건사회연구원이 전국 22,000가구, 5,058명의 노인을 대상으로 실시한 조사결과를 기초로 노인수발자에 대한 연구결과를 살펴보면, 전체 수발자 1,011명 중 여성의 비율은 74.3%이며, 취업자 비율은 51.7%(522명)이다. 그리고 취업자 중 여성은 361명으로 69.2%를 차지하고 있다. 여성 수발자 중 수발을 위해 취업을 중단한 경우가 9.5%로 남성의 4.6%보다 4.9%p가 높았으며,

근로시간을 단축한 경험이 있는 경우는 여성이 3.6%, 남성은 5.0%로 남성이 약간 높았다(정경희, 2001: 186). 이 결과는 노인부양이 여성취업에 일정정도 영향을 미치고 있음을 시사한다고 하겠다.

한편, 성지미·차은경(2001)은 기혼여성의 근로시간에 영향을 미치는 요인에 대한 분석을 통해, 부모와의 동거가 여성의 근로시간에 영향을 준다고 밝히고 있다. 이 연구에서는 여성노인의 경우 가사를 지원하기 때문에 여성노인과의 동거가 기혼여성의 근로시간에 정(+)의 효과를 주지만, 남성노인과의 동거는 기혼여성의 근로시간에 영향을 미치지 않는다고 분석한다. 그러나 이 연구에서는 기혼취업여성의 연령별 차이를 고려하지 않았다.

또한 외국의 경우 딸의 11.6%가 자신의 어머니를 부양하기 위해 직장을 그만두었으며, 취업자의 35.0%가 부모부양 책임 때문에 작업일정을 수정하였고, 23.0%가 노동시간을 줄였다는 연구결과(Stone, et. al., 1987: 207)가 있다. Brody(1987)와 Horwitz(1985)의 조사에 따르면 노인부양 책임 때문에 퇴직한 비율이 30%에 가깝게 나타나고 있다. 그밖에 취업이 노인부양에 미치는 영향에 대한 연구로 김상옥(1999), 권중돈(1997) 등이 있으며, 이들 연구에서는 취업유무가 노인부양 행위에 영향을 미치지 않는 것으로 분석하고 있다. 반면, 취업이 노인부양부담을 감소시킬 수 있다는 연구결과(Steuve & O'Don-nel, 1984)도 있으며, 이와는 달리 취업상태에 있는 부양자들, 특히 여성들은 비취업상태의 부양자들만큼 많은 부양시간을 제공하고 있다는 분석(Cantor, 1983)도 있다. 이렇듯 다양한 연구결과에도 불구하고 아직까지 여성의 취업의 방해요인으로서 노인부양에 대한 논의가 충분히 이루어지지 못하고 있는 실정이다.

여성의 노인부양 및 경제활동

연구 방법 및 한계

본 연구는 한국여성개발원의 제4차 여성의 취업실태조사의 원자료를 이용하여 65세 이상 노인을 모시고 사는 가구 내 여성의 노인부양부담 및 취업실태를 분석하고자 한다. 15세 이상 65세 미만 여성을 대상으로 2001년 11월 10일부터 12월 9일까지 한 달 동안 제주도를 제외한 전국 125개 지역 4,646가구, 4,758명의 여성에 대한 취업실태를 조사하였다. 조사결과를 65세 이상 노인이 거주하는 가구로만 한정하고 재구성하여 통계처리하였다. 본 연구의 주요 목적은 전체 4,646가구 중 65세 이상 노인을 모시고 사는 618가구(전체 조사가구의 13.3%)의 15세 이상 65세 미만 여성(634명)의 노인부양 및 취업실태를 분석하는 데 있다.

고령사회 대비 여성고용 정책의 필요성을 제언하기 위해, 첫째, 65세 이상 노인과의 동거유무[12]에 따른 여성취업에의 영향을 살펴보고자 여성연령계층을 45세 미만층과 45세 이상층으로 나누어 비교해보았다. 둘째, 동거노인에 대한 돌봄이 필요할 경우와 필요하지 않을 경우로 나누어 부양부담과 취업실태의 차이를 분석해보았다.

우리나라는 아직 노년국aged populations이 아닌 이제 막 고령화사회에 진입한 성년국mature aging populations으로, 핵가족이 가장 지배적인 가족형태를 이루고 있다. 따라서 전국적으로 노인과 동거하는 세대는 12~13% 내외에 불과하기 때문에 여성의 노인부양이 취업에 직접적인 영향을 미친다고 주장하기에는 상당히 무리가 있다. 아직까지 여성의 취업에 직접적인 영향을 미치는 변수로는 육아부담이

---

[12] 본 연구에서는 여성의 노인부양 개념을 돌봄을 필요로 하는 건강하지 못한 노인과의 동거뿐만 아니라, 노인의 건강상태와 무관하게 65세 이상 노인과 동거할 경우 모두를 포함하여 사용하고 있다.

더 크기 때문이다. 그러나 앞서 서두에서 밝힌 것처럼, 우리나라에 최근 급격하게 진행되고 있는 고령화 추세를 반영한 노인부양 및 여성고용에 대한 적절한 정책적 대비가 없는 상태에서 노년국으로 진입하게 될 경우 많은 문제점들이 발생하게 될 것이다. 따라서 본 연구는 현재 노인을 부양하는 여성의 취업실태를 분석함으로써 앞으로 여성고용 정책 수립을 위해 고려해야 하는 점들이 무엇인지와 관련한 시사점들을 밝히는 수준에서 만족하고자 한다. 노인인구가 연소인구보다 많아지는 2020년 이후에는 노인부양과 여성의 취업과의 상관관계가 보다 통계적으로 유의미한 수준에서 밝혀질 것으로 전망된다.

조사대상집단의 일반적 특성 및 가족관계

일반적 특성 및 가족관계는 가구 내 동거하는 같은 연령대 남성과의 비교를 통해 살펴보았다. 65세 이상 노인과 함께 거주하는 618가구에 거주하는 15세 이상 65세 미만 여성(634명)의 연령별 분포는 15~19세 7.9%, 20대 12.0%, 30대 16.1%, 40대 18.9%, 50대 20.6%, 60~64세 24.6%로 나타나고 있다(〈표 7-4〉 참조). 65세 이상 노인과 동거하고 있는 여성의 연령층이 60~64세 이상에 주로 몰려 있는 이유는 이 연령층의 여성들이 동거노인의 배우자일 것으로 추측된다. 또한 이 연령층 동거인구 중 남성비율이 5.4%에 불과하다는 사실은 동거노인의 남편보다 부인의 부양부담이 절대적으로 크다는 것을 시사한다. 30대에서 50대 사이의 동거비율이 높게 나타나고 있어 이 연령층이 노인에 대한 부양부담을 가진 주부양층으로 보이며, 이 연령층의 여성들이 부양하는 노인인구는 남편보다는 시부모일 가능성이 높다. 이는 노인인구의 가구주와의 관계를 살펴봤을 때 역시 65세 이상 노인이 가구주의 배우자 부모일 경우가 1.8%

<표 7-4> 조사대상집단의 연령별 분포

단위: %(명)

	15~19세	20~24세	25~29세	30~34세	35~39세	40~44세	45~49세	50~54세	55~59세	60~64세
남성	10.8 (66)	7.8 (48)	11.8 (72)	11.8 (72)	10.9 (67)	15.0 (92)	10.8 (66)	9.0 (55)	6.7 (41)	5.4 (33)
여성	7.9 (50)	6.8 (43)	5.2 (33)	7.3 (46)	8.8 (56)	10.9 (69)	8.0 (51)	10.3 (65)	10.3 (65)	24.6 (156)
계	9.3 (116)	7.3 (91)	8.4 (105)	9.5 (118)	9.9 (123)	12.9 (161)	9.4 (117)	9.6 (120)	8.5 (106)	15.2 (189)

<표 7-5> 조사대상집단의 혼인상태별 분포

단위: %(명)

	유배우	이혼	사별	별거	미혼
여성	75.2(477)	1.3(8)	2.1(13)	0.3(2)	21.1(134)
남성	48.0(294)	4.1(25)	1.8(11)	0.7(4)	45.4(278)
계	61.9(771)	2.6(33)	1.9(24)	0.5(6)	33.1(412)

에 지나지 않는다는 사실을 통해서도 알 수 있다.

65세 이상 노인과 함께 사는 동거가족의 특성을 혼인상태별로 살펴보면(<표 7-5> 참조) 성별 특성이 더욱 두드러지게 나타난다. 즉 미혼남성은 45.4%인 데 비해 미혼여성은 21.1%에 지나지 않고 있다. 반면, 유배우율에 있어 남성은 48.0%인 데 비해 여성은 75.2%로, 65세 노인과 동거하면서 이들을 부양해야 하는 여성들의 노인과의 관계는 주로 배우자이거나 배우자의 며느리임을 알 수 있다.

65세 이상 노인과 함께 사는 15세 이상 65세 미만 여성의 교육정도를 살펴보면, 고졸이 33.8%로 가장 높았으며, 다음이 초졸(22.6%), 중졸(18.5%), 대졸 이상(11.4%), 무학(9.6%), 전문대졸(4.3%) 순으로 나타났다. 이는 남성의 학력 순위인 고졸(44.8%), 대졸 이상(20.1%), 중졸(18.0%), 초졸(11.3%), 무학(3.6%), 전문대졸(2.3%)과는 차이를 보이는 것으로, 여성의 경우 고졸 이상이 차지하는 비율이 49.5%에 불과한 반면, 남성의 경우 67.2%나 차지하고 있어 여성의 학력이 남성보다 월등히 떨어지고 있음을 알 수 있다. 또한 제4차 여성의 취업실태조사의 전체 대상자 여성 중 고졸 이상 학력이 53.2%(김태홍·김미경, 2002: 30)임을 감안할 때, 본 연구의 조사대상집단의 학력이 약간 떨어지

<표 7-6> 조사대상집단의 가구주 관계별 분포

단위: %(명)

	가구주	가구주의 배우자	가구주의 미혼자녀	가구주의 미혼형제, 자매	가구주의 기혼자녀	가구주의 며느리	기타
남성	49.8(305)	0.5(3)	35.5(217)	2.0(12)	9.0(55)	0.0(0)	3.3(20)
여성	4.4(28)	65.9(418)	18.6(118)	0.8(5)	1.1(7)	6.6(42)	2.5(16)
계	26.7(333)	33.8(421)	26.9(335)	1.4(17)	5.0(62)	3.4(42)	2.9(36)

고 있다.

조사대상 여성의 가구주와의 관계를 살펴보면(<표 7-6> 참조), 본인 스스로 가구주인 경우는 4.4.%에 지나지 않았으며, 가구주의 배우자가 65.9%로 가장 높게 나타나고 있어 가구주는 노인의 아들일 가능성이 높아[13] 조사대상자가 동거하고 있는 노인이 주로 시부모임을 다시 확인할 수 있다.

조사대상집단의 노인부양부담

조사대상집단의 부양내용을 살펴보면(<표 7-7> 참조), 돌봄이 필요한 노인의 유무[14]에 따라 부양자의 성별 및 부양내용에 있어 차이가 나타나고 있다. 돌봄이 필요한 노인이 없는 경우, 여성의 91.2%, 남성의 97.4%가 특별히 돌보고 있는 사람이 없다고 응답한 반면, 돌봄이 필요한 노인이 있는 경우 여성의 44.7%, 남성의 74.9%만이 특별히 돌보고 있는 사람이 없다고 응답하였다. 즉 돌봄이 필요한 65세 이상 노인 여부에 따라 가구의 부양부담이 절대적으로 증가하며, 특히 여성의 부양부담이 상당히 늘고 있음(46.5%p)을 알 수 있다.

부양내용에 있어서도 돌봄이 필요한 노인이 없는 경우 부양부담은 취학 전 아동이 가장 높아 여성의 부양부담 중 85.0%, 남성의

---

13 가구주가 65세 이상 노인이라고 가정한다면 -본 자료가 노인과 거주하는 가구를 근거로 하고 있으므로- 가구주의 기혼자녀가 9.0% 밖에 차지하고 있지 않다는 사실이 설명되지 않음.

14 돌봄이 필요한 노인은 65세 이상이면서 돌봄이 필요한 가구원에 체크된 노인을 말한다.

<표 7-7> 조사대상집단의 부양내용(1)

단위: %(명)

돌봄이 필요한 노인 유무		특별히 돌보고 있는 사람이 없음	현재 돌보고 있는 가구원							
			소계	취학 전 아동	신체 쇠약자	질병 중인 가족	장애 가족	신체쇠약자/질병 중인 가족	신체쇠약자/장애가족	질병 중인 가족/장애가족
여성	없음	91.2 (416)	100 (11)	85.0	0.0	0.0	7.5	2.5	2.5	2.5
	있음	44.4 (79)	100 (47)	9.1	42.4	10.1	8.1	20.2	2.0	8.1
	소계	78.1 (495)	100 (58)	30.9	30.2	7.2	7.9	15.1	2.2	6.5
남성	없음	97.4 (414)	100 (40)	72.7	0.0	9.1	0.0	0.0	9.1	9.1
	있음	74.9 (140)	100 (99)	6.4	46.8	12.8	8.5	19.1	2.1	4.3
	소계	90.5 (554)	100 (139)	19.0	37.9	12.1	6.9	15.5	3.4	5.2

부양부담 중 72.7%를 차지하고 있다. 반면, 돌봄이 필요한 노인이 있는 경우의 부양부담은 신체쇠약자가 가장 높고 다음으로는 신체 쇠약자이면서 질병 중인 환자, 질병 중인 가족 등의 순으로 취학 전 아동에 대한 부담이 차지하는 비율이 절대적으로 감소하고 있다. 이를 통해 노인이 있는 가구 여성의 부양부담의 증가에 노인에 대한 부양부담이 상당히 영향을 미치고 있음을 유추할 수 있다.

〈표 7-8〉은 돌봄이 필요한 가족에 대한 부양부담에서 차지하는 여성의 비율이 남성에 비해 전반적으로 높게 나타나고 있음을 전체

<표 7-8> 조사대상집단의 부양내용(2)

단위: %(명)

성별	돌봄이 필요한 노인 유무	특별히 돌보고 있는 사람이 없음	취학전 아동	신체 쇠약자	질병 중인 가족	장애 가족	신체쇠약자/질병 중인 가족	신체쇠약자/장애가족	질병 중인 가족/장애 가족
여성	없음	91.2(416)	7.5(34)	0.0(0)	0.0(0)	0.7(3)	0.2(1)	0.2(1)	0.2(1)
	있음	44.4(79)	5.1(9)	23.6(42)	5.6(10)	4.5(8)	11.2(20)	1.1(2)	4.5(8)
	소계	78.1(495)	6.8(43)	6.6(42)	1.6(10)	1.7(11)	3.3(21)	0.5(3)	1.4(9)
남성	없음	97.4(414)	1.9(8)	0.0(0)	0.2(1)	0.0(0)	0.0(0)	0.2(1)	0.2(1)
	있음	74.9(140)	1.6(3)	11.8(22)	3.2(6)	2.1(4)	4.8(9)	0.5(1)	1.1(2)
	소계	90.5(554)	1.8(11)	3.6(22)	1.1(7)	0.7(4)	1.5(9)	0.3(2)	0.5(3)

적으로 보여주고 있다.

노인부양 여성의 경제활동

노인동거 여부에 따른 경제활동참가율

여성 경제활동참가율의 형태가 M자 형태를 갖는다는 점은 잘 알려진 사실이다(〈그림 7-2〉 참조). 하지만 노인부양 여성의 경제활동 형태는 약간의 다른 모습을 보인다. 〈그림 7-3〉을 보면, 노인비동거 여성은 M자 형태를 보이지만 노인동거 여성은 노인비동거 여성과 비교하여 출산과 육아로 인한 노동시장 퇴장이 그리 많지 않음을 알 수 있다. 또한 40세 후반 이후 노인동거 여성의 경제활동참가율은 급격히 떨어지는 반면, 노인비동거 여성은 상대적으로 완만한 곡선을 보이고 있다. 노인비동거의 경우 30~34세를 기점으로 급격히 떨어져 다시 꾸준히 증가하다 50~54세 이후 완만히 감소하는 반면, 노인동거의 경우 비교적 완만한 감소세에서 35세를 기점으로 약간 떨어졌다가 다시 회복하지만 45세부터 하강세를 보이다 50세 이후로는 급격히 떨어지고 있다.

〈그림 7-3〉을 통해 노인동거와 관련하여 두 가지 특징적인 사실

〈그림 7-3〉 노인동거 유무 및 연령별 여성의 경제활동참가율

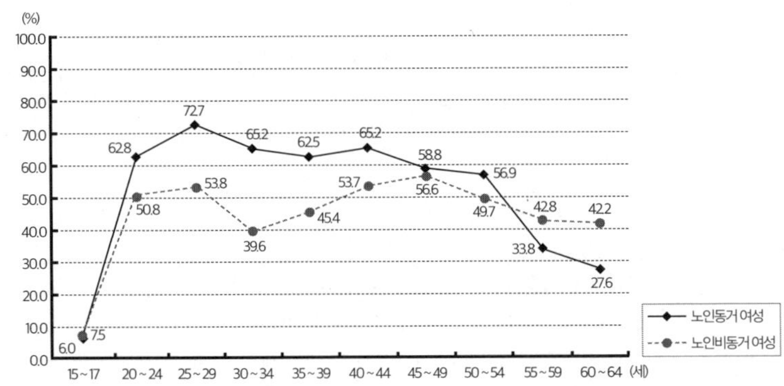

을 알 수 있다. 첫째는 노인과 동거하는 여성의 경우 노인비동거 여성에 비해 높은 경제활동을 보이고 있으며, 특히 출산·육아 기간에 있는 여성의 경제활동 참여가 노인비동거 여성에 비해 높다는 것이다. 둘째는 40세 후반 이후 노인동거 여성의 경제활동참가율이 비동거 여성에 비해 급격한 하락을 보인다는 것이다[15].

〈표 7-9〉에서는 이러한 특징을 보다 자세히 살펴보기 위해 연령계층을 더욱 세분화하였다. 15~64세 여성의 경제활동참가율을 보면, 노인동거 여성이 48.2%(취업자비율 44.0%)로서 노인비동거 여성의 44.8%(취업자비율 37.4%)에 비해 3.4%p 높게 나타난다. 언뜻 보기에는 큰 차이가 없어 보이지만, 연령계층별로 살펴보면 출산과 육아기간과 관련된 15~44세 연령층 여성과 육아 및 자녀교육 부담으로부터 벗어난 45~64세 연령층 여성들 사이에는 노인과 동거함으로써 나타나는 경제활동참가율의 양상은 상반되게 나타나고 있다.

15~45세 여성집단의 연령계층을 5세 간격으로 더욱 세분화해보면 노인동거가 어떤 측면에서 여성의 경제활동에 긍정적인 영향을 미치는지 더욱 분명히 알 수 있다. 일반적으로 여성이 출산과 육아로 인해 노동시장을 퇴장하는 비율이 가장 높은 집단은 30~34세 연령층이다(〈그림 7-3〉 참조). 그러나 이 연령층에 있는 여성을 노인동거 여

〈표 7-9〉 65세 이상 노인을 부양하는 15~64세 여성부양자의 경제활동 분포

단위: %(명)

		경제활동참가율			비경제활동 인구비율
			취업자비율	실업자비율	
노인 동거	15~64세의 여성	48.2(296)	44.0(279)	2.7(17)	53.3(338)
	15~44세의 여성	55.2(164)	51.5(153)	3.7(11)	44.8(133)
	45~64세의 여성	39.2(132)	37.4(126)	1.8(6)	60.8(205)
노인 비동거	15~64세의 여성	44.8(1,854)	41.5(1,716)	3.3(138)	55.2(2,282)
	15~44세의 여성	42.7(1,211)	39.1(1,107)	3.7(104)	57.3(1,623)
	45~64세의 여성	49.4(643)	46.8(609)	2.6(34)	50.6(659)

---

15 필자는 그 이유를 노인부양에서 찾고자 한다.

부에 따라 다시 세분화하여 살펴보면 여성의 경제활동참가율은 전혀 다르게 나타나고 있다. 즉 노인과 동거하는 여성의 경제활동참가율이 오히려 훨씬 더 높게 나타나고 있다.

노인동거 여성과 노인비동거 여성과의 경제활동 차이를 보면 25~29세 18.9%p, 30~34세 25.6%p, 35~39세 17.1%p, 40~44세 11.5%p의 차이를 보이는데, 이 연령층의 여성이 대부분 출산, 육아, 보육과 관련된 집단임을 고려하면, 이 연령층에서 노인동거 여성은 노인비동거 여성에 비해 출산, 육아, 보육과 관련된 요인으로 인한 시장퇴출이 적었음을 알 수 있다. 특히 30~34세의 경우 노인동거 여성의 경제활동참가율은 노인비동거 여성에 비해 25.6%p 높게 나타나 노인동거가 전통적인 여성 경제활동참가율 그래프 모형인 M형 그래프에서 벗어나게 하는 요인이 됨을 알 수 있다.

출산과 육아는 혼인상태와 관련이 깊다는 점을 고려하여 노인동

〈표 7-10〉 25~44세 여성부양자의 경제활동 분포

단위: %

	연령계층	경제활동참가율			비경제활동 인구비율
			취업자비율	실업자비율	
노인동거	25~29세	72.7	66.7	6.1	27.3
	30~34세	65.2	48.3	5.6	46.2
	35~39세	62.5	60.7	1.8	37.5
	40~44세	65.2	65.2	0.0	34.8
	계(15~44세)	55.2	51.5	3.7	44.8
노인비동거	25~29세	53.8	48.3	5.6	46.2
	30~34세	39.6	36.2	3.5	60.4
	35~39세	45.4	43.0	2.4	54.6
	40~44세	53.7	50.3	3.4	46.3
	계(15~44세)	42.7	39.1	3.7	57.3

〈표 7-11〉 혼인상태별 15~44세 여성의 경제활동 분포

단위: %

		경제활동참가율			비경제활동 인구비율
			취업자비율	실업자비율	
노인동거	미혼	47.3	41.9	5.4	52.7
	기혼	61.3	58.9	2.4	38.7
노인비동거	미혼	43.2	38.6	4.6	56.8
	기혼	42.4	39.3	3.1	57.6

<표 7-12> 노인동거 유무 및 연령계층별 6세 미만 자녀의 보육분포

단위: %

	연령계층	보육시설	시부모 및 친정부모	본인	기타
노인동거	15~44세	36.0	24.0	46.0	6.0
	25~34세	39.4	33.3	45.5	0.0
	30~34세	45.8	33.4	41.7	0.0
노인비동거	15~44세	39.5	6.7	58.1	6.2
	25~34세	24.9	6.9	74.6	3.5
	30~34세	44.9	7.6	53.6	7.0

주: 자녀가 2명 이상인 경우는 복수응답을 함.

거 여부를 다시 혼인상태로 나누어 비교해보았다. 그 결과 <표 7-12>에서와 같이 미혼의 경우 노인동거 여성과 비동거 여성과의 경제활동참가율 차이는 4.1%p로 크지 않은 반면, 기혼여성의 경우는 18.9%p로 큰 차이가 나타났다. 이는 노인동거에 따른 경제활동참가율의 차이는 기혼여성으로부터 연유한 것임을 보여주는 것이다.

노인동거 유무에 따른 여성의 취업유무를 6세 미만 자녀의 보육유형을 고려하여 다시 살펴보면, <표 7-12>에서와 같이 노인동거 여성은 보육부담을 동거하는 노인과 나누고 있음을 알 수 있다. 즉 노인과 동거하는 여성들은 6세 미만의 자녀의 보육에서 시부모 및 친정부모에게 맡기는 비율이 24.0%에서 33.4%까지 높게 나타났지만, 노인과 동거하지 않는 경우는 본인 스스로 돌보고 있는 경우가 가장 많고, 시부모 및 친정부모에게 맡기는 경우는 매우 적은 것으로 나타났다.

이러한 사실은 결국 앞서 지적하였듯이 15~44세 여성에게 있어서 노인과의 동거는 경제활동참가율에 긍정적인 영향을 미침을 입증해준다. 하지만 45~64세 여성의 경제활동과 노인동거는 15~44세 여성과는 달리 부적 상관관계를 갖고 있었다. 즉 45~64세 연령집단에 있어 노인동거 여성과 노인비동거 여성의 경제활동참가율을 비교해보면 노인비동거 여성의 참가율이 높은 반면(10.2%)(<표 7-13> 참조), 15~44세 연령집단 여성들은 비슷한 차이로(12.5%p) 노인동거 여성의

단위: %

	연령계층	경제활동참가율	취업자비율	실업자비율	비경제활동 인구비율
노인동거	45~49세	58.8	52.9	5.9	41.2
	50~54세	56.9	56.9	0.0	43.1
	55~59세	33.8	32.3	1.5	66.2
	60~64세	27.6	26.3	1.3	72.4
	계(45~64세)	39.2	37.4	1.8	60.8
노인비동거	45~49세	56.6	54	2.6	43.4
	50~54세	49.7	46.2	3.5	50.3
	55~59세	42.8	39.9	2.8	57.2
	60~64세	42.2	41.3	0.9	57.8
	계(45~64세)	49.4	46.8	2.6	50.6

참가율이 더 높게 나타나고 있다(〈표 7-10〉 참조).

연령계층을 5세 간격으로 다시 살펴보면, 노인동거 여성은 노인비동거 여성에 비해 45~54세의 연령층에서 높은 경제활동참가율을 보이지만 55~59세 연령층에서 급격히 하락하여 노인비동거 여성에 비해 9.0%p 낮은 것을 볼 수 있다. 그리고 60~64세의 경우는 더욱 큰 차이를 보여 14.6%p 낮은 참가율을 보인다.

45~64세 노인동거 여성의 경제활동이 노인비동거 여성에 비해 크게 떨어지는 이유는 노인과의 동거가 보육의 도움으로 작용했던 15~44세 여성들과는 달리 이 연령층의 여성에게서는 노인부양의 책임이 남기 때문일 것이다. 이는 여성의 취업실태 조사의 몇 가지 다른 항목을 통해서 더 확인할 수 있다.

먼저 노동시간을 살펴보면, 노인동거 시 15~44세의 경우는 노인으로부터 보육 등의 도움을 얻음으로써 36시간 미만동안 일한 취업여성 비율이 9.9%로 낮았지만, 45~64세의 경우 20.0%로 크게 높아지는 것을 볼 수 있다. 이는 15~44세 여성들이 함께 동거하는 노인으로부터 보육 등의 도움을 얻고 있다는 데서 그 원인을 찾아볼 수 있을 것이다. 45~64세 여성의 36시간 미만 취업이 상대적으로 더 많은 이유는 물론 출산과 육아를 마친 후 여성이 다시 노동시

<표 7-14> 노인동거 유무 및 노동시간별 취업여성 분포   단위: %(명)

	15~44세		45~64세	
	36시간 미만	36시간 이상	36시간 미만	36시간 이상
노인동거	9.9(15)	90.1(136)	20.0(25)	80.0(100)
노인비동거	13.8(152)	86.2(953)	18.9(115)	81.1(494)
계	13.3(167)	86.7(1,089)	19.1(140)	80.9(594)

<표 7-15> 36시간 미만 일하는 취업여성이 36시간 이상의 일을 원하지 않는 이유

단위: %

이유	노인동거 가구		노인비동거 가구	
	15~64세	45~64세	15~64세	45~64세
가사 및 육아, 탁아문제	32.0	6.7	36.5	6.8
노부모 부양 및 가족수발	20.0	26.7	0.9	0.0
건강상의 이유, 연로 및 질병	20.0	33.3	22.6	54.5
필요가 없어서	20.0	26.7	15.7	20.5
안정성이 없고 보수가 낮아서	0.0	0.0	2.6	2.3
기타	8.0	6.7	21.7	15.9

장에 진입할 때 경력단절 등의 이유로 인해 시간제와 임시직 등의 비정규직으로 취업할 수밖에 없는 것이 주요한 이유로 작용할 것으로 보인다. 하지만 노인동거 여성의 경우, 15~44세 연령층에서 노인비동거 여성에 비해 비경제활동 인구가 더 적고, 36시간 미만 일한 여성의 비율 또한 매우 낮게 나타나고 있지만, 45~64세의 경우는 이와 반대로 비경제활동인구가 더 많아 노인부양부담이 취업에 영향을 미칠 가능성을 시사한다고 하겠다.[16]

이렇듯 노인부양이 45~64세 연령계층 여성의 경제활동참가율 저하에 영향을 미친다는 사실은 <표 7-14>을 통해서도 설명할 수 있다. 45~64세의 36시간 미만 일하고 있는 취업여성 중 36시간 이상의 일을 원하지 않는 이유를 살펴보면, 노인동거가구의 경우 '건강상의 이유와 연로 및 질병'이 33.3%로 가장 높게 나타나고 있지만,

---

16 물론 15~44세 노인동거 여성이 모두 45~64세 연령층일 때 노인과 동거하지 않을 수 있고 15~44세 노인비동거 여성이 45~64세에 이르러 노인과 동거할 수 있을 것이다. 하지만 이를 고려하더라도 36시간 미만 일한 여성의 비율이 45~64세에서 급격히 증가하여 그 비율이 역으로 약간 높게 나타나는 것은 노인부양부담의 영향을 고려하지 않을 수 없게 한다.

'노부모 부양과 가족수발' 역시 26.7%로 상당히 높게 나타나고 있다. 이러한 사실은 노인을 부양하는 여성이 취업해 있을 경우 비부양 여성보다 시간제를 비롯한 비정규직에의 취업 가능성이 높아짐을 의미한다.

물론 노인과 동거하는 여성의 취업률 저하를 단순히 노인부양부담 때문에서만 찾기에는 다소 무리가 있는 것이 사실이다. 하지만 노인과 동거하지 않는 여성에 비해 노인부양이 취업에 영향을 미치고 있음을, 특히 45세 이후 노인부양 여성의 경제활동참가율 하락을 통해 확인할 수 있었다.

동거노인의 건강상태에 따른 경제활동참가율

동일하게 노인을 부양하더라도 부양하고 있는 노인의 건강상태에 따라 여성의 경제활동은 차이가 있을 것으로 예상된다. 그리고 이것은 여러 논문에 있어 일관성 있게 주장되는 내용으로, 노인의 건강상태가 부양자의 스트레스를 증가시키며(이영자 · 김태현, 1992: 1~18), 직업과 경제활동에 큰 영향을 미친다(Montgomery, et. al., 1987)고 보고되고 있다. 본 연구에서는 노인부양부담 정도는 제4차 여성의 취업실태조사에서는 조사되지 않아서 대안변수로서 노인 외에 돌봄이 필요한 가구원이 있는가에 대한 내용을 이용하여 노인부양부담 정도를 파악했다. 즉 현재 돌보고 있는 가구원이 있으면서 동시에 필요한 65세 이상 노인과 동거한다면 여성의 부양부담은 훨씬 커질 것으로 보고 이에 따른 여성의 경제활동참가율 차이를 분석하였다. 분석결과, 〈표 7-16〉을 〈표 7-9〉와 비교하여 알 수 있듯이, 동거노인의 건강상태에 따른 부양여성의 경제활동참가율보다 노인과의 동거여부[17]에 따른 경제활동참가율이 훨씬 큰 차이를 보이고 있다.

---

17 15~44세의 경우 동거여부별 차이는 10.2%p, 건강유무별 차이는 3.3%p 차이를 나타냈다.

<표 7-16> 동거노인의 보호필요 유무별 여성부양자의 경제활동참가 분포

단위: %

	보호필요유무		경제활동참가율		비경제활동인구
			취업자비율	실업자비율	
15~44세	보호가 필요한 노인 없음	56.2	53.3	2.9	43.8
	보호가 필요한 노인 있음	52.9	47.1	5.7	47.1
45~64세	보호가 필요한 노인 없음	40.2	38.2	2.0	59.8
	보호가 필요한 노인 있음	36.3	35.2	1.1	63.7

즉 노인을 부양함으로써 취업에 어려움을 겪고 있는 것으로 나타난 45~64세 연령층의 여성 경제활동참가율만을 가지고 비교했을 때, 노인과의 동거 시 경제활동참가율은 39.2%, 비동거 시에는 49.4%를 나타내어 10.2%p 차이를 보이고 있는 반면, 노인과 동거하는 여성들 중에서 보호가 필요한 노인이 있을 경우 36.3%, 보호가 필요한 노인이 없을 경우에는 40.2%로 3.9%p 차이밖에 나지 않고 있다.

동거하는 노인 외에 보호하는 가구원이 있는가의 여부로 세분화하여 살펴보았을 경우, 노인과 동거하는 15~44세 여성의 경우 본인이 보호하고 있는 가구원이 있느냐의 여부에 따라 경제활동참가율에 있어 커다란 차이를 보이고 있는 반면, 45~64세 여성의 경우는 보호노인의 유무에 따른 차이가 15~44세 연령층만큼 크게 나타나고 있지 않다[18].

또한 노인비동거 여성은 15~44세의 경우 보호하고 있는 가구원

---

[18] 하지만 <표 7-17>은 노인과 동거하는 45~64세 여성의 경우 돌보는 가구원이 있을 때 경제활동참가율이 오히려 증가하는 것을 볼 수 있다. 이에 그 원인을 알아보기 위해 노인과 동거하는 여성의 가구주와의 관계를 알아보았다. 그 결과 보호하고 있는 가구원이 있는 여성의 경우 14.5%가 가구주인 반면, 보호하고 있는 가구원이 없는 여성의 경우는 2.7%로 나타났다. 이는 한 가구의 경제적 책임이 많은 부분 가구주에게 있음을 고려할 때 노인과 동거하면서 돌보아야 하는 또 다른 가구원이 있을지라도 여성이 가구주일 경우 경제활동을 할 수밖에 없음을 보여주는 것이라 하겠다.

<44~64세 노인동거 기혼여성의 가구주와의 관계>

단위: %

	가구주	가구주의 배우자	기타
보호하고 있는 사람 없음	2.7	93.5	3.8
보호하고 있는 사람 있음	14.5	81.2	4.3

<표 7-17> 노인동거 및 가구원 보호 여부별 기혼여성의 경제활동참가율

단위: %

연령층	노인동거 여부	가구원 보호 여부			
		돌보는 가구원 없음		돌보는 가구원 있음	
		보호가 필요한 노인 있음	보호가 필요한 노인 없음	보호가 필요한 노인 있음	보호가 필요한 노인 없음
15~44세	노인동거	73.3	63.2	56.8	55.2
	노인비동거	-	51.0	-	28.8
45~64세	노인동거	30.0	39.9	39.0	50.0
	노인비동거	-	49.5	-	46.5

이 있을 경우 경제활동참가율이 본인이 보호하고 있는 가구원이 없는 경우에 비해 22.2%p 낮게 나타났지만, 45~64세 여성의 경우는 그 차이가 미미했다. 15~44세 연령층 여성의 보호하고 있는 가구원의 내용을 보면, 여성이 보호하는 가구원 중 '취학 전 아동'이라 응답한 여성은 노인동거 여성이 52.2%이었고 노인비동거 여성이 95.0%로 나타났다. 즉 노인비동거 여성의 경우 보호하고 있는 대상이 대부분 취학 전 아동임을 알 수 있다. 하지만 보육의 부담에서 벗어난 45~64세 연령층 여성의 보호내용을 보면 노인동거 여성은 취학 전 아동(취학 전 질병과 신경쇠약 아동 포함)으로 응답한 비율이 10.0%이고 기타 질병, 신경쇠약자를 돌보는 경우가 90.0%로 나타났고 노인비동거 여성은 각각 31.0%과 69.0%로 나타났다. 45~64세 노인동거 여성의 보호내용 중 90.0% 범주 안에는 질병과 신경쇠약 노인이 다수 포함될 것을 예상할 수 있으며, 이러한 노인부양부담 가중이 여성의 경제활동참가율을 낮추는 원인으로 작용하고 있는 것으로 보인다. 결국 <표 7-17>은 노인과 동거하지 않는 돌보는 가구원이 있는 가구의 여성 경제활동참가율이 가장 낮음을 보여줌으로써 아직까지 여성의 경제활동참가율에 노인부양부담보다는 육아부담이 더 크게 작용하고 있음을 보여준다고 하겠다. 그러나 노인과 동거하는 집단만을 비교했을 때 15~44세 연령층보다 45~64세 연령층의 경제활동참가율이 현저하게 낮아지는 현상은 45~64세 연

령층의 경제활동참가율에 노인부양부담이 일정정도 영향을 미칠 수 있는 가능성을 시사하는 것으로 이해된다.

결론 및 제언

이상에서는 노인부양에 따른 여성의 취업실태를 노인동거 여부 및 동거노인의 건강상태를 중심으로 살펴보았다. 이 가운데에서 드러난 가장 두드러진 특징은 첫째, 노인동거 유무에 따라 여성의 경제활동에 차이가 많이 나타나고 있다는 점으로, 15~44세 여성이 노인과 동거할 경우에 경제활동참가율이 오히려 더 높게 나타나 여성의 경제활동에 긍정적인 영향을 미치고 있는 반면, 45~64세의 경우 반대로 경제활동참가율이 낮아져 부정적인 영향을 미쳤다. 둘째, 동거노인의 건강상태에 따른 여성의 경제활동을 분석한 결과, 보살핌이 필요한 노인과 동거할 경우 여성의 경제활동참가율은 더욱 낮게 나타났다. 결국 여성의 경제활동참가율이 가장 낮은 연령집단은 보살핌이 필요한 노인과 동거하는 45~64세 여성으로(36.3%), 경제활동이 가장 높게 나타난 보호가 필요 없는 노인과 동거하는 15~44세 여성의 경제활동참가율(56.2%)보다 19.9%p나 낮았다(〈표 7-16〉 참조).

본 연구는 노인동거 유무 및 동거노인의 건강상태에 따른 여성 경제활동참가율의 차이를 보여주고 있으며, 이를 통해 앞으로 고령사회를 대비한 여성고용 정책은 45세 이상 중장년 여성의 취업을 활성화하기 위해 이 연령층 여성의 취업을 방해하는 요인으로 작용할 가능성이 큰 노인에 대한 부양부담을 완화하는 방향으로 이루어져야 할 것[19]이라고 제안한다.

---

[19] 이에 관한 연구로 김미경·송다영(2002)이 있다.

따라서 고령화사회를 대비하기 위한 여성고용 정책에는 다음의 두 가지 측면이 고려되어야 할 것이다.

첫째, 유년부양비보다 많아지는 노년부양비의 증가로 생산연령 인구의 총 부양부담을 감소하기 위해 취업을 원하는 건강한 중고령층 여성의 취업을 활성화하는 정책이 수립되어야 한다.

둘째, 중고령층 여성의 취업을 활성화하기 위해서는 노인인구 증가에 따른 장기요양보호 대상 노인의 증가와 함께 늘어가는 여성의 노인부양부담을 완화하는 정책을 도입함으로써 주 노인부양 책임자인 여성을 지원하는 고용정책을 도입하여야 한다.

마지막으로 본 연구가 제4차 여성의 취업실태조사의 데이터를 사용함으로써 갖게 된 한계를 지적하고자 한다. 제4차 여성의 취업실태조사에는 본 연구에서 밝히고자 하였던 내용이 조사항목으로서 직접 조사되지 않았기 때문에 본 연구의 타당성을 높일 수 있도록 다양하게 활용하지 못하였다. 따라서 본 연구는 고령사회 도래에 따른 노인부양부담 증가가 여성취업에 미치는 영향에 대해 상관관계를 밝히기보다는 이 둘의 상관관계가 보다 통계적으로 유의미할 뿐만 아니라 심층적으로 조사되어야 할 필요성을 제기하는 선행작업의 수준으로 만족하지 않을 수 없다. 고령사회에 맞는 여성고용정책이 보다 풍부하고 구체적으로 제시될 수 있기 위해서는 본 연구의 문제제기를 바탕으로 보다 심층적인 연구들이 축적되어야 할 것이다.

chapter 8.

고학력 여성의 일과 경력

노동시장의 성위계적 구조와 여성의 경력개발

여성의 경제활동참가율이 증가하고 있음에도 불구하고, 여성고용 구조의 특징은 양적 확대에 비한 질적 저하로 요약할 수 있다. 최근 급증하는 비정규직의 대부분을 여성이 차지하고 있을 뿐만 아니라, 전문직 여성의 경우도 노동시장에서 여전히 남성보다 낮은 위계를 점하고 있어 주로 교수보다는 교사, 의사보다는 약사에 치중되어 있는 실정이다. 행정부 일반직 공무원의 여성비율을 살펴보면, 2002년 24.7%로 2001년 15.8%에 비해 8.9%p가 증가하였으나 여전히 낮은 비율을 나타내고 있으며, 더욱이 5급 이상의 경우는 9.7%에 머물고 있어 5.2%였던 1990년보다 상승하였다고는 하나 9.5%였던 전년에 비해 0.2%p만이 증가하는 낮은 증가율을 보이고 있다. 2003년을 기준으로 여성적 전문직으로 알려진 교사직의 경우, 초등학교 여교사는 69.0%로 높은 반면, 고등학교 여교사는 36.5%에 그치고 있다. 비록 초등학교 여교사의 비율이 과반수를 넘고 있지만 초등학교 교장의 여성비율은 7.0%에 지나지 않는다.

대학 전임강사의 여성비율 역시 27.9%에 그치고 있으며 정교수의 비율은 13.0%, 학장비율은 10.8%만을 차지하고 있다. 또한 남성 박사학위자의 신규취업률은 61.0%(2000년)이지만, 여성 박사학위자의 신규취업률은 26.7%에 지나지 않는다. 일반사업체의 경우 「노동력수요동향조사」 분석결과(2001)에 나타난 직종별 여성관리직 통계를 통해 살펴보면, 경영관리자 4.8%, 기업고위임원 4.0%, 생산부서관리자 3.6%, 일반관리자 6.5%(이주희 외, 2002: 17)로 소위 의사결정권을 가지고 있는 관리직[1] 여성은 어느 집단에서나 5% 내외만을 차지하는 데 그치고 있는 것이 우리 사회의 현실이다.

대학 내 여성비율이 과반수를 차지해 가는 현 시점에서 전문직 내 여성의 낮은 대표성에 대한 원인을 분석함에 있어 적지 않은 여성 학자들이 노동시장의 성차별성에 대해 지적해 왔다. 그러나 노동시장에서 요구하는 전문성에 있어서 여성들이 실제로 남성보다 하위의 직업군에 속하거나 낮은 경력을 소유하고 있는 경우가 많아 노동시장의 수직적 위계구조에 대한 분석으로는 성별 직무분리가 성차별에 의한 것인지 감지하기가 쉽지는 않다. 따라서 노동시장 내 성차별적 직무분리를 밝히기 위해서는 동일직종, 동일직급에서 성 불평등, 즉 노동시장의 수평적 위계구조를 관찰해볼 필요가 있다 (Wetterer, 1992; Kim, 2000). 실제로 여성적 직업으로서 비교적 여성들이 근무하기 좋은 여건을 제공하고 있으며, 직급 간 위계가 상대적으로 약한 것으로 알려진 교직 내부에 대한 한 조사연구에서는 교직에서 역시 성별로 위계화된 직무분리가 이루어지고 있으며 가부장적 조직문화가 존재하고 있음을 밝히고 있다(Kim, 2000). 이렇듯 대졸 고학력[2] 여성에 대한 연구는 노동시장의 성차별적 특성을 분석하는 데

---

1 관리직에 대한 정의에 관해서는 이주희 외(2002)를 참조하기 바람.
2 고학력에 대한 개념규정은 학자마다 달리 할 수 있으며, 통계청에서는 고학력에 대한 기준을 고졸 이상으로 사용하고 있으나 본 연구에서는 학력 상승이 이루어지고 있는 현 시점에서 대졸 이상의 학력을 고학력으로 규정하고 있다.

있어 적절한 연구대상이라 할 수 있다.

고학력 여성에 대한 연구에 있어 중요한 쟁점이 되고 있는 문제는 경력개발에 관한 것이다. 우리나라 고학력 여성들의 경력개발에 있어 걸림돌은 역시 노동시장 진출에 있어서와 마찬가지로 출산 및 육아의 문제라 할 수 있다. 노동시장에의 진출에 성공하여 꾸준히 경력을 개발하던 여성들도 결혼과 출산을 통한 재생산노동의 부담이 증가하게 되면 경력단절을 경험하게 되며 지속적인 경력개발에 있어 한계에 부딪히게 된다.

또한 경력개발은 결국 승진의 문제와 연결될 수밖에 없는데(Halford, et. al., 1997), 최근 여성의 승진을 방해하는 중요한 요인으로 '사회적 관계망'의 결여가 지적되고 있다(Burt, 1998; Ibarra, 1997). 여성의 직업적 업무능력과 무관하게 성별로 위계화된 한국의 가부장적 조직문화에서는 업무시간 외에 주로 이루어지는 회식문화 등을 통해 승진에 결정적인 영향을 미치는 '사회적 관계망'이 형성되고 있음을 여러 연구들이 밝히고 있다(Kim, 2000; 박기남, 2002). 물론 여성들 가운데서도 −위계적인− '사회적 관계망'을 잘 형성할 경우 승진이 빨리 이루어진다(Burt, 1998). 문제는 남성과는 달리 여성들은 대부분 재생산노동을 부가적으로 담당하고 있기 때문에 '사회적 관계망'에의 접근이 상대적으로 어렵다는 사실이다. 남성과 달리 직장에서의 업무 외에 가정에서 재생산노동을 담당해야 하는 여성들은 주로 정규노동시간 외에 이루어지는 남성중심적인 회식문화에 잘 적응하지 못하거나 빈번하게 참여하지 못함으로써 '사회적 관계망'을 형성하는 데 어려움을 겪게 된다. 즉 '사회적 관계망'의 결여 역시 여성의 재생산 역할과 무관하지 않음을 알 수 있다.

여성의 경력개발에 있어 고려해야 할 또 다른 측면은 여성이 승진할 수 있는 지점이 어디까지인가 하는 문제이다. 승진이라 함은 결국 한 조직의 관리자가 된다는 것이며, 관리직으로의 승진이라는 것은 인사를 비롯한 경영에의 참여를 의미한다. 그러나 여성들은 관리직으로의 승진에 있어 많은 한계를 가지고 있다는 점을 지적하지 않을 수 없다. 여성들은 자신의 전공과 무관한 관리자가 되는 것에 대해 꺼리고 있을 뿐만 아니라, 아직까지 위계적인 가부장적 요소를 탈피하지 못하고 있는 우리나라의 조직문화 속에서 관리직으로의 승진이 여성들에게 부담스러울 수밖에 없는 것이 현실이다.

여성의 역할이 재생산부문에만 주로 제한되어 왔던 과거와는 달리 오늘날 많은 여성들이 높은 교육기회를 통해 노동시장에 진입하고 있으며 여성의 사회화 과정 역시 가족지향에서 직업지향으로 변화하고 있다(김미경, 2001; Knapp, 1987). 그러나 아직까지 주로 여성들에게 일차적으로 주어진 재생산영역에 대한 책임은 노동시장 내에서 여성의 입지를 불안하게 하고 있으며 여성의 경력개발에 방해요인으로 작용하고 있다. 본 연구는 대졸 이상의 고학력 전문직 여성들을 대상으로 이들의 경력개발 과정을 추적하고, 경력개발을 방해하는 요인들을 보다 심층적으로 분석해봄으로써 여성들이 경력개발을 위해 변화되어야 하는 사회제반 여건이 무엇이며, 정책적으로는 어떤 지원들이 더 필요한지를 살펴보고자 한다.

우리나라 고학력 여성 경력개발의 문제점 분석을 위해 좁게는 여성의 구직과정에서부터, 넓게는 우리 사회에 만연해 있는 가부장적 조직문화에 이르기까지 노동시장 내 성차별을 포함한 여성의 경력개발을 방해하는 사회문화적 제반 요인들이 다각적으로 분석되어야 할 것이다. 본 연구는 노동시장에서 여성들이 남성과 동등하게 경쟁하고 경력을 개발할 수 있도록 여건을 개선하고자 하는 데 목적이 있다. 구체적인 연구내용은 첫째, 여성의 경력개발을 위한 교육 school to work 과정, 둘째, 여성의 직업의식을 비롯한 여성의 경력개발을 위한 노력, 셋째, 여성의 경력개발에 있어서의 한계, 넷째, 여성의 경력개발을 위한 제언이다.

<표 5-1> 연구참여 여성의 일반적 사항

사례 번호	연령	직업	직위	수입 (만원, 월)	교육수준	자녀 수 및 연령	남편 직업
1	43세	공무원	과장	300 미만	대학원 졸업	딸(16세) 딸(14세) 아들(4세)	공무원
2	31세	건설회사	대리 (사장비서)	300 미만	대학 졸업	아들(1세)	건설회사 엔지니어
3	31세	인터넷회사	과장	300 미만	대학 졸업	없음	회사원(기획)
4	48세	리서치회사	사장	500 이상	박사과정 수료	딸(21세)	대학교수
5	41세	공무원	사무관	200 미만	대학 졸업	딸(12세) 딸(4세)	공무원
6	34세	리서치회사	차장	400 미만	대학 졸업	딸(6세)	자유직 (시간강사)
7	30세	은행	계장	300 미만	대학 졸업	없음	미혼
8	32세	인력공급회사	사장	300 미만	대학 졸업	없음	회사원(건축)
9	60세	정보산업고등학교	교장	300 미만	대학 졸업	딸(27세) 아들(25세)	사별
10	52세	여중 교사	주임교사	300 미만	(야간) 대학원 졸업	아들(17세)	무역업
11	28세	여고 교사	교사	200 미만	대학 졸업	없음	의료인
12	38세	은행전산실	과장	400 미만	대학 졸업	아들(9세)	사업
13	38세	은행전산실	과장	400 미만	대학 졸업	아들(11세) 아들(7세)	회사원 (증권)
14	51세	주식회사(N)	사장	500 이상	박사과정	딸(27세)	이혼
15	45세	연구소	연구위원	300 미만	박사	딸(17세)	교수

　　본 연구에서는 질적방법을 사용하였다. 즉 구조화된 질문지를 이용하여 연구참여자와 일대일 면담을 통한 심층면접을 실시하였다. 여성, 대졸, 10년 이상 경력자를 원칙으로 하였으며, 조사직종으로는 여성들의 경력개발이 비교적 잘 이루어지고 있는 것으로 보이는 여성진출이 활발한 교사직과 은행·금융업을 선택하였다. 그밖에 벤처, 중소기업, 국가기관을 대상으로 여성들이 비교적 많은 분야에 대해 조사하였다. 면접참여자는 주변 사람의 소개를 받거나 임의로 기관을 선택하여 접촉하였다(<표 5-1> 참조).

　　면접자가 선정되면 연구자가 면접자의 직장을 직접 방문하여 준비한 질문을 하되, 면담상황에 따라 질문내용을 조절하여 면접시간은 길어도 2시간이 넘지 않도록 하였으며 면접내용은 기록과 동시에 녹음을 하였다. 면접과정에서는 무엇보다도 연구참여자들의 경력개발 과정에서의 노력과 전략, 가정 및 직장에서 겪는 어려움을 포함한 경력개발에 있어서의 장애요인 등을 집중적으로 질문하였다. 총 15명의 여성들에 대한 면접이 이루어졌으며 이 중에는 3명의 중소기업 및 벤처기업 경영주가 포함되어 있다. 3명의 경영주에 대한 면담을 통해 본인 스스로 기업을 운영하기까지 경력개발에 있어서 겪었던 어려움을 듣고, 동시에 기업주 입장에서 밝히는 여성인력을 채용하고 경력개발을 지원하는 데 있어서의 문제점을 조사하였다.

경력개발 과정

직업훈련

여성의 경력개발에 있어 가장 치명적인 결점은 노동시장의 수요에 맞는 직업교육이 부재하다는 것이다. 우리나라 여성들의 대학진학률은 OECD 국가 중에서 중간정도를 차지하고 있으며 젊은 계층의 경우는 선진국 수준에서 뒤지지 않을 정도로 여성의 대학진학률이 높다(장지연, 2001). 그러나 남성들은 노동시장의 수요가 많은 자연·이공계열에 몰려 있는 반면, 여성들은 대부분 노동시장의 수요가 적은 인문·사회계열에 몰려 있는 실정이다. 또한 우리나라 교육의 특징은 대학교육 과정에서 특별히 직업교육을 따로 받지 않는다는 사실이다. 따라서 전공의 특성상 특별한 기술을 소유하지 않은 인문·사회계열을 졸업한 여성들은 대학을 졸업하고 대부분 승진과는 거리가 있는 스태프 부서에 배치되어 스페셜리스트라기보다는 제너럴리스트로서 일하고 있어 고위관리자로 승진하기 힘든 것이 일반적이다(박기남, 2002). 인터뷰 과정에서 강하게 받은 인상은 역시 여성의 경우 전공을 살리는 경우가 많지 않다는 사실이다.

> (지금하는 일이 전공과) 거의 상관없다. 사회학과를 졸업했기 때문에 학부 때는 학과와 관련된 뭔가를 하려고 했는데, 사회통계나 사회학술 쪽으로 빠져야 하는데, 아르바이트로 오파상에서 레터를 작성해서 보내는 아르바이트를 한 경험이 있는데 그 일을 하고 나서 유통회사에 들어가 보고자 하는 마음이 생겼다. 그래서 (주)OO 등 큰 규모의 회사에 이력서를 많이 넣었는데 여자인 데다 지방에서 대학을 나왔다는 것, 게다가 전공이 전혀 관련이 없는 학과여서 그런지 잘되지 않았다. _사례 7

현재 S은행 본점에서 국제영업 관련 계장으로 근무하는 30세의 이 여성은 계속해서 다음과 같이 진술하였다.

> (직업에 관련한) 체계적인 훈련은 없었고 LC나 신용장 실무와 관련된 책들을 사서 혼자 보곤 했다. 은행에서 일하다보니 경영학과를 졸업한 사람이 60%, 법학·행정이 30%이다. 이것을 보니 구체적으로 직업을 위한 준비라는 것은 없는 것 같다는 생각이 들었다. 내가 못 찾는 건지 모르겠지만 말이다. 금융 관련 학원이 있는 것 같지만 어떤 분야와 관련해서 들어야 할지도 잘 모르겠고… _(상동)

하지만 현재 미혼인 이 여성은 결혼 후에도 계속 일을 갖고 싶어 하며, 승진에 대한 강한 의지를 보였다.

> 무엇보다도 내 job을 가지고 싶다. 지금 하고 있는 일은 내가 없어도 누군가가 할 수 있는 일이다. 난 그게 싫다. 남이 할 수 없는 내 자리를 만들고 싶다. OOO이라는 사람이 거기 있어야 하는 것을

하고 싶다. 요즘처럼 이런 처지에서 일하니까 업무에 대한 허탈감
이 자꾸 생긴다.   _(상동)

교직이나 의료계와 같은 자기 전공을 바로 살릴 수 있는 분야를
제외하고는 여성들이 대학을 졸업하고 일반회사에서 자기의 전문
영역을 만들어 경력을 쌓는 것은 매우 어렵다. 그러나 다른 한편으
로 여성들에게 부여되는 단순반복적인 일 또는 본인이 맡은 일 외에
도 요구되는 커피 또는 복사와 같은 잦은 잔심부름은 자아성취 욕
구가 강한 대졸 여성들에게는 주된 근무의욕 저하의 요인으로 작용
한다(손승영, 1995).

직장에의 입문

많은 경우 현재의 직장이 자신의 전공과 일치하지 않고 있었으며,
자신이 이 일을 하게 되기까지 운이 좋았다고 생각하고 있었다. 그
만큼 전공을 살리는 것은 차치하고라도 노동시장에의 진입이 여성
으로서 어려웠음을 시사한다. 앞서 승진 과정에서의 '사회적 관계
망'의 중요성에 대해 언급하였듯이, 직장에 입문하는 과정에서 역시
'사회적 관계망'이 전공보다 더 중요하게 작용하는 경우가 많음을
알 수 있다.

(전공과) 연관이 없다. 우리 때는 사회학은 사회에 발붙이면 전공살
린다는 우스갯소리도 있지 않은가. 대학교 때 남학교랑 조인트 동
문회를 했었는데, 나는 열심히 참석했었다. 다 남자였고 나만 여자
였다. 그 남학교가 선후배 간에 긴밀한 사이였다. 그래서 그 동문
회에서는 1년에 두 번 졸업생 선배와 함께 MT를 가는데, 거기서 나
를 좋게 봐준 선배가 나한테 함께 일해보지 않겠느냐고 제안해서

그것이 인연이 되어서 일하게 되었다.   _사례 3

　'사회적 관계망' 형성에 있어 학연이나 지연이 많이 작용하지만 이
밖에도 대학과정 동안 아르바이트 경험이 취업의 기회를 제공하기
도 한다.

　대학 때 전공이 국문학이었기 때문에 지금 하는 일과는 전혀 관계
가 없다. 오히려 심리학이나 사회학, 가정관리학, 소비자학, 아동
학 등이 관련이 있지 않겠는가. 대학교 2학년 때부터 첫 직장이 된
곳에서 3년 동안 아르바이트를 하였다. 대개 소비자 조사기관에서
는 아르바이트생을 많이 구하는 편이고 학생들을 연구원을 보조하
는 아르바이트생으로 많이 쓰는데 계속하다 보니까 아르바이트도
경력이 되어서 그 회사에서 아예 연구원으로 와서 일해 볼 의향이 없
느냐고 해서 일을 하게 되었다.   _사례 6

　물론 중소기업이나 벤처기업과는 달리 대기업의 경우는 공채를
통해 사원을 채용하는 것이 일반적이다.

　나는 특이하고 운이 좋은 경우다. 학교에서 토익과 컴퓨터를 따로
모아서 집중 강좌를 한 적이 있다. 3학년 2학기 때 6개월 코스를
받고 테스트 받고 면접시험을 보고 OO건설에 붙었다. 그때 받았
던 것이 기본적으로 직장생활에 많은 도움이 되었다. OO건설에서
대졸 여성비서는 내가 처음이고 게다가 대리까지 단 사람은 처음이
다. 비서실에는 주로 2명이 일을 하는데 나는 메인으로 픽업되어 갔
다. 일을 하고 나서는 괜찮았지만 처음에 비서직 발령에 좀 기분이
나빴다.   _사례 2

공채로 회사에 입사해 전공이 인문계열이었기 때문에 처음에는 인사부에 발령이 났다는 31세의 이 여성은 다른 연구참여자들과는 달리 토익과 컴퓨터 강좌 등 취업을 위한 준비를 나름대로 일찍부터 하였으며, 비서직으로 발령되기보다는 전문성을 키울 수 있는 업무를 원했다고 한다. 그러나 현재는 비서직에 만족하고 있으며 앞으로 관리직으로까지 승진할 의사를 가지고 있다고 했다. 이렇듯 자신의 전공과 전문성을 키우고자 하는 여성이 많음에도 불구하고 여성에게는 그러한 기회가 주어지지 않는 경우가 많으며, 이는 여성들에게 어떤 일이든지 주어진 일에 적응하게 하는 전략을 낳게 하고 있다. 그러나 구조조정과 같은 상황에서 스페셜리스트가 아닌 제너럴리스트가 쉽게 해고될 수 있음을 우리는 지난 경험을 통해 알 수 있다.

경력개발을 위한 노력

업무능력

면접을 진행하면서 여성이라고 해서 남성과 달리 업무능력이 떨어지거나 일을 덜 한다는 인상은 받지 못하였다. 오히려 이들은 "남성보다 120%의 일을 해야 한다"고 말하고 있었다. 그러나 이들은 한결같이 더 잘 승진할 수 있는 핵심부서, 핵심업무가 여성에게는 좀처럼 주어지지 않는다는 것을 강조하였다.

민간기업도 그렇지만 공직에서는 여자들에게 업무에 대한 한계가 있고 주로 여성들이 하는 업무가 정해져 있다. 경무나 잡무가 몰려 있으면서 여성에게 알맞겠다고 습관적으로 하는 부서에 여성들이 몰려 있다. 그런 보직과 경험으로는 상위직으로 갈수록 중요보직을 맡을 수 있는 기회가 적다. 여성들은 120%의 능력을 발휘할 수 있도록 노력해야 한다. 사실 우리 전 세대 여성들은 더욱 어려웠다. 대부분이 '초대'가 붙은 선배들이 밀림을 헤쳐 나가듯이 하면서 사회생활을 했다. 물론 지금도 어렵지만 그 '초대' 선배들의 여건보다는 좀 낫지 않은가. 우리 다음도 우리보다는 좀 나아질 것이다. 도전의식을 가져야 한다. ⎯사례 1

그나마 여성들이 자신의 능력을 발휘하고 인정받고 있는 곳이 소위 '여성직'(Knapp, 1987)이라 불리는 여성이 많은 분야에서이며, 이를 통해 노동시장의 성별 분절화 현상은 더욱 심화되고 있다.

OO부는 공무원 사회에서 아주 예외적인 경우이다. OO부는 65%가 여성이고, 특히 간부직은 여성비율이 더 높다. 하지만 전체 공무원 비율에서 봤을 때 5급 이상에서 여성은 5% 정도이다. OO부는 여성정책에 관련된 일이기 때문에 여성에게 잘 맞는다. 여성으로서 경험과 정체성을 가지고 일을 해야 업무와 소신이 일치하는 편이라고 할 수 있다. ⎯사례 5

물론 남성과 똑같은 업무와 능력을 가진 여성들도 많지만, 아직까지는 여성들이 많은 곳 또는 사회에서 '여성적'이라고 평가를 받는 분야에서 여성들이 경력을 개발하고 승진을 할 수 있는 가능성이 남성과 함께 경쟁해야 하는 직종보다 더 높은 것이 현실임을 알수 있다. 따라서 여성들이 '여성직'이 아닌 곳에서 남성과 동등하게 인정을 받기 위해서는 남성보다 120% 능력을 발휘하고 노력해야 하는 것이 아직까지 우리 사회의 현실이다.

엄마가 없으면 이 일을 하지 못한다. 엄마한테 이기적이라는 소리를 자주 듣는다. 회사에서는 철야를 하면서 집에 와서는 피곤하다고 자고 집안일로 밤새지는 않으니깐 회사만을 위해 희생한다고 잔소리 하신다. 나는 70대 30으로 회사일과 가정일을 나눈다. 그렇게 정하지 않으면 계속 갈등할 것 같다. 그래서 회사에 좀 더 치중하는 비율로 생활한다. 남자라면 이런 생활을 당연시할 텐데 가끔 주위에서 "남편이 불만 없어요? 나 같으면 이혼이다"라고 하는 남자도 있고, 우리 남편을 강하지 않고 유한 사람으로 보는데 그냥 삭힌다. _사례 6

일반적으로 남성들이 회사에서 철야를 하고 집에 와서 잠만 자거나 회사와 집안일을 7:3으로 배분한다고 해서 이기적이라고 비난하지 않는다. 오히려 집에 돌아오면 충분히 휴식을 취할 수 있도록 가족의 배려를 받으며 직장생활을 한다. 반면, 앞의 사례에서도 알 수 있듯이 여성들이 회사에 비중을 더 두는 경우에는 같은 남성동료로부터 '지독한 여성', '남성 같은 여성'이라는 평판을 감내해야 한다.

경력개발 의지 및 직업의식

연구에 참여한 여성들의 대부분은 경력개발을 꾸준히 해서 승진을 하고자 하는 의욕이 강한 여성들이었다. 직장경력이 10년 이상 된 경력직 여성들이고 결혼과 육아 등의 어려움을 극복하고 이 자리에까지 왔기 때문에 끝까지 직업세계에 남아 자신의 영역을 확보하고자 하는 의지가 매우 강하였다.

관리직으로 승진하고 싶은 의사가 충분히 있다. 그래서 아이도 하

나만 낳았다. 물론 경제적으로 둘을 낳는 경우 좀 힘들 것 같기도
했지만 말이다. 포기한 만큼 사회생활에서 성공하고 싶다. 힘 닿는
데까지, 불러줄 누군가가 있을 때까지 열심히 일할 것이다. 하이트
맥주를 성공시킨 브랜드매니저라든지, TTL 브랜드를 성공시킨 브
랜드매니저처럼 내 브랜드를 성공시키고 싶은 꿈이 있지만 현재 업
계에서 1, 2위를 차지하고 있는 이 회사의 중역 정도까지 올라가는
것도 성공이라고 생각한다. _사례 6

또한 여성들의 승진에 대한 계획은 일반적으로 생각하는 것보다
훨씬 더 구체적이다.

승진의 기회가 있고 물론 관리직까지 승진할 의사가 있다. 개인적
인 계획으로는 서른다섯 살까지 여기에서 직급을 올리면서 일하고
싶다. 그리고 나서 나의 가치를 높여서 같은 계열이면서 좀 더 전문
적인 것을 하고 싶다. 사실 여기서 일하다가 외국계 은행 쪽으로 가
서 그곳에서 경영자나 관리자로 일하고 싶다. 나는 일하는 여자들
중 많은 수가 부수입을 번다는 식으로 일하는데 나는 그런 것이 너
무 싫다. 가정에 보탬이 되기 위해서 일하는 것이 일의 목표가 되게
하고 싶지 않다. _사례 7

흔히 일하는 여성들에 대한 사회적 인식은 집안에 부수입을 벌기
위한 것으로 생각하는 경우가 많다. 그러나 본 조사결과는 여성들
중에서도 투철한 직업의식을 가지고 남성 못지않게 직업세계에 대한
책임감을 가지고 있는 사람들이 많음을 확인할 수 있게 한다.[3] 오랫
동안 시부모님을 부양하고 병수발을 해야 했던 한 참여자는 다음

---

3 필자가 1996년 여교사들을 대상으로 한 조사에서도 이와 같은 결과가 나타났다(김미
경, 1999 참조).

과 같이 진술하고 있다.

> 그 상태에서 나를 지탱하는 유일한 끈은 경력개발이었다. 공부하
> 고, 취업하면서 시집살이를 이겨냈다. 나에게 가정을 벗어나는 유
> 일한 대안은 직업을 갖고, 돈벌어 온다는 것이다. 그것이 정당한 명
> 분이 된다. _사례 15

10년 이상의 경력을 가진 여성들에게 있어서 공통점은 투철한 직
업의식과 자신이 여성으로서 가정에서의 역할 못지않게 직장인으로
서의 정체성을 일찍부터 인지하였다는 사실이었다.

> OO에 다닐 때 딸이 나한테 회사를 끊으라고 한 적은 있지만 뭐 정
> 작 내 자신은 양육문제 때문에 진지하게 그만두려고 생각한 적은
> 없다. 대학원 졸업하고 6개월 동안 집에 있을 때 무척 힘들었다. 한
> 마디로 돌아버릴 것 같았고 견딜 수가 없었다. 그때 나는 내가 집
> 안에 들어앉아서 사모님 소리 듣기에는 틀린 사람이란 것을 깨달
> 았다. _사례 4

현재 자신의 사업체를 운영하고 있는 이 여성은 자신의 직업의식
이 강함을 강조하면서도 여성의 직업의식에 대해서는 전반적으로
비판적인 시각을 보여주었다.

> 나도 남녀차별을 두고 싶지 않다. 나도 여잔데. 그런데 애기 낳고
> 나서 그만두는 여성들이 많아서 차별을 안 둘 수가 없다. 그 여성
> 들이 일할 의지가 확실한지 걱정이 되기도 하고. 실제로 그만두는
> 사람들이 많았다. 출산휴가로 2개월을 쓰고 2개월 다니고 나서 애
> 기 때문에 도저히 안 되겠다고 그만두는 여성들. 전투력이 떨어지

는 여성들이 많다고 해야 할까. 이것은 제도나 법으로 해결해야 하는 문제가 아닌 것 같다. 여성들 스스로가 절실함이 부족한 것 같다. ＿(상동)

여성이 경력을 계속 개발하기 위해서는 '전투력'을 가지고 있어야 할 정도로 직장생활과 경력관리에 있어 남성과 달리 기본적으로 매우 불리한 환경에 놓여 있다. 남성들이 직장생활을 위해 '전투력'까지 갖추어야 한다고 말하는 경우는 찾아보기 힘들다. 이 '전투력'은 출산과 육아라는 여성의 재생산노동에 대한 부담으로부터 유래하기 때문이다. 여성들이 재생산노동으로부터 자유롭지 않는 한 여성들은 남성과 공평하게 노동시장에서 경쟁한다고 할 수 없다. 따라서 가부장적 사회에서 여성들이 경력개발을 계속해 나갈 수 있기 위해서는 여성의 투철한 직업의식과 함께 재생산노동을 조금이라도 덜 수 있는 사회적 지원이 불가피하다.

경력개발에 있어서의 한계

여성에게 지워진 재생산역할의 책임

면담에 응한 모든 여성들이 여성의 경력개발을 방해하는 가장 큰 요인으로 육아문제를 들고 있다.

여성들이 경력개발 하는 데 있어 가장 큰 문제는 양육문제라고 생각한다. 나는 운좋게 친정엄마가 희생해 주셔서 가능했지만 그렇지 않다면 이쪽에서 일을 못했을 것이다. ＿사례 6

사실 여성들이 친정부모와 함께 살거나 친정 근처에 사는 것은 경력개발을 위한 전략[4]의 하나로 볼 수 있다. 여성들이 경력개발을 위해 기울이는 노력과 전략은 처절하다고 말할 정도로 힘든 것임을 알 수 있다.

> 어려웠다. 무척이나 어려웠다. 그나마 친정에 의지할 수 있었다. 사실 지금 친정엄마를 모시고 산다고는 하지만 모시는 것이 아니라 어머니의 덕을 내가 주로 보는 편이다. 같이 살기 전에는 친정이 이사를 하면 언제나 친정 근처 백미터 안으로 내가 다시 이사를 해야 했다. 처음부터 친정엄마랑 같이 산 것은 아니었기 때문에 엄마랑 같이 살기 전에는 애들 육아문제로 안 해본 것이 없다. 아주머니를 부르고, 어디다 맡기기도 하고, 하나는 수원에 보내고, 하나는 시골에 보내 놓고, 정말 안 해본 것이 없이 다 해봤다.　　　_사례 1

경영주들은 여성의 직업의식 결여를 한결같이 지적하고 있지만, 아무리 투철한 직업의식을 가진 여성들도 출산과 육아라는 문제로부터 자유롭지 않는 한 노동시장에서 경쟁력을 상실하고 있는 것이 현실이다.

> 사실 애를 낳고 나서 든 생각이 있다. 예전에 내가 오너라면 여성을 성차별할 것인가 하는 질문에 말이 안 되는 차별이라고 차이는 인정하지만 차별은 안 된다고 생각했다. 애를 낳고 나서는 내가 CEO라도 여자를 받겠는가 생각해보니, 특히 기혼여성을 받겠는가 생각하니 선뜻 OK를 못하겠다. 내가 일을 허술히 하기 때문이 아니라 기혼여자가 신경 써야 할 부분이 너무 많아서 일에 대한 집중도가 떨어진다.　　　_사례 2

---

4 여성의 직장과 가정을 병행하기 위한 전략에 대해서는 김미경(2001)을 참조하기 바람.

이제까지 직장에서 능력을 인정받아 왔지만 30세가 넘어서까지 임신을 미루다 뒤늦게 임신을 한 한 여성은 이제까지 자신의 직업적 성취에도 불구하고 미래의 경력개발에 있어 매우 불확실한 모습을 보여주고 있다.

> 현재 임신 8주다. 출산 이후라도 사회활동을 할 수 있으면 하고 싶다. 하지만 아직 애를 키울 사람이 결정되지 않았다. 사실 출산까지는 많은 시간이 남아서 아직 구체적으로 그것을 어떻게 해야 할지 생각 안 하고 있다. 애는 세 살까지 부모가 키워야 한다는데, 사장님은 내가 봐줄테니 데리고 나오라고 하시지만 직장문제를 고려해 봐야 하지 않을까 하는 생각이 들기도 하고, 시부모님도 봐주지 않는다고 하고, 남편도 생각과는 다르게 협조하지 않을 경우에는, 그러니깐 가능한 최악의 경우에는 내가 사표를 낼 것 같다.   _사례 3

이미 사회적으로 주목받고 있듯이, 특히 고학력의 경우 미혼여성의 경제활동참가율은 남성보다도 약간 높게 나타나는 반면, 결혼을 할 경우 상황은 크게 역전되어 남성의 경제활동참가율이 여성보다 두 배 가량 높게 나타난다. 즉 남성들은 결혼과 동시에 더 안정적으로 직장에 매진할 수 있지만 여성은 그렇지 못하다는 사실이다.

> 18년 동안 공무원 생활을 하기까지 너무나 어렵고 힘들었다. 남편은 가사에 참여하지 않았으며 시부모님이나 친정부모님으로부터 경제적 지원이나 양육과 같은 지원을 전혀 받지 못했다. 남편은 특정직 공무원으로 부처 특성상 고되고 힘들고 위계적인 환경에서 일한다. 그래서 내가 이해를 해야 한다고 생각하고 산 것 같다. 공무원인 서로의 처지를 잘 이해하고 대화는 잘 통하는 편인 남편은 가사일에는 전혀 도움을 주지 않는다. 그래서 남편은 직장생활 하는

데 전혀 어려움이 없겠지만 나는 직장생활에 소극적으로 임하는 편이다. 하지만 남편은 술 먹고라도 나한테 "너 직장 그만둬"라고 말한 적이 없다. 그리고 그런 말을 해서도 안 된다고 생각한다. 남의 직장을 왜 그만둬라 마라 하느냐 말이다. 그건 아주 우스운 일이다. 그만큼 나의 직장을 중요하게 생각한다. _사례 5

여성들이 남성보다 직장생활을 소극적으로 하는 이유는 직장을 중요시하지 않기 때문이 아니라 시댁이나 친정, 남편 등 주변에 대해 도움을 청할 수 없을 경우 선택할 수밖에 없는 최후의 전략으로 해석해야 할 것이다.

아이들하고 헤어질 때는 맘이 아프지만 집을 나오면 아이들 생각을 잊어버렸다. 그래서 요즘은 학원 다니는 큰 애하고 통화를 자주한다. 지금은 개인전화번호가 있지만 그 전에는 전화를 공통으로 사용해서 다른 사람이 아이 전화를 바꿀 때 미안해서 (사무실로) 오는 전화를 내가 거의 다 받은 적이 있다. 아이와의 전화통화를 자주하는 것이 때론 민망하기도 하지만 한편으로는 아이도 키우는 사람인데 이해해줘야지 하는 생각이 들기도 한다. _(상동)

여성이 재생산노동을 책임질 수밖에 없는 현실을 이해해주기보다는 여성이 직장을 나오면 가정일로 방해받지 않고 남성 못지않게 능력을 발휘해야 한다고 기대되는 현실에서 여성들은 직장에서 자신의 역할을 스스로 한정시켜 버리기 쉽다.

회사가 끝나도 자기계발을 할 시간은 고사하고 맡겨 논 애를 찾으러 갈 시간에 쫓기게 된다. 여자들이 보통 애들 때문에 이렇게 어려움을 겪는 때가 28세에서 35세까지다. 남자들은 그때 뭐하는가 자기 인정받으면서 실력을 쌓아가지 않는가. 40세가 되면 자기 분야에서 확고한 자리를 잡는다. 여자들은 같은 시기에 육아문제에 신경 쓰면서 남자들에 비해 뒤처지게 되고 그러면서 회사에 대한 의미 부여가 달라지면서 스스로 부수적이고 보조적인 역할로 한정시켜 버린다.   _사례 7

응답자가 정확하게 지적하고 있듯 직장을 가진 기혼여성에게는 28세에서 35세까지가 가장 힘든 시기이다. 그러나 스스로 이 시기를 지나온 많은 여성들이 이 시기의 여성에 대한 이해가 떨어지는 것이 사실이다. 남성보다 열악한 환경 속에서도 그나마 경력개발에 성공하는 여성들 중에는 일단 집을 나오면 아이나 집안일을 잊어버리는 경우가 많다.

경력개발을 위해서는 독한 마음을 먹어야 한다. 성격적으로 약하면 힘들다. 혼자 철야를 해야 하는 경우도 많다. 책임을 요하는 직장이므로 도중에 그만두면 다른 사람들에게 피해를 준다. 그렇기 때문에 가정의 희생을 요한다. 자신이 독한 마음먹고 잘 할 수 있으면 자기에게 좋은 직장이 된다. 체력의 문제도 아니고 정신력의 문제이며 책임감의 문제이다. 따라서 안일하게 접근하면 안 된다. 나는 애한테 집착하는 편이 아니기 때문에 집안일에 신경을 별로 못 쓰는 것에 대한 스트레스는 거의 없다. 직업의식이 강하고 책임감이 있다고 생각한다. 남편이나 시댁도 이해를 해주시는 편이고….   _사례 12

그나마 무엇보다도 여성의 경력개발에 큰 도움이 되는 것은 남편이나 시댁의 이해라 할 수 있다.

그래도 내가 사회생활을 잘 할 수 있는 것은 남편의 적극적인 지원 덕택이다. 남편 지원이 없으면 여자들은 사회생활 못한다. 남자 만나기 나름이다는 말이 맞다. 남편 만날 때 나는 평생 사회생활 할 꺼니까 당신은 남편이 아닌 파트너로서 나와 함께 해야 한다는 조건을 달았는데, 남편이 흔쾌히 받아들여줬다. 그래서 결혼 초기엔 빨래며 집안일이며 나눠서 했는데 요즘은 남편이 나태해졌다. 시부모님들도 호의적이다.　　　　　　　　　　　　　　　　_사례 8

여성의 재생산노동이 경력개발에 큰 방해가 되는 만큼 육아나 가사를 지원하는 가족문화는 아직까지도 가부장적 가족문화가 일반적인 우리 사회의 현실에서 가장 중요한 숙제로 남는다.

직장 내에서 발생하는 성차별 구조

여성들의 직업의식이 투철하고 가족들의 지원이 있다고 해도 직장 내에 여전히 존재하는 여성에 대한 차별은 여성의 경력개발을 저해하는 가장 큰 요인으로 작용하고 있다(김미경 · 오정진, 2001).

여성들이 경력개발을 꾸준히 할 수 있으려면 자기 자신의 전문성을 길러야 한다. 그러나 대부분 바로 입사한 여성에게는 허드렛일이 돌아가기 쉽고, 대학까지 졸업하고 커다란 포부를 가지고 들어왔는데 커피 심부름부터, 복사에 이르기까지 허드렛일만 하게 되면 일에 대한 회의를 갖게 되고 결혼을 계기로 그만두는 것이 일반적이다. 회사에서는 여성들에게 아예 기대를 하지 않는 경우가 많다. 대충 결혼하고 그만두겠지, 하고 중요한 일을 아예 시키지 않는 경향이 있다.　　　　　　　　　　　　　　　　_사례 13

면접에 응한 한 경영주인 여성은 요즘 대졸여성들이 너무 편한 일만 하려 한다고 지적하고 있다.

요즘 세상에 이일저일 가리고 할 처지가 아니다. 그러나 대학을 졸업했다고 아무 일이나 하지 않으려고 하는 게 문제다. 무슨 일이든 할 수 있다는 준비된 여성들이 별로 없다. 일단 주어진 일을 무엇이든 하면서 경험을 다양하게 쌓다보면 다 자기 전공분야와의 연결고리가 생기게 되어 있다. 처음에는 할 수 있는 일은 무엇이든지 하면서 사회 경험 속에서 자기 전공분야를 찾으면 된다.   _사례 14

그러나 아무 일이나 하다가 전문적인 일을 할 수 있는 경력개발로 연결되는 경우가 이 경영자의 생각처럼 많지 않은 것이 아직까지 우리 사회의 현실이다. 오히려 노골적으로 여성들을 핵심부서에서 배제하는 일까지 발생하고 있다.

승진에서 성차별 경험이 있다. 내가 승진할 때 손해 봤다고 하자, 남자들은 여자고 하니까 양보하라는 분위기로 나를 대했다. OO 소속기관에 있었는데 인사부 과장들이 공공연하게 여자들은 본부에 두지 않는다고 얘기하곤 했다.   _사례 5

이렇듯 근거 없이 여성들을 핵심부서에서 배제하는 일들이 공공연하게 일어나고 있지만 이에 대해 문제제기조차도 이루어지지 못하고 있는 것이 현실이다.

물론 부장님은 남자고 기획부의 경우에는 거의 남자들이 일한다. 이것은 명백한 차별이다. 기획부는 핵심부서다. 그래서 온통 그쪽은 성골, 진골이고, 우리는 천민이라고 한다. 기획부를 모두 남자

직원으로 두는 것은 성차별이다. 그 많은 여자들이 있는데 능력이 안 돼서 못 들어간다고 생각하지 않는다. 자기네들끼리 하려고 한다. 게다가 그것에 대해 문제제기하는 사람들도 없다.　　_사례 7

이렇듯 학연, 지연 등으로 연결된 소위 '사회적 연결망'이 결여된 여성에게는 승진이란 애초에 불가능한 것이고 이것을 엄연히 성차별이라고 문제제기하는 여성들조차도 여성이 남성중심적인 조직문화에서 계속 경력을 개발하려면 열심히 하는 수밖에 없다고 결국은 관조적인 결론을 내리는 경우가 많다.

공정하지 않다고 생각한다. 학연, 지연, 혈연이 장난이 아니다. 어느 것도 제대로 해당되지 않는 나같은 사람은 진짜 부지런히 혼자서 뭔가를 열심히 해야 한다. 소장님이 여자 분인데 정말 열심히 한다. 지금 나이가 41세인데 연수란 연수는 다 받고 나보다 더 열심히 한다. 여기서 진급하고 자기 위치를 확고히 하려면 남자보다 10배는 더 열심히 해야 한다. 혈연, 지연, 학연은 들어올 때부터 나갈 때까지 정해져 있다. 그런 거랑 상관없이 하려면 더 열심히 해야 한다.　　_(상동)

여성의 직업의식에 대해 문제제기 했던, 스스로 경영주이기도 한 한 면접자 역시 여성의 '사회적 자본'의 부재가 문제라는 점을 지적한다.

나는 일 분담에서는 승진에서도 남녀차별을 둘 생각이 전혀 없다. 당연히 내가 여잔데 왜 그러겠는가. 그런데 일하는 데 있어서 분명 남녀차이가 난다. 우리는 실적과 성과 중심의 회사다. 이 실적과 성과는 지적능력에만 좌우되는 것이 아니다. 오히려 social capital이라고 하는 것에 굉장히 좌우된다. 그런데 여성들이 일을 못하는 것은 아니다. 하지만 일은 제안서만 잘 낸다고 되는 것이 아니다. 여성들은 실제로 실적과 성과를 내는 데 핵심적인 social capital이 지나치게 적다. 그러나 뭐 성과를 내기만 하면 되지만 네트워킹을 통한 사회적 자본이 너무 약해서 성과를 내는 것이 힘들다.   _사례 4

결과적으로 여성들이 아무리 열심히 하려고 노력해도 극복할 수 없는 경력개발에 있어서의 한계, −공공연히 여성을 배제하고 남성중심적으로 이루어지는 인사뿐만 아니라− 예를 들어 '사회적 자본'의 부재와 같은 문제는 남성과는 다른 여성의 사회화 과정에 따른 결과로 여성의 투철한 직업정신만으로 극복하기에는 한계가 있다.

경력개발 내용

10년 이상의 직업경력을 가진 여성들의 경력개발 과정에서 나타난 특징은 대학에서 받은 교육 외에는 특별히 따로 직업교육이나 경력개발을 위한 연수 등을 받은 경우가 많지 않았다는 사실이다. 바로 이러한 여성의 경력개발 내용이 여성의 경력개발에 있어 한계가 되고 있다.

[직업훈련을 따로 받은 적이 있습니까?] 그런 적 없다. [앞으로 받을 계획이십니까?] 현재 계획은 없으나 홈페이지와 관련해서 알아야 할 것들이 많고 모바일이나 자막을 편집하는 기술도 알아야 될 것 같아서 배우려고 하고 있는데…, 알아야 시킬 수 있지 않는가. 배우려고 생각 중인데 구체적으로 어떻게 해야 할지 아직…. _사례 3

물론 10년 전만 해도 현재보다 특별한 직업훈련 없이 직장을 구하기가 비교적 쉬웠던 것이 사실이다.

직업훈련은 전혀 없었고 누군가에게 정보를 구하거나 상담하는 일 없이 혼자 준비해서 공무원 7급 시험을 봤다. 그 당시 군경력 5점 가산점이 있어서 불리했는데도 그냥 했다. 공무원에게 제공되는 훈련은 형식적이다. 승진을 위해서 100점 만점에 직급에 따라 다르긴 하지만 20점 교육, 40점 경력, 40점 인사평점을 준다. 보통 20점을 채우러 간다. 5일짜리면 5점이므로 교육 4번 다녀오는 것이 전부다. 다른 프로그램이 있지만 아주 소수라 혜택 받기가 어렵고 그런 교육은 상사가 보내려 하지 않는다. 당장 생길 업무공백만 신경 쓴다. _사례 5

그러나 더 이상 대학졸업장이 취업을 보장하지 않는 것이 최근의 현실이며, 수요보다 공급이 더 많은 현재의 노동시장 구조에서 10년 전처럼 대학만 졸업하고 바로 취업을 바라는 것은, 특히 여성들에게 어리석은 일이다. 최근 급변하는 노동시장 구조 속에서 경력단절이 이루어지지 않기 위해서는 여성들 역시 자신의 분야에 있어 전문성을 확보하는 일이 무엇보다도 중요하다. IMF 외환위기 이후 가장 변동이 심했던 은행에서조차도 자신의 전문성이 분명한 여성의 경우는 이직 없이 꾸준히 경력개발이 가능하였다.

지금 직장이 첫 직장이다. 물론 ○○은행에서 지금의 ○○은행으로 합병되었기 때문에 그 과정에서 여사원들이 많이 나가야 했지만 나 개인에게는 변동이 없었다. 나는 전산실에서 근무하며 주로 연구를 하고 있기 때문에 내 전문적 영역이 확고하고 해서 여직원이 많이 나가는 분위기에서도 불안은 없었다. 물론 합병과정에서 그만둘 생각도 해보긴 했지만 구체적인 계획이 있어서가 아니라 그때 상황이 하도 복잡했기 때문에 그냥 든 생각이었을 뿐이다.

_사례 13

10년 이상의 경력을 쌓은 여성들과의 심층면접 과정에서 알게 된 것은 대부분의 여성들이 이직 없이 현재의 직장에서 10년 이상 일을 하고 있다는 사실이다. 물론 사립학교 여교사의 경우 평생직장이 가능하고 그 점이 바로 여성들이 교사직을 선호하는 이유이기도 하다.

(이직 경험) 없다. 여기가 첫 직장이다. 사실, OO학원은 나에게 공립학교 선생님들처럼 새로운 학교로 가야 하는 스트레스도 주지 않았다. 그리고 내 스스로 학교에 대한 애착이 생기기도 했고, 그래서 그때 난 내가 이 곳을 평생직장으로 삼아야 겠구나 하는 생각이 들었다. 그러고 나서 부장이 되었고 2~3년이 지난 후 교직생활한 지 20년이 되었다.

_사례 9

경력개발에 있어 여성 스스로의 전문성 외에 또다른 중요한 사실은 여성에게 있어서는 특히 이직 없이 첫 직장에서 얼마나 성실히 일을 하였는가 였다.

첫 번째 직장이다. 이직을 원했던 적이 있었다. 그리고 컨텐츠 가공 관리 일과 관련해서 이직 제의가 왔었는데 잘 안됐다. 이제는 지금 하고 있는 일과 같은 일로는 이직이 안 된다. 새로운 일이면 몰라도, 현재는 이직 생각이 없다. 사회에 첫발을 들이는 게 매우 중요하다는 생각이 든다. 왜냐하면 직종 변경이 생각만큼 쉬운 일이 아니기 때문이다. 자기 생각이 있었으면 미리미리 준비해서 맞춰서 대학을 갔었을 텐데, 나는 그렇게 하지 못했다. 꿈에 대한 길이 어긋나니까 대안적인 것에 대해 잘 생각해야 한다. 나는 미련이 있는데

구체적인 용기가 나지 않는다.   _사례 3

　　이 여성은 막상 취업을 하게 되면 원하지 않는 일을 하게 되어도
이직이 쉽지 않으므로 정말 자기가 원하는 일이 무엇인가를 생각해
서 미리 준비해야 한다는 사실을 지적하고 있다. 물론 면접한 여성
들 중에도 이직을 한 여성들이 없지는 않았지만 직종 자체를 바꾼
경우는 단 한 사례에서만 나타났다.

　　네 번째 직장이다. 첫 번에는 OO산업 기획팀에서 일했고, 같은 회
사에서 정보통신사를 만들었는데 그곳이 OO텔레콤이라고 해서 그
룹 내 이동을 해서 일했다. 그리고 IMF 때 여자들이 일순위로 짤리
는 분위기여서 회사를 나와서 벤처회사에 들어갔다. 영 아니었다.
그래서 다시 OO그룹 OO유통 통신사업부에서 경력사원을 뽑아서
들어갔다. 그러다가 그룹 내 이동으로 OO텔레콤에 있었고 2001
년 10월 퇴직해서 같은 해 11월 OO사업자 등록을 해서, 딱 한 달
쉬었다.   _사례 8

　　"전공과는 상관없는 일만 해왔다"고 말하는 38세의 이 여성은 사
회과학계열 전공자로 이직이 다른 여성들보다 잦았으며 결국 36살
에 창업을 하였다. 이 사례는 자기 전문분야가 없으면 한 분야에서
오랫동안 경력을 개발하기 쉽지 않다는 지적을 확인시켜 주는 경우
라 할 수 있다. 물론 이 여성은 많은 이직 경험을 토대로 오너로서
의 자질을 상당히 가지고 있다는 인상을 주었다. 이 여성이 강조하
는 것처럼 자기 인생에서 창업을 준비한 한 달밖에 ―물론 이 기간도
창업을 준비하였으므로 엄밀한 의미에서 쉬었다고 할 수 없지만―
쉰 적이 없다고 말하듯이 한 직장에서 꾸준히 경력을 쌓는 것도 중
요하지만 중단 없이 계속해서 일을 갖는 것이 경력개발을 위해 가장

중요한 것으로 보인다.

또한 면접과정에서 느낀 점은 경력개발이란 승진으로 연결되어야 하며, 승진이란 결국 관리자가 되는 것인데 대부분의 여성들이 자신의 전공분야에서 전공과 관련된 일을 계속 하고 싶어할 뿐 관리자가 되는 것은 주저하는 경우가 많았다는 사실이다. 물론 관리자가 되기를 원하는 여성들도 적지 않다는 사실에 주목할 필요가 있지만 여성들이 관리자까지 되고 싶지 않다고 말하는 것은 결국 여성에게 있어서 경력개발, 즉 승진에는 어느 정도 한계가 있음을 의미한다.

> 승진이란 결국 관리자가 되는 것 아닌가. 관리자 역할은 내 개인적 취향에 맞지 않다. 난 오히려 내 전공에 집착하는 편이다. 과장 승진 시에 그것 때문에 고민이 되었다. 과장 이상으로 승진하게 되면 어떤 일을 할 수 있을까 싶었다. 마흔이 넘어 팀장 이상은 관리를 원한다. 주로 영업일을 하게 될 것이며 회식이 잦을 것인데 솔직히 부담스럽다. 점점 어려움을 느낀다. 인간관계에 있어서 특히. 남자도 마흔 다섯 이후 실장, 부장이 되면서 자기 전공보다는 관리나 영업을 해야 되는데 자기 역할을 다하지 못하는 경우가 많다. 나이가 들어도 하고 싶은 일을 할 수 있게 해주는 회사가 있었으면 한다.
>
> _사례 12

여성의 경력개발에 있어 중요한 것은 중단 없이 자신의 전문성을 확보하는 것이지만, 승진의 문제, 즉 자신의 전문분야와는 달리 관리자가 된다는 것에 대해서는 주저하는 여성들이 많은 현실에서 여성 경력개발의 궁극적인 한계가 드러나게 된다. 이는 경력지향 유형에 대한 조사에서 전문가형에 있어서는 여성(34.4%)이 남성(29.2%)보다 더 높게, 승진형의 경우 남성(23.1%)이 여성(10.3%)보다 더 높게 나타나고 있음을 통해서도 알 수 있다(양인숙·이소연, 2003).

경력개발을 위한 제언

사회적 연결망 확대

한국여성개발원의 조사에 의하면, 경력개발을 위한 중요 요인으로 남성은 합리적인 인사관행(16.8%)을, 여성은 인간관계네트워크(18.6%)를 가장 높게 지적한 것으로 나타났다(양인숙·이소연, 2003). 그만큼 여성들은 남성들에 비해 앞서 지적한 '사회적 관계망'의 결여를 경력개발의 가장 큰 방해요인으로 인식하고 있음을 알 수 있다.

여자들은 네트워킹이 부족하다. 남자들의 경우 술자리나 끽연실에서 같이 잡담하고 싸우고 하면서 중요한 일을 배우고 익힌다. 진짜 일을 잘 배우기 위해서는 직속상관한테 깨져가면서 배워야 그게 진짠데. 여자들은 그것이 잘 안되면서 계속 기회를 잃는 것 같다. 여자들은 사회생활을 하면서 어떤 식으로든 네트워크를 키우는 데 노력해야 한다.   _사례 1

사실 우리 사회에서 연고주의, 학벌주의, 지역주의 등은 고질적인 병폐로 지적되고 있다. 그러나 앞서 살펴보았듯이 여성들 역시 많은 경우 학교선배를 통해서나 주변의 추천 등으로 취업을 하고 이것이 경력개발로 이어지고 있음을 알 수 있다.

여자들은 유대관계의 중요성에 대해 알아야 한다. 모임에 나가서 보면 남자선배들끼리 이야기하다가 "그래, 우리 회사에서 그런 거해. 그래 나랑 한 번 해보자." 해서 이런 식으로 연결이 되는 경우가 많다. 내가 지금하고 있는 일도 이런 인맥을 통해 하게 된 계기를 마련한 것이다. 여자들은 사회적으로 연결고리가 부족하다. 게다가 여자들끼리 선후배 간의 모임이 없다. _사례 3

여성 경영주가 운영하는 직장의 문화는 남성에 비해 덜 권위적이라는 주장도 있지만 아직까지 이를 검증할 만한 많은 실증연구들은 이루어지지 않고 있다. 따라서 가부장적 조직문화를 비판하는 여성주의적 관점에서 여성의 경력개발을 위한 사회적 관계망의 형성을 어떻게 이해하고 발전시켜야 할지는 앞으로 더욱 개척되어야 할 중요한 연구분야가 아닐 수 없다. 그럼에도 불구하고 여성들이 자신의 경력개발을 위해 주위의 네트워크를 잘 활용해야 함은 아무리 강조해도 지나치지 않을 것이다.

슈퍼우먼 컴플렉스로부터의 해방

여성의 교육기회 향상과 경제활동참가율 증가에 상응한 남성들의 가사노동 참여가 이루어지지 않고 있는 실정에서 기혼여성의 직장생활이 이중노동부담이라는 것은 의심의 여지가 없다. 더군다나 중산층 기혼여성들의 직장에서의 경력개발 못지않게 좋은 엄마, 아내로서의 역할에 대한 스스로의 기대는 다른 계층에 비해 큰 실정이다(김미경, 1999).

처음에 나 역시 다른 여자들처럼 슈퍼우먼 컴플렉스에 빠졌던 것 같다. 남편에게도 잘하고 시어머니에게도 잘해서 인정받고 싶었으니까. 하지만 가사일까지 병행해야 하니까 너무 피곤하고 한계를 느낀다. 그래서 일하는 여성이면 가사일은 좀 제끼는 것도 괜찮다

고 생각하기로 했다. 사실 가사일로 인해서 회사일에 타격을 주면
안 되니깐.   _사례 2

여성의 경력개발을 위해 무엇보다도 중요한 것은 여성들 스스로
이러한 이중부담으로부터 벗어나기 위한 노력으로 보인다.

경제관념 및 현실감각

일반적으로 여성들은 경제관념 및 현실감각이 남성보다 뒤처진
다는 평가를 받는다. 이러한 평가를 듣게 되는 이유로 여성으로서
받게 되는 사회화 과정을 무시할 수 없다. 여성들은 일반적으로 한
가족의 생계를 책임져야 하는 가장으로서, 경제적 주체로서 사회화
되기보다는 가장을 위해 뒷바라지하고 가족을 돌보는 정서적, 소비
자적 역할을 강요받는다. 아직까지 우리 사회에서 맞벌이를 하는
여성들은 자기 집안의 가장을 남편이라고 생각하고 있을 뿐만 아니
라, 일이 힘들고 지치면 언제든지 그만둘 수 있기를 바라는 경향이
지배적이다(Kim, 2000). 바로 여성들 스스로 생산적 주체로서의 의식
결여는 IMF 구조조정 과정에서 맞벌이부부의 경우 여성을 해고시
키는 사회의 관행에 간접적으로 기여하게 되는 결과를 낳고 있는 것
이다.

돈 많이 버는 전문직을 선택하라. 양육비용이 너무 많이 든다. 나
는 내 딸에게 너는 엄마보다 더 잘 살아라. 엄마보다 더 돈 많이 버
는 직업을 선택하라고 한다. 여자들이 돈 버는 데 더 관심을 두어
야 한다. 여자들 스스로 부자가 되어야 여자의 지위가 높아진다.
나는 그렇지 못했다. 살다보니 돈이 중요하며 많은 자유를 줄 수
있다는 생각이 들었다. 돈 많이 버는 남자를 만나면 된다는 생각을

하는데 그것은 구차스러운 것이다. 당연히 그 사람의 것을 받게 되면 자존심이나 그만한 대가를 치러야 할 것이다. 내가 잘 돼서, 내가 부자가 되어야지 배우자에게 의존하는 것은 아닌 것 같다.

_사례 5

결국 여성들은 확고한 경제관념 및 현실감각을 가질 필요가 있다.

사회생활 30년 하신 엄마가 내가 대학원 가겠다고 하니깐 말렸다. 지금은 그 이유를 알겠다. 대학원은 아예 연구직으로 빠지지 않을 거라면 가지 않는 것이 낫다. 경력으로 쳐줘야 하기 때문에 회사에서도 손해라고 생각한다. 아니면 아예 경력을 쌓고 대학원에 가든지.

_사례 8

확고한 직업의식

여성의 직업의식이 일반적으로 생각하는 것처럼 그렇게 낮지 않다는 것을 많은 여성주의적 연구들이 밝히고 있다(Wetterer, 1992; Kim, 2000). 하지만 아직까지 우리 사회에서, 특히 남성 및 경영주들은 여성 경력개발의 장애로 여성의 낮은 직업의식을 지적하고 있다. 이러한 인식 이면에는 앞서 지적했듯이 여성의 주부양자로서의 인식 결여가 영향을 미치고 있는 것으로 판단된다.

여자들은 직장을 결혼을 위한, 아니면 자기과시를 위한 도구로 삼아서는 안 된다. 입사동기 8명 중 지금까지 사회생활하는 사람이 나 하나라고 한다. 여자들이 얼마나 안일한지 모른다. 결혼하고 조금 힘들다고 그만두고. 사회가 나를 격려했다고 말해서는 안 된

다. 여자들은 버텨야 한다. 여자가 사회에 복귀하기 얼마나 힘든
지 아는가. 먹고 살만 하다고, 힘들면 그냥 나가는 식은 안 된다.
이런 식으로 여자들이 사회생활을 하면 사회적으로 각인이 된다.
기업체를 해보니깐 그런 심정을 이해하기도 한다. 기업체만을 원망
해서는 안 된다. 이미 수많은 여성들이 선례를 남겼기 때문에, 그 선
례로 남자들이 학습이 되었기 때문이다. 내가 또 여자를 뽑아서 당
하나 이런 생각을 남자들이 하게 되는 것이다. 이것은 비극이다. 여
자들은 목숨을 걸고 할 줄 알아야 한다.　　　　　　　　_사례 8

소비주체가 아니라 경제주체로서의 인식, 피부양자가 아닌 주부
양자로서의 주체의식만이 여성의 경제감각 및 현실감각을 키울 뿐
만 아니라 여성의 직업의식을 확고하게 만들 것이다.

다양한 직업적 경험

경영주의 입장에서 여성의 경력개발에 비판적인 경우 그 이유로
"너무 편하게 직업을 구하고자 한다"는 것을 주로 들고 있다. 면접
과정에서 실제로 노동시장에서의 수요는 고려하지 않고 자기가 좋
아하는 일 아니면 가려고 하지 않는다고 여성들에 대한 비판적인
생각을 말하는 경영주가 있었듯이 처음부터 자신이 원하는 직장을
찾으려는 생각보다 도전의식을 가지고서 다양한 경험을 통해 경력
을 개발하는 것이 필요하다고 하겠다. 사실 면접참여자의 대부분
이 10년 이상의 경력을 가진 여성들이라고는 하지만, 대부분 첫 직
장에서 큰 변동 없이 경력을 쌓아왔고 앞으로 자신들의 전공과는
무관한 관리자로서의 승진을 앞에 두고 계속 직장생활을 해야 할지
를 고민하는 경우가 많았다. 이러한 한계를 극복하기 위해서는 여
성들이 보다 다양한 직업적 경험을 쌓기 위한 도전을 해야 할 것이

며, 이것만이 갈수록 심화되는 노동시장의 유연화에 대처하는 길이라 하겠다.

> 대학 다닐 때 여러 가지 공부만 하는 것은 미련한 짓이다. 아르바이트도 하고 다른 방법들을 통해 자기가 하고 싶은 일들을 직간접적으로 체험하고 미리 해보는 기회를 가져야 한다. 그래서 그것이 자기에게 맞는 것인지를 알아봐야 하고, 그것을 하기 위해 미리미리 어떻게 해야 할까 생각해야 한다. 장기적으로 사회생활을 할 계획을 세워야 한다. 대안 없이 공부만 하는 것은 미련한 짓이다.
>
> _사례 3

전문성과 직업에 대한 책임감

전문성을 가진 사람만이 구조조정과 같은 어려운 상황에서도 계속적으로 경력개발을 해나갈 수 있음이 앞선 사례연구에서 지적되었다.

> 지금 이 자리는 나 아니면 다른 사람이 할 수 없다는 인식을 심어줘야 한다. 프로의식을 가지고 전문성을 키우지 않으면 안 된다.
>
> _사례 13

자신의 일에 대한 전문성과 그에 맞는 책임감이 결여된다면 여성의 경력개발은 영원한 숙제로 남게 될 것이다.

> 직장은 하고 싶으면 하고 그만두고 싶으면 그만둘 수 있는 곳이 아니다. 한 번 선택했으면 끝까지 책임질 줄 알아야 한다.   _사례 12

맺음말: 여성의 경력개발을 위한 제언

본 연구의 결과를 요약하면, 여성의 경력개발이 가능한 성공요인을 크게 세 가지 측면에서 정리해볼 수 있다.

첫째, 가족 내적 요인으로, 여성들의 경력개발을 위해서는 가정과 가사를 병행하는 데 있어 가족으로부터 어떤 도움을 받는가가 매우 중요한 변수로 작용한다. 즉 아이를 키워주는 사람이 따로 있는가, 남편의 이해가 있는가, 시댁으로부터 간섭을 받지 않는가, 시부모가 건강한가, 시부모가 경제력을 가지고 있는가 등이 여성들의 경력개발을 지원하는 가족 내적 요인으로 중요하게 작용하고 있다.

둘째, 여성 개인의 성향으로, 여성의 직업의식과 가족관이 경력개발과 깊은 관계가 있는 것을 알 수 있다. 즉 상대적으로 가족에 대한 의무감이 약하고 직업의식이 강한 여성일수록 경력개발을 잘하고 있는 것으로 나타났다. 아이에 대한 집착이 강한 여성보다는 집을 나오면 아이에 대해 잊어버리는 여성이 경력개발을 더 잘하고 있었다. 또한 본인 스스로 책임감과 프로의식이 강하다고 생각할수록 직장에 잘 적응하고 있었으며, '가정적'인 여성일수록 직장생활을 힘들어했다. 또한 가정친화적이지 못한 현재의 직장문화를 거부하기보다는 남성중심적인 조직의 원리에 잘 따르고 거부감이 적을수록 경력개발을 잘 하고 있는 것으로 나타났다. 이는 다시 말해서, 남성중심적인 직업문화에 적응하기 위해 "남자같다"는 소리를 들을 정도로 어느 정도 여성성을 포기한 여성일수록 경력개발에서는 성공하고 있다는 것이다.

셋째, 직장 내적 요인으로 성차별적인 조직문화와 관련이 있다. 즉 여성들이 아무리 남성과 똑같은 직업적 능력이나 조직문화에 적응하고자 하는 자세를 가지고 있다고 하더라도 자신이 몸담고 있는 직장으로부터 남성과 똑같은 대접을 받지 못할 경우 계속적으로 경력개발을 해나갈 수 없는 것으로 나타났다. 이는 저학력 여성보다 고학력 여성에게 두드러지게 나타나는 현상이라 할 수 있다. 대학을 졸업하고 입사하여 의욕에 차 있는 여성에게 남성 입사동료와는 달리 전문적인 일이 아닌 허드렛일이 주어지고, 일의 성과에 대한 믿음과 기대가 없는 직장에서 고학력 여성들이 오래 남아 있기 힘든 실정이다. 이는 여성 개인에 대한 경험보다는 여성 일반에 대한 편견에서 비롯된 남성 상사 및 남성적 조직문화의 결과이며 이로 인해 적지 않은 여성들이 피해자가 되고 있다.

이상과 같은 결과를 바탕으로 여성의 경력개발을 지원하기 위한 방안을 크게 4가지 차원에서 제언하고자 한다.

첫째, 여성들이 직장과 가정을 문제없이 병행할 수 있도록 국가의 적극적인 지원이 보다 확대되어야 한다. '여성적인' 직업을 선호하여 노동시장의 성별 분절화를 심화시키는 데 여성 스스로 간접적인 기여를 하게 되는 이유에는 무엇보다 육아 및 가사와 같은 재생산노동의 부담이 크게 작용하지 않을 수 없다. 사실 모성보호 관련 제도가 가장 잘 시행될 수 있는 공무원직에서도 제도의 유명무실이 거론될 실정이므로 모성보호 관련 제도의 일반 사업장에의 확대 적용은 여성경력 개발에 있어서 가장 큰 숙제가 아닐 수 없다.

둘째, 여성들을 믿고 전문성을 키울 수 있게 밀어줄 수 있는 기업의 지원이 필요하다. 경력개발을 잘 하고 있는 여성의 경우 대부분 결혼이나 출산을 미루는 등 근래 사회문제가 되고 있는 저출산 현상의 원인을 제공하고 있다. 밤늦게나 끝나는 요즘 회사 실정에 가정을 가진 여성의 경력개발이 쉽지 않은 것이 사실이다. 따라서 개인단위 사업체에서는 출근시간을 탄력적으로 운영하거나 재택근무를 가능하게 하는 등 보다 여성친화적인 고용조건을 갖추어 여성인력을 지원할 필요가 있다. 사실 이는 여성만을 위한 정책이 아니라 맞벌이를 선호하는 신세대에게 있어 남성들에게도 유용한 정책일 뿐만 아니라 저출산 시대를 맞아 꼭 필요한 정책이다.

셋째, 남편 및 시댁 등 가정의 지원이 필수적이다. 아직까지 가부장적인 유교문화가 지배적인 가족구조 하에서 시댁식구들과 사는 여성들에게 있어 가사노동은 엄청난 부담이 아닐 수 없다. 인구고령화로 인한 노인부양이 사회문제화되고 있는 현시점에서 정부차원에서의 가족에 대한 지원 못지않게 보다 민주적인 가족관계의 정립이 필요한 시점이라 할 수 있다. 면접에 응한 많은 여성들이 남편의 도움 및 시댁과의 관계가 자신의 경력개발에 매우 결정적임을 지적하고 있다. 며느리의 육아 및 가사를 함께 나누는 시부모의 모습이 자연스러운 가족문화가 정착되지 않고서는 여성의 경력개발은 요원한 숙제로 남을 것이다.

넷째, 책임감과 프로의식을 가지고 끝까지 경력개발을 하기 위한 개인적인 노력이 무엇보다도 요구된다. 많은 응답자들이 궁극적으로는 여성 스스로의 개인적인 의식문제가 크다는 점을 지적하였다. 물론 가부장적 조직문화 속에서 여성 혼자 의식을 바꾼다고 여성의 경력개발이 가능한 것은 아니다. '여성을 여성으로' 사회화시키는 교육제도의 변화를 비롯한 전반적인 제도적 변화가 뒷받침되어야 할 것이다. 그러나 여성 스스로 자질을 갖춘 전문가로서 성장하기 위한 자기관리 및 리더십 교육, 능력개발, 관리자로서의 훈련 등, 제반노력을 기울이지 않는다면 제도의 변화도 이루어지지 않을 뿐만 아니라 설령 여성친화적인 제도가 도입된다 해도 유명무실해질 것임에 분명하다.

chapter 9.

돌봄 서비스 개선을 위한
비영리 조직화 가능성

문제제기

'돌봄노동' 또는 '돌봄 서비스'는 산업화 과정에서 생긴 개념이다. 산업화 초기 농경생산 방식이 붕괴되면서 2차 산업의 도시노동자들이 대거 양산될 때 돌봄노동이나 돌봄 서비스의 개념이 따로 존재하지 않았다. '돌봄'은 경제 공식부문의 노동개념이라기보다 비공식부문에서의 여성에 의해 주로 이루어지는 가사노동과 재생산노동에 대한 정서적인 개념으로 이해되었다. 우리나라의 경우 1980년대 중반까지만 해도 노동시장에서의 성별분업은 생계자인 남성과 보조생계자인 여성, 특히 저숙련 미혼여성을 중심으로 이루어졌다. 그러나 1980년대 중반 이후 산업구조 및 종사자 비율에 있어 3차 서비스 산업이 2차 제조 산업을 초월하게 되면서, 음식, 숙박, 교육 등 먹고 자고 아이를 돌보고 가르치는 가사 내 '여성적 노동'이 노동시장에서 매개되는 서비스 산업화됨에 따라 여성노동자들에 대한 양적, 질적 변화를 요구하게 되었다. 더불어 1980년대 초 대학자율화와 함께 증가한 여성의 고학력화 현상과 함께 기존의 주부양자 남성, 피부양자/저기술 미혼여성의 노동력에 기초한 노동시장의 성별 분업 구조에 커다란 변화가 이루어지기 시작하였다(Kim, 2000).

이는 동시에 여성노동의 가치에 대한 새로운 인식을 유도하였다. 산업화 초기 농경사회의 해체와 함께 가사 외적 노동(직장노동)과 가사 내적 노동(가족노동)에 대한 공간적 분리가 일어나기 시작하고, 시장을 통해 교환되는 노동만이 생산적 노동으로서 사회적 가치를 인정받기 시작하면서 여성노동은 경제 비공식부문에서의 '비생산적 노동'으로 평가절하되었기 때문이다(Werlhof, u. a., 1992). 따라서 경제 비공식부문에서 노동하는 여성들에게는 가족만 있을 뿐 일은 존재하지 않는 것으로 인식됨으로써 여성의 가족 내에서의 일, 즉 돌봄은 노동으로 인정되지 않았다. 그러나 여성의 돌봄에 대한 능력을 노동시장에서 필요로 하고 경제 공식부문에서의 서비스 산업이 확대됨에 따라 여성, 특히 기혼여성의 경제활동이 증가하며[1] 돌봄은 점차적으로 노동으로서 인식되기 시작하였으며 화폐적 가치를 인정받기 시작하였다.

여성의 '돌봄'이 가정에서 시장으로 확대되었지만 여전히 '사랑'의 개념으로 접근하려는 학자들이 있는 반면(Graham, 1991), 웨어니스(Waerness)와 같이 노동 또는 서비스라는 산업사회의 도구적 개념으로 접근하는 학자들이 있다(홍미희, 2007). 돌봄노동을 사랑과 이타심과 같은 정서적 측면에서 접근한다면 자칫 돌봄노동의 물질적 대가에 소홀해지기 쉽다. 실질적으로 돌봄노동을 수행하는 사람은 주로 여성이기 때문에 돌봄노동을 사랑과 같은 정서적인 측면에서 접근하려 한다면 여성노동력의 가치를 제대로 평가하지 않고 있는 가

---

[1] 실제로 우리나라의 남성 대비 여성 취업자 증가 비율을 살펴보면 기혼여성의 (공식부문에서의) 경제활동참가율이 증가하기 시작한 1980년대 중반 이후, 즉 1987년 처음으로 40%(40.4%)대를 넘어서면서 1995년에는 40.5%에서, 41.4%(2000년), 41.9%(2006년)로 꾸준히 증가하고 있다. 또한 남성 대비 여성 전일제 정규직 임금노동자의 비율 역시 1989년 8.6%에서 1995년 10.3%까지 증가하였다가 IMF 외환위기 이후 10%대 밑으로 다시 낮아졌다. 2004년 10%(10.1%)로 다시 증가하였고, 2006년에는 11.3%를 나타내고 있다.

부장적 이데올로기를 재생산하게 되는 것이다(Werlhof, u. a., 1992).

하지만 물건을 만들어내는 상품생산을 위한 노동이 아니라 사람을 대상으로 하는 돌봄노동을 인간 간의 교류를 무시한 물질적인 측면에서만 접근할 수 있는 것일까? 만약 돌봄을 노동으로서 인정한다면 그 대가는 어떤 방식으로 누구에 의해서 이루어져야 할 것인가의 문제가 제기되어야 한다. 본 연구의 두 번째 문제의식은 돌봄노동의 관리와 지불방식에 대한 것이다. 이는 돌봄노동이 갈수록 제조업 노동과 같이 노동시장을 매개로 이루어지고 있지만 노동 관리와 노동에 대한 지불방식은 제조업 노동과는 달라야 한다는 문제의식에서 출발하고 있기 때문이다.

본 연구는 현재의 돌봄노동 현황을 광주지역을 중심으로 살펴보는 가운데 돌봄노동의 가치평가와 조직화 방식에 대해 논하고자 한다. 여기에서의 돌봄노동에 대한 논의는 그 가치를 화폐로서 인정받고 자본주의적으로 노동을 조직화하고 관리하고자 하는 데 그치지 않고, 갈수록 비인격화되고 도구화되어 가는 노동을 보다 '인간다운 노동'으로서 제고하고자 하는 데에 그 목적이 있다.

돌봄노동의 조직화 담론

앞서 언급하였듯이 돌봄노동은 후기 산업사회에 이르러 자본주의적 생산방식에 의해 노동시장을 매개로 조직화되기 시작하였다. 산업별 대분류에 따르면 돌봄노동은 서비스 산업에 속한다. 거시사회학적 분류에 의하면 서비스 산업은 사회적 재생산의 영역에 관여하는 모든 범위를 포함하는 개념으로 이해된다(Berger & Offe, 1985). 한국에서의 서비스 산업의 발전, 특히 돌봄노동은 국민들의 복지수준을 반영하는 것도, 더군다나 국가의 복지정책에 의해 이루어진 것도

〈표 9-1〉 산업별 여성취업자 비율

분류	비율
계	100.0
여자	41.9
농림 · 어업	7.7
여자	3.6
A. 농업 및 임업	7.4
여자	3.5
B. 어업	0.3
여자	0.1
광공업	18.1
여자	5.9
C. 광업	0.1
여자	0.0
D. 제조업	18.0
여자	5.9
사회간접자본 및 기타 서비스업	74.2
여자	32.4
E. 전기, 가스 및 수도사업	0.3
여자	0.1
F. 건설업	7.9
여자	0.7
* 도소매/음식숙박업	24.9
여자	13.5
* 사업/개인/공공서비스 및 기타	31.3
여자	15.4
* 전기/운수/통신/금융	10.1
여자	2.7
G. 도매 및 소매업	16.0
여자	7.4
H. 숙박 및 음식점업	8.9
여자	6.1
I. 운수업	5.0
여자	0.5
J. 통신업	1.3
여자	0.3
K. 금융 및 보험업	3.4
여자	1.7
L. 부동산 및 임대업	2.2
여자	0.7
M. 사업 서비스업	7.2
여자	2.5
N. 공공행정, 국방 및 사회보장 행정	3.5
여자	1.1
O. 교육 서비스업	7.2
여자	4.9

분류	비율
P. 보건 및 사회복지 사업	3.0
여자	2.2
Q. 오락, 문화 및 운동 관련 서비스업	2.2
여자	0.8
R. 기타 공공, 수리 및 개인 서비스업	5.5
여자	2.6
S. 가사 서비스업	0.6
여자	0.6
T. 국제 및 외국기관	0.1
여자	0.0

※ 자료: 한국여성정책연구원, 통계 DB.

아닌 저소득 계층의 최소한의 생계유지를 위한 수단과 깊은 관련이 있다(Kim, 2000). 서구와 같이 우리나라 역시 제조업 시대에서 서비스 사회로 진입하였지만, 우리나라 서비스 산업의 구조는 음식, 숙박 등 소비재 산업에 치우쳐 있다. 이는 서구보다 열악한 우리나라의 노동구조, 즉 비인간적 노동 조건을 반영하고 있으며 서비스 산업에 있어 여성의 경제활동 참여가 가장 두드러지는 분야는 음식, 숙박과 같은 소비재 서비스부분이다.

2006년 우리나라 여성 경제활동참가율은 41.9%로 농림어업에 3.6%, 광공업에 5.9%, 사회간접자본 및 기타 서비스업에 32.4%가 종사하고 있다. 사회간접자본 및 기타 서비스업 중에서 돌봄노동에 속하는 부분은 숙박, 음식, 보건, 사회복지, 가사 서비스업 등으로 다른 분야와 비교하여 여성 종사자의 비율이 남성에 비해 높게 나타나고 있다.

돌봄노동과 관련하여 다른 한편으로는 테일러-구비(Taylor-Gooby)가 후기 산업사회의 특징으로 지적하듯, 여성의 경제활동참가율이 전 산업부문에서 증가하면서 비공식 사적 영역의 돌봄 제공자원은 감소하는 반면, 인구고령화로 후기고령인구의 돌봄의 욕구는 증대하게 됨에 따라 새로운 사회적 위험, 즉 '돌봄의 위기'가 등장하게 되었으며, 이에 대응하여 '돌봄의 사회화', '돌봄의 공식화'가 이루어지고 있다(석재은, 2007). 돌봄노동이 더 이상 가정 안에서 자급자족의 형태로 해결될 수 없게 되었으며, 노동시장의 공식부문으로 편성되지 않을 수 없게 된 것이다. 국가 역시 돌봄노동의 수요와 공급을 조절하기 위해 돌봄노동의 조직화 방식에 개입하지 않을 수 없게 되었으며, 이 과정은 복지국가의 welfare에서 workfare로의 신자유주의적 노선 변경과도 밀접한 관련을 갖는다.[2]

본 연구에서는 시장을 통해 매개되는 돌봄노동에 대해서는 논외로 하고자 한다. 또한 복지국가 유형화 논의에 대한 여성주의적 비판에 기초하여 돌봄노동의 국가적 조직방식에 대해 논하고자 한다. 국가의 돌봄노동 조직방식을 볼 때 크게 두 가지 측면에서 살펴볼 수 있다. 즉 국가가 돌봄 영역에 개입하는 방식과 국가의 개입 정책에 영향을 미치는 그 사회의 정치, 경제, 사회, 문화적 측면이 있다.

국가는 증가하는 돌봄 수요에 다양한 방식으로 개입하고 있으며, 그 대표적 예로 서비스 제공과 현금지급 방식이 있다. 즉 국가가 공공시설을 제공함으로써 서비스를 직접 이용하도록 하거나, 현금을 지급하여 자신에게 필요한 서비스를 구매하도록 하는 것이다. 현금을 지급하는 경우에 있어서도 지급원칙이 다르다. 시민의 권리로서 보편적 원칙을 적용할 수 있지만, 잔여적 원칙에 의해 일정 계층에 한정하여 지급할 수도 있다. 현금의 경우 누구에게 지불하느냐 역시 다르다. 돌봄 제공자에게 돌봄의 대가로 현금이 지급될 수도 있고 돌봄노동의 수혜자에게 서비스 선택권이 부여될 수도 있다. 현재 우리나라의 국가가 관리하는 돌봄 서비스는 잔여적 원칙에 의

---

2 정부는 복지시스템에 전적으로 의존하고 있는 수급자 및 수급자로 전락할 가능성이 큰 차상위계층에 대해 공공부문의 돌봄 서비스 부문의 고용을 창출하여 이들을 노동시장으로 유인하는 정책을 사용하고 있다. 2007년 여성가족부의 아이돌보미 및 장애아동 양육지원, 보건복지부의 산모·신생아도우미 서비스, 노인돌보미, 중증장애인 활동보조 서비스, 자활근로 가사간병 사업, 복권기금 가사간병 서비스, 노동부 사회적 일자리의 가사간병 서비스 등은 국가가 추구하는 '생산적 복지'로서 기능하고 있다. 보건복지부의 경우 2007년 돌봄 바우처 사업에만 약 1,100억 원이 넘는 예산을 사용하고 있다.

해 일정 계층에 한정하여 서비스 수혜자의 자택에서 서비스를 제공 받도록 하는 방식을 주로 채택하고 있다.

예를 들어 세 가지 복지체제 유형을 대표하는 영국, 독일, 스웨덴의 경우 보육분야에서 국가개입 방식에 차이를 보이고 있다. 스웨덴의 경우 공공보육시설과 같은 직접적 서비스를 제공하는 데 중점을 두는 반면, 독일은 집에서 양육을 담당하는 사람들에게 합당한 양육노동의 대가를 지급하는 양육수당에 역점을 두고 있다. 이는 여성을 양육자로 보는 강한 남성부양자 모델을 보여주는 대표적인 제도라고 볼 수 있다. 즉 독일의 경우 여성을 일차적인 양육자로 보고, 여성이 담당하는 양육의 대가를 지불해주는 것이며, 스웨덴은 여성을 일차적으로 '취업하고 있는 개인'으로 보고 취업자의 권리로서 부모권을 보장하고 있는 것이다. 반면, '강한 부양자 모델'로 분류되는 영국의 경우, 독일과 스웨덴처럼 부모 모두가 사용할 수 있는 육아휴직 제도는 따로 없고, 비교적 긴 산전·후 휴가가 어머니인 여성에게만 주어진다(홍미희, 2007). 즉 돌봄 서비스를 제공받는 사람과 서비스를 제공하는 사람이 같은 가족의 구성원이라는 점에서 한국과 같이 돌봄 서비스 제공자와 수혜자가 같은 가족구성원이 아닌 경우와는 차이점을 가지고 있다.

이상과 같이 국가가 돌봄 영역에 직접 개입하는 방식의 차이에 영향을 미치는 정치, 경제, 사회, 문화적 배경이 나라마다 다르다. 앞서 예로 든 아동보육과 관련하여 아동양육의 일차적 장소가 어디며, 양육의 일차적 책임자가 누구인가를 보는 방식에 있어서 각 나라마다 문화적 차이가 있다. 영국과 독일의 경우 가장 이상적인 장소는 가족인 반면, 스웨덴은 가족이나 공공영역 모두 다 아동양육에 적합한 장소라고 생각한다. 우리나라의 경우 가족의 중요성이 여전히 강조되는 규범적 문화가 존재하면서도 돌봄노동에 대한 공공서비스의 수요를 선호하는 문화가 동시에 증가하고 있는 실정이다. 이는 돌봄노동의 조직화 문제와 밀접한 관련을 갖는다. 즉 돌봄노동 정책담론에서 자주 거론되고 있는 돌봄 수혜자의 복지 및 권리의 문제를 중심으로 보았을 때 돌봄노동이 이루어지는 장소와 돌봄을 행하는 노동자를 수혜자가 선택할 수 있는지가 중요하다. 그러나 이는 돌봄노동을 실제로 수행하는 돌봄노동자의 욕구나 복지와 항상 정적인 관계에 있는 것은 아니다. 바로 이 점이 이 글에서 집중적으로 다루고자 하는 문제의 핵심이다. 다음에서는 국가가 돌봄노동을 어떤 방식으로 조직화하고 있으며 돌봄노동의 수혜자와 제공자 사이에 존재하는 딜레마가 무엇인가를 광주지역의 돌봄노동 현황을 중심으로 살펴보는 가운데 돌봄노동의 개선을 위한 조직화 방안에 대해 숙고해보고자 한다.

돌봄 서비스 현황[3] : 광주지역의 돌봄노동 조직화를 중심으로

서비스 이용자 현황

여성가족부의 아이돌보미 서비스, 보건복지부의 산모 · 신생아도우미 서비스, 노인돌보미 서비스, 중증장애인 활동보조 서비스, 가사간병 사업, 노동부 사회적 일자리의 가사간병 서비스 등의 제공자 및 수혜자를 대상으로 광주지역 돌봄 서비스 이용자 149명과 서비스 제공자 135명에 대해 조사한 결과, 가사간병 서비스 49.0%, 노인돌보미 서비스 22.8%, 산모 · 신생아도우미 서비스 17.4%, 아이돌보미 서비스 6.0% 순으로 분포되어 있었다.

---

3 본 현황은 2007년 6월부터 7월까지 광주여성노동자회에서 광주지역의 돌봄 서비스에 대한 기본적인 서비스 수요 및 공급 실태를 파악하고자 서비스 이용 당사자 149명, 서비스 제공 대상자 135명에 대해 실시한 조사결과를 토대로 한 것이다.

서비스 이용자의 경우 소득수준이 대체적으로 낮았으며, 노인돌보미 서비스를 받는 가구 중 소득이 50만 원 이하인 경우가 74.2%를 차지하고 있었다. 가구의 소득수준은 아이돌보미 서비스, 산모·신생아도우미 서비스 이용 가구 순으로 높게 나타났으며, 중증장애인 활동보조 서비스, 가사간병 서비스, 노인돌보미 서비스 이용자 순으로 가구 소득수준이 낮게 나타났다. 이들의 약 70% 이상이 공공 돌봄 서비스에만 의존하고 있었다.

서비스 이용 이유는 서비스의 종류별로 차이를 보이고 있는데, 아이돌보미 서비스의 경우에는 '가족에게 부담을 주기 싫어서'가 가장 높게 나타났으며, '돌봄 일이 너무 부담스러워서'가 다음으로 높았다. 산모·신생아도우미 서비스의 경우에는 '돌봄 일이 힘든' 경우가 가장 높게 나타났으며, '가족에게 부담을 주기 싫어서', '경제적으로 저렴하여' 순으로 높았다. 그밖에도 대부분의 경우 '가족에게 부담을 주기 싫어서'가 가장 높게 나타났으며, 중증장애인 활동보조 서비스의 경우에는 '전문적인 서비스를 받고 싶어서'가 가장 높게 나타났다. 가사간병 서비스의 경우에는 '돌봐줄 사람이 없어서', '대화상대' 등 정서적 욕구의 충족을 위하여 이용하는 것으로 나타나고 있다.

서비스 이용 경로는 공공기관 및 사회복지기관을 통해 이용하게 되는 경우가 높게 나타났으며(노인돌보미, 중증장애인활동보조, 가사간병), 아이돌보미의 경우는 홍보매체를 통해 이용하게 되는 경우가 높고 산모·신생아도우미의 경우에는 아는 사람의 소개로 이용하게 되는 경우가 다른 사례보다 높게 나타났다.

서비스 이용 만족도는 평균 95% 이상으로 매우 높게 나타났으며, 특히 아이돌보미 서비스와 중증장애인 활동보조 서비스에 대한 만족도가 가장 높게 나타났으며, 산모·신생아도우미 서비스는 상대적으로 낮게 나타나고 있다. 불만족 이유는 산모·신생아도우미 서비스는 '서비스 내용의 다양성 및 전문성 때문'으로 서비스가 형식적인 데 대한 불만이 높았고, 가사간병 서비스 경우 '제공자의 잦은 교체', '직업의식의 결여와 다양성 및 전문성 부족' 등이 지적되었다. 또 다른 불만 사유는 서비스 이용시간과 관련된 것으로, 특히 가사간병 서비스의 경우 이용시간에 대한 불만족이 많았다. 이용시간과 관련된 불만족 중에서도 절대적인 이용시간이 짧다는 것이 가장 큰 원인이었고, 산모·신생아 및 노인돌봄 서비스의 경우에는 이용시간을 탄력적으로 활용하지 못한다는 점이 큰 문제로 지적되었다. 서비스에 대한 계속이용 의향에 있어서는 거의 대부분 계속 이용을 원하였고, 특히 아이돌보미, 산모·신생아도우미 및 중증장애인 활동보조 서비스 등에 대한 계속이용 의향이 높았다.

이러한 결과를 살펴보면, 국가에서 추진하고 있는 돌봄노동의 사회화를 통해 돌봄 서비스를 제공받고 있는 광주지역의 수혜자들은 상업적 시장을 통해 돌봄 서비스를 받을 수 있는 경제적 능력을 소유하고 있지는 못했지만 국가의 보조를 통해 최소한의 서비스를 받고 있으며 더욱 나은 서비스를 원하지만 자신들의 형편을 고려할 때 현재의 서비스에 어느 정도 만족하고 있음을 알 수 있다.

서비스 제공자 현황

서비스 제공자의 비율을 살펴보면, 복권기금 가사간병도우미 활동에 종사하고 있는 대상자가 가장 높게 나타났으며, 그 외 노동부 사회적 일자리로서의 가사간병 서비스, 노인돌보미 서비스 등의 순으로 높게 나타났다. 돌봄 서비스 제공자의 특성을 성별로 살펴보면, 대부분의 서비스 제공자가 여성이며, 기혼인 것으로 나타났다. 그러나 복권기금 가사간병사업단의 유배우 비율은 낮게 나타나고 있다. 학력은 대부분 고졸 수준이었다. 서비스 제공자는 대부분 국가자격증이 없는 것으로 나타났으며, 그 중 사회복지사 자격증 비율이 높게 나타나고 있다. 특히 가사간병 서비스 및 노인 돌봄에 종사하는 대상자에게 있어 자격증이 없는 비율이 높게 나타났다.

이들은 서비스 제공 이전에 주로 전업주부였으며, 이 외에 서비스직 및 생산직 순으로 나타났다. 산모·신생아도우미 서비스 제공자의 경우 타 서비스 제공자에 비해 전문직의 비율이 상대적으로 높게 나타났으며, 자활근로 간병 서비스 제공자의 경우에는 생산직의 비율이 상대적으로 높게 나타났다. 아이돌보미 제공자의 경우에는 사무직의 비율이 상대적으로 높게 나타나고 있다. 돌봄 서비스 활동 외의 추가적 소득활동을 하고 있는 경우가 평균 70% 이상으로 나타나고 있어 돌봄 서비스로 생계유지가 불가능하다는 것을 알 수 있다. 돌봄 서비스 제공자의 가구원 중에 소득활동을 하고 있는 가구원이 없는 경우가 평균 40%이며, 소득활동을 하고 있는 타가구원은 1인이 대부분을 차지하고 있다. 돌봄 서비스 제공자의 총 근로소득은 평균 약 70~90만원 수준으로 가구소득은 자활근로 간병사업단 참여자가 91.7만원으로 가장 낮았다. 돌봄 서비스에 종사하게 된 동기로는 경제적 이유(62.7%)가 가장 높았으며, 의미있는 일에 참여하고 싶어서(20.1%), 직업을 갖고 싶어서(9.7%), 다른 일자리를 구하기 힘들어서(5.2%) 순으로 나타나고 있다.

돌봄 서비스에 종사하고 있는 서비스 제공자의 일일 평균 근무시간은 5시간 이상이며, 산모·신생아 서비스, 가사간병 서비스 등의 근무시간이 상대적으로 높다. 월평균 근무일은 12~23일 정도로 개인별 편차가 있지만, 보통 정규직의 노동시간만큼 일하고 있었다. 돌봄 서비스 제공자는 대체로 4대 사회보험에 가입되어 있었으며, 아이돌보미, 자활근로 간병사업단의 경우에는 4대 사회보험 가입비율이 상대적으로 낮은 편이었다. 4대 사회보험에 가입되어 있지 않은 경우는 2대 보험에 가입되어 있었으며, 그 외에는 민간상해보험에 가입되어 있었다.

　서비스 제공별 돌봄 서비스 활동을 위한 교육시간을 비교해보면, 산모·신생아도우미의 교육시간이 가장 짧았으며, 가사간병 관련 서비스 종사자의 교육시간이 길었다. 교육시간에 대해서는 대체로 적절하다는 평가가 높은 비율을 차지하고 있지만 부족하다는 평가도 높았다. 돌봄 서비스 활동을 위한 교육내용은 대체로 보통으로 평가되고 있었으며, 지식교육 위주로 제공되고 있는 것으로 평가되었다. 실습교육은 절반 이상이 제공받지 않은 것으로 나타났다. 교육내용 중에서는 실습교육에 대한 만족도가 다른 교육내용에 대한 만족도보다 높았으며, 직업전망에 대한 만족도는 가장 낮았다.

　돌봄 서비스 활동에 대한 지속적인 지원체계의 필요성에 대해 거의 대부분 지원체계가 필요하다고 응답하였고, 필요한 지원체계의 내용으로는 상근직원의 전문적인 조언이나 교육, 사례회의 등에 대한 희망이 가장 높았다. 그 외 전문적인 상담, 동료 간의 의사소통 정례화(자조모임, 월례회의, 소모임 등) 순이었다. 돌봄 서비스 제공자 대부분이 서비스 활동을 유지하겠다고 응답하였고 자신들의 서비스 활동에 대해 대체로 만족하고 있었다. 서비스 활동에 불만족하는 경우는 불충분한 임금수준 때문이었으며 다음으로는 불안정한 고용 때문이었다. 장애아동 양육지원 사업의 경우 돌봄 서비스에 대한 낮은 사회적 평가로 인한 불만족이 높았으며, 산모·신생아도우미의 경우 직업전망이 부재하기 때문에 불만족한 비율이 높게 나타났다. 아이돌보미 및 산모·신생아도우미의 경우 서비스 제공기관에 대한 마찰로 인해 불만족이 있었는데 이런 경우에는 서비스 제공기관의 관리 및 지원체계가 높지 않은 것과 관계가 있을 수 있다.

　돌봄 서비스 제공자들은 대체로 정규직원으로서 근무를 희망하고 있었으며 산모·신생아도우미의 정규직 욕구가 가장 높았으며, 다음으로는 복권기금 가사간병도우미 순이었다. 반면, 장애아동

양육지원 사업의 경우 시간제 계약직에 대한 욕구가 가장 높았는데, 이들의 경우 추가 직업 수가 많은 점을 고려할 때 시간제 활동에 대한 욕구가 높은 것은 이 분야의 경제적 보장이 낮음을 시사하는 것이라고 하겠다. 그러나 아이돌보미 및 중증장애인 활동보조 서비스 참여자의 경우에는 전일제 계약직보다 시간제 계약직을 더 원하는 것으로 나타났다. 노인돌보미 및 가사간병 관련 서비스 참여자의 경우 전일제 근무형태를 원하는 비율이 높았다.

돌봄 서비스 참여자의 일평균 희망노동시간은 평균 5~8시간이며, 월평균 근무일은 평균 약 15~20일 사이로 나타났다. 일평균 적정대상자는 약 2명이며, 월평균 희망임금은 평균 약 90~110만원 수준으로 나타났다. 돌봄 서비스의 확대 필요성에 대해서는 거의 대부분 확대될 필요성이 있다고 응답하였으며, 장애아동 양육지원 사업, 중증장애인 활동보조 사업, 산모 · 신생아도우미 제공자들은 서비스 확대가 필요하다고 응답한 비율이 높은 반면, 노인돌보미 제공자의 경우 서비스 확대에 대해 필요하다고 응답한 비율이 상대적으로 낮았다. 시급히 확대되어야 할 필요성이 있는 서비스 종류로는 현재 제공하고 있는 서비스와 관련된 서비스가 확대되어야 한다고 응답한 비율이 높았는데, 대체로 노인 관련 서비스가 확대되어야 한다고 응답한 비율이 가장 높았으며, 그 외 가사간병 서비스와 관련하여 환자 서비스의 확대도 필요하다고 응답한 비율이 높았다.

이상의 결과를 통해 돌봄 서비스 제공자들은 고도의 지식정보화 산업사회의 노동시장에서 경쟁력을 갖추지 못한 단순 노동력 제공자가 대부분을 차지하고 있으며, 국가에서 제공하는 돌봄과 관련한 일자리로는 생계를 충당하기 힘든 것을 알 수 있다. 돌봄 서비스 제공자들은 노동시장에서 보다 경쟁력을 갖추기 위해 직업훈련의 기회를 요구하고 있으며 현재보다 나은 직업전망을 갖기 위한 사회적 연계망을 필요로 하고 있다. 현재의 국가 정부기관을 통해 통제,

관리되고 있는 돌봄 서비스 체계는 노동시장의 위계를 오히려 공고화시키고 있어 돌봄노동이 보다 양질화된 좋은 노동이 되기 위한 새로운 조직화가 절실하다고 하겠다.

돌봄 서비스의 비영리적 조직화 가능성

노동사회와 돌봄노동

이상에서 광주 지역 공공서비스 부문의 돌봄노동 현황을 살펴보는 가운데 돌봄노동 서비스 제공자나 수혜자 모두 영리를 추구하는 노동시장에서 경쟁력을 가지지 못하는 계층임을 알 수 있었다. 그러나 오늘날 현대인들에게 가장 큰 영향을 미치고 있을 뿐만 아니라 현대인들의 사회화에 있어 가장 중심이 되는 것은 직업노동Erwerbsarbeit이다. 이러한 직업노동을 기반으로 한 사회를 서구에서는 노동사회Arbeitsgesellschaft라 일컫고 있다(Daheim & Schoenbauer, 1993). 물론 노동사회에서 지칭하는 직업노동이란 완전고용을 지향하는 전일제 임금노동을 뜻한다. 따라서 노동사회의 가장 큰 문제는 실업이다. 사실 노동에 대한 대안으로 이해되고 있는 복지의 개념도 엄밀히 따지고 보면 노동을 전제로 하고 있다. 복지국가의 가장 중요한 문제 중 하나인 실업정책은 직업노동을 구하지 못해 생계의 어려움을 갖고 있는 사람들을 대상으로 하고 있다. 그러나 실업자들에게 지불하는 실업급여 또한 자신의 또는 타인의 노동에 기반하고 있다. 결국 노동을 전제하지 않은 복지는 있을 수 없다. 다만 노동대상과 복지대상이 다를 수는 있다. 그러나 국가차원에서의 생산과 재생산은 직업노동을 기반으로 하고 있는 것이 현대사회, 즉 노동사회의 가장 큰 특징이라 할 수 있다. 이러한 노동사회에서는 노동

력으로서 경쟁력이 없는 노인, 장애인, 여성들은 소외되기 마련이다
(김미경, 2007).

　노동사회의 가장 기초가 되고 있는 직업노동은 현대인들에게 물
질적으로 뿐만 아니라 사회문화적으로 영향을 미치고 있다. 따라
서 직업노동으로부터의 이탈은 소득의 상실을 의미할 뿐만 아니라
현대인들의 가치관과 자아정체성에 지대한 영향을 미치고 있다. 일
반적으로 노동은 직업영역 외에서도 항상 일어나고 있다. 그 대표적
인 예가 가정에서의 가사 및 육아노동이라는 소위 '돌봄노동'이며,
이 노동에는 대부분 여성들이 종사하고 있다. 그러나 노동사회에서
의 노동개념은 직업으로 연결되어 있기 때문에 직업 밖에서 이루어
지고 있는 노동에 대해서는 사회적으로 무관심할 뿐만 아니라 가치
가 인정되지 않는다. 즉 직업을 가지고 있는 사람과 그렇지 않은 사
람에 대한 사회적 인식이 다르다. 따라서 직업을 상실하거나 구하
지 못하는 사람들 스스로도 자신의 사회적 가치에 대해 회의하게
된다. 직업노동에의 의존도가 높은 사회일수록 노동기능을 상실한
사회구성원들의 소외는 크게 나타난다. 따라서 돌봄노동이 사회화
되는 것은 여성노동의 가치평가를 위해 긍정적인 역할을 한다고 할
수 있겠다. 문제는 돌봄노동을 사회화하는 데 있어서의 조직방식에
있다.

　현재 정부는 여성가족부의 아이돌보미 및 장애아동 양육지원, 보
건복지부의 산모·신생아도우미, 노인돌보미, 중증장애인 활동보
조, 자활근로 가사간병사업, 복권기금 가사간병 서비스, 노동부의
사회적 일자리에 따른 가사간병 서비스 등을 통해 '생산적 복지'라
는 이름으로 전혀 생산적이지 않은 노동과 전혀 인간적이지 않은 복
지로 돌봄노동을 조직화하고 있다. 광주지역 현황을 통해 살펴보
았듯이, 돌봄노동을 수행하고 있는 서비스 제공자들은 실업상태에
있었거나 실업상태에 빠지기 쉬운 집단이 대부분을 이루고 있다. 즉

국가는 이들이 복지대상으로 전락하는 것을 막기 위해 사회적 일자리나 돌봄노동의 사회화 형태로 수급자나 차상위계층에 대해 일자리를 제공하고 있다. 하지만 그것은 단지 직업능력을 잃은 사람들에게 끊임없이 직업노동을 강요하는 노동정책 이상의 의미가 없다. 직업능력을 상실한 이들에게 직업노동을 하도록 강요하는 사회, 그것이 바로 '노동사회'의 특성이다(김미경, 2000). 소위 20대 80의 사회로 불리기도 하는 노동사회는 갈수록 소수의 생산인구가 다수의 비생산인구를 부양하도록 조직화되어 가고 있다(마르틴 외, 2003). 즉 고부가가치를 생산해내는 고임금의 소수가 내는 세금으로 나머지 다수가 생존을 유지해야 하는 복지국가의 현실은 인적자원의 입장에서 보았을 때 매우 비효율적인 사회로 보이지만, 경제적 효율성을 지향하는 사회에서는 오히려 권장되고 있다. 이는 비정규직 형태의 불안정한 고용구조가 일반화되어 가는 현실을 통해 확인할 수 있다. 인간보다 경제가 우선하는 것이다. 이러한 시스템을 유지시키는 체계가 바로 복지국가이다. 더구나 고도의 지식정보의 발전과 함께 노동시장에서는 특정 지식과 기술을 가진 노동력을 필요로 하는 사회가 됨에 따라 고도의 지식정보화 사회가 요구하는 전문성을 지니지 못하였거나 노후화된 대다수의 노동자들은 사회의 강요에 떠밀려 별다른 희망 없이 그저 막연한 기대만 가지고 경쟁이 치열한 노동시장을 배회하고 있다. 이러한 노동은 비인간적이다. 비인간적인 노동의 대안으로 나타난 복지정책들 역시 인간적이기보다는 제도적이고 관료적이다. 더군다나 노동운동이 약화되고 신자유주의적 노동시장 유연화 정책이 팽배한 시대를 살아가는 노동자들은 언제 쫓겨날지도 모르는 비인간적인 노동시장에 매달려 끊임없이 자신의 노동능력을 실험 받아야 한다(김미경, 2007). 이러한 현실을 우리는 광주지역 돌봄 서비스 제공자들의 현실을 통해 확인하였다.

인간적인 '좋은 노동'으로서 돌봄노동

　필자는 비인간적인 노동사회에 대한 대안적인 개념으로서 '인간다운 노동', '좋은 노동'의 개념을 소개한 바 있다(김미경, 2007). 국가의 복지정책의 팽창과 끊임없이 변화하는 불안정한 노동시장 조건, 노동자들을 파편화시키고 있는 개인주의화의 경향은 우리의 삶과 의식 속에 이제까지 존재하고 있는 노동에 대한 개념의 변화를 요구하고 있으며 사회적 가치연계망에 존재하고 있는 노동의 역할 또한 변화시키고 있다. 유럽에서는 1980년대 이후 노동사회Arbeitsgesellschaft에 대한 대립적 개념으로 여가사회Freizeitgesellschaft라는 개념을 사용하면서 노동에 대한 새로운 이해를 시도하고 있다(Wehner, 1997: 17). 즉 노동사회에서 고전적인 노동구조에 의해 결과한 노동자들의 실업 및 가족해체, 술·담배에의 의존, 건강악화 등로부터 벗어나고자 하는 노력을 하고 있는 것이다. 여가는 노동의 반대개념으로서 전형적인 산업화의 산물로 일반적으로 직업노동 외 시간활용에 대한 문제, 즉 휴일, 휴가의 개념과 관련되는 것으로 이해되고 있다. 여가는 이미 산업화 초기 노동일 단축에 이어 노동주 단축, 휴가, 퇴직금, 아동노동 금지, 여성의 경제활동 참여를 위한 투쟁의 산물이었다(Ruedke, 2001: 17). 그러나 최근 유럽에서는 이러한 복지국가 성립과정에서의 제도적인 노동정책 범위 안에서의 '여가'의 범위를 벗어난 '노동' 개념 자체에 대한 새로운 시각을 요구하는 운동이 대두되고 있다. 즉 노동과 여가의 개념을 따로 분리시키지 않고 인간다운 노동을 추구하는 논의가 이루어지고 있는 것이다.[4] 소위 '좋은 노동Gute Arbeit' 운동은 시장의존적인 노동의 개념을 넘어서고자 한다. '인간적인 노동Menschliche Arbeit'으로 이해되는 이 논의는 과도한

---

[4] 노동의 비인간성에 지친 현대인들은 여가를 추구하지만, 현대인의 여가가 사실 인간다운 것은 아니다. 많은 사람들은 여가를 즐기기 위한 비용과 시간을 얻기 위해 또 다른 스트레스에 시달리며, 여가 가운데서도 항상 자유로움을 느끼지는 않는다(김미경, 2007).

업적 위주의 직업노동을 탈피하고 지속가능한 인간적인 노동능력을 사회에 실현하고자 하는 철학을 가지고 있다.

좋은 노동에 대한 논의는 독일의 INQAInitiative Neue Qualitaet der Arbeit라는 조직에서부터 시작되었으며 이들이 추구하는 가치 역시 경쟁력이지만, 이는 안전과 건강을 보장한 경쟁력이다. 즉 노동자들에게 안전하고 건강한 노동조건을 보장하면서 사용자에게는 경제적인 이윤을 동시에 보장할 수 있는 대책을 마련하고자 하는 것이다(Thiehoff, 2004). 이 조직은 "더 풍부하고 보다 나은 일자리 창출"을 목표로 한 사회정책 의제Agenda 안에서 유럽 전역으로 확산되어 가고 있다. 독일노조연맹DGB 역시 이 운동에 참여하고 있는데, 특히 철강산업노조IG-Metall의 '좋은 노동' 프로젝트는 다음 세 가지에 주안점을 두고 있다. 첫째, 보다 건강한 노동이 가능할 수 있도록 노동조건 및 성과에 제한되지 않는 작업 및 임금정책, 둘째, 고령자들에 대한 재교육의 기회를 포함한 노동제공, 셋째, 불안정 고용에 따른 부담과 위험을 방지하기 위한 비정규직 방지 등이다(Pickshaus & Urban, 2003: 276). '좋은 노동'에 대한 운동은 애초에 노동보호, 특히 1996년 노동보호법 개정운동을 진행했던 조직에서 기원하고 있다(Klenner, 2005: 207). 사실 '좋은 노동'의 내용을 엄밀히 살펴보면, 기존의 노동의 관점으로부터 완전히 새로운 개념은 아니다. 다만 인간성이 상실된 기존의 노동에 대해 인간적인 면을 부각시키고 있다. '좋은 노동' 운동이 추구하는 가치는 노동을 총체적으로 바라보는 데 있다. 즉 노동에는 노동자의 노동능력뿐만 아니라 건강, 가족관계, 여가까지가 모두 포함되어야 하지만, 기존의 노동 개념에서 노동은 이윤을 창출하기 위한 수단에 지나지 않는 것으로 이해된다. 따라서 기존의 노동 개념은 작업장 안으로 제한되어 있다. 그래서 직장은 노동자들에게 불안정한 무한경쟁을 의미하며, 노동자들에게 가정은 직장노동을 위한 재충전의 장소가 된다. 이렇듯 직장과 가정은 현대인들에게 이분법적으로 분리된 공간으로 기능하고 있다. 그러나 '좋은 노동'의 개념은 직장 외에 존재하는 사회적 관계망 전체를 포괄하고 있다. 즉 일과 삶의 영역, 직장과 가정의 영역이 분리되는 것이 아니다. 결국 '좋은 노동'에 대한 논의는 노동시장을 매개로 하는 소위 '생산적' 노동뿐만 아니라 가정의 영역에서 이루어지는 가사와 육아 같은 재생산노동에 대한 논의를 모두 포함하고 있으며 일을 통해 소외되고 있는 개인의 여가의 문제뿐만 아니라 가정과 삶 전체를 조화롭게 양립하는 문제와 연관되어 있다. 바로 그렇기 때문에 '좋은 노동'에 대한 논의는 돌봄노동의 문제와 같은 맥락 속에 존재한다.

돌봄노동이 인간다운 '좋은 노동'이 될 수 있는 이유는 앞서 문제 제기에서 언급하였듯이 돌봄노동이 물건을 만들어 내는 상품생산노동이 아니라 사람을 대상으로 하는 인간 간의 교류라는 데 있다. 인간의 교류에는 사랑과 같은 정서적인 감정이 개입한다. 돌봄노동을 물질적, 도구적으로만 접근할 수 없는 이유가 바로 여기에 있다. 비록 돌봄노동이 사회화되는 과정에서 물질화, 도구화되어 가고 있지만, 돌봄 서비스를 받는 수혜자뿐만 아니라 공급자 모두 돌봄노동은 보다 인간적인 좋은 노동이기를 원한다.

돌봄노동의 개선을 위한 조직화 방안

여기에서는 돌봄노동이 인간다운 '좋은 노동'이 되기 위한 비영리 조직화 가능성에 대해 논의하고자 한다. 앞서 언급하였듯이 후기 산업사회 이전까지 돌봄노동은 사적 영역의 재생산부문에 제한되어 있었다. 후기 산업사회의 서비스 산업의 확장과 함께 여성의 재생산노동은 공식부문으로 진입하였고, 돌봄노동은 상업성을 지닌 영리적 형태로 조직화되었다. 여성의 경제활동 참여 증가 및 고령사회로의 진입과 함께 부양인구의 절대적인 증가는 돌봄노동의 사회화를 부추겼으며, 더불어 복지국가의 복지정책은 신자유주의적 '생산적 복지'를 채택하면서 국가가 일자리 창출을 위해 돌봄노동을 공공서비스 부문으로 조직하고 관리하고 있다. 그러나 비인간적인 노동의 대안으로 나타난 국가의 복지정책들은 인간적이기보다는 제도적이고 관료제화되어 가고 있으며, 국가가 돌봄노동에 개입함에 따라 돌봄노동 역시 관료제의 틀 안에 비인간화되어 가고 있다.

앞서 광주의 돌봄노동 실태를 살펴보았지만, 노동의 관리와 지불방식을 인간적이라 하기 힘들다. 앞으로 돌봄노동이 보다 인간적으로 관리되고 노동에 대한 대가를 보다 합리적으로 지불받기 위해서는 국가의 관료제적 지배와 상업적 시장성으로부터 보다 자유로울 수 있는 비영리적 조직화 방안이 논의되어야 할 것이다. 돌봄노동의 비영리적 조직화를 위해서는 돌봄노동을 조직화할 수 있는 사회적 기업에 대한 논의가 더욱 활성화되어야 한다. 국가도, 영리적 기업도 아닌 비영리 조직이 사회적 기업으로서 돌봄노동을 관리함으로써 돌봄 서비스의 수혜자들은 보다 양질의 인간적인 서비스를 제공받고, 돌봄 서비스 제공자들은 보다 인간적인 노동조건에서 돌봄노동을 수행할 수 있어야 할 것이다.

그러나 무엇보다도 돌봄 서비스의 질이 개선되기 위해서는 돌봄노동자들에 대한 양질의 직업교육이 이루어져야 할 것이며, 돌봄노동자들이 돌봄노동을 통해 생계를 유지할 수 있기 위해서는 현재와 같이 일정 계층에 대해 제한적으로 돌봄 서비스를 제공하도록 제한하고 있는 규제들이 완화되어야 할 것이다. 또한 돌봄노동의 질을 개선하기 위해 무엇보다도 고려되어야 할 점은 광주지역의 사례를 통해 알 수 있듯이, 돌봄 서비스 수혜대상과 제공대상이 같은 가족구성원이 아님에 따라 돌봄노동이 갖는 정서적인 만족도를 담보할 수 없는 구조를 개선해야 하는 것이라 하겠다. 돌봄 서비스를 받는 수혜자의 입장에서도 사랑과 정서적인 교감이 없는 돌봄 서비스는 인간적이지 못할 뿐만 아니라, 돌봄 서비스를 제공하는 돌봄노동자 역시 물질적 보상이 충분하지 않은 노동에 대해 서비스를 받는 대상과 충분한 인간적인 교감을 나누고 일의 보람을 느낄 수 없는 구조에 있다. 돌봄 서비스의 성격상 돌봄노동을 제공하는 노동자들이 대부분 여성인 점을 감안할 때 비영리 여성노동단체에서 돌봄 서비스의 개선을 위해 돌봄노동을 재조직화하는 역할을 수행하는 것이 서비스 제공자와 수혜자를 위한 현실적인 대안이 될 것이다.

chapter 10.

이주와 여성노동

— 외국인노동자 문제를 통해 본

한국 노동시장의 성별 · 민족별 분절화 현상을 중심으로

문제제기

최근 지구화라는 화두 속에 그 어느 시기보다 활발하게 자본과 인적자원의 교류가 이루어지고 있다. 여성들이 이주를 하게 되는 경우는 일자리를 찾아 다른 나라로 이주하는 남편과 함께 오는 경우와 본인이 직접 노동자로서 일자리를 찾아오는 경우 또는 결혼을 위해 학생의 신분으로 이주하는 경우 등 다양한 형태가 있다. 여기에는 물론 그들의 삶의 기반 및 복지 향상에 대한 기대가 숨겨져 있다. 국제적 이주의 문제는 비단 어제 오늘의 현상이 아니지만, 그러나 무엇보다도 세계화 추세에 따라 여성의 이주가 일자리를 찾아 이주하는 남편을 따라오던 추세에서 스스로 일자리를 찾아 이주하는 경우로 변하고 있다는 사실이다. 한국 여성노동력은 역사적으로 때로는 남편을 따라 미국의 사탕수수 농장으로, 때로는 혼인 전 독일의 간호원으로, 그리고 일본의 환락가로 이주하는 경우가 있었

지만, 반대로 한국으로 일자리를 찾아 이주하는 외국인 여성들은 흔하지 않았다. 그만큼 한국은 여성 외국인노동자에게는 닫혀 있던 사회였다.

국제적인 이주의 역사에서 빈곤국가에서 부유한 국가로의 이주는 주로 생존을 위한 노동력의 이주였던 반면, 부국에서 빈국으로의 이주는 대부분 빈곤국의 경제개발협력이라는 이름의 자본이주가 주를 이루어 왔다(Han, 2000). 한국에서도 외국인이란 선교사나 주한미군, 외교관, 대기업 간부와 같이 비교적 전문 인력과 그들의 배우자로 제한되는 경우가 대부분이었으며, 이들의 법적·사회적 지위는 상당히 높은 위치를 차지하는 특권층이었다. 그러나 1980년대 말 이후 3D 산업에서의 노동력 부족 현상과 함께 한국으로 이주하는 외국인노동자가 급격히 증가함에 따라 이에 따른 인권 문제, 체류허가 문제, 가족이산 문제 등 해결해야 할 외국인노동자 문제가 산적해가고 있다. 여기에서는 세계화 속에서 이주의 문제, 특히 이주여성 노동력의 특성을 IMF 외환위기 이후의 한국 노동시장의 구조 변화와 외국인노동자 문제를 중심으로 살펴보았다.

독일의 여성사회학자인 렌즈는 세계화는 그것의 경제적 중요성에도 불구하고, 단순한 경제적 문제가 아니라 경제, 사회, 의사소통, 정치, 환경 전반에 걸친 문제라고 지적하고 있다(Lenz, 1997: 203). 즉 세계화는 국가 간 경제적 교류의 차원뿐만 아니라 문화적, 정치적, 인적 교류를 포괄하는 보다 광의적 개념으로 접근할 필요가 있다는 것이다. 국경 없는 자본의 세계화 추세 속에서 두드러진 변화 중 하나로 무엇보다 국가 간 인적자원 교류의 확대를 지적할 수 있다. 그러나 흔히 이민으로 이해되는 국가 간 인적자원의 교류는 비단 최근 세계화 경향에서 나타난 새로운 현상은 아니다. 국제적으로 이민이라는 현상은 2차 세계대전 이후 지속적으로 확대되어 왔으며, 오늘날 1억 2,500만 명이라는 거대한 수의 인구가 자신이 태어나지 않은 곳에서 거주하고 있다(World Bank, 1995: 55).

사회학적 전통에서는 1920년대부터 시카고 대학을 중심으로 소위 이민사회학sociology of migration이라는 분야가 활발하게 연구되고 있다(Han, 2000). 독일의 경우 이 분야에 대한 연구가 1950년대부터 꾸준히 증가해오다 1970년대 이후 급증한 노동이민의 추세 속에서 1980년대 이후 이민사회학에 대한 연구가 자리를 잡아가고 있다. 여기에서 주요쟁점은 세계화에 따른 이주노동자의 사회통합 문제에 주어져 있으며, 이민의 여성화die Feminisierung der Migration에 대한 논의가 활발하게 이루어지고 있다(Klingebiel, u. a., 1998). 국내의 사회학적 논의 속에서는 정근식, 윤인진, 박명규 등을 중심으로 디아스포라diaspora라는 쟁점을 통해 해외거주 한인의 민족적 정체성 및 현지 문화적응에 대한 분석이 이루어져 왔고, 국제적인 '이주의 여성화' 추세에 따라 디아스포라 논쟁을 젠더관점으로 접근하는 연구(이수자, 2004)도 진행되었다. 한국으로의 노동이주와 관련해서는 무엇보다도 최근 동남아시아 지역으로부터 급증하고 있는 외국인노동자 문제에 대한 실태분석 및 이론적 검토들이 부분적으로 진행되고 있는 실정이다(송병준 외, 1997; 설동훈, 1998). 동시에 이주노동자와 관련한 시민단체의 이주노동자 인권문제를 비롯한 열악한 노동조건, 법적 지위의 문제 등을 중심으로 국내 현황 보고 및 연구가 꾸준히 이루어지고 있다. 그러나 아직까지 사회학 내부에 '이민사회학'이라는 분야가 자리를 잡지 못하고 있는 실정이다.

이 글에서는 소위 세계화라는 정치경제적 변화 과정에서 한국 사회의 새로운 도전으로 제기되고 있는 외국인노동자 문제를 여성주의적 시각으로 접근하기 위해 여성 외국인노동자의 주변화 현상에 주목하고 있다. 한국으로 노동이주를 하고 있는 동남아시아 여성들은 '코리안 드림'을 실현하기보다는 이주국인 한국에서 뿐만 아니라 자신의 모국에서조차도 주변인이 되어가고 있다. 이렇듯 세계화

라는 현상은 특히 여성들에게 포스트포드주의적 생산방식과 신자
유주의 정책과 같은 추상적인 형태보다는 그것이 결과할 매우 구체
적이고 일상적인 삶의 변화의 문제로 현상하며(Wichterich, 1998), 이는
동남아시아로부터 이주해 온 여성노동자들이 우리 사회에서 주변
화되는 과정을 통해 재현되고 있다. 동남아시아 여성노동자의 구
체적인 노동과 삶의 현실은 한국 노동시장의 성별·민족별 분절화
과정의 단면을 보여주는 것이라 할 수 있다.

한국의 경제위기와 노동시장의 재편

IMF 외환위기 이후 노동시장에 남겨진 과제

서구 사회에서 '아시아의 네마리 용'이라는 신화를 만들어낸 국
가 중 하나로 승승장구하며 달려오던 한국의 경제성장이 1997년
겨울 국제구제금융IMF에 구제를 요청하면서 제동이 걸렸다. 국내적
으로는 국가주도적인 산업화 정책의 성공으로 국제시장에서는 삼
성을 중심으로 값싼 전자가전제품 분야와 현대를 중심으로 저가의
자동차 산업에서 탄탄한 위치를 구축해가며 완전고용에의 신화를
만들어갈 즈음 온 국민이 받은 충격은 적지 않았다. 국민들이 피부
로 느끼기 시작한 가장 큰 변화는 대량실업의 문제였다. 유럽의 경
우 이미 1970년대 이후 완전고용 신화가 깨지기 시작하였지만, 소
위 IMF 외환위기 이전까지 한국은 장시간의 노동과 저임금, 열악한
노동조건에도 불구하고 일자리를 구하는 문제가 그렇게 어려운 일
은 아니었다.

국가의 보호를 받으며 성장한 재벌들은 중소기업의 희생을 기반
으로 나름대로 탄탄한 내수시장을 구축해가고 있었음에도 불구하

고 계속적인 문어발식 확장을 꾀하였으며, 과도한 외자 및 은행부채 등을 동원한 세계시장으로의 진출은 1998년 겨울을 정점으로 장벽에 부딪히게 되었다. 물론 그 여파는 국내 노동시장으로 확산되었다. 이제 막 대량생산과 대량소비의 포드주의적 생산방식이 가져온 성과물을 누리기 시작하던 노동자들은 ─서구의 노동자들이 누렸던 복지혜택을 온전하게 누려보기도 전에─ 신용불량자가 되어야 했고, 할부차 값을 걱정하는 신세로 전락하게 되었던 것이다. 기업은 강도 높은 구조조정의 압박을 받지 않을 수 없게 되었으며, 이에 따라 발생하는 대량실업과 이전에 경험해보지 못한 7~8%를 육박하는 고실업, 청년실업의 문제가 대두되기 시작하였다(〈표 10-1〉 참조). 한 번 직장은 영원한 직장이라는 '평생직장' 개념이 흔들리게 된 것이다. 한국 노동시장은 조기정년제를 도입하는 등 노동시장의 유연화라는 소용돌이 속으로 들어가기 시작하였다. IMF 외환위기와 함께 가장 큰 타격을 받은 곳은 무엇보다도 재벌의 부풀리기식 확장과정, 즉 "외형적 팽창전략"(김장호, 1999: 165) 과정에서 함께 성장해온 은행, 금융업계였다. 이 분야는 무엇보다도 여성의 진출이 가장 활발했던 직종이었기 때문에 은행·금융업계의 위축은 여성고용의 불안정을 의미하는 것이었으며, 농협의 부부사원 여성 우선해고 조치는 노동시장의 남성중심성을 나타내는 대표적인 사례가 되기도 하였다.

〈표 10-1〉 연령별 실업률

단위: %

	1997	1998	1999	2000	2001	2002	2003
계	2.6	7.0	6.3	4.1	3.8	3.1	3.4
15~19세	9.8	20.8	19.5	13.8	13.3	11.1	12.0
20~29세	5.3	11.4	10.1	7.1	7.0	6.3	7.4
30~39세	1.9	5.7	5.3	3.4	3.0	2.8	2.9
40~49세	1.5	5.6	5.2	3.3	2.8	1.9	2.1
50~59세	1.2	5.3	5.1	2.9	2.6	1.8	2.0
60세 이상	0.8	2.4	2.3	1.3	1.1	1.0	0.9

※ 자료: 통계청 DB.

한국 사회의 세계화 전략이 1997년 외환위기를 계기로 국내 노동시장에 제기한 문제는 크게 세 가지로 요약할 수 있다.

첫째, 국제분업과 관련하여 세계경제 속에서 차지하는 한국의 위상에 대한 문제로, 한국은 외환위기 이후 세계시장에서의 입지를 재구축해야 하는 새로운 과제를 떠안게 되었다. 산업화 초기 의류, 가발, 신발 등 노동집약적 값싼 제품의 수출을 통해 세계시장에 비교적 '성공적'으로 진출한 한국은 이후 전자레인지, TV 등 중저가 가전제품에서부터 소형자동차에 이르기까지 시장을 확장해 나갔다. 급기야 폴란드, 체코 등 동유럽에는 우리나라 자동차 기업의 공장이 만들어지기에 이르렀다. 그러나 현재 한국은 초기 주 수출 품목이었던 의류, 가발, 신발 시장을 베트남, 중국 등 보다 더 저임금 지역인 동아시아에 의해 잠식당한 실정이며, 벤츠나 포드와 같은 세계 유수의 자동차 기업들이 소형차 시장으로 진출함으로써 새로운 입지를 구축해야 하는 어려운 숙제를 안고 있는 실정이다.

둘째, 한국 사회는 강도 높은 구조조정과 대량실업 문제를 해결해야 하는 과제를 안고 있다. 1990년 9.0%, 1995년 8.9% 등 괄목할 만한 경제성장률을 보여 왔던 한국은 1997년 말(5.0%) 외환위기를 거치면서 1998년 최초로 마이너스 성장률을 보였고(-6.7%), 그 이듬해인 1999년 10.9%, 2000년 9.3%, 2002년 6.3%의 성장률을 기록하며 다시 회복세에 접어들었다. 그러나 외환위기를 맞기까지 한국 기업들의 인력정책은 무사안일주의에 빠져 있던 것이 사실이다. 기득권층의 나눠먹기식, 위계적 임금체계를 근간으로 하는 전근대적인 고용구조의 문제를 안고 있었다. 그러나 외환위기 이후 많은 기업들은 거품경제 시 양산된 수많은 노동자들을 대책 없이 길거리로 내몰았고, 이 과정에서 신자유주의적 노동시장론자들로부터 한국 노동시장의 경직성에 대한 비판이 강력하게 대두되었다. 그러나 −긴 노동시간에 따른− 노동시간에 있어서의 탄력성만 0.16으로 낮을 뿐, 고용수준, 근로시간, 실질임금 등을 감안하여 고용유연성을 살펴보았을 때 한국 노동시장이 타 국가에 비해 결코 탄력적이지 않다고 볼 수는 없다는 주장이 있다. 즉 한국의 고용유연성 수치는 0.55로 영국의 0.71, 미국 0.67에는 미치지 못하지만 여타 OECD 국가의 중간 정도로, 특히 일본(0.46)보다 높다는 것이다(김장호, 1999: 175). 또한 외환위기 이후 계약제, 연봉제, 시간제 등 다양한 고용형태가 도입되었고, 정리해고제가 법적으로 허용됨으로써 노동시장의 수량적 유연성 역시 확보되어 가고 있는 것이 현실이다. 결국 한국 노동시장에서는 공급에 있어서의 유연성만이 강조되고 있을 뿐 수요 측면에서의 유연성에 대한 고려는 상대적으로 간과되고 있는 것으로 평가할 수 있다. 즉 대책 없는 해고를 위한 유연성보다는 일자리를 원하는 사람들에게 일자리를 제공하고, 이미 낙후된 기술을 소유한 미숙련 내지는 반숙련 노동자에게는 재교육을 시키는 등 노동시장의 효율성을 제고할 수 있는 노동수요에 있어서의 안정성을 확충할 수 있는 노동시장의 유연성이 확보되지 못하고 있다는 것이다. 그러나 청년실업률이 2003년 5월 12.3%로, 프랑스의 16.2%에 이어 OECD 국가 중 2위를 차지하고 있는 실정에서 아직까지 3D_{dirty, dangerous, difficult} 산업을 중심으로 한 중소기업은 오히려 인력난이 심각해 한국 노동시장의 인력수급 불균형 문제는 심각하다고 할 수 있다.

셋째, 노동시장 내부의 위계적, 남성중심적 분업체계의 고착화 문제이다. 구조조정 과정 속에서 확산된 정규직의 비정규직화의 급속한 진행은 많은 남성노동자들까지도 비정규직화하는 결과를 낳았지만 무엇보다도 여성노동자의 고용불안을 더욱 심화시켰다. 통계청의 '경제활동인구 부가조사'에 따르면 우리나라의 비정규노동자는 2002년 8월 기준으로 771만 명으로 전체 임금노동자의 56.6%에 이르고 있으며, 특히 여성노동자의 경우 비정규 노동자의 비중은

70.7%에 이르고 있다. 여성임금노동자의 70%대가 비정규직이라면 남성의 경우 아직까지 40%대에 머물고 있어(장지연, 2001), 비정규직의 여성화는 여성과 남성의 노동시장 내 성별 분절화 현상을 더욱 심화시키고 있다. 또한 앞서 언급한 대로 대량실업, 청년실업 문제가 심각한 상황에서도 3D 업종에 대한 회피 현상으로 중소기업은 인력난을 겪고 있는 실정이다. 이들 3D 업종은 최근 급격히 증가한 동남아시아 지역의 외국인노동자로 충당되고 있으며, 이로써 한국의 노동시장은 성性뿐만이 아니라 민족에 의해 위계적으로 분절화되고 있다.

노동시장의 재편 과정에서의 여성노동

한국의 경제발전에 있어서 여성노동자의 기여는 아무리 강조해도 지나치지 않을 것이다. 1960년대 경공업 중심의 산업화 초기에는 주로 미혼의 어린 여성들이 수출전략 산업현장에 동원되어 저임금과 열악한 노동조건에서 산업화의 초석을 이루었으나 1970년대 중화학 중심의 공업화 과정에서는 핵심 노동력으로부터 철저하게 배제되었다(심영희, 1992; Kim, 2000). 그 결과 여성들은 주로 생산직과 사무직에서의 단순 노동력에 제한되어 있었다. 1980년대 중반 이후 여성노동시장의 가장 큰 변화 중 하나는 고학력 및 서비스직에서의 여성경제활동참가율이 확대되었다는 점이다.

주로 경제 비공식부문에서 노동하던 기혼여성들의 경제활동참가율이 1980년대 중반 이후 경제 공식부문에서 증가함에 따라 여성노동시장에는 질적인 변화가 일어나기 시작하였다.[1] 즉 여성의 직

---

[1] 1980년대 중반 이후 한국 사회 역시 서비스 사회로의 진입과 함께 기혼여성의 노동시장 진출이 증가하였다. 한국의 여성 경제활동참가율은 2000년 기혼여성 48.7%, 미혼여성 47.0%이다. 즉 20년 전인 1980년에는 각각 40.0%, 50.8%였던 것과 비교했을 때, 기혼여성의 경제활동참가율이 지속적으로 증가했음을 알 수 있다.

장과 가정의 병행에 대한 문제제기가 사회적 공감대를 이루기 시작
하였던 것이다. 여성노동자의 노동 가치를 부차적 수입원 정도로 밖
에 인정하지 않는 경향은 여전히 잔존해 있지만, 다른 한편, 1987년
남녀고용평등법이 제정되고 2001년 여성부가 신설됨으로써 여성의
취업을 보장하고 지원하기 위한 법적, 제도적 장치들이 하나둘 마련
됨에 따라 여성노동의 사회적 중요성이 점차적으로 인정되고 있다.
그러나 한국의 노동시장 구조는 본질적으로 위계적인 성별 분절화
를 기반으로 하고 있다. 한국여성노동자협의회의 조사연구(1998)에
의하면, 213개 직업 카테고리의 남녀 성비를 분석한 결과 여성비가
70% 이상을 차지하는 여성주종직업은 27개(총 직업카테고리의 12.7%)인
반면, 남성비가 85% 이상인 남성주종직업은 107개(총 직업카테고리의
50.2%)로 나타났다(한국여성노동자협의회, 2003). 남녀 간 임금격차는 산업화
초기 이후 꾸준히 감소하고 있지만 여성의 임금은 2002년
62.8%(1985년 46.7%) 수준에 지나지 않고 있어 여성노동력의 사회적
가치가 어떻게 평가되고 있는지를 보여준다. 여기에다 여성노동력
의 비정규직 확산은 노동시장에서 여성노동력의 지위를 더욱 열악
하게 만들고 있다.

　　그동안 여성계를 중심으로 노동시장 내 비정규직 노동자로서 여
성의 열악한 지위에 대한 문제제기가 지속적으로 있어 왔지만 IMF
외환위기 이후 남성 비정규직이 증가되기 전까지는 크게 주목 받지
못하고 있었다. 그러나 소위 경제위기 이후 노동시장의 대대적인 구
조조정 과정에서 남성노동자의 비정규직화가 본격적으로 진행됨에
따라 비정규직 문제에 대한 사회적 인식이 확대되기 시작하였다. 비
정규직에 대한 개념규정은 학자마다 다르게 접근될 수 있겠지만,[2]
통상적으로 고용계약기간을 중심으로 임시직, 일용직을 비정규직

---

2 가장 일반적으로는 서류상의 고용계약 유무, 노동시간(주당 35시간 미만), 근무형태(가
　내, 파견 등), 고용계약 형태(임시, 일용) 등을 중심으로 개념이 규정되고 있다(김태홍 ·
　김미경, 2002: 98).

으로 칭하고 있다. 따라서 정규직은 상용직을 일컫는다고 하겠다(장지연, 2001: 62). 이를 기준으로 통계청의 경제활동인구조사 자료를 해석하면 1999년 정규직 근로자는 남자의 경우 61.3%인 반면, 여성은 30.9%에 지나지 않고 있어 여성의 고용불안정이 훨씬 더 심각함을 알 수 있다. 비정규직 근로자의 산업별 분포를 살펴보면 일용직의 경우, 농림어업(72.2%)과 건설업(52.1%) 순으로, 임시직의 경우 도소매 및 음식, 숙박업(56.8%), 금융보험업(36.8%) 순으로 높은 비율을 나타나고 있다. 특히 경제위기 이후 남성정규직 노동자의 유례없는 대량실업으로 소위 가장이 집에 들어앉게 됨으로써 여성의 비정규직 진출이 더욱 가속화되었다. 물론 여성의 비정규직화 문제는 경제위기 훨씬 이전부터 존재해왔던 문제이다. 그러나 경제위기와 함께 많은 기업들은 계속적으로 정규직 노동자를 계약직 및 시간제 등으로 비정규직화하였으며, 조기퇴직, 명예퇴직 등으로 중간관리직 등에서 물러난 중장년 가장실업자들이 대거 양산되었다. 경제위기 이후 남성 정규직의 감소는 여성 비정규직의 증가로 이어졌는데, 남성 가장을 대신해서 생활전선에 나선 여성들과 값비싼 한명의 남성보다는 값싼 여성 여러 명을 선호하는 기업의 이해관계가 서로 맞물려 빚어진 현상이었다.

사실 여성의 생애주기를 고려할 때 여성의 가사 및 육아부담은 여성 스스로 비정규직을 원하게 만드는 경우가 적지 않다. 문제는 비정규직의 노동조건에 달려있다. 경제위기 이후 비정규직의 증가에서 주목할 점은 고용계약 형태에 따른 노동조건만이 비정규직으로 전환되었고 노동시간 및 강도에 있어서는 정규직과 별다른 차이가 없는 명목비정규직이 증가하였다는 데 있다. 실제로 비정규직에서 명목비정규직이 차지하는 비율이 70%가 넘고 있는 실정이다. 비정규직에 있어서 가장 큰 문제는 동일노동, 동일임금의 적용이나 사회보험의 적용 및 기타 정규직 노동자에 준하는 제반 복지혜택이 주어지지 않는다는 데 있으므로 만일 비정규직 노동자에게도 정규직과 같은 노동조건이 주어진다면 가정과 직장을 병행해야 하는 문제를 안고 있는 여성들에게는 비정규직이 하나의 대안적 노동형태가 될 수도 있을 것이다. 그러나 현재 한국의 비정규직에 대한 처우를 감안한다면, 비정규직화 추세는 여성노동자들에게 결코 대안이 되지 못하고 있다.

한국 노동시장의 성별·민족별 분절화

한국 산업구조의 변화와 3D 산업, 외국인노동자

1997년 말 외환위기 발생 원인은 두 가지 차원에서 접근되고 있다. 첫째, 한국경제의 실물부분은 건실하지만 동남아 외환위기가 실물부분의 위기로까지 파급되었다는 견해이다. 둘째는 한국의 구조적 위기론의 입장으로서, 그동안 한국의 고도성장 과정에서 한국 경제가 안고 있는 구조적 특징, 즉 관치금융, 재벌체제, 정경유착 등이 위기를 초래하였다는 것이다(김장호, 1999: 163-164). 그러나 한국 경제가 건실하였다는 견해에 대한 반론이 적지 않다. 그동안 한국 경제는 재벌위주의 외연적 확장에 의존하여 왔으며, 재벌대기업의 경영부실과 거액의 대출과 부도의 문제는 이미 외환위기 전부터 발생하고 있었기 때문이다. 재벌들은 은행으로부터 차입한 자금으로 수익성보다는 팽창위주의 방만한 경영을 일삼아 왔다는 것은 올바른 지적이다. 따라서 한국경제의 1997년 이후 위기의 실체는 단순한 금융위기의 문제라기보다는 경제구조 자체의 문제로부터 기인한다는 분석이 타당한 것으로 보인다.

아직까지 강력한 구조조정 과정 속에 있는 한국 사회의 현 단계

노동정책 과제는 포스트포드주의적 생산방식에 맞는 인력정책 및 노동력 재교육 문제 외에, 대기업 중심적 산업화 과정에서 소위 3D 업종에 대한 국내 노동력의 기피 현상을 해결해야 하는 문제가 있다. 제조업 기피 현상은 출산율 감소에 따른 인구구조의 변화와 교육기회의 확대에 따른 인구고학력화 현상을 통해 설명되기도 하지만, 무엇보다도 3D 직종에 대한 신규 노동력의 기피 현상이 주요 원인으로 지적되고 있다(성규택 외, 1997: 30). 더불어 저임금 노동력을 제공해왔던 여성노동자들의 서비스 산업으로의 전환 역시 중요한 원인으로 지적할 수 있다. 3D 직종 기피 문제는 외환위기 이후 대량실업난 속에도 계속되고 있는 현실로 여기에서 새로운 대안으로 등장한 것이 바로 외국인노동자이다.[3]

외국인노동자들이 본격적으로 한국에 이주하기 시작한 것은 외환위기 이후인 1998년 이후부터로, 이는 전산업의 노동력 부족, 특히 제조업부문에서의 노동력 부족률과 직접적으로 관련되어 있다. 노동부의 『노동력수요동향조사보고서』에 의하면, 1988년 전산업의 노동력 부족률은 이미 3%대를 넘어섰으며, 1991년 5.48%로 가장 높게 나타나다 이후 약간씩 떨어지기 시작해 1994년 이후 3.57%를 나타냈고, 2002년 현재 1.28% 수준으로 떨어졌다. 그러나 제조업의 인력부족은 1994년 4%대를 넘었으며, 특히 중소제조업의 평균 인력부족은 2002년 9.36%, 2004년 현재 5.31%로 높게 나타나고 있다.

그러나 점차적으로 낮아지고 있는 제조업 인력부족난의 해소에는 그동안 외국인노동자에 의한 인력보충이 큰 역할을 차지하고 있다. 노동력 부족 현상이 나타나기 시작한 1980년 후반에는 주로 고무, 화학물제조업, 섬유업, 조립금속, 기계업 등 제조업이 주를 이

---

3 산업연구원의 1993년 조사결과에 따르면 외국인력 활용의 이유로 '인력을 구할 수 없기 때문'이 41.7%, '임금이 싸기 때문'이 26.5%로 나타나고 있다.

<표 10-2> 제조업 인력부족률　　　　　　　　　　　　　　　　　　　단위: %

직종	1994년	직종	2002년
제조업 전체	4.27	제조업 전체	1.59
음식료, 담배	3.76	음식료	0.84
섬유, 의복 및 가죽	6.16	섬유	2.43
목재 및 나무제품	3.82	목재 및 나무제품	1.97
종이, 인쇄 및 출판	7.47	펄프, 종이	1.16
화학물, 석유, 석탄, 고무	3.06	출판, 인쇄 및 기록매체 복제업	0.76
비금속 광물	3.37	화학물	0.71
제1차 금속	0.68	고무 및 플라스틱	2.07
조립금속, 기계 및 장비	3.90	비금속 광물	1.44
기타 제조업	6.01	제1차 금속	0.98
		조립금속	1.72
		기계 및 장비	2.16

※ 출처: 1994년 자료는 노동부, 1997; 고용전망보고서, 1994; 성규택 외, 1997: 26에서 재인용.
　　　2002년 자료는 노동부, 2002에서 재구성.

루었으며, 종이, 인쇄 및 출판업의 경우 1994년까지도 7.47%나 되는 높은 부족률을 나타냈다. 이 분야의 인력이 유난히 부족한 원인으로는 타 산업에 비해 낮은 임금 및 열악한 작업환경 등을 들 수 있다. 사업체 규모별로는 중소기업의 인력부족 현상이 심각하며, 특히 중기업(30인 이상 99인 이하)보다는 소기업(10인 이상 29인 이하)의 인력부족이 더 심각한 것으로 나타나고 있다. 그러나 외국인노동자가 대량 유입된 이후 현재 제조업에서의 노동력 부족 현상은 <표 10-2>에서 보듯이 전반적으로 개선되었음을 알 수 있다.

이렇듯 제조업 부문의 인력난을 해소하기 위해 정부는 1993년 외국인 산업연수제도를 도입하였다. 산업연수제도란 외국인노동자에 대해 정식 노동자로 인정하지 않고 산업연수생의 자격으로 일할 수 있게 하는 것으로 국내노동자와 같은 최저임금제 및 노동 3권에 대한 보장을 받을 수 없다. 그러나 더 큰 문제는 이들이 연수기간이 끝나면 본국本國으로 돌아가지 않고 이탈하여 불법체류자로 남는다는 것이다. 연수생의 자격으로 합법적으로 입국한 외국인노동자를 출신국가별로 살펴보면, 1996년 1월 총입국 연수원 44,597명을 기준으로 중국이 11,816명으로 가장 많아 26.5%를 차지하고 있으며, 다음이 베트남(8,595명), 인도네시아(6,593명), 필리핀(6,101명), 방글라데시(5,001명) 순이다. 이들이 취업하는 업종을 살펴보면, 조립금속업종이 2,510명으로 가장 많고, 다음이 자동차 · 트레일러(2,390명), 고무 · 플라스틱제품(2,195명), 섬유(2,143명) 등의 순으로 나타났다(한국노동연구원, 1996).

이 제도는 앞서 언급했듯이 외국인노동자를 정식노동자로 인정하고 그에 상응하는 법적, 경제적 지위를 부여하기보다는 교육생의 형식을 빌려 인턴으로 취업을 시키고 있기 때문에 이들의 법적, 경제적 지위는 매우 열악할 뿐만 아니라 모호하다고 할 수 있다. 이러한 현실에서 연수기간이 끝난 연수생들이나 기타 방문, 관광 비자 등으로 들어온 외국인노동자들이 어렵게 체류허가를 정식으로 받기보다는 불법 이주노동자로 남는 것이 이들의 현실이다. 그러나 다른 한 편으로 이러한 외국인노동자의 불안전한 법적 지위는 노동시장에서 악용되고 있어 장시간근로, 휴일 없는 노동 강요, 인종차별, 폭행 · 폭언 등 인권침해 사건이 빈발하고 있는 실정이다.[4]

이에 따라 2000년 4월 1일부터는 산업연수취업제도가 도입되어 산업연수생들에게 D-3 비자를 발급하여 2년 동안 연수 장소를 이탈하지 않고 연수업체의 장으로부터 추천을 받아 기술검정 등 연수취업요건을 갖추게 될 경우 법무부로부터 산업연수취업자격(E-8) 허가를 받아 1년간 연수업체에 취업할 수 있게 했다. 이는 2002년 4월 27일부터 연수 1년, 취업 2년으로 개편되면서 연수업체 추천제도 역시 폐지되어 연수생 모두가 자유롭게 자격시험에 응할 수 있으며 체류자격이 산업연수에서 연수취업으로 변경되어 고용업체와 근로계약을 체결함과 동시에 내국인 근로자와 동일한 처우 및 신분상의 지위를 가질 수 있는 근로기준법과 같은 노동 관련 법률의 적용

---

4 1996년의 한 조사에 의하면, 외국인노동자가 직장에서 겪고 있는 문제점으로 장시간노동(61%)이 가장 큰 비중을 차지하였으며 다음으로는 저임금(47%), 폭행 · 괴롭힘(23%), 임금체불(21%), 열악한 작업조건(20%), 한국인과의 차별(19%), 폭언 · 모욕(18%) 등으로 나타났다(설동훈, 1996: 163, 설동훈, 1997: 201에서 재인용).

을 받을 수 있게 되었다. 2004년 7월말 산업연수취업자로 1만 1,419개 업체에 5만 7,061명이 취업 중인 것으로 나타났다. 그러나 연수기간이 지났을 때 이들이 불법체류자로 남는 문제는 여전히 해결되지 않은 상태로 남아 있다.

따라서 이처럼 불법체류자를 양산하고 사회문제를 야기하는 산업연수취업제도를 철폐하고 외국인고용허가제를 도입하자는 입법안이 중소기업을 비롯한 이익집단의 반대에도 불구하고 어렵게 국회에서 통과되어 2004년 8월부터 시행되고 있으며, 10월 18일 이 외국인고용허가제에 따라 정식 취업비자를 받은 6명의 스리랑카 노동자들이 첫 입국을 앞두고 있는 것으로 보도되었다(부산일보 10월 15일).

한국 노동시장에서 외국인노동자 문제

법무부에 따르면 2004년 한국에 체류 중인 외국인노동자는 불법체류자 및 합법적 전문인력 등을 모두 포함해 40만 명 가량으로 추정되고 있으며, 이 중 80%인 32만 명이 불법체류자인 것으로 나타났다. 전체 체류자 중 80%를 차지하는 불법체류자 수는 1998년 9만 9천명에 비해 무려 3배 이상 증가한 것이다. 경기개발연구원에서 2003년 경기도 지역 외국인노동자를 대상으로 조사한 결과에 따르면, 우리나라에 입국하는 외국인노동자들은 교통비와 알선업자에 대한 수수료로 평균 471만원을 지불하는 것으로 나타났다. 이들은 하루 평균 11.1시간을 근무하고 월 평균 96만원[5]을 벌고 있다. 이들 중 4명에 1명꼴로 주당 4차례 이상 야간근무를 하고 있으며, 건강 및 산재보험 혜택을 받는 사람은 4%에 지나지 않는 것으로 나타났다. 그러나 이들의 주된 취업사유는 고임금이 81%로 가장 높게 나타났다(한겨레신문 2003, 4, 10).

―――――――
[5] 참고로 2001년 통계에 의하면 한국근로자의 남녀평균임금은 193만원이다.

<표 10-3> 외국인 인력현황(2003년 2월)

단위: 명(%)

전체	합법체류자					불법체류자
	소계	합법근로자		산업연수생	해외투자 기업연수생	
		연수취업자	전문기술인력			
367,158	79,350	21,229	20,564	32,576	13,744	265,848
(100.0)	(21.6)	(3.2)	(6.1)	(8.9)	(3.7)	(78.9)

※ 출처: 법무부, 이규용, 외국인 고용허가제 도입방안, 한국노동연구원, 매월노동동향, 2003년 3월호, p. 27에서 재인용

좀 더 구체적으로 비교적 아직까지 가장 나은 법적 지위 및 임금을 받고 있는 연수취업자[6]를 예로 들어 살펴보면, 2003년 이들은 전체 외국인 인력의 3.2%로 가장 낮은 비율을 보이고 있다(<표 10-3> 참조). 한국여성개발원이 출입국관리통계연보를 재구성한 자료에 따르면 연수취업자는 시행 첫해인 2000년 192명으로 전체 외국인 근로자의 0.1%에 지나지 않으며, 이 중 여성의 비율은 26.0%(50명)에 지나지 않는다. 2001년에는 1,191명으로 999명이나 증가하여 전체 비중의 0.4%를 차지하고 있으나 여성의 비율은 오히려 16.4%(195명)로 감소하였다. 참고로 전체 외국인노동자 중 여성의 비율은 35.9%이다(한국여성개발원, 2002: 17).

외국인노동자에 대한 문제가 국내에서 연구되기 시작한 역사는 길지 않다. 1990년대 중반 이후 외국인노동자에 대한 연구가 조금씩 이루어지기 시작하였고 여성 외국인노동자에 대한 연구는 그나마도 아직까지 산발적으로만 이루어지고 있는 실정으로 이들의 노동 및 삶의 현실을 보여줄 만한 총체적인 통계가 아직까지 생산되지 못하고 있는 것이 현실이다. 1997년 한국교회여성연합회 부설 외국인여성노동자 상담소가 "외국인 여성노동자, 무엇이 문제인가"라는 주제로 여성 외국인노동자에 대한 제도적 장치마련에 대한 문제제기를 한 이후로, 여성 이주노동자의 국제결혼 현황과 가족문제

---

6 2001년 한국노동연구원에서 684개 제조업을 대상으로 조사한 결과에 따르면 연수취업자의 임금은 시간당 3,000원으로 해외투자기업연수생의 2,730원, 업종별 단체추천연수생 2,920원에 비해 가장 높게 나타났다(한국여성개발원, 2002: 31에서 재인용).

를 다룬 연구(이주여성인권연대, 2001) 및 여성 외국인노동자에 대한 차별 실태 및 복지 요구조사(이금연, 2001)가 이루어졌다. 나아가 지방에 거주하는 여성 외국인노동자에 대한 최초의 실태조사(대구여성회·대구외국인상담소, 2001)가 이루어졌고, 여성 외국인노동자의 인권문제(한국여성개발원, 2001) 및 가족(한국여성개발원, 2003)에 대한 연구가 이루어지는 등 여성 외국인노동자 문제에 대한 문제의식과 연구들이 이제 조금씩 체계를 갖추어가고 있다.

남성 외국인노동자들은 주로 제조업에 종사하고 있는 것과 달리 여성 외국인노동자들은 생산직뿐만 아니라 유흥업에도 종사하고 있다는 점이 큰 차이가 난다. 생산직 종사자의 경우 대부분 동남아 출신 여성이 많으며, 성산업에는 러시아나 필리핀 여성들이 많다. 그 외 식당, 다방, 여관, 모텔 종사자 및 가정부로는 중국 동포(조선족)가 많으며, 최근에는 자녀 영어지도와 가사노동 보조를 동시에 담당하는 필리핀 출신의 여성 베이비시터가 늘어나고 있는 추세에 있다. 여성 외국인노동자는 남성 외국인노동자가 안고 있는 장시간근로, 저임금, 임금체불 등의 문제[7]와 더불어 성희롱, 성폭력 등 이중의 인권침해라는 문제를 추가적으로 안고 있는 실정이다. 더불어 여성노동자에게 중요한 문제인 모성보호는 국내 여성노동자조차도 제대로 보장 받고 있지 못하는 현실 속에서 여성 외국인노동자의 모성보호는 매우 열악한 수준이 아닐 수 없다. 산업화 초기 저연령, 저기술, 저임금, 장시간 노동을 제공하던 여성노동자를 기반으로 경제발전의 토대를 이루었던 한국이 이제는 3D 업종을 비롯한 음식·숙박업 등 국내 여성노동자들이 기피하고 있는 산업에서 여성 외국인노동자에 의존하고 있는 실정이다.

여성 외국인노동자 문제에는 계급과 성, 민족이라는 삼층 구조

---

[7] 외국인노동자에 대한 임금체불 사례는 수없이 보고되고 있지만, 사업주가 처벌받기보다는 외국인노동자만 강제로 출국 당하는 사례들이 오히려 늘고 있는 것이 가장 큰 문제이다(김해성, 2003).

가 중첩되어 있다. 노동자로서, 여성으로서, 외국인으로서 이주 여성노동자는 삼중의 억압구조에 서있는 것이다. 독일의 발전사회학 이론의 전통 속에서 식민지 여성의 노동과 삶의 현실에 주목했던 비판적 페미니스트들은 식민지 경험을 가진 제3세계 여성들이 식민지 착취 속에서 만들어낸 노동현실과 생존전략에 주목하고(Bennholdt-Thomsen, u. a., 1992), 나아가 오늘날 저개발국 여성들에 의해 값싸게 만들어진 물건들이 발전된 서구 여성들에 의해 소비되는 시장 메커니즘을 밝혀내면서(Mies, u. a., 1995) 국제 분업의 성위계적 구조를 분석하였다면, 현재의 한국 사회에서는 직접 이주하여 자본과 성, 민족이 중첩적으로 작용하고 있는 현실 속에 서있는 여성 외국인노동자들의 문제를 통해 국제적 성별분업의 실체를 보게 된다. 즉 세계화된 국제사회에서 이주여성 외국인노동자들은 가장 주변화된 집단으로 존재하는 것이다.

이주여성의 주변화: 여성 외국인노동자의 노동조건과 생활실태

사회인구학적 특징

한국에 가장 많이 진출해있는 외국인노동자의 국적은 중국(60%), 방글라데시, 필리핀, 몽골 순인 것으로 나타났다. 외국인노동자대책협의회가 2002년 세계노동자의 날 357명의 여성 외국인노동자를 대상으로 조사한 결과에서도 중국출신 여성이 56.0%로 가장 높았다. 조사대상자의 48.9%가 재외동포인 점을 고려할 때 여성 외국인노동자들 중 중국조선족 출신이 다수를 차지하고 있음을 알 수 있다. 혼인상태는 국가인권위원회가 1,586명의 외국인노동자에 대해 조사한 결과에 따르면 기혼이 50.7%, 미혼이 43.5%로 나타났다. 배우자가 있는 649명 가운데 배우자와의 동거유무에 대해 조사한 결과 같이 사는 경우는 52.3%에 지나지 않았다. 또한 자녀가 있는 630명 중 한국에 자녀가 함께 살지 않는 경우가 79.7%나 차지하고 있다(국가인권위원회, 2002).[8]

외국인노동자대책협의회에서 조사한 이주여성노동자의 연령은 1970년대에 출생한 여성이 38.7%로 가장 많았고, 다음이 60년대생으로 26.6%를 차지하고 있어 30~40대 여성이 과반수를 넘고 있다. 이들은 대부분 고졸 이상의 고학력을 갖고 있으나 본국에서 이들의 경제적 지위는 주로 주부(16.4%)가 많은 부분을 차지하고 있으며, 사무직(16.7%), 판매 및 서비스직(11.5%), 전문가(10.3%) 등의 직업을 가졌던 것으로 나타났다. 이들은 주로 공장노동자(54.3%), 식당일(18.5%), 가정부(11.7%) 등으로 취업하고 있다. 공장노동자 중에는 섬유제품이 33.0%로 가장 높은 비율을 나타내고 있으며, 다음으로는 전기 관련 제품이 10.8%로 높아 여성 외국인노동자 역시 앞서 지적했듯이 제조업 부문에서 인력부족률이 높게 나타난 업종에 주로 진출하고 있음을 알 수 있다. 이들이 입국 시 발급 받은 비자종류를 살펴보면, 방문동거가 23.2%로 가장 높고, 다음이 단체추천 산업연수(14.4%), 해외투자 산업연수(14.1%), 관광(13.8%) 순이며, 밀입국의 경우도 2.9%를 차지하고 있다. 방문 및 관광과 같은 비취업 비자가 많은 이유는 중국 조선족과 같은 재외동포의 비율이 높기 때문이다. 이러한 여성 외국인노동자의 사회인구학적 특성은 이들이 한국 사회에서 차지하고 있는 법적, 제도적 지위뿐만 아니라 경제적, 사회적 입지를 보여주는 것이라고 할 수 있다. 최근 한국 여성

---

8 혼인별 외국인노동자 분포는 외국인노동자의 체류자격별로 차이가 난다. 산업연수생이 조사에 많이 포함된 대구여성회의 조사에 따르면 미혼이 70.9%로 다수를 차지한 데 반해(대구여성회 · 대구외국인상담소, 2001), 외국인노동자대책협의회의 조사결과에 따르면, 66.4%가 기혼으로 나타났다. 이 조사에서는 원인을 중국동포 및 몽골 등에서 결혼한 이주노동자가 증가하고 있다는 점에서 찾고 있다(외국인노동자대책협의회, 2002: 7).

노동자들이 기피하고 있는 중소제조업 및 식당, 가정부일을 이주여성노동자들이 맡아 미혼여성들은 주로 중소제조업에, 기혼여성들은 식당, 가정부일에 종사하고 있는 현상을 독일 여성주의 사회학자들의 '여성, 최후의 식민지'(Mies, u.a., 1995) 테제를 인용해 표현한다면 이주여성이야 말로 최후의 식민지라고 할 수 있다.

노동조건 및 모성보호

불법체류자가 80%에 이르는 외국인노동자들은 자신이 갖는 법적 취약성 때문에 저임금, 장시간 노동 및 열악한 작업환경을 감수해야 하는 경우가 많다. 특히 여성의 경우 주로 섬유, 봉제, 수산물 가공업 등 단순하지만 장시간 노동을 요하는 업종에 진출해 있는 실정이다. 특히 기계가 보통 24시간 가동되는 섬유업체의 경우 주로 2교대 내지는 3교대 근무가 이루어지며, 2교대의 경우 주야 12시간을, 3교대는 8시간을 일하지만 잔업 등을 포함 16시간을 일하는 것이 일반적이며 휴일에도 작업을 요구하는 업체가 적지 않은 것으로 나타났다. 연수생으로 입국하여 불법체류자가 된 한 여성(29세)의 사례를 통해 여성 외국인노동자가 안고 있는 현실을 알 수 있다.

차밀라는 연수생으로 입국하여 미등록 노동자가 되었다. 5년 이상 체류하고 있는데, 지난 1년 6개월 동안 자동차 필터를 만드는 공장에서 하루 10시간 이상 일했다. 휴일 근로도 많았고 바쁠 때는 밤 1시까지 일했다. 무거운 박스를 나르는 일을 주로 했는데 오른쪽 팔과 다리에 힘이 없어지고 더 이상 일을 할 수 없을 지경에 이르기까지 병원에 간적이 없다. 일자리를 잃을까봐 아프다는 말을 할 수 없었다. 결국 한달 이상 치료가 필요해져 직장을 그만둘 수밖에 없었다(한국여성개발원, 2002: 34에서 재인용).

　여성 외국인노동자의 경우 월 평균 206시간을 일하는 것으로 나타났는데, 이는 한국 여성의 194.3시간에 비해 81시간을, 남성의 200.9시간에 비해 75시간을 더 일하는 것이다. 또한 여성 외국인노동자는 남성 외국인노동자에 비해 임금수준이 낮다. 남성 외국인노동자의 월평균 임금이 약 79만 7,000원인데 반해, 여성은 75만 1,000원으로[9] 이는 2001년 한국 고졸 여성노동자의 월평균 임금 84만 3,000원에 비해서 9만 2,000원이, 남성근로자 106만 8,000원에 비해 31만 7,000원이 낮은 것이다. 노동시간을 비롯한 임금 등에 있어서 외국인노동자들의 대우가 열악한 이유는 이들이 대체로 임금수준과 노동조건이 열악한 영세 사업장에 고용되어 있는 이유도 있지만, 사업주들이 외국인노동자들의 불법체류 신분을 악용하는 경우가 적지 않은 것으로 나타났다. 물론 기업은 외국인노동자의 생산성을 국내노동자의 70%로 평가하고 있지만(최동규, 1997), 외국인노동자 사이에는 부당하게 차별 받고 있다는 인식이 전반적으로 팽배해 있는 실정이다.[10] 더군다나 아직까지 국내 남녀 임금의 격차가 전 산업부분에서는 62.8%(2002년), 제조업 56.4%인 점을 감안할 때, 여성 외국인노동자는 동료 남성 외국인노동자에 비해 이중의 차별을 받고 있는 실정이다.

　남성노동자와 달리 여성노동자가 안고 있는 매우 중요한 문제 중 하나는 모성보호가 아닐 수 없다. 임신, 출산, 육아의 문제를 안고 있는 여성들은 남성보다 과중한 노동부담을 안고 있는 것이 사

---

9 참고로 외국인노동자 내부의 임금차이를 살펴보면, 연수취업자의 임금이 84만 3,000원으로 가장 많고, 다음이 업종별 단체추천연수생으로서 81만 7,000원, 불법체류자는 77만 9,000원을 받고 있으며 해외투자기업연수생이 56만 7,000원으로 가장 낮은 임금을 받는 것으로 나타났다(한국여성개발원, 2002).
10 한 조사에 의하면 조사대상자의 69.5%가 부당하게 차별을 받고 있다고 응답하고 있다(설동훈, 1998: 264).

실이다. 2001년 모성보호 관련 법이 개정되어 여성노동자의 모성보호를 위한 법적 근거들이 한층 개선되었었지만, 실제로 개별 사업장, 특히 노동력 이동이 높은 업종에서의 모성보호가 제대로 시행되지 못하고 있는 것이 현실이다. 그나마 공공부문이나 대기업의 경우 출산휴가는 대부분 사용하고 있는 것으로 나타났으나, 육아휴직의 혜택은 제대로 받을 수 없는 것이 아직까지 우리나라 기업의 조직문화이다. 더군다나 영세사업장의 경우, 특히 이직이 많은 서비스 직종은 출산휴가조차도 제대로 사용하기 힘든 것이 현실이다(김미경, 2002). 국내 여성노동자의 사정이 이러할 진대, 더군다나 주로 영세사업장에 진출해 있는 여성 외국인노동자의 모성보호 실태의 열악성은 매우 우려할 만한 수준이 아닐 수 없다. 대부분 불법체류자의 신분인 이들이 국내 여성노동자도 사용하기 힘든 모성보호 휴가를 사용하기 힘든 것은 재론의 여지가 없다. 또한 임신을 한 여성 외국인노동자의 경우 해고가 두려워 낙태를 하는 사례가 증가하고 있다(외국인노동자대책협의회, 2001).[11] 외국인노동자대책협의회의 2002년 조사결과에 따르면 생리휴가가 있다는 사실을 알고 있는 응답자는 35.9%뿐이었으며, 응답자의 53.7%가 생리휴가가 있더라도 사용하지 않겠다고 하였으며, 그 이유로 임금삭감(46.8%)을 가장 많이 들고 있다.[12] 또한 모성보호 관련 법에 근거하여 임신 시 경미한 업무로의 배치를 요구할 수 있음에도 불구하고 요구를 하지 않았다고 응답한 66.7%가 그 이유를 '임신사실을 숨겨야 하므로'라고 응답하였다(외국인노동자대책협의회, 2002).

---

11 외국인노동자협의회에서 2002년 조사한 결과에 따르면 응답자의 56.3%가 유산한 경험이 있다고 응답하였다(외국인노동자협의회, 2002: 67).

12 법적으로 생리휴가는 유급이지만 개별 사업장에서는 불법체류자인 외국인 여성근로자가 생리휴가를 원할 때 아예 허용을 하지 않거나, 무급으로 하라고 요구하는 경우가 충분히 생길 수 있음을 짐작할 수 있다.

문화적 충돌과 적응

외국에서 생활하면서 겪게 되는 가장 큰 충돌은 모국과는 다른 일상의 문화차이로부터 오는 혼란이 아닐 수 없다. 언어가 다른 데서 오는 의사소통의 문제에서부터 시작하여, 식습관 및 관습 등 열악한 노동조건 외에도 외국인노동자들은 문화적 차이를 극복해야 하는 커다란 숙제를 안고 있다. 동남아시아로부터 외국인노동자들이 이렇게 이주해오기 전까지 한국에서 외국문화에 대한 수용은 주로 미국이나 일본 등 우리보다 선진국 문화에 대한 동경이나 모방의 형태로 나타났다. 그러나 단순노무자가 대부분인 동남아시아 외국인노동자의 문화에 대해서는 호기심과 이해보다는 그들에게 우리 문화를 일방적으로 수용하기를 요구하고 있는 것이 현재의 실정이다. 이러한 우리 사회의 무수용적 태도는 외국인노동자를 '유령적' 존재로 만들어가고 있다. 외국인노동자의 '유령적 성격'은 공장에서만 존재하고 공장 밖에서는 무시되는, 인간으로서의 존재가 거부되는 외국인노동자의 존재양식을 지칭한다(유명기, 1997: 101). 이러한 문화적 충돌은 외국인노동자들을 우리 사회에서 더욱 주변화시키고 있다.

외국인노동자대책협의회의 조사에 의하면, 응답한 여성 외국인노동자의 31.9%가 의사소통에 어려움이 있었으며, 23.9%가 문화적 갈등을 느낀다고 응답하였다. 또한 15.1%가 한국인 노동자와, 22.2%는 한국인 상사와의 갈등이 문제가 된다고 응답하여 같은 노동자보다는 상사와의 갈등이 더 심각한 것으로 나타났다(외국인노동자대책협의회, 2002: 4). 저임금이 문제가 된다고 응답한 사람의 비율이 29.9%임을 감안할 때 상사와의 갈등이 무시할 수 없는 수준이라 할 수 있다.[13] 물론 가족과 함께 사는 여성 외국인노동자는 미혼여

---

13 외국인노동자들은 개인적으로 가게 주인이나 한국인노동자, 이웃에게 차별대우를 받

성에 비해 상대적으로 소외감을 덜 느낄 수 있으나 한국의 직장 내 조직문화가 내적으로는 강한 결속력을 유지하며 서로 도우며 생활하지만 외부인에 대해서는 상당히 배타적인 연고주의[14]에 기반하고 있기 때문에(유명기, 1997) 이들은 직장 내·외적으로 강한 소외감을 느끼지 않을 수 없다. 특히 기술연수생의 자격으로 이주한 노동자의 경우 미혼이 많은 점을 고려한다면, 연고주의의 강한 전통 속에서 그들이 작업장 내외에서 느낄 소외감은 노동의 생산성에까지 영향을 미치게 될 것이다.

여성인력 개발 및 활용과 관련한 연구 중에는 여성의 승진 및 경력개발의 주요요인으로 여성 개인의 직업적 능력보다는 연고주의를 기반으로 사회적 관계망을 형성하는 남성적 직장문화가 지적되고 있다(Kim, 2000). 저녁회식 등을 통한 연계망 문화에 적응하지 못하는 여성적 문화는 여성적 기질뿐만 아니라 육아 및 가사를 책임져야 하는 여성의 사회적 역할에서부터 기인하는 것이다. 더군다나 여성 외국인노동자들은 한국의 연고주의 문화에 한국 여성노동자보다 더 적응하기 힘든 것이 현실이다.

인권문제

한국의 노동시장은 국내/정규직/남성 근로자, 국내/정규직/여성 근로자, 국내/비정규직/남성 근로자, 국내/비정규직/여성 근로자, 외국인/남성 근로자, 외국인/여성 근로자 순서의 차별구조를 가지고 있다. 즉 '최후의 식민지'로서 여성 외국인노동자는 남성 외국인노동자와 달리 성희롱, 성폭력, 가정폭력 등의 문제를 부가적으로

는다고 느끼지 않는 반면, 직장상사나 사장은 차별대우를 하는 것으로 평가하고 있다는 연구결과가 있다(설동훈, 1997).

14 한 연구결과에 따르면, 한국인들은 외국인노동자들에 대해 한국계 산업연수생, 비한국계 산업연수생, 한국계 미등록노동자, 비한국계 미등록노동자 순으로 긍정적인 이미지를 가지고 있다고 한다(설동훈, 1997: 211).

더 안고 있다. 수도권 지역의 여성 외국인노동자에 대한 조사에서
는 19.2%가 성희롱이 심각하다고 응답한 것으로 보고되고 있다(이
금연, 2001). 또한 성희롱 대상이 한국인 동료나 상사이기도 하지만,
같은 나라 출신 남성동료 또는 다른 나라에서 온 남성동료인 경우
도 적지 않다. 성희롱을 당한 여성은 미혼이며 불법체류자인 경우가
대부분이다(대구여성회, 2001).

국내 여성노동자에 대한 성희롱 실태를 2002년 '평등의 전화 상
담사례'를 통해 살펴보면, 성희롱은 237건으로 전체 상담사례수의
6.5%를 차지하고 있으며,[15] 폭언·폭행은 5.7%로 나타났다(한국여
성노동자회협의회, 2003). 실제 작업현장에서 일어나는 성희롱 및 폭언들을
모두 상담하지 않는다는 사실을 감안하면 실제로 작업장에서 성희
롱과 폭언이 비일비재하게 발생하고 있음을 알 수 있다. 더군다나
불법체류자의 신분인 여성 외국인노동자에 대한 비하발언 및 성희
롱 문제는 매우 심각한 수준이다. 한국 정부는 1999년 남녀고용평
등법의 3차 개정을 통해 직장 내 성희롱을 법으로 규제하였고, 직장
내 성희롱 예방교육 실시를 의무화하고 있지만 예방교육을 실시하
는 사업장은 16.3%로 매우 저조하게 나타나고 있다.

미등록 노동자였던 필리핀 여성 3명은 2000년 1월 성남의 한 양말
공장에서 같은 공장에 근무하는 한국인 2명에 의해 성폭행을 당하
고 금품을 갈취당했다. 가해자는 불법체류자이기 때문에 폭행해도
신고하지 않을 것이라고 생각했다고 밝혔다. 여성들은 경찰서를
찾았지만 언어소통 등의 문제를 들어 경찰은 사건처리를 미뤘고 결
국 관련 단체의 도움을 받아 신고했고 가해자들은 성폭행 혐의로
기소되었다(한국여성개발원, 2002: 60-61에서 재인용).

---

15 성희롱의 내용 중 신체접촉이 55.4%로 가장 높았으며, 성희롱 가해자는 10명 중 8명이
   상급자인 것으로 나타났다. 직장 내 폭언, 폭행의 경우 피해자는 주로 20대 미혼으로
   근속연수 1년 미만인 경우가 가장 높다.

특히 러시아, 필리핀 등지에서 온 여성들은 성산업에 많이 진출해 있다. 처음에는 예술흥행비자(E-6)를 받고 무용수 및 가수 등으로 유흥업에 진출하기도 하지만, 나중에 성산업으로의 진출을 강요받거나 유인되는 사례가 점차 증가하고 있는 추세이다. 공식적으로는 1990년부터 여성 외국인노동자들이 한국의 유흥산업에 진출한 것으로 보고되고 있다. 1996년부터는 그 수가 본격적으로 증가하여 2000년의 경우 1999년에 비해 57%의 증가율을 보이고 있다. 특히 구소련 지역 여성의 진출이 크게 늘어나고 있는데 이들은 자국 내 인신매매조직을 통해 입국하고 있으며 여기에는 러시아 마피아 조직과 국내 폭력조직이 개입되어 있다(김현선, 2001: 13). 즉 국제적으로 인저자원의 교류가 활발해짐에 따라 여성을 성산업에 진출시키고자 하는 국제적 성매매가 함께 기승을 부리고 있는 것이다. 더불어 국내 남성들에게는 성매매 업소를 이용함으로써 여러 인종의 여성들, 특히 백인 여성들을 성매매하면서 왜곡된 인종주의와 남성우월주의를 만족시키고 있다. 외국인 여성들 중에는 대부분 가수나 댄서로서만 일하는 것으로 알고 입국하지만 입국 후 성적 서비스를 강요당해도 빠져 나올 수 있는 통로들이 차단되어 있기 때문에 업주가 요구하는 조건을 받아들일 수밖에 없는 현실이다.

> 러시아 여성은 무용수로 활동하는 것으로 계약했다가 기획사의 강요로 매춘을 하기도 했고, 포주가 아파트에 감금한 채 1주일 내내 하루 10명씩 매춘을 강요하자 러시아로 탈출했다(한국여성개발원, 2002: 68에서 재인용).

오늘도 우리 사회 곳곳에서는 여성 외국인노동자에 대한 인권침해가 공공연하게 자행되고 있는 실정이다. 세계화는 국제적으로 많은 사람들에게, 특히 저개발국 노동자들에게 일자리 창출, 국제 사회로의 진출과 같은 장밋빛 기대감을 심어주고 있지만, 여성들의 삶 속에는 부정적으로 결과하는 경우가 더 많은 것이 현실이다. 이는 바로 여성을 여전히 성적으로 대상화하는 남성들의 성차별주의sexism가 존재하고 있기 때문이다. 가난을 피해 더 나은 미래를 꿈꾸며 이주하는 여성 외국인노동자들은 이미 모국에서도 주변인이 되어가고 있으며, 이주국에서 역시 주변인으로 살아가고 있다.

맺음말: 이주여성의 노동권, 국제적 연대

여성 외국인노동자들은 국내 노동력이 기피하고 있는 3D 업종뿐만 아니라 성산업에까지 진출하여 대부분 불법체류라는 법적 지위로 인해 열악한 노동조건과 인권침해를 감내하고 있다. 이들이 가부장적 조직문화가 뿌리 깊은 한국 사회에서 느끼는 문화적 충돌과 소외감은 한국인에 대한 부정적인 인식으로까지 이어지고 있다. 현재 진행되고 있는 세계화의 흐름은 하버마스(Harbermas, 1981)의 표현을 빌리자면, 생활세계와 체계의 괴리 현상이며 체계에 의한 생활세계의 식민지화 과정이다. 이는 동아시아 지역으로부터 한국 사회에 이주한 외국인노동자들의 노동조건 및 인권실태를 통해 확인할 수 있다. 외국인노동자의 노동조건 및 인권보호, 문화충돌에 대한 대안 없는 노동시장의 개방은 무책임할 뿐만 아니라 비도덕적이라고 밖에 할 수 없다. 세계화가 대세임을 부인할 사람은 이제 많지 않다. 그러나 세계화가 화폐와 권력의 탈언어화된 매개를 통한 도구적 통합의 시도로서가 아니라 의사소통적으로 성취된 합의를 통해 통합되는 방향으로 나아갈 수 있을 때 진정한 위기의 대안이 될 수 있을 것이다. 그러나 한국 정부의 외국노동자 정책을 통해 드러나듯, 시장경제의 우선성을 앞세우는 이제까지의 세계화 전략을 통해 의사소통을 통한 통합은 애초에 세계화 프로젝트에 계획되어 있지도 않았다고 평가할 수 있다(김미경, 2000). 신자유주의 정책은 자본을 이윤을 좇아 초국가적인 성격을 갖도록 하고 있지만, 국제사회에서의 정치적 주체는 여전히 일국단위의 민족국가로 남을 뿐이다. 따라서 세계화 과정에서 국제적 연대의 문제는 문제집단 당사자와 비정부기관의 결탁을 통한 정치적 영향력의 확대에 관건이 주어져 있다고 해야 할 것이다. 실제로 우리는 더욱 보수화되고 있는 국제사회의 외국인 정책이나 난민들에 대한 입장, 미국의 이라크 공격과 같은 국제정세를 통해 낙관적이기보다는 비관적인 국가 간의 연대 가능성을 경험하고 있다. 국제적 인권체계로서 초국가적 규칙과 규제기관과 같은 새로운 규범 형성을 위한 공간의 필요성에 대한 끊임없는 문제제기가 이루어져야 할 시점인 것이다(Randeria, 1998: 31-32). UN이라는 초국가적 국제기구가 존재하지만 중요한 사안에 있어 소속 구성원들의, 특히 중요한 의사결정권을 가지고 있는 상임이사국을 중심으로 한 자국의 이해관계가 앞서는 현실 앞에서 비정부기구 세력 확대의 필요성은 매우 절실한 것이 아닐 수 없다.

  기술과 정보화 발전을 통해 급격하게 변화해가고 있는 경제구조는 노동시장에서 노동력에 대한 수요를 지속적으로 감소시키고 있으며(리프킨, 1996), 저임금을 기반으로 한 한국의 경제성장 전략은 실질임금의 상승과 인구의 고령화, 고학력화 현상 앞에서 노동시장의 구조개편을 계속적으로 요구하고 있다. 많은 서구 복지국가들조차도 신자유주의적 노동정책을 수용해감에 따라 복지국가 축소의 위협에 놓여 있는 것이 오늘의 국제사회의 현실이다. 아직까지 복지국가의 틀이 완성되지 못한 한국과 같은 상황에서 세계화라는 이름 하에 신자유주의 정책을 수용하고 강도 높은 구조조정의 필요성이 역설되고 진정한 복지정책 없는 생산적 복지만이 강조된다는 것은 복지역사를 역행하는 일이라고 할 수 있다. 그러나 한국 사회는 또 다른 한편에서 소위 3D 업종을 중심으로 인력부족 현상을 경험하고 있다. 외국 인력의 유입에 따라 파생될 수 있는 문제들에 대한 법적, 제도적 대책 없이 노동시장을 개방함으로써 한국 사회는 아무리 국제화 시대에 걸맞은 국가로 거듭나기를 바란다 하더라도 외국인노동자 인권을 방치함으로써 국가적으로 치명적인 대외 이미지에서 벗어나기는 힘들 것이다. 그러나 80%에 이르는 불법 외국인노동자들을 실질적으로 합법화의 틀 안에서 수용할 수 있는 방안만큼이나 중요한 것은 이주 외국인노동자를 경제적 목적에 의해 단순히 노동력만을 수용하고자 하는 것이 아니라 우리 사회에 진정으로 통합할 수 있는 방안을 모색하고자 하는 것이다. 이는 정부의 정책만으로 가능한 것이 아니다. 한국 사회는 바로 외국인노동자를 주변화시키지 않고 함께 아우를 수 있는 국민적 합의를 먼저 이루어야 할 시점에 와 있는 것이다. 이는 국제화 시대에 걸맞은 성숙된 국제적 시민의식을 형성하기 위한 기본적인 전제이기도 하다.

사실 한국에서의 외국인노동자의 이주 역사는 길지가 않다. 단일 민족을 자랑삼아 이야기하던 한국의 노동시장은 그만큼 외부세계에 닫혀 있었다. 그러나 세계화 과정 속에서 노동시장을 개방함으로써 밀려들어오는 외국인 이주노동자들에 대해 한국 정부는 그들 문화의 다양성을 인정하는 동시에 사회, 정치적 평등의 원칙을 함께 실현해야 하는 어려운 과제를 안고 있다. 즉 한국 사회는 성평등의 문제뿐만 아니라 아직까지 진지하게 고민해보지 못했던 다민족의 문제까지 떠안게 되었다. 어떤 성을 선택하여 태어날 수 없듯이 어느 민족을 선택할 수 없다는 점에서 민족이라는 개념은 성 문제와 마찬가지로 자연발생적인 현상으로 이해되어 왔다. 그러나 우리는 노동시장이 성뿐만 아니라 민족에 의해 위계적으로 분절화되는 과정을 경험하며 살고 있다. 노동시장의 위계가 민족이라는 변수에 의해 위계화되는 한, 민족은 더 이상 자연적인 구성물이 아니라 사회적으로 만들어지는 사회적 구조물임을 간과해서는 안 될 것이다(Lenz, 1997: 213). 즉 강조점은 성별, 민족별 차이에 있는 것이 아니라, 그 차이를 기반으로 위계적으로 구성되고 있는 불평등한 국제적인 분업구조에 있다. 일본이나 독일처럼 우리나라가 다른 민족을 침략한 역사가 없다고 해서 오늘날 세계화 추세 속에서 전개되는 외국인노동자 문제를 중심으로 한 민족문제에 대해 어떠한 면죄부를 받을 수는 없을 것이다. 우리는 벌써 여성 외국인노동자의 노동권과 인권을 유린하는 가운데 원하든, 원하지 않든 세계 민족 침략사에 끼어들고 있기 때문이다. 한국 정부는 세계화에 따른 성별, 민족별 위계체계 구축에 기여하지 않기 위해서 가장 우선적으로 외국인고용허가제의 도입에도 불구하고 줄어들기 힘든 대다수의 불법 외국인노동자들을 실질적으로 법의 보호망에서 끌어안을 수 있는 사회통합을 위한 노력을 기울여야 할 것이다. 물론 여성주의적 정책 역시 가부장적 자본주의의 물적 기초를 제공하고 있는 성별, 민족별 국제분업을 저지하는 세력에 연대해야 하는 숙제를 함께 안고 있다.

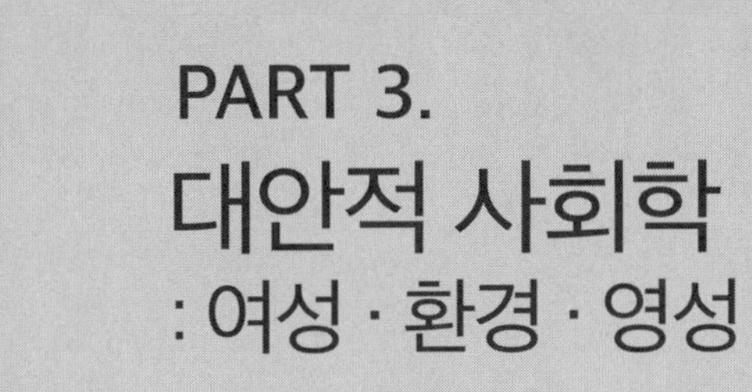

PART 3.
대안적 사회학
: 여성 · 환경 · 영성

PART 3.에서는 앞서 살펴
본 여성주의적 사회복지
내지는 노동의 미래를 모
색하기 위하여 '좋은 노동',
'환경/생태', '영성' 등을 화
두로 대안적 복지국가의
미래를 위한 새로운 논의
를 시도하고자 한다.

chapter 11.

'노동사회'를 넘어 '좋은 노동' 사회를 위하여

- 일 · 가족양립 정책과 모성보호 정책

일 · 가족양립 정책으로서 모성보호 정책의 문제

2003년 모성보호 관련 법 개정 이후 일과 가족의 양립 문제는 경제활동에 참가하고 있는 여성들만의 문제가 아니라 남녀 공동의 문제로 인식되고 있다. 이는 그동안 비공식부문으로 인식되어 온 가족 내 재생산노동에 주로 참여해 오던 여성들이 공식부문인 노동시장에 활발하게 진출하게 되었고, 이에 따라 비공식부문인 가족 내에서의 남성의 역할이 중요하다는 사회적 인식도 증가하고 있음을 의미한다. 그러나 남녀 모두가 일과 가족을 조화롭게 양립할 수 있는 사회적 여건은 이를 필요로 하는 사람들의 의식 차원에만 머물러 있는 실정으로 현실적 이해관계는 매우 다르게 나타나고 있다. 국가정책 차원에서 일 · 가족양립에 대한 논의는 아직까지도 주로 출산 전 · 후 휴가 및 육아휴직, 보육 문제와 같은 모성보호와 관련된 문제에 국한되어 있으며, 실제로 남성들의 소위 모성보호 관련 제도에의 참여율은 현저히 낮게 나타나고 있는 실정이다(김미경 외, 2003; 김태홍 외, 2004; 이규용 외, 2004; 장지연 외, 2004).[1]

2001년 여성부 설립과 함께 그동안 여성계, 노동계, 학계, 운동계에서 요구해 오던 일하는 여성에 대한 모성보호 관련 법이 입안되는 성과를 이루었으나 실제로 모성보호가 사용되어야 하는 노동시장에서는 모성보호 관련 제도에 대한 인식이 여성계와는 다르게 나타나고 있다. 현장에서 모성보호 휴가를 사용하고 있는 사업장이나 직종은 매우 제한적일 뿐만 아니라 모성보호 관련 제도를 적용받을 수 있는 대상자 자체가 노동시장에 많지 않은 것이 현실이다. 즉 모성보호 제도를 사용할 수 있는 비교적 안정된 직장에는 모성보호와 직접적인 관련이 없는 미혼여성들이 대부분을 이루고 있으며, 모성보호가 필요한 기혼여성들은 대부분 모성보호 관련 법으로부터 보호를 받기 쉽지 않은 일용서비스직과 같은 비정규직에 종사하고 있는 실정이다(김미경 외, 2003).

또한 일·가족양립 정책이 주로 모성보호 관련 제도에 국한되어 논의되다 보니 남성들의 관심과 이해가 결여되어 있는 것이 현실이다. 실제로 남성의 가사노동 참여는 여성과 달리 맞벌이부부(32분)나 비맞벌이부부(31분)에게 있어 거의 차이가 나타나지 않고 있다(통계청, 2005: 134). 여성들의 경제활동 참여에 대한 선호가 증가하는 것만큼 남성의 가정에서의 역할에 대한 책임이 높아지지 않고 있다는 사실은 무엇보다도 일·가족양립에 대해 젠더적으로 접근하는 데 있어 어려움으로 작용하고 있다. 많은 여성운동 학자들과 활동가들은 여성의 경제활동 참여 및 모성보호 정책의 중요성에 주의를 기울여왔지만, 이에 못지않게 가족 내 남성 역할의 중요성에는 별로 주목하지 않고 있는 실정이다(김미경, 2000; 김경희 외, 2008). 남성들 또한 부

---

[1] 한국의 경우 남성의 육아휴직률은 매우 낮아 1%대를 나타내고 있으며(2003년 1.7%), 유럽의 경우 남성의 육아휴직 사용률이 한국보다 현저하게 높지만, 이것이 남성들의 직업노동에 대한 지향이 감소된 것을 의미하지는 않는다.

인이 맞벌이를 할 경우 모성보호 정책의 필요성에 동의하지만 자신의 문제라기보다는 부인의 문제로 인식하는 경우가 많다. 이는 일·가족양립 정책의 필요성을 느끼는 남성들조차도 직장에서의 성공이 가족보다 더 중요하기 때문이다.[2] 더군다나 맞벌이를 하지 않거나 가사와 육아를 돌볼 사람이 있거나 아이가 없는 경우 남녀 모두 일·가족양립 정책에 무관심하다.

따라서 모성보호 정책은 일·가족양립을 위한 본질적인 해결책이 되기 힘들다. 즉 고전적인 성별분업 체계를 전제한 일·가족양립 정책의 범위를 넘어선 미래지향적인 논의를 위해서는 모성보호 관련 정책을 넘어선 논의가 필요하며, 이는 한국 사회 역시 서구와 마찬가지로 갈수록 부부 중심보다는 일하는 개인으로 파편화[3]되어 가고 있는 경향을 반영하는 것이다(Beck-Gernsheim, 1984). 기술의 발전과 경제구조 변화에 따른 장기실업, 고령화, 저출산 현상에 따른 노동인구의 감소, 노동시장의 유연화에 따른 비정규직의 확산 및 여성의 고학력화와 개인주의화, 경제활동참가율의 증가 등 노동시장 구조에 영향을 미치는 사회·경제·인구학적 구조변동을 고려한 일·가족양립에 대한 새로운 논의가 필요하다. 즉 일·가족양립 정책이 더 이상 여성정책이나 복지정책의 범위에 제한되지 않고 노동정책적 차원에서 역시 문제가 제기되어야 하며, 이는 고전적인 노동개념으로부터 벗어날 때 가능하다. 여성은 일차적으로 재생산노동에, 남성은 생산노동을 책임지는 전통적인 성별분업 구조를 기반으로 한 노동에 대한 고전적인 이해를 전제로 할 때 일·가족양립의 문제는

---

2 따라서 현실은 여성이 직장에서의 성공을 원할 경우 결혼과 출산을 기피할 수밖에 없게 만든다. 현재 우리나라 합계출산율은 1.16(2005년)으로 OECD 평균인 1.62보다도 낮은 실정이다(재정경제부, 2007).

3 한국여성정책연구원의 『여성통계연보』에 따르면, 결혼에 대한 남녀의 인식이 "결혼은 반드시 하는 것"에 대해 1998년 여성 30.5%, 남성 36.9%에서 2006년 각각 21.6%, 30.0%로 낮아지고 있다(한국여성정책연구원, 2006: 121). 또한 전체 가구구성에서 아이가 없는 부부가구가 차지하는 비율이 1985년 7.7%에서 1995년 12.6%, 2005년 14.2%로 계속 증가하고 있는 추세에 있다(통계청 DB).

여성에 대한 시혜적인 정책 차원으로 제한되게 되며,[4] 변화하는 노동시장 구조에 대한 본질적인 문제해결이 되기 어렵다(Klammer & Klenner, 2003). 이 글은 일 · 가족양립 정책이 이제는 모성보호 정책의 틀에서 벗어나 변화하는 노동 현실을 설명할 수 있는 새로운 노동개념을 통해 접근되어야 한다는 문제제기로부터 출발하고자 한다.

기존의 일 · 가족양립에 관한 논의에서 여성은 취업을 하지 않는 '남성부양자 모델Ernaehrermodell'이나, 남성은 전일제 노동을 통한 주 생계부양을, 여성은 파트타임을 통해 보조적으로 생계를 책임지는 '2인소득자 모델Doppelversorgermodell'에 주로 근거하여 여성을 중심으로 한 가족이 정책의 주시혜자인 모성보호에 주안점이 두어졌다면, 이 연구에서는 '성인노동자 모델adult-worker-model'을 기반으로 하여 '평등한 개인'으로서 "남녀 노동자의 보다 자율적인 노동에 대한 선택 가능성"에 기초해 논의를 전개하고자 한다. 유럽에서는, 특히 독일의 경우 '좋은 노동Gute Arbeit'의 개념을 통해 이러한 새로운 노동문화에 대한 논의가 진전되고 있다(Klute, 2004). 여기에서는 일 · 가족양립의 문제를 '좋은 노동'의 개념으로 접근하고자 한다.

노동정책적 차원에서 일 · 가족양립은 무엇보다도 시간 관리의 문제, 즉 노동시간 정책과 긴밀한 관련을 갖는다(Klenner, 2005; 박기남, 2007). 기존의 노동시장 구조에 대해 근본적인 문제제기를 할 수 있는 노동시간 정책에 대한 논의 없이 일 · 가족양립 문제가 다루어지면 그 책임은 모성보호 정책에서처럼 여성에게 일차적으로 돌아가게 되어 있다. 현재의 성별분업은 남성은 주로 직장을 중심으로 가정을, 여성은 가정을 중심으로 직장을 병행하도록 이분화되어 있고,

---

[4] 16세 미만의 아동을 가진 기혼여성의 경제활동참가율이 70%에 이르고 있는 독일에서조차도 일 · 가족양립의 문제는 여전히 모성보호 정책에 머물러 있는 실정이다. 더군다나 여섯 아이를 가진 보수적 성향의 안젤리나 메르켈이 수상이 된 이후 모성보호 정책에 있어 진전이 이루어지지 않고 있으며, 모성보호 정책의 필요성은 여성의 노동권 차원에서 보다는 저출산 문제에 대한 해결책 수준에서 논의되고 있는 실정이다(Beck-Gernsheim, 2007).

현대인들은 하루의 대부분을 직장일에 매달려야 하기 때문에 성별 분업 구조를 근본적으로 수정하기 위해서는 가정에 좀 더 시간을 할애할 수 있도록 기존의 직장노동 중심적 문화가 근본적으로 변화할 수 있는 정책이 요구된다.[5] 이를 위한 대표적인 정책이 노동시간 단축이다. 즉 노동으로부터 좀 더 자유로운 시간 사용이 가능할 때 남녀 노동자 모두에게 가정과 직장의 병행을 위한 선택가능성이 열릴 수 있기 때문이다. 그러나 이러한 노동시간 정책도 논의의 초점이 노동시장 유연화 정책의 일환으로서 경제적 효과 등에만 모아진다면(신관호, 2004; 송일호, 2002), '노동의 인간화'를 위한 '좋은 노동'으로서의 의미는 희석되고 만다. 따라서 여기에서는 '좋은 노동'의 개념을 통해 개별 노동자들의 성평등이라는 변화를 유도할 수 있는 '인간다운 노동'의 필요성과 가능성에 대해 논하고자 한다. 이를 위해 먼저 한국 사회가 남성부양자 모델 내지는 2인소득자 모델에서 성인노동자 모델로 얼마만큼 변화했는지를 살펴보고자 한다.

남성부양자 · 2인소득자 모델에서 성인노동자 모델로

복지국가의 일 · 가족양립 정책

산업화 초기 농경사회의 해체와 함께 가사 외적 노동(직장)과 가사 내적 노동(가정)에 대한 공간적 분리가 이루어지기 시작하고, 시장을 통해 교환되는 노동만이 생산적 노동으로서 사회적 가치를 인정받기 시작하면서 여성노동은 경제비공식 부문에서의 '비생산적 노동'

---

5 그러나 이 장에서는 노동시간 정책에 대한 논의보다 새로운 노동문화를 위한 '좋은 노동'이 갖는 사회학적 담론에 집중하고자 한다. 노동시간 정책을 통한 '좋은 노동'의 현실 정치적 구현에 대한 논의는 차후 연구과제로 남는다.

으로 평가절하되기 시작했다(Bennholdt-Thomsen, u. a., 1992). 따라서 경제 비공식부문에서 노동하는 여성들에게는 가족만 있을 뿐 일은 존재하지 않는 것으로 인식됨으로써 일·가족양립 문제는 사회문제로서 전혀 인식되지 못하고 여성들의 개인적인 문제나 가족문제로 치부되었다. 그러나 여성의 경제 공식부문에서의 경제활동이 증가함에 따라 비로소 일·가족양립 문제는 여성들만의 문제가 아닌 사회적 문제로 인식되기 시작하였다(Kim, 2000; 강이수, 2007).

한국의 경우, 특히 1980년대 중반 이후 기혼 여성의 경제 공식부문에서의 경제활동 증가와 함께[6] 여성의 재생산 영역에서의 가사 및 육아 문제가 사회문제로서 인식되기 시작하였다. 이에 따라 여성노동 및 운동, 학계의 끊임없는 여성노동권 확보를 위한 노력과 함께 일·가족양립에 대한 국가의 정책적 개입의 필요성이 제기되었으며(김경희 외, 2008), 2001년 11월 모성보호 관련 법이 시행되었다. 30만원의 출산휴가 비용과 1년 이내의 육아휴직을 주요 내용으로 하는 모성보호 관련 법은 2004년 개정으로 출산휴가 비용이 40만원으로 상향조정되었으며, 2007년 4월부터는 50만원으로 인상되었다. 그러나 현재 일·가족양립이라는 이름 하에 시행되고 있는 정책은 재생산 영역에서 여성노동에 대해 간접적으로 지원하는 수준에 머물러 있으며, 일과 가족에 대한 이분법적 분리를 전제하고 있다.

"일·가족양립이란 사회의 각 구성원이 시장노동과 보살핌 노동을 적절한 수준에서 수행하고 때로는 거부하면서 행복을 추구하는 모습을 그리는 용어"(장지연 외, 2005: 1)로 이해되어야 한다. 그러나 일·가족양립 정책으로서 모성보호 정책이 시행된 이후 노동에의 의존성은 더욱 증가하고 있는 반면, 가족을 거부하는 경향은 오히려

---

6 1980년대 중반은 한국이 제조업 중심의 산업사회에서 서비스 사회로 들어서는 중요한 시점이었으며, 동시에 저연령, 저임금, 저기술을 기반으로 했던 여성의 경제공식 부문에서의 경제활동이 1980년대 초 대학자율화 정책과 함께 팽창된 대졸 여성 인력들이 대거 노동시장에 진입하는 여성노동력의 질적·양적 변화를 가져온 중요한 전환점이었다(Kim, 2000).

심화되고 있는 실정이다. 이러한 경향은 서구 유럽의 경우도 예외는 아니다. 주요 선진국의 일 · 가족양립 정책으로서 출산 전 · 후 휴가 및 육아휴직 등 모성보호 정책을 세부적으로 분석하고 있는 한 연구를 살펴보면, 모성보호 정책이 "시장노동과 보살핌 노동을 적절한 수준에서 수행하고 거부하는 행복을 추구하는 모습"을 보장하기보다는 한편으로 심화되어 가고 있는 개인들의 노동의존성과 다른 한편으로 여성 경제활동의 필요성에 대한 거부할 수 없는 사회적 인식과 저출산 대책으로서의 국가 개입 이상의 의미를 발견하기 힘들어 보인다(장지연 외, 2005). 이는 결국 고전적인 성별분업 구조의 분열을 막아보고자 필사적으로 노력하는 개인과 가족, 국가가 낳은 산물로 해석할 수 있다.

페미니스트 복지국가 이론에서는 국가의 복지정책을 산업화 과정에서 여성의 경제활동 참여 정도에 따라 '남성부양자 모델'(남성 전일제, 여성 전업주부)[7] 그리고 여성의 경제활동참가율이 증가하면서 좀 더 현대화된 '2인소득자 모델'(남성 전일제, 여성 파트타임)로 분류하고 있다 (Klammer & Klenner, 2003; 장지연 외, 2005). 실제로 우리나라의 남성 대비 여성 취업자 증가 비율을 살펴보면 기혼여성의 (공식부문에서의) 경제활동 참가율이 증가하기 시작한 1980년대 중반 이후, 즉 1987년 처음으로 40%대(40.4%)를 넘어서면서 1995년 40.5%, 2000년 41.4%, 2006년 41.9%로 꾸준히 증가하고 있다. 또한 남성 대비 전일제 정규직 임금노동자의 비율 역시 1989년 8.6%에서 1995년 10.3%까지 증가하였다가 IMF 외환위기 이후 10%대 밑으로 다시 낮아졌으며, 2004년 10%대(10.1%)로 재진입하였다.

물론 이러한 노동시장에서 여성의 종사상 지위는 남성을 생계책

---

7 물론 취업을 하지 않았을 뿐 경제 비공식부문에서 여성들은 끊임없이 재생산노동에 참여하여 왔기에 '남성부양자 모델'이라는 개념 역시 시장을 매개로 교환되는 노동만을 '생산적 노동'으로 이해하는 가부장적인 사고의 틀 안에 있다고 할 수 있다(Bennholdt-Thomsen, u. a., 1992; Kim, 2000).

임자로, 여성을 보조적인 부양자로 이해하는 기존의 틀에서 크게 벗어나지 않는 것으로 '평등한 개인'으로서 "남녀 노동자의 보다 자율적인 노동에 대한 선택가능성"에 대해 논의하고 있는 '성인노동자 모델'에 대해 이야기하기에 시기상조임을 보여주고 있다. 그러나 기존의 모성보호 정책을 중심으로 한 일·가족양립 정책에 대한 논의는 여성을 '평등한 개인'으로 전제하기보다는 아직까지 가족을 돌보는 주책임자로 전제하고 있기 때문에 본 연구에서는 여성의 직장노동에의 지향에 보다 초점을 맞추어 이와 관련한 변화에 주목하고자 한다. 이를 토대로 '성인노동자 모델'을 기반으로 한 '평등한 개인'으로서 "남녀 노동자의 보다 자율적인 노동에 대한 선택가능성"에 대한 논의를 '좋은 노동'에 대한 논의를 통해 살펴보고자 한다.

가족중심에서 개인중심 사회로

먼저 우리나라의 모성보호 중심의 일·가족양립 정책이 "사회구성원 모두가 시장노동과 보살핌 노동을 적절한 수준에서 수행하고 때로는 거부하면서 행복을 추구하는 모습"을 가능하게 하였는지, 남녀 노동자들에게 있어 가족중심의 가치가 여전히 중요한지, 아니면 개인주의적 가치로 점차 이동하고 있는지 등에 대하여 상지대학교 민주사회정책연구원과 한국여성연구소에서 실시한 "일과 가족의 양립 실태조사"[8] 결과를 통해 살펴보고자 한다.

2007년 5월 28일부터 6월 27일까지 한 달간 전국 1,000가구를 대상으로 취업남성(200명)과 취업여성(950명) 및 비취업여성(200명)의 일·가족양립 실태를 조사한 결과, 가장 높은 빈도를 나타내고 있는 노동시간은 48시간 이하로 취업여성의 경우 34.3%, 취업남성의 경우 29.4%로 여성이 높게 나타나고 있다. 물론 56시간 이상의 초과

____
8 조사결과에 대한 보다 자세한 논의는 강이수 외(2007)를 참조하기 바람.

근무시간은 남성이 더 높게 나타나고 있지만, 법정근무시간이 주당 44시간(20인 미만 사업장 기준)이기 때문에 초과근무시간을 논외로 한다면 여성들의 노동시간이 짧지 않음을 알 수 있다.

종사상의 지위나 근무형태에 있어서도 여성 정규직 상용근로자의 비율이 과반수가 넘고 남성과 큰 차이를 보이고 있지 않아 여성의 일·가족양립이 매우 어렵다는 것을 시사하고 있다. 특히 취업여성의 경우 배우자의 98.9%가 직업을 가지고 있고, 많은 남성들이 초과근무를 하고 있다는 사실을 감안한다면 취업부부의 노동 강도의 심각성은 짐작하고도 남는다. 또한 취업남성의 경우 배우자의 24.5%만이 직업을 가지고 있기 때문에 취업여성은 일·가족양립에 심각한 수준의 어려움에 직면해 있음을 알 수 있다.

또한 8세 미만 막내자녀 유무가 비취업여성, 취업남성, 취업여성 순으로 높게 나타나는 현상과 10년 이하 결혼기간에서 취업여성이 가장 낮게 나타나는 것은 취업여성들이 비취업여성에 비해 결혼 및 출산을 연기 내지는 기피하는 현상과 관련 있는 것으로 보인다. 즉 우리 사회의 급격한 저출산 경향은 여성의 취업지향을 반영하는 것으로 여성의 가족지향에서 직장지향으로의 가치관의 변화를 보여주고 있다고 하겠다.

〈표 11-1〉 취업상태별 일·가족 실태

단위: %

		취업여성	비취업여성	취업남성
종사상 지위	상용근로자	61.8	-	61.5
근무형태	정규직	66.9	-	69.6
일주일 평균 근무시간	40시간 이하	29.8	-	12.1
	48시간 이하	34.3	-	29.4
	56시간 이하	15.7	-	28.6
	56시간 초과	20.2	-	29.9
배우자 직업 유무	있음	98.9	100.0	24.5
	없음	1.1	0.0	75.5
8세 이하 막내자녀 유무	있음	31.3	40.8	33.2
	없음	68.7	59.2	66.8
결혼기간	10년 이하	30.8	37.5	37.0

<표 11-2> 취업상태별 가사부담 정도

단위: %

	취업여성	비취업여성	취업남성
자녀와 저녁식사(거의 매일)	29.7	51.0	9.0
자녀와 대화 또는 놀아주기(거의 매일)	26.6	42.5	11.5
평일 중 집안일 하는 시간(가장 높은 빈도)	33.6(2시간)	24.5(4시간)	41.0(0시간)
아픈 가족을 언제나 남편이 돌보는 경우	0.4	0.0	0.5
제사 등 집안행사를 언제나 부인이 하는 경우	35.2	25.5	28.5
가사나 양육분담이 나에게 매우 불공평하다	6.2	4.0	2.0
가사일의 일차적 책임자가 부인인 경우	70.8	92.5	89.0

<표 11-2>는 여전히 여성들이 가사노동을 주로 책임지고 있으며 취업여성보다 비취업여성의 가사부담이 더 큰 것을 확인할 수 있게 한다. 비록 비취업여성보다는 낮게 나타나고 있지만, 취업여성들이 자녀와 저녁식사를 함께 하고 대화를 나누고 놀아주는 비율은 취업남성보다 2배 가량 높게 나타나고 있다. 따라서 가사나 양육 분담이 불공평하다고 느끼는 정도가 가장 높은 집단은 취업여성이다.

취업여성과 취업남성 모두 가족과 보내는 시간이나 수면, 단체활동, 여가시간 등이 절대적으로 부족한 것으로 나타났고, 모두 비교적 건강하다고 생각하고는 있었으나 취업남녀 모두 수면이 부족하다고 하였다.

<표 11-3>의 설문결과는 현재 우리나라 여성들의 전일제 경제활동 참여에 대한 선호가 높고, 직장을 가지고 있을 경우 남녀 모두

<표 11-3> 취업상태별 여가 실태

단위: %

	취업여성	비취업여성	취업남성
직장에서의 근무시간이 너무 많다	25.5	-	26.0
가족과 보내는 시간이 부족하다	66.5	25.5	68.0
취미나 여가활동이 부족하다	76.6	44.0	77.0
수면이 부족하다	52.8	25.5	61.0
자원봉사나 시민단체활동이 부족하다	45.1	26.0	36.2
일주일에 여가평균 시간(가장 높은 빈도)	19.4(2시간)	16.5(10시간)	15(5시간)
건강하지 않다	5.0	6.0	1.5

가족과 여가에 소홀하다는 사실을 보여주고 있다. 이는 이제 우리 사회가 여성 시혜적 일·가족양립 정책의 논의를 넘어서서 직장노동과 가족, 여가를 모두 양립할 수 있는 시간관리[9]를 중심으로 한 노동에 대한 본질적인 문제를 제기할 시점에 이르렀음을 시사하는 것이다(김미경, 2008a).

다음에서는 서구 유럽에서 시작된 '좋은 노동'에 대한 논의를 중심으로 새로운 노동문화의 가능성을 살펴보는 가운데 '일·가족양립work-family balance'의 문제를 '일과 삶의 균형work-life balance'의 문제로 논의를 전환하고자 한다.

노동사회의 미래: '노동사회'에서 '좋은 노동' 사회로

국가의 복지정책의 팽창과 끊임없이 변화하는 불안정한 노동시장 조건, 그리고 노동자들을 파편화시키고 있는 개인주의화 경향은 우리의 삶과 의식 속에 이제까지 존재하고 있는 노동에 대한 개념의 변화를 초래하고 있으며 사회적 가치연계망에 존재하고 있는 노동의 역할 또한 변화시키고 있다. 세계노동기구ILO에서는 '보다 나은 세상'을 위한 '양질의 고용decent work'을 주창하고 각국에 대한 프로그램Decent Work Country Programmes을 안내하고 있다(ILO, 2005). ILO에서 권장하는 양질의 고용을 위한 다섯 가지 주요 전략을 살펴보면, 공평한 지구화a fair globalization, 빈곤타파working out of poverty, 젠더평등향상advancing gender equality, 발전에서 있어 국제노동표준화의 확대

---

9 본 조사결과를 서울지역 기혼여성의 시간갈등의 측면에서 분석한 박기남(2007: 48)의 연구결과에 의하면, "성역할태도가 평등지향적일수록, 노동시간이 길어질수록, 비정규직일수록, 6세 이하의 취학 전 어린자녀가 있을 경우 시간갈등을 더 느끼는 것으로 나타났다".

greater influence of international labour standards in development, 사회적 동반자 관계 및 대화 확대expending the influence of social partner, social dialogue and tri-partism 등이다. ILO는 아동노동과 강제노동이 없고, 불평등과 작업장 내 위험이 존재하지 않는 '양질의 고용decent work'을 통해 품위 있는 일자리를 유지하고, 이를 통해 가족을 부양하고 자녀를 교육할 수 있는 환경을 만들 것을 요구하고 있지만, 여기에서 의미하는 노동 역시 '노동사회Arbeitsgesellschaft'의 시장노동을 전제로 한다. 그러나 소위 노동의 개념을 고용정책의 연장선상에서만 이해하게 된다면 오늘날 노동시장 정책은 기술의 발전과 장기실업이라는 경제구조의 막다른 골목에서 빠져 나오기 힘들어 보인다.

따라서 서구 유럽은 갈수록 노동사회Arbeitsgesellschaft와 여가사회Freizeitgesellschaft라는 대치되는 개념을 벗어버리고 변화하는 노동시장의 현실에 맞는 새로운 노동에 대한 논의를 시작함으로써 노동의 미래를 준비하고 있다. 실업은 단순한 금전적인 손실만을 의미하지 않는다. 실업을 경험한 사람들의 개인적, 사회적 가치의 문제와 관련되어 있다. 즉 사회적 능력에 대한 개인적 능력이며 자신감과 자기확신과 관련된다. 직업이 없는 사람들 역시 삶을 유지하기 위한 다양한 형태의 노동을 행하고 있다. 유럽의 경우 '일·가족양립work-family balance'에 대한 논의는 갈수록 '일과 삶의 균형work-life balance'의 문제로 이해되고 있다. 일과 가족을 분리시키는 대칭구조에서 벗어나 일과 삶이라는 보다 광범위한 구도 하에서 바라보고자 하는 것이다. 이는 경제학적으로나 인구학적으로 여성의 경제활동을 요구하고 있는 현대사회의 구조를 반영하고 있다. 즉 여성들에게 직장일은 ─앞서 조사결과를 통해서도 알 수 있듯이─ 더 이상 가족과 병행하기 위한 선택의 대상이 아니라, 삶의 필수요소가 되어가고 있는 것이다(Kim, 2000). 여기에서 새롭게 대두되고 있는 주제가 바로 '좋은 노동'에 대한 논의이다(Klute, u.a., 2004).[10]

1973년 1차 오일쇼크와 함께 대량실업을 경험한 이후 완전고용의 신화가 깨진 서구와 마찬가지로, 한국 역시 1997년 IMF 외환위기 이후 대량실업을 경험하게 됨으로써 완전고용 지향적인 노동정책으로부터 탈피하는 정책을 펴기 시작하였다(Daheim & Schoenbauer, 1993; Wehner, 1997). 실업을 극복하기 위한 해법으로 고용주에게 선호된 정책은 비정규직의 도입이었다. 그러나 노동자 측이 비정규직 문제에 거세게 저항하면서 국가가 개입할 수밖에 없게 되었고, 이와 함께 실업을 피할 수 있는 노동시간 단축의 가능성에 대한 연구가 이루어졌다.[11] 그러나 논의는 주로 노동시간 단축의 경제적 효과에 대한 분석에 치중됨에 따라 노동시간 단축이 일자리 창출 효과 등에 있어 실질적인 경제적 효과가 없다는 점이 지적되었고, 이에 따라 노동시간 단축에 대한 논의는 더 이상 크게 진전되지 못하였다(송일호, 2000; 신관호, 2004).

그러나 이는 단기적인 효과에 대한 분석으로 장기적인 영향력에 대한 분석이 필요하다. 장기적인 효과를 기다리지 못하는 많은 기업들은 인원을 대량 감축함으로써 인건비 절약에 주력하였고, 노조 역시 정리해고제 철폐에 맞대응하는 데 급급해 장기적인 비전을 제시하지 못하였다. 그러나 단기적인 경제효과는 사회적 비용부담의 증가라는 장기적인 손실을 초래하고 있다. 노동시장 외부에서는 대량 감원에 따라 실업보험이 증가하고 사회적 불안이 야기되었으며,

---

10 '좋은 노동'에 대한 개념은 '인간다운 노동'에 대한 논의 가운데 발전된 개념으로, ILO의 'decent work'의 운동과 맥을 같이 하고 있으나 독일의 사회과학자들은 시각을 달리하여 기존의 노동구조에 문제를 제기하기 위한 'good work'라는 개념으로 발전시켜 대안적 노동의 필요성을 제기하는 맥락에서 제시하였으며 아직까지 논의의 과정 중에 있는 개념이다. 이 글에서는 '좋은 노동'의 논의를 성별 역할분담을 전제로 한 모성정책에서 벗어나 노동사회의 변화를 반영하는 '일과 삶의 균형'의 관점에서 정리하였다. '좋은 노동'에 대한 논의의 등장배경과 쟁점 등 좀 더 구체적인 논의에 대해서는 '좋은 노동'의 가족친화적, 환경친화적 의미를 중심으로 정리한 필자의 글(김미경, 2008a; 2008b)을 참조하기 바람.

11 특히 독일 폭스바겐사의 노동시간 단축을 통한 고용승계의 성공적인 노사협의 사례를 토대로 IMF 외환위기 이후 실업문제에 대한 해법 가능성을 타진하는 많은 연구들이 이루어졌다(황기돈, 1998; 윤진호 외, 1999; 강수돌, 2000).

노동시장 내부적으로는 기업조직의 불안정과 노사관계의 불안에 따른 효율성 저하를 초래하였다(이병희, 1998). 이로써 기업은 비용을 절감하기보다 오히려 막대한 비용을 지불하게 되었고, 국가의 복지 비용은 해마다 기하급수적으로 증가하고 있다.[12]

또한 비정규직의 도입은 노동시간을 단축하지 못하고 노동조건을 악화시켰을 뿐이다. 고용이 불안정한 비정규직으로 전환됨에 따라 부부관계 및 자녀관계, 부모관계와 같은 가족관계를 악화시키고 있으며, 개별 노동자의 건강악화, 스트레스 강화, 대인관계 불만, 취미·여가활동 부재 등으로 인한 인간성 상실, 술, 담배에 대한 의존을 더욱 더 높이고 있다. 뿐만 아니라 같은 노동조건으로 줄어든 수입은 여성의 경제활동 참여를 촉진시키는 계기로 작용하고 있으며 여성의 노동시장 의존성을 증가시키는 요인이 되고 있다(백진아, 2005). 이는 여성의 건강 및, 모성보호 악화로 인한 저출산, 결혼 기피를 결과하는 악순환을 가져온다. 본 연구는 이렇듯 악화되어 가고 있는 노동시장과 개인 및 가족의 문제를 해결하기 위해서는 가사의 의무가 일차적으로 여성에게 있는 전통적 성별 역할분업에 기초한 모성보호 정책을 넘어서 남녀 모두에게 유용한 노동정책이 필요하다는 인식에 기반하고 있다. 따라서 주로 여성들에게 '시혜적'으로 이루어졌던 모성보호 정책이 갖는 한계에서 벗어나기 위해 '노동사회'의 작업장 안에서 출발한 '좋은 노동'에 대한 논의를 남녀 모두를 위한 가족친화적인 담론으로 확대 해석하고자 한다.[13] 그래야만 완전고용과 전통적인 성별분업 구조의 틀에서 벗어난 새로운 노동의 개념으로서 '좋은 노동'이 가능하게 될 것이다.

---

12 "'비전 2030 희망 한국'에 따르면 2006~2030년 복지지출 증가율이 연 9.8%로 빠르게 증가할 전망이다"(서울신문, 2007년 8월 20일자).
13 '좋은 노동'의 가족친화적 함의에 대해서는 김미경(2008a)을 참조하기 바람.

일과 삶의 균형을 위한 '좋은 노동'

"노동자의 안전과 건강을 보장한 경쟁력"을 추구하는 독일의 INQA Initiative Neue Qualitaet der Arbeit라는 조직에서부터 시작된 '좋은 노동' 운동은 사실 기존 노동의 관점에서 벗어난 새로운 개념은 아니다(김미경, 2008a: 142). 다만 인간성이 상실된 기존의 노동에 대해 인간적인 면을 부각시키고, 작업장 안에서의 노동조건 향상과 노동자 만족도를 제고하고자 하는 개념이다. 그러한 맥락에서 등장한 노동정책이 바로 노동시간 단축이며 원격근무제와 같은 다양한 근무형태의 도입과 가족친화적 경영정책 등이다. 독일의 노동조합총연맹(DGB)에서는 '좋은 노동'을 측정할 수 있는 15개 차원의 INDEX를 개발하였다.

① 전문성과 성장가능성　② 창의성　③ 승진가능성
④ 경영참여가능성　⑤ 정보의 공유정도　⑥ 관리직의 전문성
⑦ 기업문화　⑧ 동료와의 친밀성　⑨ 노동의 의미
⑩ 노동시간의 유연성　⑪ 노동강도　⑫ 육체적 긴장도
⑬ 정서적 긴장도　⑭ 직업의 전망 및 안정도　⑮ 수입

이 중 ①~⑩까지는 자원Ressource을, ⑪~⑬은 긴장도Belastung를, ⑭⑮는 수입과 안정성을 측정하는 기준으로 삼고 있다. 물론 우리나라에서는 '좋은 노동'이라는 이름의 INDEX를 개발하고 있지는 않지만 이상의 15가지 차원이 포함된 내용의 '인간다운 노동'을 위한 연구들이 이루어지고 있다. 나아가 많은 기업들은 여성 인적자원개발의 중요성을 인식하고 이에 대한 투자와 여성친화적 경영정책을 필요로 하고 있다(김안나 외, 2007).

그러나 이 글에서는 '좋은 노동'의 의미를 ―앞서 지적했듯이― 노

동시장 안으로만 제한하는 것이 아니고 직업노동의 영역 밖으로까지 확대하여 사용하고자 한다. 즉 일과 가정의 분리를 전제로 한 일·가족양립 정책이 아닌 일과 삶의 균형을 가능하게 하는 노동문화를 위한 담론으로서 '좋은 노동'을 이해하고자 한다. 따라서 '좋은 노동'은 노동의 다차원적인 측면을 다루어야 한다. 노동사회학적 범주에서 노동의 개념은 주로 시장을 통해 매개되는 노동에 제한되어 왔다. 그러나 '좋은 노동'은 시장을 매개로 하는 직업노동과 노동시장 밖에서 이루어지는 재생산노동, 그리고 여가까지를 모두 포함하여야 할 것이다. 결국 '좋은 노동'은 직업노동에서의 인간적인 노동의 문제와 마찬가지로 가정 안에서 이루어지는 재생산노동과 여가의 인간화에 대한 문제이다. 그러므로 '노동의 인간화'를 이야기하는 '좋은 노동'의 개념은 현재와 같이 노동과 여가를 구분하고, 생산적 노동과 재생산적 노동을 구분하는 이분법적 노동의 개념이 아니다. 따라서 '좋은 노동'에 대한 논의를 시작하기 위해서는 먼저 근대적 노동의 개념으로부터의 인식론적 전환이 필요하다.

'좋은 노동' 논의의 한국적 담론 형성을 위한 인식론적 전제

'좋은 노동'을 위한 담론을 위해서는 무엇보다도 근대 자본주의적 사고로부터의 전환이 요구된다. 근대 자본주의는 인간들에게 물질적 풍요로움과 편리함을 가져다 주었지만, 다른 한편으로 물질만능주의에 따른 인간성 상실과 자연파괴 및 생태계 교란을 결과하고 있다(임춘식, 1996). 따라서 '좋은 노동'은 근대적 노동을 중심으로 발생하는 다양한 문제에 대한 해결가능성에 대해 논의되어야 한다. 동양사회사상을 연구하는 일부 사회학자들은 서구적 산업화의 결과로 나타나는 근대적 문제에 대해 탈근대 논의를 통해 해결방안을 제안하고 있다.[14] 이러한 논의는 자본주의 비판과 대안으로서 생태학적 관점으로 근대적 '발전 패러다임'에서 탈근대적 '생태 패러다임'으로의 전환의 가능성에 대한 문제이다(안관수, 2000). 왜냐하면 '일과 삶의 균형'의 문제는 자본주의적 생산방식의 문제이며 환경의 문제이기 때문이며, 자본주의 체제 내부에서 제시하는 법·제도·정책으로는 해결할 수 없기 때문이다(조용개, 2001). 따라서 '좋은 노동'에 대한 담론은 근대 자본주의적 노동분업 구조를 전제로 한 일·가족양립 정책으로서의 모성보호 정책의 한계를 벗어나 '일과 삶의 균형'이라는 새로운 패러다임 형성을 위한 노력이며, 현대 자본주의가 낳은 위기에 대한 대안모색으로 이어진다.

사회학자 홍승표는 유·불·도 사상이 각각 독특한 관점과 특성을 가지고 있지만 '통일체적 세계관'을 바탕으로 대상세계를 인식한다는 점에서 이들 사상은 공통된 기반을 갖고 있다고 지적한다(홍승표, 2005: 97). 서구중심의 자본주의적 근대화의 정신적 소산인 '기계적 세계관'에 근거한 노동의 개념으로부터 벗어나기 위해서는 '근대적 세계관'에 대한 정확한 이해와 성찰이 요구된다. 인류는 농업혁명과 산업혁명을 거쳐 정보통신혁명이라는 물질문명의 대전환기를 맞고 있다. 그 과정에서 현대인들은 한편으로는 편리함과 풍요로움을 느끼며, 다른 한편으로는 소외감과 인간성 상실을 경험한다. 17세기 서구에서 출현하여 자본주의와 함께 전 세계로 확산된 근대적 세계관 안에서 우리 모두는 근원적으로 서로에 대해 분리된 존재로서 개인의 욕망을 추구하는 이성적인 존재가 되었다. 이러한 근대적 세계관에서 자연은 물질적 편리함을 제공하는 정복대상이 되었고 사회는 법과 계약에 근거한 관료제에 따라 움직인다. 근대적 세계관의 핵심에는 탈주술화와 과학중심주의를 근저로 한 유럽중심적 제국주의가 존재한다. 유럽중심주의에는 서구(유럽)의 기독교 문화

<hr>

14 동양사상을 연구하는 연구자들은 서구적 근대철학이 낳은 '기계론적 세계관'에 대한 대안적 세계관으로 유, 불, 도와 같은 동양사상의 자연관에 기초하고 있다(홍승표, 2005; 이현지, 2008).

를 바탕으로 계몽주의적 발전관과 진보관이 있다. 김성건(2004)의 지적대로 한국 역시 유럽중심적 탈주술화, 즉 세속화를 받아들여 이를 근대화와 동일시하였다.[15] 이에 따라 토착적 믿음체계는 미신이 되어 '비과학적인 것'으로 핍박받게 되었다. 이러한 근대적 세계관의 수용에 따라 현대인들은 소비하는 욕망의 주체로서 인식됨으로써 참된 자아에 대한 억압과 왜곡, 은폐가 일어난다. 또한 자연은 인간의 편리함을 위한 물질적 지배와 착취 대상이 됨으로써 환경문제의 심각성은 더 이상 방치할 수 없는 상태로까지 이르게 되었다. 종교는 선과 악을 가르고, 인간들은 삶의 참의미를 깨닫고 실현하는 깨달음의 주체로서 지혜를 나누기보다 물질을 소유하고 전승하는 노동하는 삶을 마감하게 된다. 노동의 가치는 산업사회의 중심가치로 16세기에 이르러서야 '생산활동에 대한 참여 욕구'가 생성되었으나 (홍승표, 2007: 47), 현대인들은 자신의 직업과 존재가치를 동일시하기에 이른다.

'좋은 노동'이 지향하고 있는 '인간다운 삶'이란 무엇인가? 앞서 지적했듯이 한국 사회는 서구 사회 못지않게 가족적 가치보다는 개인적 가치를 중심으로 한 노동사회적 성격이 심화되어 가고 있다. 노동이 고통스러운 것으로 느껴질수록 현대인들은 개인적이고 소비적인 여가를 추구하며 가족을 기피한다. 그렇기 때문에 인간다운 '좋은 노동'이 가능한 사회가 되기 위한 가족적 가치를 기반으로 한 노동문화가 이루어져야 한다. 가족적 가치는 자칫 가부장적 가치와 혼동될 수 있다. 그러나 남성 가장의 권위를 기초로 한 권위주의적인 가족가치가 아닌 가족구성원 개개인의 욕구와 의사가 민주주의적으로 반영되는 가족가치를 전제로, 개인적으로 지향되는 노동

---

15 김성건은 계속해서 "한국 사회과학의 중요한 한 부분을 차지하는 사회학 중에서도, 특히 종교사회학 분야를 중심으로 거의 대부분의 학자들이 '근대성'과 '세속화'를 등치시키는 서구(유럽)의 기독교 문화를 바탕으로 출현한 정통적 세속화 이론을 수용하는 서구이론의 '식민지성'을 보여주고 있다"고 지적한다.

과 여가소비의 성향에서 벗어나 보다 가족친화적인, 나아가 환경친화적인 노동과 여가가 가능한 사회가 '일과 삶의 균형'이 이루어진 '좋은 노동' 사회인 것이다.

유럽의 '좋은 노동' 논의의 현실 정치적 함의

유럽의 '좋은 노동'에 대한 논의는 크게 두 가지 측면에서 정리해 볼 수 있다. 하나는 사업장 내부의 '인간적 노동'을 실현하기 위한 노동조건의 개선을 중심으로 한 노동정책적인 차원에서의 접근[16]이며, 다른 하나는 근대 자본주의적 노동이 갖는 비인간적인 성격에 대한 철학적이고 인식론적 비판 작업[17]을 들 수 있다. 이 글은 근대적 성별분업을 전제로 한 모성보호 정책의 한계를 지적하고 '일·가족양립'의 시각에서 벗어난 노동하는 개인으로서 남녀의 '일과 삶의 균형'을 위한 새로운 패러다임 형성을 위해 유럽의 '좋은 노동' 개념을 통해 이 문제에 접근해보았다.

유럽연합은 2010년까지 '좋은 노동'이라는 개념을 통해 인간의 삶의 질을 담보한 경쟁력 있는 노동 가능성에 대한 아젠다agenda를 설정하여 추진하기로 하였지만, 실제로 유럽의 '좋은 노동' 논의는 아직까지 현실 정치적인 차원에서 구체적으로 실현단계에 있지 못하다(Kuhn, 2004: 155). '좋은 노동'을 모토로 추진하고 있는 정책은 기존의 노동정책의 연장선상에 있고, 다만 이제까지의 이윤추구적 가치와 달리 인간의 삶의 질과 복지향상을 위한 미래지향적 노동개념으로서 '작업장에서의 건강과 안전을 위한 공동체 정치'를 모토로 '인간적 노동'에 대한 몇 가지의 개념적 정의를 하고 있는 정도이다.

---

16 그 대표적 예가 앞서 설명한 ILO의 'decent work'에 대한 논의이며, 독일 IG-Metal의 '노동의 인간화'에 대한 논의이다.

17 이러한 작업은 독일의 비판적 사회학자들 내부에서 그리고 종교단체들을 중심으로 이루어지고 있다(Klute, u. a., 2004).

그럼에도 불구하고 '좋은 노동'에 대한 구체적인 정책적 쟁점을 독일을 중심으로 정리해보면 결국은 '노동시간 정책'으로 귀결함을 알 수 있다. 현대사회의 개별 노동자로서 존재하는 남녀가 대부분의 시간을 보내고 있는 노동시장을 통해 매개되는 노동을 통한 인간성 상실에 주목하고 인간 삶의 중요성을 보다 강조하기 위한 '일과 삶의 균형'을 위해서는 결국 노동시간 정책이 관건이 될 수밖에 없기 때문이다.[18] 그러나 노동시간 정책은 앞서 지적하였듯이 현실 정치적으로 이윤추구의 타당성을 타진하는 선에서 논의되고 있는 실정으로 노동시간 정책을 통한 노동시간 단축이 인간의 삶의 질을 개선하고 가족친화적이고 개별 노동자의 노동과 삶의 균형을 담보하는 방향으로 실현되고 있는지에 대해서는 구체적이고 실증적인 검증이 필요한 실정이다. 독일의 여성학자들이나 여성운동가들은 노동시간 정책을 통해 이룩한 노동시간 단축이 실제로 '노동과 삶의 균형'을 위한 가족친화적인 시간으로 사용되어야 할 것을 주장하고 있으나 개별 노동자들에게 있어 노동시간 단축이 가족친화적이고 인간의 삶의 질을 담보하는 데 실제로 얼마나 유용한지는 여전히 의문시되고 있다.[19] 여기에서도 노동시간 정책에 대한 구체적 논의보다는 새로운 노동개념 형성을 위한 '좋은 노동'이 갖는 사회학적 담론에 집중했으며 노동시간 정책을 통한 '좋은 노동'의 현실 정치적 구현에 대한 논의는 차후 연구과제로 남아 있다.

---

18 실제로 독일노동조합총연맹(DGB) 소속 경제사회연구소(WSI)의 연구결과에 따르면 가족친화적인 기업문화 정착에 모성보호 정책과 같은 일·가족양립 정책이나 노동시간 유연화 정책, 가족친화경영 정책보다 노동시간 단축이나 휴일이나 야간근무 금지와 같이 작업장 안에서의 노동시간의 절대적 감소가 더 큰 영향을 미치는 것으로 나타났다 (Klenner, u. a., 2007).

19 실제적으로 남녀 노동자들에게 가족과 여가 등 개인의 삶을 균형 있게 유지하기 위해 적합한 노동시간이 얼마인가 등에 대한 조사연구들은 많으나(Klenner, u. a., 2007; Klenner, u. a., 2008), 노동시간 단축이나 노동시간 유연화 정책, 가족친화적 경영 등과 같은 '일과 삶의 균형'을 위한 다양한 정책들이 개별 노동자들의 삶의 질 향상과 작업장 내부의 인간다운 노동 구현에 실제적으로 얼마나 기여하고 있는지에 대한 실증적 연구들은 매우 미흡한 실정이다.

chapter 12.

경쟁적 노동사회의 소비적 여가의 인간화

- 유럽의 '좋은 노동' 논의의 한국적 시사점을 중심으로

소비적 여가: 경쟁적 '노동사회'에 대한 문제제기

오늘날 현대인들에게 가장 큰 영향을 미치고 있을 뿐만 아니라 현대인들의 사회화의 가장 큰 중심은 직업노동Erwerbsarbeit라 할 수 있다. 이러한 직업노동을 기반으로 한 사회를 서구에서는 노동사회 Arbeitsgesellschaft라 일컫고 있다(Daheim & Schoenbauer, 1993). 물론 노동사회에서 지칭하는 직업노동이란 완전고용을 지향하는 전일제 임금노동을 뜻한다. 따라서 노동사회의 가장 큰 문제는 실업이다. 사실 노동에 대한 대안으로 이해되고 있는 복지의 개념도 엄밀히 따지고 보면 노동을 전제로 하고 있다. 복지국가의 가장 중요한 문제 중 하나인 실업정책은 직업노동을 구하지 못해 생계의 어려움을 갖고 있는 사람들을 대상으로 하고 있다. 그러나 실업자들에게 지불하는 실업급여 또한 누군가의 노동을 기반으로 하고 있다. 결국 노동을 전제하지 않은 복지는 있을 수 없다. 다만 노동대상과 복지대상이 다를 뿐이다. 그러나 국가차원에서의 생산과 재생산은 직업노동

을 기반으로 하고 있는 것이 현대사회, 즉 노동사회의 가장 큰 특징이라 할 수 있다.

노동사회의 가장 기초가 되고 있는 직업노동은 현대인들에게 물질적으로 뿐만 아니라 정신적, 사회문화적으로 영향을 미치고 있다. 따라서 직업노동으로부터의 이탈은 소득의 상실을 의미할 뿐만 아니라 현대인들의 가치관과 자아정체성에 지대한 영향을 미치고 있다. 일반적으로 노동은 직업영역 외에서도 항상 일어나고 있다. 그 대표적인 예가 가정에서의 가사 및 육아 노동이며, 이 노동에는 대부분 여성들이 종사하고 있다. 그러나 노동사회에서의 노동개념은 직업으로 연결되어 있기 때문에 직업 밖에서 이루어지고 있는 노동에 대해서는 사회적으로 무관심할 뿐만 아니라 가치가 인정되지 않는다. 즉 직업을 가지고 있는 사람과 그렇지 않은 사람에 대한 사회적 인식이 다르다. 따라서 직업을 상실하거나 구하지 못하는 사람들 스스로도 자신의 사회적 가치에 대해 회의를 느끼게 된다. 그 대표적 사회집단이 노인들이다. 노년기는 더 이상 삶의 지혜나 인생의 완성을 상징하기보다는 노동으로부터의 소외, 상실을 상징한다. 따라서 노년학의 현대화 이론은 산업화된 사회일수록 노년기의 지위가 더욱 상실된다고 지적한다(Cowgill & Holms, 1972). 직업노동에의 의존도가 높은 사회일수록 노동기능을 상실한 사회구성원들의 소외는 크게 나타난다. 엄밀히 말해 노년기는 노동의 대상이 아니라 복지의 대상이다. 물론 '생산적 복지'라는 전혀 생산적이지 않은 노동과 전혀 인간적이지 않은 복지의 개념이 생겨났지만 그것은 단지 직업능력을 잃은 사람들에게 끊임없이 직업노동을 강요하는 노동정책 이상의 의미가 없다. 이러한 노동사회에서 노인, 장애인, 여성들은 소외되기 마련이다. 직업능력을 상실한 이들에게 직업노동하기를 강요하는 사회, 그것이 바로 노동사회이다.

소위 20 대 80의 사회로 불리기도 하는 노동사회에서는 노동하는 20%의 생산인구가 80%의 비생산인구를 부양한다(마르틴 외, 2003). 즉 고부가 가치를 생산해내는 고임금의 소수가 내는 세금으로 나머지 다수가 생존을 유지해야 하는 현실은 인적자원의 입장에서 보았을 때 매우 비효율적인 사회로 보이지만, 경제적 효율성을 지향하는 사회에서는 오히려 권장되고 있다. 인간보다 경제가 우선하는 것이다. 이러한 시스템을 유지시키는 체계가 또한 복지국가이다. 더구나 고도의 지식정보 발전과 함께 노동시장에서는 특정 지식과 기술을 가진 노동력을 필요로 하는 사회가 됨에 따라 전문성을 지니지 못한 노후화된 대다수의 노동자들은 사회의 강요에 떠밀려 별다른 희망 없이 그저 막연한 기대만 가지고 경쟁이 치열한 노동시장을 배회하고 있다. 이러한 노동은 비인간적이다. 비인간적인 노동의 대안으로 나타난 복지정책들 역시 인간적이기보다는 제도적이고 관료적이다. 물론 노동의 비인간성은 자본주의적 노동사회의 특징만은 아니다. 인류 역사상 노동이 인간적이어 본 적은 한 번도 없었다. 그러나 자본주의 이전 사회에서의 노동의 비인간성은 절대적 궁핍과 관련이 있다면, 현대사회의 노동의 비인간성은 상대적 빈곤에 의한 것으로 보인다. 더군다나 노동운동이 약화되고 신자유주의적 노동시장 유연화 정책이 팽배한 시대를 살아가는 노동자들은 언제 쫓겨날지도 모르는 비인간적인 노동시장에 매달려 끊임없이 자신의 노동능력을 실험받아야 한다.

이 글에서는 이러한 노동사회를 비인간적인 사회로 규정하고 '인간다운 노동'에 대한 개념을 생각해보고자 한다. 흔히 노동과 대치되는 사회학적 개념으로 여가라는 개념이 있지만(Ruedke, 2001), 그 반대개념으로서 문화, 소비로 상징되는 여가의 문제를 논하기보다는 노동의 인간화를 통해 여가의 문제에 접근함으로써 노동과 여가라는 이분법적 사고로부터 벗어나고자 한다. 노동의 인간화가 없는 여가의 문제는 소비적으로 흐르기 쉽다. 따라서 현대의 소비적 여가는 노동의 대안이 될 수 없다. 현대인들은 노동을 비인간적으로 느낄수록 노동 후 낭비적이며 소모적인 여가를 통해 위안을 받고자 하며 소비사회는 이를 부추긴다. 서구와 같이 우리나라 역시 제조업 시대에서 서비스 사회로 진입하였지만, 우리나라의 서비스 산업의 구조는 음식, 숙박 등 소비재 산업에 치우쳐 있다(Kim, 2000). 이는 서구보다 열악한 우리나라의 노동구조, 즉 비인간적 노동조건을 반영하고 있다.[1] 이러한 문제의식을 가지고 노동의 인간화 정책으로 '좋은 노동Gute Arbeit'에 대한 유럽의 논의를 중심으로 여가의 문제를 다루고자 한다. 그러나 노동이나 여가의 문제를 구체적으로 논하기보다는 노동사회로 일컫는 현대사회의 노동과 여가라는 동전의 양면에 담긴 담론에 논의를 제한하고자 한다. 즉 경쟁저 노동사회에서 소비적으로 흐르는 여가에 대한 대안으로서 '좋은 노동'을 통한 가족기능의 회복을 통해 노동과 여가의 이분법적 인식에서 벗어나고자 시도하였으며 그 가능성을 한국의 선도 수행문화에서 찾아보고자 하였다.

노동과 여가의 개념에 대한 새로운 이해: '좋은 노동'

국가의 복지정책의 팽창과 끊임없이 변화하는 불안정한 노동시장 조건, 노동자들을 파편화시키고 있는 개인주의화의 경향은 우리의 삶과 의식 속에 이제까지 존재하고 있는 노동에 대한 개념의 변화를 초래하고 있으며 사회적 가치연계망에 존재하고 있는 노동의

---

[1] 현대인들에게 노동의 현실은 억압적이고 고통스럽기 때문에 노동과 여가가 혼합된 직업을 선호하게 된다. 대표적인 예가 산업화 초기에 천대받던 연예계 산업, 예술계 산업이다. 여기에 종사하는 사람들은 임금노동자들보다 상대적으로 시간에 자유롭다(Ruedke, 2001: 15). 따라서 여가와 노동의 구분이 상대적으로 적은 산업의 노동은 '인간적'이라고 이해되기 쉽다.

역할 또한 변화시키고 있다. 유럽에서는 1980년대 이후 노동사회에 대한 대립적 개념으로 여가사회Freizeitgesellschaft라는 개념을 사용하면서 노동에 대한 새로운 이해를 시도하고 있다(Wehner, 1997). 즉 노동사회에서 고전적인 노동구조로 나타난 실업, 가족해체, 술·담배 의존, 건강악화 등으로부터 벗어나고자 하는 노력을 하고 있는 것이다. 여가는 노동의 반대개념으로서 전형적인 산업화의 산물이다. 따라서 여가는 직업노동 외의 시간활용에 대한 문제,[2] 즉 휴일, 휴가의 개념과 관련되는 것으로 이해되고 있다. 여가는 이미 산업화 초기 노동일 단축에 이어 노동주 단축, 휴가, 퇴직금, 아동노동금지, 여성의 경제활동 참여 등을 위한 투쟁의 산물이었다. 그러나 최근 유럽에서는 이러한 복지국가 성립과정에서의 제도적인 노동정책 범위 안에서의 '여가'의 범위를 벗어난 '노동' 개념 자체에 대한 새로운 시각을 요구하는 운동이 대두되고 있다. 소위 '좋은 노동' 운동은 시장의존적인 노동의 개념을 넘어서고자 한다. '인간적인 노동Menschliche Arbeit'으로도 일컬어지는 이 논의는 과도한 업적위주의 직업노동을 탈피하고 지속가능한 인간적인 노동능력을 사회에 실현하고자 하는 철학을 가지고 있다.

좋은 노동에 대한 논의는 독일의 INQAInitiative Neue Qualitaet der Arbeit라는 조직에서부터 시작되었으며 이들이 추구하는 가치는 안전과 건강을 보장한 경쟁력이다. 즉 노동자들에게 안전하고 건강한 노동조건을 보장하면서 사용자에게는 경제적인 이윤을 동시에 보장할 수 있는 대책을 마련하고자 하는 것이다(Thiehoff, 2004). 이 조직은 '더 풍부하고 나은 일자리 창출'을 목표로 한 사회정책 의제

---

2 독일어로 여가는 자유시간 활용(Freizeitgestaltung)으로 불린다. 영어의 leisure 역시 생계를 위한 필요성이나 의무가 따르지 않고 스스로 만족을 얻기 위한 자유로운 활동을 의미한다. 이러한 논리에 따르면 직업노동은 '자유'롭지 못한 시간이 된다. 그러나 필자는 직업노동만이 생계에 필요한 노동이라 생각하지 않으며, 직업노동이 자유롭지 않다고 생각하지도 않는다. 직업이 생계유지를 위해 의무적으로 해야만 하는 자유롭지 않은 노동으로 이해되는 이유는 직업노동의 존재 자체의 문제가 아니라 비인간적으로 이루어지고 있는 직업문화에 있다.

Agenda 안에서 유럽 전역으로 확산되고 있다. 독일노조연맹DGB 역시 이 운동에 참여하고 있는데, 특히 철강산업노조IG-Metall의 '좋은 노동' 프로젝트는 다음의 세 가지에 주안점을 두고 있다. 첫째, 보다 건강한 노동이 가능할 수 있도록 노동조건 및 성과에 제한되지 않는 작업 및 임금정책, 둘째, 고령자들에 대한 재교육의 기회를 포함한 노동제공, 셋째, 불안정 고용으로부터 결과하는 부담과 위험을 방지하기 위한 비정규직 방지이다(Pickshaus & Urban, 2003: 276). '좋은 노동'에 대한 운동은 애초에 노동보호, 특히 1996년 노동보호법 개정운동을 벌였던 조직에서 기원하고 있다(Klenner, 2005: 207). 사실 '좋은 노동' 운동은 기존의 노동의 관점으로부터 완전히 새로운 개념은 아니다. 다만 인간성이 상실된 기존의 노동에 대해 인간적인 면을 부각시키고 있다. '좋은 노동' 운동이 추구하는 가치는 노동을 총체적으로 바라보는 데 있다. 즉 노동에는 성과로 드러나는 노동자의 노동능력뿐만 아니라 노동을 가능하게 하는 건강을 비롯한 부수적인 내용들이 함께 포함되어야 하지만, 기존의 노동 개념에서 노동은 이윤을 창출하기 위한 수단에 지나지 않는 것으로 이해된다. 따라서 기존의 노동의 개념은 작업장 안으로 제한되어 있다. 그래서 직장은 노동자들에게 불안정한 무한경쟁을 의미하며, 노동자들에게 가정은 직장노동을 위한 재충전의 장소가 된다. 이렇듯 직장과 가정은 현대인들에게 이분법적으로 분리된 공간으로 기능하고 있다.[3] 그러나 '좋은 노동'의 개념은 직장 외에 존재하는 사회적 관계망 전체를 포괄하고 있다. 즉 일과 삶의 영역, 직장과 가정의 영역이 분리되는 것이 아니다. 결국 '좋은 노동'에 대한 논의는 노동시장을 매개로 하는 소위 '생산적' 노동뿐만 아니라 가정의 영역에서 이루어지는 가사와 육아 같은 재생산 노동에 대한 논의를 모두 포함하고 있으며, 일

---

3 이 이분법적 구조하에 가정에서 이루어지고 있는 노동, 즉 재생산노동은 가치를 창출하는 노동으로 인정되지 않는다.

을 통해 소외되고 있는 개인의 여가뿐만 아니라 가정과 삶 전체를 조화롭게 양립하는 문제와 연관되어 있다.

'좋은 노동'의 가족친화적 함의

노동시장이 현대인들에게 더 많은 노동과 성과를 요구할 때 현대인들에게 직업능력과 건강의 중요성에 대한 인식은 더욱 커지고 있으며, 재충전을 위한 가족을 더욱 필요로 하게 된다. 그러나 노동사회의 직업노동 능력에 대한 요구의 결과는 오히려 가족관계, 특히 젠더관계에 부정적인 영향을 미치고 있다. 즉 이혼율과 저출산 문제가 그것이다(Beck-Gernsheim, 1984). 이는 물론 남성보다 한발 늦은 여성의 소위 '후발 개인주의화'Nachholendr Individualisierung'(Beck & Beck-Gernsheim, 1990), 고학력화, 경제활동을 통한 경제적 자립과 같은 총체적 사회문제와 관련 있는 것이지만, 무엇보다도 남성노동자들의 입장에서는 직장에서 받은 스트레스를 받아줄 가정의 '따뜻한 주부'가 사라져가고 있음을 의미한다. 현대사회는 갈수록 비맞벌이에 기초한 '남성부양자 모델'이나, 남성/남편은 전일제 노동을 통한 주 생계부양을, 여성/아내는 시간제 노동을 통한 보조적 책임을 져왔던 '2인소득자 모델'의 전통적인 성별분업 형태를 벗어나 남녀 모두 전일제 노동을 지향하고 있다(장지연, 2005). 사실 전일제 노동 자체는 더욱 열악해진 노동시장 조건으로 인한 비정규직의 증가로 사라지고 있는 듯 보이지만, 한국에서의 비정규직은 노동조건에 있어서 그러할 뿐 노동시간에 있어서는 전일제 노동과 유사하다. 결국 전일제 노동의 맞벌이부부가 증가하고 있는 오늘날 여성에게는 애초에 '따뜻한 가정주부'는 어디에도 존재하지 않는다(김미경, 2000). 따라서 '좋은 노동'은 가족보다는 개인을 전제로 한 '성인노동자 모델adult-worker-model'에 기초하고 있다(Klenner, 2005: 208). 이 글은 한국 사회가 서구와 마찬가지로 일하는 개인으로 파편화되어 가고 있다는 이론적 전제에서 출발한다.

노동사회에서 남성들은 기존의 성역할을 고집하면서 자신의 감정적 안정과 육체적 휴식을 가정에서 취하려 하지만, 여성들은 직장과 가정으로부터의 이중노동부담에서 벗어나기 위해서 결혼과 출산을 미루거나 포기한다. 따라서 '좋은 노동'은 이렇듯 첨예하게 대립되어 있는 일과 가정의 분리를 막고자 하며, 그렇기 때문에 젠더적 관점을 내포한다. 물론 '좋은 노동'에 대한 기존 논의는 이러한 일·가족양립의 문제를 직접 다루지는 않고 있다. 그러나 '좋은 노동'이 인간다운 노동을 추구하는 노동에 대한 새로운 이해에서 출발하고 있으며, 일을 여가와 대립적인 문제로 보는 시각을 극복하고자 하기에 일·가족양립에 관한 여성주의적 관심과 만난다(Klenner, 2005).

현재의 일·가족양립은 남녀 공동의 문제가 되기보다는 아직까지도 남성은 직장, 여성은 가정이라는 고전적인 성별분업의 이념을 극복하지 못하고 여성들이 일차적으로 가사와 육아를 병행하면서 직장노동을 가능하도록 하는 시혜적인 복지정책의 틀 안에서 이루어지고 있는 실정이다(김미경, 2007). 그러나 '좋은 노동'에 대한 논의는 성인노동자 모델에 기초하여 남녀가 함께 직장과 가사노동을 동시에 분담하는 가족 및 생계 모델이다(Klammer & Klenner, 2003: 177-207). 따라서 기존의 일·가족양립 정책으로서 모성보호 정책의 주 시혜자가 주로 여성이었다면, '좋은 노동'을 통해서는 남녀가 모두 시혜자가 된다. 결국 '좋은 노동'에 대한 논의는 개별 노동자의 생애주기에 적합한 균형적인 노동의 가능성에 대해서만 이야기하고 있는 것이 아니라, 아이, 병자, 노인과 같이 개별 노동자들에게 의존해 있는 사람들이 가지고 있는 욕구를 동시에 충족시켜 줄 수 있는 가능성에 대해서도 함께 이야기한다. 노동이 좋을 수 있는 이유는 바로 가족 친화적이기 때문이다.

가족친화적 여가활용을 위한 '좋은 노동'의 한국적 적용가능성

'좋은 노동'에 대한 논의는 직업노동뿐만 아니라 직장 밖에서 이루어지는 돌봄노동에 대한 시간과 여력의 가능성, 대인관계, 가족관계 및 스포츠, 취미, 재충전과 삶을 즐기는 여유까지를 포함한 사회적 관계를 모두 포함하고 있다. 따라서 '좋은 노동'의 관건은 노동시간의 문제에 있다. 직장에서 주어지는 업적에 대한 스트레스는 직장을 위해 투자하는 시간을 연장하고 있다. 노동시장에서 성공지향적인 현대인들은 직장에서 밀린 일을 집에 가져 오기도 하며 결국 집에서도 가족과 함께 하는 시간이 절대적으로 부족하게 된다. 따라서 가사와 육아와 같은 가족노동Familienarbeit을 공동으로 분담하고자 하는 맞벌이부부가 늘어나는 현시점에서 가족이 안녕과 평화를 위해서는 시간을 관리하는 문제가 무엇보다 중요해진다(Klenner, 2005: 209).

전통적인 성별분업에 기초한 '남성부양자 모델'이나 '2인소득자 모델'에 따라 여성이 가족노동에 일차적인 책임을 지고 파트타임이나 비정규직을 선호하던 시대는 지나가고 있다. 전일제 노동을 선호하는 여성들은 가사와 양육을 위해 직장을 포기하기보다는 일·가족양립이 불가능하다고 판단될 경우 가족과 출산을 포기하는 시대를 살고 있다(Hochschild, 2002). 갈수록 많은 여성들이 직장에서의 일만으로 충분하다고 생각하기에 가정에서까지 일에 시달리고자 하지 않는다. 따라서 노동사회에서는 가족의 가치는 갈수록 상실되

<표 12-1> 일, 가족, 여가 실태 Ⅰ

단위: %

		취업여성	비취업여성	취업남성
일주일 평균노동시간	40시간 이하	29.8	-	12.1
	48시간 이하	34.3	-	29.4
	56시간 이하	15.7	-	28.6
	57시간 이상	20.2	-	29.9
배우자일주일 평균근무시간	40시간 이하	13.6	12.0	30.6
	48시간 이하	40.3	40.0	30.4
	56시간 이하	25.1	21.5	26.4
	57시간 이상	21.0	25.5	12.6
8세 미만 막내 유무		25.3	35.1	28.0
결혼기간 10년 이하		30.8	37.5	37.0
응답자 연령 30대		47.6	48.5	39.5
배우자의 정규직 근무		73.3	94.3	46.5
배우자의 주 5일제 근무		40.6	32.5	32.1
격주 5일제 근무		23.6	26.1	15.1
배우자가 직업이 있는 경우		98.9	100.0	24.5

고 있다. 그러나 개별 노동자의 건강한 노동과 삶을 위해 '좋은 노동'은 상실되어 가는 가족의 가치를 다시 살리고자 한다. 좋은 노동은 현대인에게 얼마나 많은 시간을 가족을 위해 할애할 수 있는가 하는 문제이기도 하다. 나아가 '좋은 노동'의 여부는 가족노동을 위해 직장노동을 줄일 수 있는가 하는 문제에 달렸다. 결국 직장노동에 시달리는 현대인에게 '좋은 노동'의 의미란 가족을 위해 시간을 할애할 수 있도록 노동시간 단축과 같은 가족친화적 노동정책의 문제와 연결된다.

'좋은 노동'의 한국적 적용가능성을 살펴보기 위해 취업남녀의 일과 가족, 여가 실태를 살펴보았다. 서울, 부산, 대구, 광주, 대전 지역을 대상으로 취업남성 및 취업여성, 비취업여성 950명에 대해 일·가족양립을 주제로 설문조사를 실시하였다.[4] 조사결과에 따르면, 취업여성의 노동시간은 41~48시간대가 34.3%로 가장 높게 나타났으며, 취업남성의 경우는 57시간 이상이 29.9%로 가장 높았다. 취업여성 배우자의 노동시간은 41~48시간대가 40.3%로 가장

---

4 자세한 조사 결과는 강이수 · 김미경 외(2007)를 참조하기 바람.

	취업여성	비취업여성	취업남성
자녀와 저녁식사(거의 매일)	21.2	51.0	9.0
자녀와 대화 또는 놀아주기(거의 매일)	17.8	42.5	11.5
평일 중 집안일 하는 시간(가장 높은 빈도)	33.1 (2시간)	24.5 (4시간)	41.0 (0시간)
아픈 가족을 부부가 비슷하게 돌보는 경우	19.0	9.5	9.0
제사 등 집안행사를 부부가 비슷하게 준비하는 경우	27.0	11.0	13.0
가사나 양육분담이 나에게 매우 불공평하다	5.9	4.0	2.0

높게 나타났다. 배우자의 평균노동시간에서 57시간의 장시간 노동에 가장 많이 분포해 있는 집단은 비취업여성의 배우자로 취업여성의 배우자보다 비취업여성의 배우자의 노동시간이 더 긴 것을 알 수 있다.

또한 응답자 세 집단의 40세 미만 연령분포를 고려할 때 8세 미만 막내 자녀 유무와 10년 이하의 결혼 기간은 취업여성의 결혼 및 출산의 연기 내지는 기피 현상과 관련 있는 결과를 나타내고 있다. 즉 30대에서 취업여성 및 비취업여성이 차지하는 연령분포가 비슷함에도 불구하고 취업여성이 비취업여성에 비해 결혼기간이 짧고 아이가 어린 것을 알 수 있다. 또한 주 5일제가 상당히 정착되고 있음을 알 수 있다. 그러나 여전히 취업남성의 배우자의 경제활동참가율은 취업여성의 배우자에 비해 상당히 낮게 나타나고 있다.

가사노동은 여전히 주로 여성들의 책임으로 전가되고 있으며 취업여성보다 비취업여성의 가사부담이 훨씬 큰 것을 알 수 있다. 평일 중 가사노동을 하는 빈도는 비취업여성이 4시간으로 취업여성에게 있어 가장 높은 빈도를 나타낸 2시간보다 2배가 높게 나타났으며, 취업남성의 가사노동 시간은 0시간이 가장 높은 빈도를 나타내고 있다. 결론적으로 취업여성은 취업남성보다 2배 정도 긴 가사노동을, 비취업여성은 취업여성보다 2배, 취업남성보다 4배 정도 긴 가사노동을 하고 있는 것으로 나타났다.

자녀와 거의 매일 놀아주는 경우도 비취업여성이 취업여성보다

<표 12-3> 일, 가족, 여가 실태 Ⅲ

단위: %

	취업여성	비취업여성	취업남성
직장에서의 근무시간이 너무 많다	20.8	-	26.0
가족과 보내는 시간이 부족하다	70.3	25.5	68.0
취미나 여가활동이 부족하다	81.6	44.0	77.0
수면이 부족하다	64.5	25.5	61.0
자원봉사나 시민단체 활동이 부족하다	50.1	26.0	36.2
일주일에 여가평균 시간 (가장 높은 빈도)	20.2(2시간)	16.5(10시간)	15(5시간)
건강하지 않은 편이다	3.0	5.0	1.5

3배 가량, 취업여성이 취업남성보다 2배 이상 긴 시간을 할애하고 있었다. 가사나 양육 분담에 대한 공평성을 느끼는 정도도 취업남성, 비취업여성, 취업여성 순으로 나타나고 있어 취업여성의 가족노동에 대한 부담이 가장 크다는 것을 알 수 있다. 제사나 집안행사 또는 아픈 가족 돌보기를 부부가 비슷하게 하고 있는 경우에 있어 비취업여성과 취업남성의 비율은 비슷하게 나타나고 있었으나 취업여성의 경우 2배 이상 높게 나타나고 있어 취업여성들이 비취업여성이나 취업남성보다 가족노동에 대한 보다 공평한 분담의식을 가지고 있는 것을 알 수 있다.

가족, 여가 문제와 관련해서는 취업여성과 취업남성 모두 가족과 보내는 시간이나 수면, 단체 활동, 여가 등을 위한 시간이 절대적으로 부족한 것으로 나타났고, 건강에 대한 만족도에 있어서는 모두 비교적 건강하다고 생각하고 있었으나 "건강하지 않은 편이다"에 있어 비취업여성이 가장 높게 나타난 것이 특이하다. 자원봉사나 시민단체 활동이 부족하다는 인식은 취업남성보다 취업여성이 더 크게 느끼고 있는 것으로 나타났고 비취업여성의 인식이 가장 낮게 나타났다.

이러한 설문결과는 현재 우리나라의 경우도 서구와 같이 여성들의 전일제 경제활동 참여에 대한 선호가 높고, 직장을 가지고 있을 경우 남녀 모두 가족과 여가에 소홀하다는 사실을 어느 정도 설명해주고 있다. 결국 우리 사회도 서구에서 시작하고 있는 것처럼 모성보호 위주의 여성 시혜적 일·가족양립 정책의 논의를 넘어서서 직장노동과 가족, 여가를 모두 양립할 수 있는 시간관리를 중심으로 한 노동에 대한 본질적인 문제제기로서 '좋은 노동'에 대한 논의를 본격적으로 시작할 때가 되었다. 이는 노동정책적인 측면에서는 노동시간 정책과 관련된 문제이며, 가족정책적인 측면에서는 남성의 가족노동에의 참여 문제가 관건이다. 또한 지금까지의 개인적으로 지향하던 여가소비 성향에서 벗어나 보다 가족친화적인 여가활동의 가능성이 쟁점이 되어야 한다. 무엇보다도 '좋은 노동'에 대한 논의는 유럽을 중심으로 한 서구의 담론을 바탕으로 하고 있어 보다 한국적인 시사점을 모색해보는 것이 향후 과제로 남는다.

인간다운 노동, '좋은 노동'을 위한 한국적 여가론의 단초

'좋은 노동'은 인간다운 삶을 지향하고 있다. 인간다운 삶이란 무엇인가? 앞서 지적했듯이 한국 사회는 서구 사회 못지않게 가족적 가치보다는 개인적 가치를 중심으로 한 노동사회적 성격이 심화되어 가고 있다. 노동이 고통스러운 것으로 느껴질수록 현대인들은 개인적이고 소비적인 여가를 추구한다. 그러나 필자는 보다 인간다운 좋은 노동이 가능한 사회가 되기 위한 가족적 가치를 기반으로 한 여가에 대해 논하고자 한다. 가족적 가치는 자칫 가부장적 가치와 혼동될 수 있다. 그러나 이 글에서는 남성 가장의 권위를 기초로 한 권위주의적인 가족가치가 아닌 가족구성원 개개인의 욕구와 의사가 민주주의적으로 반영되는 가족가치를 전제로, 개인적으로 지향하던 여가소비의 성향에서 벗어나 보다 가족친화적인 여가활동의 가능성을 모색해보고자 한다.

　동양사회사상을 연구하는 이현지(2006)는 가족여가가 현대사회의 새로운 화두라고 전제하고, 가족여가의 모델을 수행공동체로서 가족에서 찾으면서 가족여가 활동의 특징을 다음과 같이 다섯 가지로 정리하였다.

　　① 가족구성원 간의 차이를 바탕으로 둔 조화의 추구
　　② 가족가치와 목표는 가족구성원 모두에게 내재되어 있는 '참된 가치'를 인식하는 것
　　③ 부부관계는 도반, 부모와 자녀관계는 스승과 제자
　　④ 수행으로 구성된 일상적 가족관계
　　⑤ 가족의 기쁨과 즐거움은 쾌락적이고 감각적인 것이 아닌 낙도樂道

　그러나 가족의 여가가 수행의 모습으로 어떻게 나타나야 할지에 대한 구체적인 언급은 없다. 필자는 가족의 기능이 경쟁적 노동사회에서 소비적 여가의 주체로 전락해 가고 있는 현실에서 가족을 '수행공동체'로서 바라보고자 하는 이현지의 발상전환에 전적으로 동의하며, 수행의 모습이 여가를 통해 구체적으로 어떻게 구현될 수 있을지를 간략히 언급하고자 한다.[5]

　가족은 사회를 구성하는 가장 기본적인 조직체이다. 가족을 중심으로 사람들은 가정이라는 공동체를 통해 생존에 필요한 가장 기초적인 생산과 재생산을 수행한다. 산업화 이전까지만 해도 가족 안에서는 생산과 재생산에 필요한 모든 행위가 이루어졌으니 오늘날과 같은 경제, 정치, 교육, 종교 등 인간의 기초적인 활동을 위한 제도적 체계가 만들어진 것은 인류사에 있어 그리 오래되지 않았다.

─────────

[5] 수행공동체로서 가족의 여가활동에 대한 발상은 우연한 기회에 수련을 하게 된 '단월드'에서 현재 진행 중인 힐링패밀리(healing family) 운동에서 착안한 것임을 밝혀둔다. 이에 대해서는 힐링패밀리 운동을 주장한 이승헌(2006: 208-216)을 참조하기 바람.

가족의 형태는 인류의 문명화 과정과 맥을 같이 하고 있어, 가족발달사를 통해서 알 수 있듯이 미개와 야만을 거쳐 소위 '문명사회'에 와서는 가족이라는 공동체보다 개인의 중요성이 부각됨으로써 가족의 의미나 기능은 상실되고 대신 개인을 중심으로 사회가 재구성되어 간다(김미경, 2004: 181). 우리 민족의 건국이념이며 교육법의 기본정신인 '홍익인간弘益人間 이화세계理化世界'를 실현하는 가장 기초적인 단위는 가족이었다. "널리 인간을 이롭게 한다"는 추상적인 이념을 일상의 실천영역에서 실현할 수 있는 첫 번째 장이 바로 가정이었던 것이다. 그러나 가족의 가치가 상실되어 가는 현대인들에게 있어 홍익이념을 실현할 구체적 기반이 상실됨에 따라 이념은 형상화될 수 있는 구체적인 토대를 상실한 채 추상적 가치로 박제화되어 있을 뿐이다. 하지만 개인주의화되어 가는 현대인들조차도 혼인 유무를 떠나 가장 많은 시간을 보내는 곳 역시 가정이다. 그러나 이혼율의 급증과 젊은 세대의 결혼 내지는 출산의 기피 현상은 우리 삶의 토대가 되는 가족의 기능과 형태를 변화시키고 있다.[6] 우리의 아이가 아닌 내 아이만을 생각하는 배타적 가족이기주의화 과정에서 가족은 홍익이념을 가진 수행공동체에서 경쟁심과 이기심을 부추기는 소비공동체로 탈바꿈하여 왔다. 가족 간의 정신적 결속력은 약해진 반면, 가족을 묶는 구심력은 경제적인 이해관계가 되어가고 있다.

선가에서는 결혼을 성숙한 혼의 결합이라고 한다. "결혼은 부부가 서로의 영적 성장을 위해서 살아가기로 한 약속이며, 가정은 가족구성원의 자아실현과 성장을 지원하는 삶의 터전"(이승헌, 2006: 210)이다. 수행의 핵심은 무엇보다도 영적 성장에 있다. 따라서 수행의 최종 목적은 영혼의 완성이다. 그러나 분화된 사회체계 속에서 살아가는 현대인들에게 영적 성장의 문제는 종교적 내지는 신비주의적인

---

6 현대인들의 가족에 대한 이렇듯 모순적이면서도 이중적인 태도 속에서 가족은 많은 학자들이 우려하는 것처럼 사라지는 것은 아니지만 개인화되고 파편화된 상태로 재창조되고 있다.

영역에 갇혀 버린다. 탁월한 통찰력으로 인간발달과정을 이론화한 사회심리학자 에릭슨은 노년기를 인생의 완성기이며, 인생을 만족 감과 충만함으로 돌아보는 자아통합을 이루기 위해 필요한 것이 지혜라고 하였다(김동배·권중돈, 1998: 161). 이 지혜는 바로 수행을 통해 얻을 수 있는 것이다. 그러나 현대사회는 노년기 역시 산업역군으로 서의 사회적 존재감 속에서만 자아실현이 가능한 것으로 부추긴다. 따라서 복지정책의 대상이어야 할 노년은 여전히 노동정책의 대상이 되고 있다. 가족과 지역, 국가 곳곳에서 지혜를 전수하던 노인들은 사라지고 노동시장을 배회하는 고령화된 산업예비군만 남는다.

지혜의 또 다른 표현은 깨달음이다. 이러한 깨달음은 시간과 공 간의 개념 안에 존재하는 모든 것들 간의 근원적인 분리를 전제하 는 '근대적 세계관'이 아닌 시간과 공간을 넘어선 모든 존재들 간의 근원적인 통일성을 전제하는 통일체적 세계관 속에서 가능하다(홍승 표, 2002; 홍승표, 2007: 173). 통일체적 세계관을 바탕으로 한 깨달음, 즉 지혜는 인간의 첫 사회화 기관인 가족에서부터 터득되는 것이다. 즉 가족은 깨달음의 수련장이 되어야 하며 홍익가정(힐링패밀리, Healing Fam-ily) 운동의 시발점이 될 수 있다. 홍익가정 운동의 방향은 크게 세 가 지로 요약할 수 있다. 첫째, 부모가 가정의 의사가 되는 것, 둘째, 가 정의 스승이 되는 것, 셋째, 가정에서부터 율려문화를 복원하여 가 정을 신명나는 삶의 공간으로 만드는 것이다(이승헌, 2006: 210). 이것이 바로 깨달음 속에서 탄생하는 여가이며, 이를 토대로 노동과 여가 가 분리되지 않은 인간다운 노동 '좋은 노동'이 가능하게 될 것이다.

현대 의학에 대한 의존도가 높아질수록 전통건강법은 자리를 잃 어가고 있다. 어렸을 적 손자의 아픈 배를 쓰다듬어주던 할머니의 약손이 사라져 간다. 어디가 조금 안 좋으면 병원과 약을 먼저 찾 는 습관을 버리고 전통건강법을 되살려 꼭 병원에 가거나 약을 먹 을 필요가 없는 질병에 대해서는 가정에서 먼저 스스로 치유하자는 것이 홍익가정 운동의 출발점이다. 또한 공교육의 붕괴 및 공교육에서의 인성교육 부족 등으로 사교육이라는 가장 큰 경제적 부담을 안겨주며 사회문제가 되고 있는 교육문제에 있어서도 부모의 역할이 가장 중요하다는 점을 다시 상기하고 있는 것이 홍익가정 운동이다. 더 이상 인생의 스승을 찾지 않는 현대인들은 이제 부모가 스승이 되어 아이들에게 인생에서 진정으로 중요한 것이 무엇인지를 가르쳐야 한다. 인생의 스승은 삶의 기쁨과 가치는 여가나 소비를 통해서가 아니라 "홍익하는 삶을 통한 영적 성장에 있다는 삶의 진정한 목적을 알려주고, 타인을 배려하고 존중하는 마음, 생명을 소중히 여기는 마음, 땀 흘리는 노동을 기쁘게 여기는 마음과 같이 삶에 필요한 교육"(이승헌, 2006: 213)을 하는 사람들이다. 부모가 스승이 되기 위해서는 스스로가 먼저 홍익정신 실천가가 되어야 한다. 명예와 돈을 중심철학으로 세상과 타협하는 모습이 아닌 스스로 홍익을 실천하는 부모를 보면서 아이들은 저절로 홍익하는 지혜를 깨닫게 될 것이다.

율려는 우주와 우리 안에 있는 생명의 리듬, 생명의 에너지를 의미한다. 마음이 열리면 우리 안에 율려가 흐른다. 옛 선조들이 "신명 난다"는 말은 바로 이런 맥락에서 사용한 것이다. 즉 내면에서 율려를 느끼고 사랑과 기쁨과 행복을 체험하는 것이 신명이다. 그러면 절로 웃음과 춤이 나올 수밖에 없다.[7] 이렇게 율려가 살아있는 가정, 잘 노는 가정은 자연스럽게 멋을 사랑하고 문화를 즐기게 된다. 현대인들에게 신명나는 일은 소비적인 여가를 의미한다고 하면 억측이 될지도 모르겠다. 그러나 아이에게 비싼 음악교육을 받게 하기 위해, 해외 어학연수를 보내기 위해 부모들은 노동현장에 매

---

[7] 현대인들은 웃음과 춤, 노래와 같이 타고난 자질을 돈을 주고 배워야만 할 수 있는 것으로 생각할 만큼 많은 감각기능을 상실하거나 발달시키지 않고 있다. 실제로 신체 감각기능의 발달이 이루어져야 하는 영유아기의 아이들이 영어교육과 조기교육 등 빠른 인지교육을 위해 -인지발달 역시 운동과 감각기관의 발달과 함께 이루어지는 것임에도 불구하고- 놀이터가 아닌 학원으로 내몰리고 있다.

달려 있는 것 또한 사실이다. 그러나 "아이들과 함께 노동의 소중함을 깨닫는 땀 흘리기, 자연 속에서 생명의 소중함 느끼기, 역사기행이나 답사여행 등 놀이와 교육이 어우러지는 현장을 찾는"(이승헌, 2006: 215) 그 자체가 여가이며 노동이다. 이러한 여가는 노동의 현실로부터 도피 내지 탈피의 수단이 아닌 좋은 노동을 위한 전제며 단초가 되기 때문이다. 서구의 '좋은 노동'과 한국적 '좋은 노동'이 다를 수 있는 것은 이 가족적 가치를 바탕으로 한 문화적 전통에 있다. 서구의 산업화 결과로 인공적으로 만들어진 자연을 즐기는 소위 '환경친화적' 문화나 '웰빙' 문화 이전에 우리 민족에게는 오랜 선도의 역사 속에 홍익하는 율려문화가 있어 왔기 때문이다. 홍익가정 운동은 "단순히 우리 집을 오순도순 행복이 넘치는 것으로 만들자는 것에 국한되어 있는 것이 아니라 홍익철학이 있는 가정을 만들자는 운동이며 우리 사회와 이 지구를 치유하기 위한 운동이다"(이승헌, 2006: 216). 따라서 홍익가정 운동의 궁극적인 목적은 이 지구촌을 문화의 이질성에 기반 한 경제공동체로 ―하버마스적 표현으로 체계에 의한 생활의 식민화에 의해― 만드는 것이 아니라 널리 인간을 이롭게 할 수 있는 진정한 홍익공동체 문화를 꽃피우는 데 있다. 즉 서로에 대한 경쟁이 아닌 각자의 완성을 위해 각자 서로의 성장에 기여하는[8] 지구공동체 문화운동인 것이다.[9] 경쟁적 노동사회의 소비적 여가문화가 팽배해 있는 현대사회에서 우리나라 전통 선도문화를 바탕으로 노동과 여가의 분리를 지양하고 가족을 홍익하는 수행공동체로 만들 수 있는 구체적인 방법의 제시는 향후 연구과제로 남는다.

---

[8] 사랑하는 사람들이 만나 만드는 혈연공동체인 가족은 더 이상 서로의 성장을 위해 기여하기보다는 자신의 힘든 것을 상대에게 위로 받고자 투쟁하는 장소로 변화하고 있고, 그 투쟁은 결국 이혼으로 끝을 맺기도 한다(김미경, 2001).

[9] 여가의 개념을 가족공동체 안에서 수행의 관점에서 재구성하기 위해, 가족들의 수행하는 삶이 구체적으로 어떤 모습이 되어야 할지에 대해서는 Lee(2005)를 참조하기 바람.

chapter 13.

생태, 왜 시대의 화두인가

자본주의적 근대의 위기, 환경문제

이 글은 자본주의 체제라는 근대가 낳은 많은 사회문제를 해결할 수 있는 실마리를 찾고자 하는 사회학적 관심으로부터 출발하고 있다. 자본주의는 인간들에게 물질적 풍요로움과 편리함을 안겨주었지만, 다른 한편으로 물질 만능주의에 따른 인간성 상실과 자연파괴 및 생태계 교란을 결과하고 있다(임춘식, 1996). 필자는 근대가 낳은 다양한 사회문제의 해결책을 제시하고자 하는 탈근대 논의를 중심으로 현재 우리 사회가 처해 있는 문제점을 분석하고, 그 해결 방안을 모색해보고자 한다. 이러한 논의를 위해 자본주의 비판과 대안으로서 생태학적 관점으로 근대적 '발전 패러다임'에서 탈근대적 '생태 패러다임'으로의 전환의 가능성을 살펴보고자 한다(안관수, 2000). 왜냐하면 자본주의 문제는 환경의 문제이며, 이는 자본주의 체제 내부에서 제시하는 법, 제도, 정책으로는 해결할 수 없기 때문이다(조용개, 2001). 현대 자본주의가 낳은 위기는 '생태의 위기'이기 때문에, 그 대안은 생태의 회복에서 찾아져야 한다. 따라서 '생태 패러다임'은 기존의 지배 패러다임에 대한 도전이기도 하다(이득연, 1998).
본 연구에서는 이러한 논의를 위한 방법론적 문제를 먼저 살펴보고,
이어 현대사회의 '노동'과 '가족' 문제를 중심으로 구체적으로 '생태
담론'을 발전시키고자 한다. 왜냐하면 근대의 발전 패러다임에 의
해 가장 영향 받는 영역이 노동과 가족이기 때문이며, '발전 패러다
임'을 넘어 '생태 패러다임'으로 나아갈 수 있는 구체적인 실천 공간
또한 노동과 가족이기 때문이다.

신분제에 기초한 농경생산 방식의 해체와 함께 자유로운 임노동
을 기반으로 한 상품생산 방식의 자본주의적 가치를 기준으로 근대
와 전근대의 구분이 이루어져 왔다. 농경생산 방식의 해체에 따른
신분제의 해체는 전근대적 대가족구조를 동시에 해체하고 도시를
중심으로 자유로운 임노동에 근간한 근대적 핵가족을 구성하였다.
물론 전근대에서 근대로의 이행이 단선적으로 이루어지는 것이 아니
고 대부분의 경우 근대와 전근대가 상호중첩되어 있는 것이지만
(Beck, u. a., 1996), 근대 말을 살아간다고 받아들이는 연구자들의 근대
문제를 해결하고자 하는 학자적 책임감은 탈근대에 대한 논의를 발
전시켜 왔으며 근대적 세계관으로부터 벗어나고자 탈근대성에 대해
논의하기에 이른다. 소위 포스트모더니즘이라 불리는 탈근대적 사
조는 때론 지나치게 '상대주의적 회의'에 빠지기도 하지만(박영도, 2003:
192), 근대의 문제로부터 자유로이 근대를 해체하고 재구성한다. 그
러나 문제는 탈근대적 현상은 가치관의 변화에서보다는 문화현상
에서 더 빠르게 나타나고 있어 문화지체를 결과하고 있다는 점이
다. 이 문화지체가 가장 심각하게 일어나고 있는 곳이 바로 가족이
라는 사회체계이다. 결혼과 출산을 통해 이루어진 부부와 그들의
미혼자녀로 이루어진 근대의 전형적인 핵가족 형태는 점점 사라지
고, 고령화사회에서 혼자 남은 노인단독 가구, 싱글족, 한부모가
족, 조손가족, 입양가족, 다문화가족, 동성애가족, 비혼가족 등 탈

근대적 가족 형태가 점차 증가하고 있다. 이러한 탈근대적 형태의 가족관계 확산에도 불구하고 대부분 현대인들의 가족에 대한 가치는 여전히 근대적 내지는 전근대적 인식에 머무는 문화지체에 따른 아노미 현상을 경험하고 있다(김미경, 2008b).

필자는 이러한 현대인들이 갖는 위기의 문제를 세계관의 위기로 보고 근대의 문제를 해결할 수 있는 방법으로 근대적 세계관에 반하는 탈근대적 세계관의 정립을 제안하고 있는 논의를 살펴보고자 한다(홍승표, 2005). 탈근대적 세계관으로는 전근대적 사상으로 이해되고 있는 유교적 세계관이 재해석되기도 한다(이현지, 2008). 무엇보다도 이러한 탈근대 논의에서 중요한 점은 근대의 문제를 해결하고 벗어나고자 하는 사상사적 노력이 이루어지고 있다는 사실이다. 비록 근대는 자유, 평등, 박애를 기치로 신분제적 억압과 불평등, 비인격성과 같은 전근대의 문제들을 해결하였지만, 근대적 자유주의 사상의 과대한 팽창은 사람들을 경제적 압박과 불평등, 소외로 다시 내몰고 있다. 지구의 생태적 근간을 뒤흔드는 환경파괴와 오염으로 매일매일 무엇을 먹어야 할지 고민해야 하고, 인성교육을 포기한 학교에서는 소위 '명문대학' 합격률에만 몰두하며 대학입시의 압박 속에서 학교폭력이 일상화된 지 오래다. 돈을 위해서는 사람을 속이고 죽이는 일이 보통일인 듯 되었으며, 사랑하는 사람들이 함께 이룬 가족 안에서 휴식과 안정을 얻기보다는 상처를 받는 사람들이 늘어가고 있다. 낳아서 길러준 부모의 돈을 빼앗기 위해 해외로 유인하여 버리고, 경제적으로 무능력한 부모는 자식으로부터 학대받는다. 매일매일 하루도 빠짐없이 신문지상에 등장하는 현대사회의 문제들의 핵심에는 인간성 상실이 존재한다.

자본주의적 '경제 지상주의'의 극치는 나라의 통치자를 경제대통령으로 뽑기에 이르고, 경제대통령은 이에 보답하기라도 하듯 자유주의적 경제 가치를 위해서라면 미국의 '미친소'도 먹으라고 강요하

며 안전한 먹거리를 위한 생존의 투쟁에 나선 어린 학생들까지 잡아
들이고 폭력으로 제압하려 한다. 거기다 서울시 한복판에 거대한
인공호수를 건립한 노하우를 바탕으로 넓지 않은 한반도 땅 덩어
리에 운하를 만들기 위해 산천을 헤집으려는 '수고'도 마다하지 않
으려 한다. 한국어도 미처 다 배우지 못한 아이들에게 영어천국을
만들어주겠다고 약속하며, 0교시 부활로 해가 뜨기도 전에 등교하
고 어두워져야 집에 돌아오게 되면서 학생들에게 집은 잠만 자는 공
간이 되고 있다. 인간의 생활을 위해 경제를 필요로 하는지, 경제의
존립을 위해 인간이 존재해야 하는 것인지 혼돈스럽다. 인간성 상
실은 극에 달해 땅투기로 일확천금을 모은 경력이 없으면 나라의 주
요 살림을 맡는 정부각료가 되기 힘들어 보인다. 돈의 철학이 지배
하는 사회에서 돈을 벌기 위해서라면 편법을 쓰는 것은 당연한 것
쯤으로 받아들이는 도덕불감증이 만연한다.

　자본주의적 가치를 기반으로 한 근대적 세계관의 가장 큰 프로
젝트는 인간을 영적인 존재에서 세속적인 존재로 만드는 것이었으
며(안관수, 2000), 세속적 존재가 되기 위한 필수 조건은 내세를 위한 금
욕적 사고에서 벗어나 현세에서의 구원을 추구하는 프로테스탄트
윤리와 과학이라는 이름의 기술발전이라고 하는 문명화였다. 따라
서 현대사회에서 영적인 문제는 종교의 영역, 비과학 또는 미신의 영
역으로 치부된다. 이 글은 이러한 근대적 자본주의 가치를 담고 있
는 인식론의 문제를 검토한 후 이러한 세계관이 노동과 가족의 영역
에 미친 영향을 중심으로 근대의 문제를 분석하고, 그 대안으로서
유럽의 '좋은 노동' 논의를 생태학적 측면에서 접근해보면서 자본주
의적 가족과 노동 문화에 대한 대안을 숙고하고자 한다. 즉 '경쟁
적 자본주의의 소비적 여가 문화'가 낳은 환경문제와 인간성 상실의
문제를 해결하기 위한 대안으로 유럽에서 논의되고 있는 '좋은 노
동'의 논의에 한국전통 선도문화인 '천지인' 사상에 나타난 자연관

을 접맥시켜 보고자 한다.

생태담론을 위한 인식론[1]

근대 자본주의 문명비판을 위해서는 그것이 기반으로 하고 있는 세계관에 대한 검토가 필요하다. 현대 인류문명의 위기는 자본주의 문명을 근원적으로 뒷받침하고 있는 기계론적 세계관의 문제이며, 그 핵심에는 인간에 의한 자연지배 사상이 있다(안관수, 2000: 219; 소기석, 2004). 현대인들은 근대의 기계적 세계관에 입각한 과학에 대한 신봉 아래 물질적 풍요를 최고의 가치로 추구하여 왔다. 기계론적 세계관을 기반으로 한 근대적 세계관은 모든 존재가 근원적으로 분리되어 있다는 사상에 기초하고 있다. 한민족韓民族인 우리의 '한' 사상은 분리가 아닌 하나의 근원으로부터 왔다는 천지인天地人 사상을 가지고 있었다(이승헌, 1992a). 그러나 서구화에 따라 유입된 근대적 세계관에서는 나를 세계로부터 분리, 독립시킨다. 근대를 지배하는 개인주의, 이성, 합리성의 가치는 '나'라는 개인적 존재를 부각시키고 개인의 이성적 능력을 통해 세계를 개인의 필요에 맞게 변형시킨다. 이러한 근대적 세계관에 따르면 이상적인 삶이란 인간의 욕망을 추구하고 충족시키는 삶이다(홍승표, 2005). 이러한 과학주의의 기본전제인 가치중립주의는 물질의 풍요를 가져왔을지는 모르지만 도덕적 가치의 퇴보를 결과하였다(김항규, 1986). 도덕적, 정신문명적 퇴락 현상은 인간성 상실을 의미한다. 미국의 물리학자 카프라(1989)는 과학의 발달이 자연을 훼손하고 인간성 상실을 결과하고 있다고 성찰하고 서구적 과학주의의 근간을 이루는 근대적 가치중립 사상에서

---

1 '근대 과학주의 비판', '탈근대를 위한 성찰적 방법론:페미니즘과 생태주의의 만남'은 필자의 졸고, 김미경(2005)의 내용 일부를 재정리한 것이다.

근본적인 원인을 찾고 있다.

　가치중립의 기치 하에 인간의 편리함과 물질적 풍요를 추구하는 과학적 사고관과 이를 바탕으로 한 기계문명, 고도로 분화되어 가는 조직구조의 비대화와 관료화에 따라 인간은 보다 편리한 물질문명을 누리고 있지만 사람과 사람 사이의 정신적 유대관계는 피폐해져 가면서 인간성이 상실되어 가고 있다. 이는 근대의 자연관과 밀접한 관련을 갖는다. 우리나라는 전통적으로 인간과 자연의 조화와 공생을 중시 여기는 천지인 사상을 가지고 있었다. 그러나 세계에 대한 기계론적 해석에 따른 서구의 근대적 자연관은 자연을 인간의 지배대상으로서 무한한 물질을 창출하는 이용대상으로 객체화시킨다. 근대적 사고의 특징은 자연과 물질, 객체와 주체가 분리되는 이분법적 구조에 있다. 이러한 이분법적 인식론에 기초한 근대 자연관은 헤겔의 자연사상에 영향을 받은 것으로 헤겔은 자연을 절대자인 정신의 자기 외화라고 파악함으로써 자연은 인간이 자신을 드러내는 대상에 지나지 않은 것으로 받아들여진다. 헤겔의 자연관은 노동의 개념에도 드러나는데, 노동은 인간이 자신을 주체로서 대상화하는 수단으로, 인간은 노동을 통해 자연을 자신에게 유용하게 변형시키며 물질세계를 구축한다(양운덕, 1989). 즉 인간에 의해 변형된 자연은 인간의 자기 표상으로 이해된다. 이렇듯 인간은 노동을 통해 자연의 예속으로부터 해방되었지만, 인간중심의 세계관은 자연을 왜곡하고 훼손시키고 있다. 그리고 아이러니하게도 스스로는 자신의 생산물로부터 소외를 경험한다. 이러한 서구의 근대 기계론적 세계관은 자본주의의 발전과 자기모순을 동시에 설명해주는 틀이 되고 있다.

　이와는 달리 동양사상 사상을 관통하는 중심은 조화이다. 노자역시 자본주의는 인간의 욕망을 자극시키는 재화의 유통이라고 하였고, 『도덕경』에서 자연의 이치대로 두는 생태적인 상태가 가장 좋은 상태로서 정치를 하는 것으로 보았다. 장자는 '기심', 즉 도르래를 써서 편함을 추구하는 마음을 얘기하며 기계문명을 거부하고 자연으로 회귀할 것을 주장하였다(안관수, 2000). 다음에서는 기계론적 세계관에 입각한 근대의 인식론의 자연 파괴적 성격을 살펴본 후 한민족의 고유한 경전 천부경의 '인중천지일人中天地一'에 입각한 자연과 인간이 하나라는 '한사상'에 대해 살펴보고자 한다. 생태문제는 인간성 회복의 문제이며 인식론의 문제이다. 그러나 이러한 새 시대의 가치창출에 있어 과거 전통문화와 연계시키는 작업이 진취성을 저해하는 보수적인 태도라는 인식이 있다면, 그것은 잘못된 것이다(안관수, 2000: 232-233). 전통사상을 통해 근대의 문제를 벗어나고자 하는 시도가 단순히 과거로의 보수적 회귀를 의미하는 것이 아닌, 자본주의 정신이 피폐시킨 자연성의 회복이며 우주섭리와 조화를 추구하는 가치를 재창출하는 것이 되어야 하기 때문이다. 더불어 근대의 문제를 해결하고자 하는 탈근대적 방법론으로서 가부장적 자본주의의 비판으로부터 유래한 성찰적 페미니즘의 방법론을 수용하고자 한다. 그래야 자본주의가 가지고 있는 노동 중심적 근대가치를 통한 환경 파괴적, 가족 파괴적 병리현상을 제대로 진단, 치유할 수 있을 것이다.

근대 과학주의 비판

필자의 문제제기는 "학문은 과학적이어야 하는가? 과학을 어떻게 이해하여야 할 것인가? 학문은 가치중립적인가?"라는 문제의식에서부터 출발하고 있다. 사회학은 그동안 '과학'이 되기 위해 자연과학에서처럼 증명 가능한 모든 방법론을 수용해왔다. 이러한 작업은 사회학의 아버지인 콩트Conte로부터 계속 이루어졌다. 그러나 사회과학에서는 자연과학과 같이 측정 가능한 면보다는 측정 불가능한, 예측 가능한 면보다 예측 불가능한 측면을 더 많이 가지고 있다. 길이, 부피, 무게 등을 재고 성분을 분석하고 실험할 수 있는 대상을 다루는 자연과학과 달리 사회과학은 측정 불가능한 대상을 더 많이 다룬다. 그러나 소위 '과학적'이지 않은 학문은 학문에서 제외되어지고, 학문을 분화하고 차별화하는 일들이 계속적으로 일어나고 있다. 소위 학문간 상호교류interdisciplinary의 필요성이 제기되고 있지만, 여전히 학문 내부에는 위계질서가 만들어지고, 학문은 과학이 되기 위해 지속적으로 연구대상을 객관화하고 객체화하고 계량화하려는 작업들을 해오고 있다. "유럽문명권에서 들어온 사회학문은 자연학문의 방법을 인문학보다 더욱 적극적으로 받아들이는 것을 자랑으로 삼는다"(조동일, 1997: 284). 그러나 실증주의라는 이름으로 통계적 연구만을 고집하는 것은 학문의 식민지성이다(조혜정, 2006). 학문은 과학만으로 이루어져 있지 않다. 사회학의 대부분은 사실 과학이라 할 수 없는 측면이 많지만, 그렇다고 학문이 아닌 것은 아니다. 즉 사회학이 꼭 과학이어야 할 필요는 없는 것이다. 그러나 학자들이 흔히 빠지는 오류는 과학이 아닌 학문을 '비과학'이라고 부른다는 사실에 있다. 우리는 여기에서 과학이론 역시 패러다임에 지나지 않는 것으로 파악하였던 쿤Kuhn을 상기할 필요가 있다.

눈에 보이는 대상을 설명하고 있는 학문이 과학이라면, 눈에 보이지 않는 것을 해명하려는 학문을 무엇이라고 해야 할 것인가? 필자는 소위 '통찰'이라는 개념, 즉 이제까지 사회과학 방법론에서 흔히 '성찰'이라는 개념으로 논의되어 왔던 문제에 주목하고자 한다. 조동일(1997)은 과학이 아닌 학문의 영역에 "복잡한 구조를 한꺼번에 파악하는 능력"으로서 통찰의 개념을 끌어들여 통찰 개념에 대한 학문적 지원의 필요성을 강조하였다. 통찰을 부인하게 되면 학문의 대상을 측정 가능한 것으로만 한정하는 잘못을 저지르게 된다는 것이다. 유럽 학문의 인식론적 흐름을 속에서 사회과학 방법론이 정립되어 온 과정을 통해 알 수 있듯이, 사회과학은 측정 가능한 것으로 그 범위를 점점 한정시켜 왔다. 현대인들은 자신이 경험하지 못한 세계에 대해 신뢰하지 않는다. 그러나 필자는 연구자의 보고, 듣고, 냄새 맡고, 맛보고, 만지는 오감을 통해 경험한 인식의 범주를 넘어선 '통찰'의 필요성을 제기하고자 한다. 나아가 본 연구자는 '통찰'이라는 개념을 사회학적 방법론으로 정립하기 위해 '반성'과 '성찰'의 개념을 수용하고자 한다(Harbermas, 1968).

이전까지 사회과학은 대상에 대한 객관적 틀을 제시하고, 분석, 비판하는 것으로 방법론적 사명을 다하고자 하였으나, 분석하는 대상을 대상화하고 분석하는 주체로서 연구자를 타자화하는 한계에 머물러 있었다. 소위 객관성에 대한 추구는 가치자유나 가치중립에 대한 믿음으로부터 출발하고 있다(Harding, 1991). 그러나 연구자의 가치를 배제하거나 가치중립에 머무르는 과학으로는 미래에 대한 대안을 제시할 수 없다. 이러한 방법론적 입장은 필자가 사회문제를 분석, 해석할 때는 베버적 '가치자유Wertfreiheit'나 '가치중립'적 관점이 필요하지만 사회문제를 해결하고자 할 때 마르크스적 '당파성Parteilichkeit'이 필요하다고 생각하기 때문에 중요하다.[2] 대안을 제시할 수 없는 학문은 허무주의나 상대주의에 빠지기 쉽고, 분석과 비판만 일삼을 뿐 실천에 무관심하거나 무기력하다. 반대로 정치적 당파성만 주장하는 입장은 현실에 대한 충분한 설명력을 가지고 있지 못하는 경우가 많다. 여기서 이론과 실천의 괴리가 존재할 수밖에 없다. 그러나 문제해결을 위한 통찰을 위해서는 모든 문제를 자기 자신으로부터 출발하여야 한다. 바로 이 부분이 성찰적 페미니즘이 추구하는 방법론과 만나는 지점이며, 근대적 세계관이 낳은 자본주의적 병폐로서 환경문제에 접근하는 데 필요한 생태학적 관

---

2 분석적 차원의 개념적 도구인 '가치자유'는 실천의 영역인 당파성의 문제와 같은 범주에 있는 개념이 아니기도 하다.

점이다.

탈근대를 위한 성찰적 방법론: 페미니즘과 생태주의의 만남

여성학 방법론: 성찰적 페미니즘

페미니즘은 이제까지 남성중심적으로 쓰여 온 역사를 여성의 시각으로 재편성하는 것에 관심이 있었기에 과학이 책무로 맡고 있던 연구대상의 보편성과 특수성을 밝히는 일보다 여성의 생애사에 더 관심을 가져 왔다. 여성의 생애사는 소위 과학이라고 하는 실증주의적 계량화 방법보다는 심층면접이나 구술 등과 같은 질적 방법에 더 의존해 있다.[3] "여성이 만드는 역사는 여성 스스로 기록한다"는 슬로건으로 출발한 여성주의적 방법론women's studies은 역사 속 행위주체와 후에 이를 기록하는 연구자가 구분되어서는 안 된다는 입장에서 이론과 실천을 매개하려고 한다. 여기서 우리는 이러한 여성학적 방법론이 ─소위 성찰적 사회학자들이 자주 질문하는─ "개방적이고 대화적이며 구성적인가?"라는 질문을 던져 볼 필요가 있다(임현진·정일준, 1994: 4). 독일 여성학 방법론사를 통해 성찰적 페미니즘의 역사를 간략히 살펴보면, 여성학에서 '성찰Reflexion'의 개념이 주요하게 등장한 것은 사회심리학적 배경을 가진 사회주의 여성학자들에 의해서였다. 공장여성노동자의 생애사에 관심을 가지고 오랜 연구를 해오던 Becker-Schmidt는 프랑크푸르트 학파의 비판이론에 근거하고 있는 '성찰'의 개념에 주목하고 있다. 그러나 남성주의적 비판에서 빠져 있는 자기성찰Selbstreflexion의 개념을 독특한 여성학 방법론으로 들여온다. 자기성찰은 첫째, '자신이 당면한 문제'인 당파성 Selbstbetroffenheit에 대한 분석이다(Becker-Schmidt, 1985). 이는 연구자가

─────────
[3] 더 나아가 일부 급진적 여성학자들은 실증주의적, 양적 방법론을 남성주의적 방법론이라고까지 보기도 한다(Mies, 1978).

연구대상인 여성의 현실에 한 발짝 더 다가갈 수 있는 기회를 의미한다. 즉 동질감 내지는 동료애의 기본이 되는 것이다. 둘째는 공감 Empathie의 개념으로, 이는 상대에 접근하기 위한 도구적 틀이 아닌 서로를 연대해낼 수 있는 것이어야 한다. 셋째, 연구대상의 갈등상황에 자리를 놓아주는, 즉 갈등상황에 대한 심리적 대처방안에 대한 이해방법으로서 비판적 자기반성Introspektion의 개념이 있다. 연구자의 연구대상에 대한 당파성, 아래로부터 보는 관점, 연구와 해방적 실천의 통합에 대한 이 세 가지 성찰유형Reflexformen을 통해 환경문제에 대한 이해에 있어서도 실천을 통한 환경의 변화, 자본주의적 환경파괴에 저항하는 운동에 대한 연구자의 관심, 연구를 통한 연구주체와 객체 스스로의 의식화, 그리고 인식론적 최종목적으로서 환경에 대한 인식과 행동의 일치인 이론과 실천의 지향이 가능하다. 결국 필자가 성찰적 페미니즘이라고 부르고자 하는 이 방법론은 연구자의 연구대상과의 관계를 중요하게 여기기 때문이며 '개방적, 대화적, 구성적'이며, 이러한 성찰적 페미니즘의 방법론은 생태문제에 접근하는 데 유용하다.

여성학과 생태주의의 만남: 생태 페미니즘

생태문제에 접근하는 데 있어 성찰적 방법론에 기반하고 있는 여성학 방법론이 유용하다고 생각하고, 여성학 방법론이 생태 패러다임으로 정착하는 데 기여하기 위해 다음의 세 가지 문제가 논의되어야 한다고 생각한다.

첫째, 성찰적 페미니즘은 남성과 여성, 공과 사, 환경과 인간이라는 서구 유럽의 이분법적 사고를 극복하고 있는가? 둘째, 여성은 진정 남성보다 '평화적'이고 '생산적'인가? 개인주의화, 이기주의화되어 가는 인간은 자신들만의 재생산을 위하여 생태계를 교란시켜 왔다. 그러나 필자는 방법론적 당파성을 옹호하고 있지만, 여성과 남성이라는 이분법에 따라 일방적으로 여성의 편에 서는 것은 유보하고자 한다. 여성학적 주제들은 마르크스주의적 전통의 계급이론이나 후기구조주의의 관심영역 밖에 있었던 일상의 문제들에 주목함으로써 현실에 발을 딛고 삶을 영유해가고 있는 여성의 일상에 한층 가깝게 접근하고 있다. 예를 들어 독일 페미니즘의 전통에서 볼 때 급진적 페미니즘에서 유래하고 있는 에코 페미니즘은 백인 부르주아 남성중심의 자본주의의 가부장성을 현실 속에서 잘 설명하고 있다(Mies, u. a., 1995). 그러나 너무도 철저히 여성에 대한 당파성을 가지고 있는 나머지 자본주의의 파괴적, 폭력적 성격을 사냥하는 남성Jaeger과 채집하는 여성Sammler이라는 원시적 성별분업의 결과로부터 유래하는 본질적인 것으로 파악하면서 여성은 남성보다 평화적이고 자연친화적이라는 이분법적 사고의 틀 안에 갇히게 된다(Bennholdt-Thomsen, u. a., 1992). 여성이 과연 남성보다 환경친화적이고 평화로운 존재로 일반화될 수 있는지는 현실 속에서의 경험적 증명을 요구한다.[4] 이러한 맥락에서 독일의 급진적 에코 페미니즘은 영미의 입장이론과 맥을 같이 하고 있다. 즉 여성은 남성과 분명히 다른 그 무엇이 있으며, 그것을 여성의 재생산적 노동을 기반으로 한 '경험'으로 이해하는 포스트모더니즘적 페미니즘의 입장이론가들과 마찬가지로 에코 페미니즘 역시 '평화로운 여성일반'을 전제함으로써 여성 내부의 다양성을 간과하고 있다는 비판을 모면하기는 힘들다.

셋째, '여성학은 충분히 이론과 실천을 매개하고 있는가?'라는 문제에 있어 급진적 에코 페미니즘은 이론과 실천을 매개하고자 노력하고 있다.[5] 근대의 이분법적 사고는 환경문제에 있어 정점을 이루

---

4 여성이 남성보다 평화로운 것은 본성의 문제가 아니라 남성과 다른 차별적인 경험의 결과임을 강조하는 강윤희(2004)를 참조하기 바람.
5 에코 페미니즘이라는 용어 자체가 여성운동과 평화운동, 환경운동 등 1970년대 말에서 1980년대 초반까지의 다양한 사회운동에서 성장해 나온 것으로 실천을 매개하는 이론이다(Mies, u. a., 1995).

고 있다. 이론적으로 환경보호에 대한 필요성에 대해 강조하는 사람들 중에서도 실제 환경보호를 실천하는 사람은 많지 않다. 현대인들은 종이컵으로 물을 마시면서 일회용 물건을 쓰지 말자고 말하는 자기 스스로를 성찰하기 힘들다. 그런 의미에서 이론과 실천의 차이가 가장 극명하게 드러나는 분야가 자본주의 사회에서의 환경문제이다.[6] 에코 페미니즘은 여성과 자연의 친화성을 강조한다. 이들은 여성과 자연의 친화성을 여성의 생물학적 재생산활동의 속성과 자연의 속성이 유사하다는 점에서 찾고 있다. 이러한 입장은 자연을 무생물적인 도구적 차원으로 전락시켜 자연을 황폐하게 만든 서구의 이원론, 단선적 진보론, 기계적 세계관에 대한 자생적 비판에서 비롯된 것이며. 근대이론이 해체시킨 '자연에 기초한 영성'을 부활시킨다. 즉 자연은 영spirit을 지닌 살아있는 존재로 '자연에 기초한 영성'을 받아들일 때 우리는 자연의 살아 있는 모든 존재와 더불어 느낄 수 있는 능력, 연민에서 나오는 정책과 행동을 실행할 수 있다는 것이다(김선미, 1997: 27). 이러한 주장은 환경보호가 구호차원에서 머무는 근대적 사고의 현대인들에게 이론과 실천을 매개할 수 있는 유익한 단초를 제공한다. 모든 생명체를 영적인 존재로 보고, 살아 있는 영적 존재에 대한 연민, 보다 성찰적 페미니즘의 개념으로 이해했을 때 공감Empathie을 회복하는 것이 물질적 만능주의에 젖은 현대인들에게 필요하다. 앞서 문제제기에서 잠깐 언급했듯이 인간이 영적인 존재에서 세속적인 존재가 되면서 근대가 출발하였듯이, 자본주의적 근대가 낳은 환경문제를 해결하기 위해 인간은 다시 영적인 존재로 회귀해야 한다는 주장이 타당성을 갖는다.[7]

생태학에서는 생명의 신성함을 재발견하기 위해 영성을 강조한

---

[6] 반대로 '부모의 자식에 대한 사랑'이라는 가치는 이론과 실천이 가장 일치하는 부분이다. 즉 부모는 자식을 사랑하고자 하는 마음을 대부분 바로 실천으로 옮긴다.

[7] 여성들이 환경, 평화, 여성, 특히 건강 등 다양한 운동영역에서 모든 것의 상호의존성과 연관성을 재발견하면서 '삶의 영적 차원'에 대해서도 새로이 발견하게 되었고, 이 상호연관성에 대한 깨달음 자체가 영적인 것으로 일컬어진다(Mies, u.a., 1995).

다. 영성으로 생태학에 접근하고 있는 Starhawk에게 있어서 영성은 여성으로 하여금 생명을 사랑하고 축복하게 해주는 에너지이며, 만물에 담긴 주술이다(Starhawk, 1990). 이러한 자질은 종교적인 내세의 신이나 초월자에게서 주어지는 것이 아니라 일상생활에, 우리의 노동에, 우리를 둘러싼 모든 것에, 우리의 내재성에 존재한다.[8] 그리고 때로 제례의식으로 춤과 노래로 이 신성함을 찬양한다. 어머니 대지에 의지하고 찬양하는 이러한 에코 페미니즘은 근대의 기계론적 세계관과는 근본적으로 다르다. 근대 과학관은 어머니 대지에 대한 의존을 자유에 대한 인간의 권리를 침해하고 조롱하는 것으로 이해하고 이를 타파하고자 하였다. 그러나 생태 페미니즘은 베버가 이해한 근대적 합리성의 전제인 탈주술화Entzauberung에 반기를 들고 영성을 통해 어머니 대지를 치유하고자 세계에 다시 주술을 건다. 이러한 에코 페미니즘의 영성에 대한 강조는 유럽보다는 미국에서 더 강조되고 있다. 생태운동의 정치성을 강조하는 독일의 Mies나 인도의 Shiva와 같은 에코 페미니스트들은 영적 생태주의가 추구하는 뉴에이지 운동과 같은 정신적 사조를 정신, 문화 자원의 상품화라고 비판하고 자급적 생산방식에 기초한 생존생산subsistanzproduktion을 대안으로 제시한다(Mies, u. a., 1995). 이하에서는 우리 민족 전통 선도仙導의 천지인 사상에 나타난 자연관을 통해 에코 페미니즘 내부에 존재하는 영성과 정치성에 대한 입장을 통합해보고자 한다.

우리나라의 선도 정신: '천지인' 사상에 나타난 자연관

'생태담론'을 위한 성찰적 페미니즘은 정치적이며 경제적이며 동시에 규범적이어야 한다. 그러나 오늘날 경제, 정치, 규범을 논할 때

---

8 종교적 영성을 통해 생태의 문제에 접근하는 연구에 대해서는 유기쁨(2006), 소기석(2004)의 박사논문을 참조하기 바람.

'보편주의적 독단'과 '상대주의적 회의'에 빠지기 쉽다(박영도, 2003: 192). 제국주의적, 가부장적 자본주의 생산방식을 비판하고 자급자족적 생태경제를 주장하는 Mies와 Shiva와 같이 뛰어난 에코 페미니스트들이 빠지기 쉬운 위험이 바로 '보편주의적 독단'이며, 모든 근대적인 것을 해체하고자 하는 포스트모더니즘은 '상대주의적 회의'에 빠진다. 따라서 이를 헤쳐 나갈 대안적 사유가 절실히 필요하다. '보편주의적 독단'과 '상대주의적 회의'에 빠지지 않기 위해서 필요한 방법론이 바로 '성찰'이다. 이와 관련하여 박용도(2003)는 신유가 사상의 '내재적 초월'의 개념으로 설명하면서 하버마스의 '형식적 화용론'과 접맥시키고 있다. 그리고 '내재적 초월'을 구성하는 전략에 있어 상처받은 자연의 고통을 치유하는 문제를 제기한다. 그리고 "당시의 조건 속에서 사회적으로 불행한 방식으로 실현되었던 생명력의 운동에 대한 깊은 통찰을 수용해야 한다"고 결론 짓는다. 그렇다면 보편주의적 독단과 상대주의적 회의에 빠지지 않기 위한 성찰의 전제는 생명력의 운동에 대한 깊은 통찰이라 할 수 있겠다. 그런 의미에서 성찰은 다시금 에코 페미니즘의 영성과 통한다. 그러나 물질적이고 감각적인 시대를 살아가는 현대인에게 있어 '내재적 초월'은 불가능한 것처럼 보인다. 오감에 의존하여 감각적이지 않은 것에 대해서는 인지 대상으로도 인식할 수 없는 인간들에게 '내재적 초월'이나 생명력의 운동에 대한 깊은 통찰은 너무나 먼 이야기처럼 느껴지기 때문이다. 그러나 Mies와 Shiva가 주장하는 생태적 자급경제가 가능하려면 결국 이러한 영적 각성이 먼저 이루어져야 한다는 결론이다. 영적 각성이 없는 정치적 선택은 보편주의적 독단 속에서 규범적 구호로 흐르기 쉽기 때문이다.

영적 자각은 사람과 자연이 하나라는 천지인 사상에 대한 자각이다. 일부 동양사상을 연구하는 사회(철학)자들은 현대인들의 서구적 근대철학이 낳은 기계적 세계관에 대한 대안적 세계관으로 유

· 불·도와 같은 동양사상의 자연관에서 찾는다(이현지, 2008; 홍승표, 2005). 물리학자 카프라는 동양사상과 물리학을 비교하면서 현대 물리학에서 일어난 새로운 자연관이 동양의 고대사상 속에 담긴 세계관과 유사하다는 점을 지적하고, 서구의 기계론적 세계관은 동양의 유기체적 자연관으로 대체되지 않을 수 없다고 보았다(카프라, 1989). 서구문명을 주도해온 과학적 방법은 주로 공간적 분할과 분석의 방법으로 일一에서 다多를 보지만, 동양의 철학자들은 주로 명상과 직관의 방법으로 다多에서 일一을 보았고, 시간의 축에서 생성, 소멸하는 자연을 창조적인 생명의 원리, 즉 유기체로 파악하였다. 또한 사회학자 홍승표(2005: 97)는 유·불·도 사상이 각각 독특한 관점과 특성을 가지고 있지만 통일체적 세계관을 바탕으로 대상세계를 인식한다는 점에서 이들 사상은 공통된 기반을 갖고 있다고 지적한다. 부분과 전체를 분리된 독립범주가 아닌 근원적 통일성을 갖는 것으로 보는 '통일체적 세계관'에서는 개인을 개성의 구현을 통해 전체사회에 기여하는 존재로 파악하고 통일성의 각성을 위한 수행을 강조한다. 필자가 보기에 홍승표(2005)가 이해하는 수행의 개념은 에코 페미니즘의 영성 개념과 통한다. 즉 인간과 자연을 하나의 통일체로 바라볼 수 있는 능력은 영성의 개발을 통해 가능하며, 이 영성은 수행을 통해 개발되는 것으로 이해할 수 있다. 결국 '내재적 초월'이나 '생명력의 운동에 대한 깊은 통찰'도 수행 안에서 가능하다는 것이다.

이러한 수행문화는 신선도라고도 불리는 우리나라 전통 선도에 있어 왔다. 우리나라의 전통 선도 수행은 고구려의 조의선인, 신라의 화랑, 백제의 대선을 통해 맥이 이어져 왔다(선도문화연구원, 2006: 35). 물론 동양의 수행문화는 도가에서는 도를 통한 무위無爲의 세계를 통해, 유가에서는 예禮를 통해 실현되지만, 그 핵심은 본성을 깨닫고 회복했을 때 존재론적 변화가 가능하다고 보았다는 점이다. 바로 이 지점에서 한편에서는 자본주의 사회에서 물질적 욕망을 추구하고 다른 한편에서는 자연을 갈망하고 인간성을 회복하고자 추구하는 현대인들의 딜레마로부터 벗어날 수 있는 단초가 제시되고 있다. 환경문제에 대한 관념적인 이해가 환경보호를 실천하는 행동으로 연결되기 위해서는 수행을 통해 모든 존재의 통일성이 인식될 때 비로소 가능하다. 우리나라의 '한 사상'은 이러한 우주만물의 통일성에 대한 이해를 바탕으로 하고 있다. 한 사상은 모든 것이 하나라는 우리민족 고유의 경전, 천부경의 '일시무시一始無始 일종무종일一終無終一' 사상, '인중천지일人中天地一' 사상이다. 이것은 사람 안에 천지가 있고 하나로 조화되어 있다는 뜻이며, 이것을 깨달은 사람이 천지인이라는 것이다. 천지인은 인간성이 회복되어 깨달은 인간을 의미한다. 즉 하늘사람, 천인을 뜻한다(이승헌, 1992b). 천지인 사상을 회복하기 이전에 인간은 항상 불완전한 존재로 인식될 뿐이다. 천지인 사상은 관념으로 회복되는 것이 아니라 수행을 통해서 가능하다. 이 수행문화가 만들어질 때 인간의 본성이 복본復本될 수 있다.[9] 하늘과 땅은 떨어져 있는 것 같으나 하나이다. 그저 어디서부터 분류하는가라는 인식의 문제이다. 땅에는 수없는 하늘이 들어가 있고 땅 속 깊은 곳에도 물은 흐르고 있다. 원자로 되어 있는 땅 속에는 수많은 공간이 존재한다. 전부가 허공이며 동시에 땅이다. 공기 속에는 탄소, 수소 등의 수많은 물질이 들어 있다. 단지 우리의 육안으로 보이지 않을 뿐이다. 물론 현대 과학이 이러한 이치를 이해할 수 있게 만들었다. 과학 이전에는 이러한 이치를 깨달았다 해도 증명하지 못하고 그저 하나의 신념으로 믿었을 뿐이다(이승헌, 1990).

우리나라에 우리 고유의 선교문화仙敎文化가 있었다고 처음 말한

---

[9] 이와 유사하게 시인 김지하는 단군을 신인간의 모델로서, 고조선은 이상적 문명사회로 제시하고 있다(김지하, 2001). 그리고 이러한 이상 문명을 재현하기 위해서 전 인류의 질적 향상, 영적 성숙을 요구하며 "민중이 모두 성인으로, 신인간으로 성화되어야" 한다고 주장한다(김지하, 1999).

근대 역사가는 단재 신채호였다. 선교는 선도仙導를 뜻한다. 1910년 3월 11일자 대한매일신보에 실린 「동국고대선교고東國古代仙教考」에서 단재는 우리나라에 불교, 유교가 들어오기 이전에 고유의 선교가 있었다고 주장하였다. 무당 말고 우리에게 종교가 없었다고 믿었던 당시로서는 매우 파격적인 주장이었다. 단재에 따르면 선교는 단군 이래 무려 2,000년간이나 계승 발전하여 온 우리의 소중한 문화였다. 즉 선교는 단군의 가르침이다. 유·불·도 이전에 선도문화가 이미 존재하였다는 문헌적 근거로 삼국유사의 고조선조를 들 수 있다. 그러나 조선 오백년의 유학자들은 성리학과 유교문화를 강조하고 불교와 도교 그리고 선교를 이단이라고 탄압하였다. 조선시대 유학자들은 우리나라 역사에 대해서는 가르치지 않고 중국의 역사만 가르쳤다(선도문화연구원, 2006).

오늘날 사회과학이라는 학문은 태생적으로 유럽 문명권 주도의 근대학문이라 할 수 있으며(조동일, 1997: 540), 근대 학문의 한계를 극복하는 문제는 유럽중심적인 사고로부터 벗어나 인식의 대상을 나, 우리 안으로 가지고 오는 것과 관련이 있을 것이다. 즉 성찰적 페미니즘의 방법론에서 이야기하는 자기반성Introspektion의 문제이다. 사회과학이 학문이 되기 위해 기울였던 자연과학과 같은 '과학적' 학문으로서의 자리매김을 위한 노력들을 그만두고, '인간', '나'에 대한 통찰로부터 다시 출발할 때가 되었다. 조동일은 이것을 국학을 통해 가능하게 하여야 한다고 주장한다. 국학이란 외래 학문이 오랜 시기를 거쳐 한국의 토착학문처럼 변화한 한국과는 달리, 선도문학과 같은 우리 민족 고유의 학문을 이른다(이승헌, 2006). "국학의 역량을 근거로 삼아야 이론창조가 가능하고, 우리 문화에 대한 투철한 이해에서 출발해야 유럽 문명권의 근대주의에 대한 대안을 찾을 수 있다"(조동일, 1997: 541)는 주장에 대해 근대의 생태문제를 해결하기 위해 주의를 기울일 때가 되었다. 현대인들은 자신의 행위의 타당성을 위해 최대한 합리적 기제를 동원하며, 이를 과학적인 방법이라 신봉한다(Harbermas, 1988). 현재 학문을 생산하는 학자들은 서구중심의 근대화를 거친 세대로 그들의 개념과 언어는 서구 근대화의 산물이기에 국학을 강조하는 학자들이 그들의 시각에서는 '국수주의자'로 비춰지기 쉽다.[10] 물론 서구적 사고의 학문에 대해 비판하는 조혜정(2006) 역시 '문화 본질주의'의 위험을 경고한다. 그러나 국학의 의의를 강조하는 것은 국수주의에 빠지는 것과 다르다. 서구중심의 근대화를 거친 지식인들이 국수주의에 빠지지 않고 우리의 학문, 국학을 구축하는 것은 근대의 문제를 해결하고자 하는 사회과학이 안고 있는 앞으로의 숙제가 아닐 수 없다.

현재 사회과학을 연구하는 연구자들에게 학문적으로 가장 많은 영향을 끼쳤을 자본주의의 태동을 해명하기 위한 마르크스의 아시아적 생산양식의 정체성이라는 개념이나 베버의 프로테스탄트 윤리라는 개념은 기본적으로 서구의 이분법적 사고에 근거하고 있으며, 제국주의적 시각에 따른 구분법이다. 물질주의를 숭배하는 서구적 이념이 정신문명을 앞세우는 동양사상에 대해 문제시하고 나선 것이며, 서구 자본주의적 정신을 보편적 인류역사로 이식하기 위한 이념적 도구였다. 그러나 방법론으로서 성찰적 페미니즘은 여성들이 스스로 쓰는 자기 자신의 역사에 대한 기록이다. 따라서 여성학에서 여성의 역사적 역할에 대한 관심이 증가하고 있고, 이를 개인의 생애사 구술방법론으로 접근하고 있는 경향은 매우 고무적이다. 여성학은 이제 그동안의 연구방법론이 해왔던 것처럼 남의 이야기는 그만하고 비판적 '자기반성'을 통해 자신들의 이야기를 하기 시작한

---

10 종교학자 우혜란(2006)은 그 대표적인 예로 선도 수행법을 현대적으로 체계화하여 선도의 천지인 사상에 따라 인간성 회복을 위해 수행하는 명상단체인 단월드의 국학운동을 민족주의로, 단월드의 명상 프로그램을 정신문명의 상품화로 해석하고 있다. 그러나 종교학자인 그녀에게는 수행에 대한 내용적 이해와 관심은 보이지 않고 다만 수행단체의 구조와 체계에 대한 관심과 분석이 이루어지고 있어 전형적인 기계론적 세계관을 보인다.

것이다. 이러한 방법론적 접근은 역사 속에 묻힌 여성을 발굴하여 여성을 통해 역사를 재조명할 수 있게 한다.

우리는 현재 지구화, 세계화 시대를 살고 있다. 하지만 물질적, 경제적 세계화를 위주로 '생활세계의 체계에의 식민화'가 심화되어 가는 것은 의식의 세계화, 즉 지구인 의식이 물질의 세계화보다 뒤지기 때문이다. 우리는 지금 시점에서 인간과 자연과의 조화에 대한 깨달음을 루소Rousseau가 당시 사회를 비판하며 했던 "자연으로 돌아가라"는 말에 대해 마리 앙트와네트 왕비처럼 시대착오적으로 이해할 수는 없다. 그러나 우리의 경전 천부경보다는 다른 나라의 경전에, 국학보다는 서양학문에 익숙해진 우리는 스스로를 반성자기반성, Introspektion할 수 있어야 한다. 자연을 지배의 대상으로 이해하는 이분법적 인식을 벗어나 천지인 삼원론을 체득하고 태초의 지구어머니 '마고'의 마음을 느낄 수 있기 위해서는 수행문화가 자리 잡아야 한다. 우리 민족의 가장 오래된 사서인 신라 박제상이 쓴 부도지를 보면 에덴동산의 신화와 같은 창세설화가 등장한다. 이 책에는 모든 사람들이 깨달음에 이르러 완전한 평화와 조화를 이루며 살았던 이상적인 공동체 이야기가 나온다. 부도지는 천지창조의 주인공을 율려라고 말하고 있다. 율려가 몇 번 부활하여 별들이 나타났고 그 별들은 끝없는 순환을 거듭하면서 우주의 어머니인 마고를 잉태했으며 마고성을 창조해냈다고 한다(선도문화연구원, 2006). "마고성은 깨달음에 이른 사람들이 조화를 이루며 살았던 근원적인 세상의 모습이며, 우리가 가장 깊은 영적 단계에 올라간 후에 반드시 돌아가야 할 세상이다"(이승헌, 2002a). 이 지구를 경쟁하고 소유하고 지배하기보다 조화와 화합을 추구하는 지구어머니, '마고'의 마음으로 하나 밖에 없는 이 지구를 마고성으로 복본하는 것이 생태적 평화를 가능하게 할 것이다. 바로 마고성과 같은 공동체가 Mies와 Shiva가 추구하는 자급자족 공동체의 모습이 아닌가 생각한다.[11]

자본주의의 대안적 담론, 생태[12]

경쟁적 노동사회의 소비적 여가와 인간성 상실

자본주의적 근대의 산물인 환경문제와 그것의 근본적 원인과 결과가 되고 있는 인간성의 상실의 문제에 대해 '생태 패러다임'으로 접근하기 위해서는 현대사회의 노동에 대한 이해가 앞서야 한다. 오늘날 현대인들에게 가장 큰 영향을 미치고 있을 뿐만 아니라 현대인들의 사회화의 가장 큰 중심은 직업노동Erwerbsarbeit라 할 수 있다. 이러한 직업노동을 기반으로 한 사회를 서구에서는 노동사회Arbeits-gesellschaft라 일컫고 있다(Daheim, u.a., 1993). 노동사회의 가장 기초가 되고 있는 직업노동은 현대인들에게 물질적으로 뿐만 아니라 정신적, 사회문화적으로 영향을 미치고 있다. 따라서 직업노동으로부터의 이탈은 소득의 상실을 의미할 뿐만 아니라 현대인들의 가치관과 자아정체성에 지대한 영향을 미치고 있다. 일반적으로 노동은 직업 영역 이외에서도 항상 일어나고 있다. 그 대표적인 예가 가정에서의 가사 및 육아 노동이며, 이 노동에는 대부분 여성들이 종사하고 있다. 그러나 노동사회에서의 노동개념은 직업으로 연결되어 있기 때문에 직업 밖에서 이루어지고 있는 노동에 대해서는 사회적으로 무관심할 뿐만 아니라 가치가 인정되지 않는다. 즉 직업을 가지고 있는 사람과 그렇지 않은 사람에 대한 사회적 인식이 다르다. 따라서 직업을 상실하거나 구하지 못하는 사람들 스스로도 자신의 사회적 가치에 대해 회의하게 된다. 그 대표적 사회집단이 노인들이다. 노동사회에서 노인, 장애인, 여성들은 소외되기 마련이다. 직업능력을

---

11 어쩌면 김지하 시인이 이야기하는 '생명사상'의 실천방안으로서의 '자치'의 개념이나(김지하, 1997), 마페졸리의 '부족'의 개념(김무경, 2007), 또는 보다 종교학적으로 접근하고 있는 로버트 헌터의 그린피스 운동이나 머레이 북친의 사회생태주의의 공동체 개념들(유기쁨, 2006)은 이런 맥락에서 서로 통하는 것이라고 생각한다.

12 필자의 졸고, 김미경(2008a)의 일부내용에 기초하고 있다.

상실한 이들에게 직업노동하기를 강요하는 사회가 노동사회이기 때문이다.

사회학에서는 노동의 반대개념으로서 문화, 소비로 상징되는 '여가'라는 개념이 있지만(Ruedke, 2001), 노동의 인간화 없는 여가는 소비적으로 흐르기 쉽다. 현대인들은 노동을 비인간적으로 느낄수록 노동 후 낭비적이며 소모적인 여가를 통해 위안을 받고자 하며 소비사회는 이를 부추긴다. 서구와 같이 우리나라 역시 제조업 시대에서 서비스 사회로 진입하였지만, 우리나라의 서비스 산업의 구조는 음식, 숙박 등 소비재 산업에 치우쳐 있다(Kim, 2000). 이는 서구보다 열악한 우리나라의 노동구조, 즉 비인간적 노동조건을 반영하고 있다.[13]

다음에서는 노동의 인간화 정책으로 '좋은 노동'에 대한 유럽의 논의에 담긴 생태학적 의미를 살펴보고자 한다. 나아가 자본주의적 근대의 경쟁적 노동과 소비적 여가에 대한 대안으로서 '좋은 노동' 논의의 한국적 수용을 위해 천지인 정신을 통해 가족기능을 회복하고 환경친화적 생태 가능성을 모색해보고자 시도하였다.

노동사회의 대안 개념인 '좋은 노동'의 생태학적 함의

노동시장이 현대인들에게 더 많은 노동과 성과를 요구할 때 현대인들에게 직업능력과 건강의 중요성에 대한 인식은 더욱 커지고 있으며, 재충전을 위한 가족과 여가를 더욱 필요로 하게 된다. 그러나 노동사회의 직업노동 능력에 대한 요구의 결과는 오히려 가족관계, 특히 젠더관계에 부정적인 영향을 미치고 있다. 즉 이혼율과 저

---

[13] 현대인들에게 노동의 현실은 억압적이고 고통스럽기 때문에 노동과 여가가 혼합된 직업을 선호하게 된다. 대표적인 예가 산업화 초기에 천대받던 연예계 산업, 예술계 산업이다. 여기에 종사하는 사람들은 임금노동자들보다 상대적으로 시간에 자유롭다(Ruedke, 2001: 15). 따라서 여가와 노동의 구분이 상대적으로 적은 산업의 노동은 '인간적'이라고 이해되기 쉽다.

출산 문제가 그것이다(Beck-Gernsheim, 1984). 이는 물론 남성보다 한발 늦은 여성의 소위 '후발 개인주의화Nachholendr Individualisierung'(Beck, u. a., 1990), 고학력화, 경제활동을 통한 경제적 자립과 같은 총체적 사회 문제와 관련 있는 것이지만, 무엇보다도 남성노동자들의 입장에서는 직장에서 받은 스트레스를 받아줄 가정의 '따뜻한 주부/아내'가 사라져가고 있음을 의미한다(김미경, 2000). 현대사회는 갈수록 비맞벌이에 기초한 '남성부양자 모델'이나, 남성은 전일제 노동을 통한 주 생계부양을, 부인은 파트타임의 보조적 생계를 책임져 왔던 '2인소득자 모델'의 전통적인 성별분업 형태를 벗어나 남녀 모두 전일제 노동을 지향하고 있다(장지연, 2005; 김미경 2007). 사실 전일제 노동 자체는 더욱 열악해진 노동시장 조건으로 인한 비정규직의 증가로 사라져가고 있는 듯 보이지만, 한국에서의 비정규직은 노동조건에 있어서 그러할 뿐 노동시간에 있어서는 전일제 노동과 유사하다. 결국 전일제 노동의 맞벌이부부가 증가하고 있는 오늘날 여성에게는 애초에 '따뜻한 가정주부/아내'는 어디에도 존재하지 않는다.

노동사회에서 남성들은 기존의 성역할을 고집하면서 자신의 감정적 안정과 육체적 휴식을 가정에서 취하려 하지만, 여성들은 직장과 가정으로부터의 이중노동부담에서 벗어나기 위해 결혼과 출산을 미루거나 포기한다. 많은 세월동안 가정에서 환경친화적인 가정경제를 책임져 왔던 여성들이 하나 둘 환경에 부담을 주는 산업체로의 취업을 위해 노동시장으로 나오게 되고, 집안에서 이루어지던 식생활은 외식문화로 대체되면서 소비적 서비스 산업의 팽창을 부추기며 환경의 부담을 가속화하고 있다. 갈수록 한국 사회는 서구 사회와 마찬가지로 가족적 가치보다 개인적 가치를 중심으로 한 노동사회적 성격이 심화되어 가고 있다(김미경, 2008a). 노동이 고통스러운 것으로 느껴질수록 현대인들은 개인적이고 소비적인 여가를 추구한다. 이것이 근대적 가치이다.

'좋은 노동'이 추구하는 인간다운 삶이란 무엇인가? 노동의 인간화를 추구하는 '좋은 노동'은 첨예하게 대립되어 가는 일과 가정의 분리를 막고자 하며, 보다 생태적인 소비문화와 경제발전 모델을 추구한다. '좋은 노동'에 대한 논의는 개별 노동자의 생애주기에 적합한 균형적인 노동의 가능성에 대해서만 이야기하고 있는 것이 아니라 아이, 병자, 노인과 같이 개별 노동자들에게 의존해 있는 사람들이 가지고 있는 욕구를 동시에 충족시켜 줄 수 있는 가능성에 대해서도 함께 이야기하며, 노동과 여가가 분리되지 않은 환경친화적인 생산과 소비를 추구한다. 필자는 보다 인간다운 '좋은 노동'이 가능한 사회를 위해 가족적 가치를 기반으로 한 노동과 여가의 생태적 문제에 대해 논하고자 한다. 물론 가족적 가치는 가부장적 가치가 아닌 가족구성원 개개인의 욕구와 의사가 민주주의적으로 반영되는 가치를 의미한다.

가족은 사회를 구성하는 가장 기본적인 조직체이다. 가족을 중심으로 사람들은 가정이라는 공동체를 통해 생존에 필요한 가장 기초적인 생산과 재생산을 수행한다. 산업화 이전까지만 해도 가족 안에서는 생산과 재생산에 필요한 모든 행위가 이루어졌으니 오늘날과 같은 경제, 정치, 교육, 종교 등 인간의 기초적인 활동을 위한 제도적 체계가 만들어진 것은 인류사에 있어 그리 오래되지 않았다. 가족의 형태는 인류의 문명화 과정과 맥을 같이 하고 있어, 가족발달사를 통해서 알 수 있듯이 미개와 야만을 거쳐 소위 '문명사회'에 와서는 가족이라는 공동체보다 개인의 중요성이 부각됨으로써 가족의 의미나 기능은 상실되고 대신 개인을 중심으로 사회가 재구성되어 간다(김미경, 2004: 181). 우리 민족의 건국이념이며 교육법의 기본정신인 홍익인간 이화세계를 실현하는 가장 기초적인 단위는 가족이었다. '널리 인간을 이롭게 한다'는 추상적인 이념이 일상의 실천영역에서 실현할 수 있는 첫 번째 장이 바로 가정이었던 것이다. 그러나 이혼율의 급증과, 젊은 세대의 결혼 내지는 출산의 기피현상은 우리의 삶의 토대가 되는 가족의 기능과 형태를 변화시키고 있다. 우리의 아이가 아닌 내 아이만을 생각하는 배타적 가족이기주의화 과정에서 가족은 홍익이념을 가진 수행공동체에서 경쟁심과 이기심을 부추기는 소비공동체로 탈바꿈하여 왔다. 가족 간의 정신적 결속력은 약해진 반면, 가족을 묶는 구심력은 경제적인 이해관계가 되어가고 있다.

율려가 살아있는 가정, 잘 노는 가정은 자연스럽게 멋을 사랑하고 문화를 즐기게 되고 저절로 주변 환경과 하나 되어 어울린다. 바로 이것이 인간의 생태적 감각을 키우기 위해 생태 페미니스트들이 주장하는 영성이기도 하다. 아이들과 함께 노동의 소중함을 깨닫는 땀 흘리기, 자연 속에서 생명의 소중함 느끼기, 역사기행이나 답사여행 등 놀이와 교육이 어우러지는 현장을 찾는 그 자체가 여가이며 노동이다(이승헌, 2006: 215). 이러한 여가는 노동의 현실로부터 도피내지 탈피의 수단이 아닌 '좋은 노동'을 위한 전제며 단초가 되기 때문이다. 이것이 바로 깨달음 속에서 탄생하는 여가이며, 이를 토대로 노동과 여가가 분리되지 않은 인간다운 노동 '좋은 노동'이 가능할 수 있을 것이다. 서로에 대한 경쟁이 아닌 각 자의 완성을 위해 서로의 성장에 기여하는 지구공동체 문화운동이 생태문화인 것이다. 선도문화를 바탕으로 노동과 여가의 이분법적 분리를 지양하고, 가족을 홍익하는 수행공동체로 만들 수 있는 '생태 패러다임'의 구체적 내용들이 앞으로 정립되어야 할 것이다.

chapter 14.

여가로서 수행의 의미

— '노동사회'의 소비적 여가를 넘어 수행문화의 복지사회를 위한 단상

문제제기

우리에게 익숙한 과학과 이성, 합리성과 같은 근대의 가치관은 직관이나 통찰과 같은 개념을 비과학적이고 비이성적인 것으로 치부하고 거부한다. 사회학자의 책무 역시 이성이나 합리성 등 근대의 가치관을 계승·발전시키는 데 있어 왔으며, 사회학은 과학으로서 자리매김하기 위해 인간의 삶을 끊임없이 계량화시켜 왔다. 이 글은 물질문명을 가능하게 한 근대의 이성적·합리적 사고가 물화되고 도구화됨으로써 인간성 상실을 초래하였다고 비판한 프랑크푸르트 학파의 문제제기에 다시금 주목하고, 노동사회의 소비적 여가를 성찰하고 대안적 여가로서 수행의 의미를 살펴보고자 한다. 이는 도구화되고 물화된 자본주의 사회의 문제를 수정하고자 등장한 복지국가 역시 제도화되고 관료화되어 감에 따라 인간성 회복보다는 상실이 더욱 심화되어 가는 현실에서, 우리나라의 전통적인 수행

문화에 대한 재수용을 통해 보다 인간적인 복지사회의 가능성에 대해 숙고하고자 함이다.

사회학자 홍승표는 현대인의 소외의 원인을 대상세계를 이용하거나 지배하여 인간의 욕망 충족적인 삶의 목표를 달성하고자 하는 '근대적 세계관'의 문제로 본다. 그는 '근대적 세계관'에 반하는 '모든 존재들 간의 근원적인 통일성을 전제하는 통일체적 세계관'을 제안하며, 이를 바탕으로 여가의 새로운 의미를 구성하고자 한다. 근대 물질문명으로부터의 해방은 '참된 자기'를 깨닫고 이를 즐길 때 가능하다고 보고, 바람직한 여가생활을 참된 자기를 깨닫기 위한 활동으로서의 수행修行과 이를 즐기는 활동으로서의 낙도樂道를 제안하였다(홍승표, 2005). 첨단 과학문명시대를 살아가고 있는 현대인들에게 여가로서 수행을 제시한다는 것은 사회학자로서 사실 조심스러운 일임에 분명하다. 왜냐하면 근대는 과학이라는 이름으로 모든 것을 눈에 보이도록 증명하고자 시도하여 왔으며 과학으로 증명되지 못한 것들은 믿음이라는 신념체계로서 종교의 영역으로 남겨져 왔기 때문이다. 또한 '과학 맹신주의' 시대를 살아가는 현대인들에게 있어 신념체계란 종교적이거나 '비과학적'이거나 '비이성적'인 것으로 치부되고 있기 때문이다. 그러나 과학에 대한 믿음 역시 하나의 신념의 산물이 아닐 수 없다.

인문학자 조동일이 지적한 것처럼 과학이 아닌 것을 비과학으로 규정하는 것은 오류이다. 왜냐하면 "가치를 배제하거나 가치중립에 머무르는 과학만 하면, 미래를 설계하고 시공하는 작업은 할 수 없다"(조동일, 1997: 303). 따라서 조동일은 학문의 영역에서 과학이라는 눈에 보이는 것에 대한 설명뿐만 아니라 눈에 보이지 않는 것을 해명하는 통찰의 영역을 중시한다. 조동일은 오늘날의 학문이 통찰 없이 과학만으로 이루어졌기 때문에 파탄에 이르렀다고 평가한다[1].

1 조동일은 "윤리의 문제를 해결하고 사회조직의 원리를 다시 가다듬고 역사의 방향을 재

물론 러셀은 "철학을 신학과 과학의 중간에 있는 무엇"으로 정의함으로써 과학이 아니면서도 이성적인 학문으로서 철학의 역할에 주목하였다. 그러나 본질적으로 과학과 철학은 구분할 수 없다. 왜냐하면 과학에도 철학이 필요하기 때문이다. 과학이든 철학이든 이 모든 학문에서의 공통점은 이성이 작동한다는 사실이다.

프랑크푸르트 학파의 비판이론이 "사회의 발전과정, 합리화과정이 인간의 자아발전을 촉진시키는 것이 아니라 오히려 인간을 억압하고 있음을 경고"하였듯이(조광익, 2008: 80), 근대가 맹신한 인간의 이성이 오히려 인간성을 상실하게 하고 있다. 정치학자 정화열은 하버마스나 푸코와 같은 사회학자들의 주체가 불명확한 이성의 옹호에 반박하면서 "영혼의 내적 조건을 엿볼 수 있는 창문으로서 '몸담론'을 주창한다. 그는 근대의 이분법적 사고의 근원을 근대철학의 아버지인 데카르트의 에코 코키토(나는 생각한다)에서 찾고서, 타자와 분리된 내적 인간의 자기중심성을 지적한다(정화열, 2005). 마찬가지로 종교철학자인 황필호는 서양철학자들의 장자 철학에 대한 태도를 '인식론적 중독증'으로 부른다. 즉 철학의 모든 문제를 오직 인식론에서만 해결할 수 있다고 보는 입장에 대해 비판하며 존재론이나 도덕론의 중요성을 강조한다(황필호, 2001).

이 글은 현대인들의 과학 맹신주의, 이성 중심주의에 대한 비판에서 출발하고 있다. 따라서 여기에서 주목하고자 하는 수행의 의미는 이성의 영역을 벗어나 있다. 수행에 있어 필요한 인간의 인지작용은 주로 직관이기 때문이다. 직관은 학문의 영역에서는 여전히 비과학적이고 비합리적이고 비이성적인 작용일 뿐이다. 그러나 현대사

정립하는 등 학문의 통찰에서 해야 하는 가장 중요한 임무를 종교의 신념에서 맡는다고 나선다"고 지적하면서 학문에서 과학만 중시하고 통찰을 경시하게 될 때 종교의 신념이 학문의 통찰로 행세하게 됨을 경고한다. 또한 "그 때문에 종교에서 내세우는 신념이 미워 통찰을 온통 불신하고 학문은 모름지기 과학이어야 한다는 주장이 강력한 설득력을 가지게 된다"는 우려를 나타내고 있다(조동일, 1997: 309).

회의 상실된 인간성 회복을 위해서 이성보다 직관이 더 필요하다[2]. 이 글에서는 소비적 여가산업의 발전이 현대인의 소외현상 극복과 인간성 회복을 위한 처방이 될 수 없다는 문제의식 하에 현대인들이 경험하는 소외와 인간성 상실을 치유할 수 있는 여가로서 수행의 의미를 우리나라 전통 신선도의 수행문화를 통해 살펴보고자 한다.

여가의 특성과 의미

홍승표는 노동이 인간의 삶의 주변으로 밀려나고 여가가 삶의 중심을 차지해가고 있다고 전제한다(홍승표, 2005). 조광익 역시 노동/생산 사회에서 여가/소비 사회로의 이행을 이야기한다(조광익, 2008). 물론 여가의 중요성이 커져가고 있는 것이 사실이지만, 현대인들에게 노동은 주변화되어 가기보다 아직까지 최고의 가치로 각인되어 있다. 과학기술의 발전에 따라 인간의 노동력의 중요성이 감소하고 '고용 없는 성장'이 가능한 사회를 살아가고 있지만(리프킨, 1996; 홍승표, 2002), 노동의 대안으로 제시되고 있는 복지조차도 사실은 노동을 통해 가능하며, 여가를 위해 이루어지는 소비 역시 노동 없이 불가능하다. 즉 여가의 증가가 노동으로부터의 분리를 의미하기보다는 노동과 여가는 동전의 양면과 같은 성격을 가진다. 인간의 모습을 잃어버리고 도구화된 '직업노동'이 사회화의 가장 중심을 차지하고 있는 노동사회Arbeitsgesellschaft를 살아가는 현대인들에서 노동과 여가는 이분화되어 인식되고 있다(김미경, 2008a).

조광익은 노동과 여가의 분리는 자본주의의 산물이라고 지적한

---

2 중문학자인 박석은 깨달음은 "자기 속에 원래 지니고 있던 전체성과 무한성을 확인하는 것"이라고 정의하고, 수행을 통한 깨달음은 주로 직관의 작용이기에 객관성과 보편성에 문제가 생긴다고 지적한다. 따라서 창조적 직관성을 논리적 정합성으로 설명할 필요가 있다고 제안한다(박석, 1995).

다. "공장제 기계공업의 등장으로 출퇴근 시간이 명확하게 구분되고, 이에 따라 노동시간, 초과노동시간, 여가시간 등이 구분되게 되었을 뿐만 아니라 자본주의적 노동규율이 부과되게 되었다"(조광익, 2008: 88). 이러한 이분법 속에서 "비노동시간에 이루어지는 활동"으로 이해되는 여가는 소비적인 것이 된다. '근대적 세계관'인 진화론의 적자생존적 사고 속에서 경쟁에 익숙한 현대인들은 노동을 인간적으로 느끼지 않는다. 더구나 고용이 이루어지지 않는 성장시대에서도 직업노동에 의존해서 살아갈 수밖에 없는 현대인들에게 노동은 생존의 수단이며 비인격화된 작업장에서의 현실일 뿐이다. 노동이 비인간화될수록 현대인들에게 여가의 가치는 커져가지만, 여가 또한 산업화되었고, 상품화되었다.

　홍승표는 근대적 세계관에서의 여가의 의미를 세 가지로 정리하고 있다. 첫째는 노동 생산물을 소비하는 활동이며, 둘째는 새로운 노동을 위한 재충전의 시간, 셋째는 자유로운 자기계발의 시간이다(홍승표, 2006). 즉 현대인들은 노동을 통해 생산한 상품을 소비하기 위해, 노동을 위한 재충전을 위해, 자기계발을 위해 여가를 필요로 하지만, '비 노동시간'인 여가를 통해 자본주의적으로 생산된 상품을 소비하기에 바쁘다. 이러한 소비활동은 문화로서 이해되고 정착되어 간다. 그 대표적인 예가 관광산업의 발전이다. 현대인들에게 노동으로부터 벗어난 가장 멋진 여가는 일상으로부터 벗어난 여행으로 인식되고 있다. 물화되고 도구화된 노동현장에서 자신의 생산물로부터, 때로는 함께 일하는 직장동료로부터 소외를 경험하고 있는 현대인들은 일상에서 벗어난 미지의 세계로의 일탈을 꿈꾼다. 노동을 통해 자아를 확인하고자 하는 노동에의 의존은 심화되어 가고 있지만, 노동현장은 자아실현의 장이 되기보다 자아박탈의 장으로 인식되고 있다. 결국 현대인들은 노동현장에서 일어나는 자아박탈과 소외로부터의 상처와 외로움을 여가 속에서 소비를 통해 달래고

있는 것이다. 자기계발 또한 자기 안으로의 여행보다는 알지 못하
는 미지의 세계로의 탐험에 의미를 둔다.

여가로서 수행의 필요성

많은 학자들이 현대사회의 소비적인 여가를 비판하고 '참된 자
기'를 발견할 수 있는 여가의 필요성을 역설하고 있다(홍승표, 2002; 김옥
진, 2007; 김미경, 2008a; 조광익, 2008; 박수호, 2009). 사회심리학자 김옥진은 노
동과 여가의 지금과 같은 악순환을 벗어나 선순환되기 위해서는 획
일화되고 모방화되고 향락화된 소비적 여가의 중독[3]에서 벗어나 여
가가 존재지향적인 삶의 양식을 회복하는 자기성장을 위한 활동이
되어야 한다고 주장한다. 이를 위해서 소유 지향적 교육에서 벗어
난 "비 지적인 영역의 교육"을 위한 한국적 자기성장 프로그램의 필
요성을 제기하고 있다. 박수호는 현대사회의 소외된 노동과 여가
를 비판하고 인간완성의 목표를 이룰 수 있는 노동과 여가의 통합
적 이해를 위해 '좋은 노동' 논의를 수용하면서 불교에서의 수행으
로서 노동을 '좋은 노동'이라고 정의하고 있다. 본 연구자 역시 노
동과 여가의 이분법적 논의를 극복하고 노동사회의 소비적 여가를
지양하기 위한 '좋은 노동'으로서 한민족 전통 선도사상에서의 율려
문화에 대해 언급하였다(김미경, 2009).

근대의 과학주의, 물질주의, 이성과 합리성의 도구화를 비판하는
학자들에게 있어서 공통점은 인간성의 회복에 대한 관심이며, 인간
과 자연의 공생 및 인간 안에 내재되어 있는 우주심의 부활에 대한
이해에 있다. 기계론적인 근대적 세계관을 비판하고 시공을 초월하

---

3 김옥진은 현대사회의 사회병리적 현상으로서 중독을 알코올, 마약, 약물에 대한 중독과
  같은 '물질적 중독'과 인터넷, 쇼핑, 도박, 관계에 중독되는 '과정 중독'으로 나누고, 그 근
  본구조와 작동의 메커니즘은 유사하다고 평가한다(김옥진, 2007: 246).

여 모든 존재들 간의 근원적인 통일성을 전제로 세계를 인식하고자 하는 '통일체적 세계관'은 마음의 근본과 우주 만물의 근본이 하나로 통한다고 보는 우리나라 전통 신선도 철학에서의 '천지인' 사상과 맞닿아 있다[4]. 이는 "마음을 밝힌 사람에게는 하늘과 땅이 하나로 녹아 들어가 있다本心本太陽昻明人"는 천부경天符經[5]의 원리에 나타나 있는 정신으로, 이렇게 태양과 같은 밝은 본성이 밝히는 과정이 수행이다. 즉 수행을 통해 인간이 하늘과 분리된 존재가 아니라 하나로 통해 있다는 우주심을 체험하게 되는 것이다. 수행에서 사용되는 주된 인지작용은 이성보다는 직관력이다. 오감에 의존하여 감각적으로 소비하는 삶이 아닌 내면의 본성을 밝히는 영적인 삶을 추구하는 것이 수행인 것이다[6].

본 연구자는 부분과 전체를 분리된 독립범주가 아닌 근원적 통일성을 갖는 것으로 보는 '통일체적 세계관'에서의 통일성의 각성을 위한 수행의 의미를 환경파괴적인 자본주의를 비판하고 영성의 부활을 주장하는 에코 페미니즘에서 강조하는 영성의 개념과 통하는 것으로 해석한 바 있다(김미경, 2008b: 34). 즉 인간과 자연을 하나의 통일체로 바라볼 수 있는 능력은 영성의 개발을 통해 가능하며, 이 영성의 개발은 이성적 분별력보다는 직관적 통찰력을 통해 가능하다. 영성을 개발하는 수행과정에서 자신의 밝은 본성을 발견한 사람은 인간과 자연을 더 이상 분리하지 않고 하나로 바라볼 수 있게 된다. 따라서 환경과 평화와 같은 자본주의의 문제를 해결하기 위해서는 삶의 영적 차원을 회복해야 한다는 에코 페미니스들의 주장은

---

4 한국문화의 원형이라 할 수 있는 선도는 천부경과 그 해설서인 삼일신고에 나타난 하늘과 땅, 사람이 하나라는 삼원사상과 사람이 삼원의 조화를 이룬 존재로서 하느님과 같은 창조성을 발휘할 수 있다고 보는 신인합일 사상이 핵심을 이루고 있다(이승헌, 2006).
5 한(韓)민족인 우리나라는 천부경이라는 경전을 가지고 있다. 천부경은 81자로 이루어진 우주생성 발전 원리와 사람과 자연의 도리를 밝히고 있으며, 만물의 근원이자 귀결인 한(韓)의 원리를 밝히고 있다(한문화 편집부, 1992).
6 이는 "요가나 단학 등의 수행을 통해 우리는 평소 이 물질세계만이 세계의 전부이고 육체만이 자아의 전부라고 고집하는 좁은 시야를 깨고 더 깊은 세계와 자아를 볼 수 있게 된다"라는 표현과 맥락을 같이 한다(박석, 1995).

수행의 필요성을 제안하는 것과 같은 맥락으로 이해할 수 있다. 여기에서 영성의 개발은 종교적·신비주의적인 체험이나 그러한 능력을 갖게 되는 것이 아니라 우리의 일상에서 또는 노동현장에서 이미 우리 모두 안에 존재하고 있는 것을 재발견하는 과정이다.[7] 본성을 가리고 있는 것은 바로 관념과 감정이다. 불교식 표현에 따르면 번뇌와 망상인 것이다. 유전적 정보에 의해, 사회화를 통해 형성된 지식과 경험 속에서 형성된 관념과 감정을 넘어 우리 안에 있는 순수한 본성을 드러나게 할 수 있는 영성의 개발을 통해 인간과 자연이 하나라는 자각이 일어난다. 그렇게 될 때 자연은 더 이상 인간의 삶의 영유를 위한 정복의 대상이 아니라, 인간은 자연과 함께 공생하는 자연의 일부로 인식 가능해진다. 따라서 근대화 과정의 결과인 생태의 위기를 극복하는 것은 인간중심주의, 자기중심주의적 개인주의로부터의 탈피하는 것이다(정화열, 2005).

자신의 내면을 계속해서 바라보는 통찰의 시간이 되기보다, 끊임없이 외부세계를 통해 오감을 만족해야 하는 현대인의 여가문화는 태양과 같은 내면의 본성을 밝히는 영성의 개발과는 거리가 있어 보인다. 막스 베버는 근대 합리성의 발전의 가장 큰 특징으로 주술로부터의 탈피를 들고 있다. 자기 안의 영성으로부터 나와 물질세계로 진입하는 것이 근대의 가장 큰 특징이었으며, 주술로부터 탈피하지 못한 '미개'한 민족에 대해 자본주의적 프로테스탄트 정신을 전파하는 것이 근대화 과정이었다. 즉 육체적·정신적·영적인 존재인 인간에게서 영혼의 의미를 제거해버린 과정이 바로 근대화 과정이라고 해석할 수 있다. 그리고 이것을 가능하게 한 인식작용이 바로 이성이었으며, 거기에 정당성을 부여한 가치가 합리성이다. 그

----

[7] 박석은 깨달음이란 어떤 초월적인 것을 경험하거나 초월적인 상태에 있는 것으로 이해되는데, 초월적인 것을 너무 강조하다보면, 삶의 일상성이 소홀하게 되기 쉽다고 지적하고, 삶의 완성은 초월성과 일상성이 두루 갖추어질 때 이루어지는 것이라고 보았다(박석, 1995).

러나 물질 만능주의의 인간성 상실의 시대에서 벗어나 환경친화적으로 지구를 복원하고 사람과 하늘과 땅이 하나라는 정신을 회복하기 위해서는 현대인의 사회화 과정에서 터득한 지식으로 시시비비를 가리며 대상을 인식하고자 하는 이성적 행위보다는, 보려고 하는 작용이 아닌 다만 보여지는 대상으로부터 일어나는 있는 그대로의 인식작용으로서 직관력이 더욱 개발되어야 한다[8]. 그럴 때 현대의 소비적 여가를 벗어나 자기 안의 태양과 같은 본성을 밝혀 '참나'를 발견할 수 있게 되며, 그 과정에서 수행은 여가로서 정착할 수 있게 될 것이다.

우리나라 전통 신선도에서 수행의 의미

그렇다면 선도수행을 했던 우리 민족에게 있어 수행은 어떤 의미가 있었으며, 현대를 살아가는 우리에게 이는 어떤 시사점을 주는 것일까? 우리 민족 고유의 수련법인 신선도를 현대에 맞게 재정비하여 단학을 창시하고, 단학의 수련 원리를 접목해 뇌 개발법인 뇌교육을 창안한 국제뇌교육대학원대학교의 이승헌 총장은 수행을 율려의 회복으로 보고 있다.

우리 안에 내재한 신성神聖을 밝혀 우주의 율려와 하나가 되는 과정을 〈부도지〉에서는 수증修證이라 했다. 수증은 곧 모든 생명을 아우르는 천지마음, 천지기운과 하나되는 과정이다. 우리 민족은 잃어버린 율려를 회복해 이상적인 공동체를 다시 세우고자 '복본復本'

---

8 이는 '통찰력'으로 이해할 수 있는데, 있는 그대로를 그냥 봄으로써 자연히 알아지는 직관력은 모든 것에 대한 앎의 총체로서 결과하기 때문이다. 조동일의 "이치를 따져 학문을 하는 행위를 의도하지 않거나 의식하지 않은 가운데 거쳐야 통찰에 이를 수 있다. 대상에 대한 합리적인 인식이 총체적으로 일시에 닥쳐오는 것이 통찰이다"라고 정의하고 있는 것과 같은 맥락에서 이해할 수 있다(조동일, 1997: 297-298).

을 맹세했던 민족이다. 복본을 위해서 천부경이 나왔고, 지감, 조식, 금촉을 통해서 인간을 신인합일의 경지로, 우아일체의 경지로 복본시키는 역사가 계속 되었다. 그러나 이것은 비단 우리 민족만의 약속이 아니다. 율려의 회복은 온 인류의 꿈이다. (이승헌, 1999: 71)

우리 민족의 지감止感, 조식調息, 금촉禁觸 수련은 고구려의 조의선인, 신라의 화랑, 백제의 대선을 통해 맥을 이어 왔다(선도문화연구원, 2005: 35). 도교의 무위無爲나 유가의 예禮를 통한 수행문화가 추구했던 것도 결국 본성을 깨닫고 회복함으로써 존재론적 변화를 추구하고자 했던 것이고, 선도의 전통에서 내려오는 복본 운동도 결국은 '인간성 회복'을 의미한다. 복본을 위한 운동이 율려문화의 회복이며, 이 운동의 구심점에 자리하고 있는 것이 수행문화이다. 한민족은 복본을 위해 수행을 한 것이다. 이는 끊임없는 생각과 감정으로 부딪힘 속에서 살아가고 있는 현대인들의 삶과는 분명 다른 삶을 의미한다. 합리성을 추구하는 현대인의 이성적인 생각은 끊임없는 시시비비를 가리고 선과 악을 만들어내며, 좋고 나쁜 것을 분별하고 내편 네편을 가리게 만든다. 더 많고 화려한 소비를 위한 비인간적인 노동과 환경문제를 해결하기 위해서는 문제에 대한 관념적인 이해를 넘어서 느낌을 멈추고(지감), 호흡을 고르고(조식), 부딪침을 금하여(금촉) 모든 존재의 통일성을 직관하게 되는 수행이 필요하다. 수행을 통해 보이지 않는 세계에 대해 직관할 수 있는 영적 감각이 회복된다. 오감에 의존하여 보이는 세계에만 천착하여서는 보이지 않는 세계에 대한 감각을 키울 수 없다. 보이지 않는 영적 세계에 대한 감각의 회복은 율려의 회복을 통해 가능하다. "율려는 보이지 않고 만져지지 않는다. 그래서 사람들은 율려를 굉장히 어렵다고 생각한다. 그러나 진리란, 참생명이란 원래 보이지 않고 만져지지도 않는 것이다. 다만 느끼는 것이다"(이승헌, 1999: 24). 보이는 세계와 보이지 않는 세계를 연결하기 위한 영적 감각의 회복은 기氣에너지를 느끼는 것에서 시작한다[9].

선도수행의 핵심은 지감, 조식, 금촉의 성통을 위한 수행법으로, 먼저 느낌을 멈추는 지감 수행법은 상단전을 중심으로 일어나는 천기天氣(정보 또는 無, 空)의 진화를 의미한다. 오염된 정보의 작용을 그치고 차단함으로써 원래의 정보를 회복, 정보차원을 높여가는 과정을 의미한다. 호흡을 고르는 조식 수행법은 중단전을 중심으로 일어나는 인기人氣(氣에너지)의 진화를 의미한다. 즉 오염된 기에너지의 작용을 조절하고 정화함으로써 원래의 기에너지를 회복, 기에너지의 차원을 높여가는 과정이다. 부딪힘을 금하는 금촉 수행은 하단전을 중심으로 일어나는 지기地氣(질료 또는 몸)의 진화를 의미한다. 오염된 몸의 상태를 정화함으로써 원래의 몸을 회복, 몸의 차원을 높여가는 것이다. 무엇보다도 한국 선도에서의 지감, 조식, 금촉을 통한 성통性通은 공완(실천)을 통해 현실화되고 완성된다는 '존재회귀'로 보았다. 즉 존재의 본질에 대한 깨달음(성통)은 개체차원의 깨달음에서 전체차원의 깨달음(공완)으로 확대되어야 그 진위를 확인받을 수 있게 되며, 그 과정에서 개체와 전체가 분리되지 않고 하나임을 자각하게 된다는 것이다. 이 수행과정은 한민족 고유의 경전인 천부경의 해설서인 삼일신고에서 좀 더 현실적으로 선행과 덕행으로 풀이되고 있다(정경희, 2009).

우리 민족의 삼대경전[10] 중의 하나라 불리우는 『삼일신고』의 진리훈眞理訓에서는 사람과 우주만물은 다같이 근본이 되는 하나에서 나왔으나 이 하나를 굳이 세 가지로 표현한다면, 본성, 생명, 정기

---

9 조동일은 학문의 과학주의를 비판하고 학문하는 방법으로서 통찰의 중요성을 강조하면서 과학과 통찰을 아우르는 학문으로서 기氣철학의 중요성을 강조하면서, 기철학이 중요한 이유를 "기철학의 중심과제가 사람의 생명에 관해 연구하는 것이어야 하고 물질세계와 정신세계를 합치는 작업을 거기서 해야 하기 때문"이라고 보았다(조동일, 1997: 360).

10 상고대와 고대 부분의 연구는 신화와 역사가 혼존하는 부분이기에 '객관적', '과학적' 사고를 중시하는 학자들에게는 금기의 영역이 되어 온 것이 사실이다(김명하, 2002).

(이상 三眞)라 하였다. "참본성은 착함도 악함도 없으니 가장 밝은 지혜로서 두루 통하여 막힘이 없고, 참생명은 밝음도 흐림도 없으니 다음 가는 밝은 지혜로서 다 알아 어리석음이 없으며, 참정기는 두터움도 엷음도 없으니 그 다음 지혜로서 만 가지 기틀을 잘 지켜 이지러짐이 없다. 따라서 누구나 근본이 되는 하나로 돌아가면 하느님과 하나가 된다"(한문화 편집부, 1992: 16). 지감, 조식, 금촉의 삼수행의 궁극적 지향점은 성통공완이다. 성통은 수행하는 이가 자기안의 삼진(본성, 생명, 정기)에 대해 의식적인 각성을 하게 되는 깨달음을 의미하며, 공완이란 성통에 머무르지 않고 '각성된 의식'을 현실 속에서 구현하는 깨달음의 실천을 의미한다(장지국, 2008). 성통은 공완을 통해 완성될 수 있으며, 이것이 바로 단군의 홍익인간을 통한 이화세계를 만들고자 한 한민족의 건국이념과 통한다. 즉 환인桓因, 환웅桓雄, 단군檀君에 이은 "한민족의 시조를 통해 우리민족 구성원의 심성 속에 언제나 하늘의 자손이라는 의식"이 자리 잡고 있음을 알 수 있다.

그러나 이러한 신인합일 사상은 근대의 근간을 이루고 있는 유일신을 믿는 기독교적 사고관과 대치될 수밖에 없다. 서양의 에덴신화는 인간을 하느님의 피조물로 봄으로써 하느님의 명을 어긴 인간은 지상에서 죄인으로서 살아가야 한다. 따라서 인간이 하느님이라 자처하는 것은 "하느님에 대한 모독이고 인간으로서의 월권이며 자기의 영역에서 이탈하는 것"이 된다. 이러한 '원죄의식'은 현대인들의 자신과 타인에 대한 믿음의 근간이 되고 있어 인간을 하느님으로 믿는 마음이 희석화되었다. 그러나 '단군신화'에서는 천제인 환인이 아들 환웅을 지상으로 내려 보내 단군이라는 인간을 탄생시킴으로써 지상의 통치자인 단군이 바로 하늘인 것이다[11]. 이것이 바로

<hr>

11 한민족의 기원과 철학, 사상의 원형을 담고 있는 박제상의 부도지를 번역하고 주해한 김은수는 부도지의 내용과 구약성서 창세기의 몇 가지 내용은 원형이 거의 일치한다고 주장하면서, "『부도지』와 『창세기』가 다른 점이 있다면, 지엽적인 것들은 제외하고, 두 서적의 표현상의 강도가 다를 뿐이다. 『구약』은 지나치게 독선적이며, 자기중심적이고 권위적이며, 이원대립적·복수적인데 비하여, 『부도지』는 설득적이며 봉사적이고, 헌신

"하늘桓因, 땅桓雄과 인간檀君의 삼자가 아무 차별 없고 격리됨이 없이 하나로 이어져 있다는 천인합일사상"이다(김명하, 2002). 그러나 "존재의 본질에 대한 빛나는 통찰"을 보여주고 있는 선도사상은 외래사상에 의해 그 의미가 손상되었고, 선도수행은 천신이나 산천에 대한 기도나 주술 등으로 극히 피상적으로 인식되었다(정경희, 2009)[12].

율려 회복을 위한 수행

율려에 대한 역사적 이해

현대인에게 있어 수행의 의미는 결국 잃어버린 우리민족의 율려문화를 회복하는 데 있다. 박제상의 『부도지』에 따르면 율려가 부딪혀 세상이 만들어지고 마고를 잉태하였다고 한다. 마고[13]는 희노의 감정이 없었고 배우자 없이 궁희와 소희를 낳아 두 딸에게 오음칠조의 음절을 맡아보게 하였으며, 궁희와 소희는 네 천인과 네 천녀를 낳아 지유를 먹여 그들을 기르고 네 천녀에게는 여呂를, 네 천인에게는 율律을 맡아보게 하였다. "8려 4율이니 6율 6려니 하여 율려는 흔히 음악에서 쓰이는 말로 알려져 있다. 그러나 율려는 원래 창조의 원음이며 우주 조화의 근원을 일컫는 말"로 이 글에서는 율려의 사회학적 의미에 좀 더 초점을 맞추고자 한다(이승헌, 1999: 19).

적·자기희생적이며, 평등의식이 투철하고 화합적이다"고 보고 "이와 같은 두 서적의 차이는 오늘날 동서양 문화의 특징으로 남아 있다"고 평가하고 있다(김은수, 2002: 307).

12 이 과정은 고대국가의 성립과 밀접한 관련이 있다. 원시공동체의 제정일치 사회에서는 지배계급과 피지배계급의 구분 없이 공동 생산과 소비를 통해 제천행사와 같은 신앙생활을 즐겼으며, 왕은 동시에 무당으로서의 역할을 수행하였다. 그러나 삼국시대에 이르러 제정의 분리와 함께 지배계급과 피지배계급의 계층분화가 일어났으며, 통치권을 가진 왕은 권위확보를 위해 외래종교를 도입하기 시작하였다(오순환, 2000).

13 마고는 여성이며 표면상 단성생식을 했고, 8려의 음도 여성음이다. 마고가 사는 성은 마고성으로 8려의 음에서 나왔으며 지상에서 가장 높은 곳에 있고 가장 오래된 성이라고 한다. 단군조선 때는 수도를 부도(符都)라 하여 마고성의 모양을 본떴다고 한다(김은수, 2002: 18)

율려의 의미를 이해하기 위해서는 『부도지』를 통해 전해오고 있는 인류 태초의 역사, 마고성에 대해 간략히 언급할 필요가 있다. 마고의 두 딸인 궁희와 소희가 낳은 네 천인과 네 천녀는 서로 결혼하여 각각 3남 3녀씩을 낳았다[14]. 그리고 그들이 또 서로 결혼하여 몇 대를 지나는 사이 1만 2천명의 무리가 되었다. 그들은 지구상의 가장 높은 곳, 파미르 고원의 어디쯤에 마고성麻姑城이라는 이상적인 공동체부도, 符都를 이루며 살았다. 그들은 품성이 조화롭고 깨끗하며 땅에서 나오는 젖지유을 먹고 살아 혈기가 맑았다. 그들의 귀에는 오금烏金이 있어 하늘의 소리를 듣고 율려를 체득하여 자신이 바로 우주와 하나임을 깨달았다. 우주의 원리인 율려에 의존하여 살았기 때문에 유한한 육체의 한계를 넘어 무한한 수명을 누렸다.

물론 『부도지』는 현재의 시각에서 바라보았을 때 서양의 에덴신화처럼 증명 가능한 사실적 기록이 아니다. 그러나 모든 민족은 태초의 생성 기원이 존재하며 이것을 기록하는 것이 신화이다. 따라서 신화가 없는 민족 역시 존재하지 않는다. 그러나 근대의 과학기술 발달에 기초한 서양 학문은 객관성과 과학성을 추구하면서 신화의 문제, 특히 인류형성에 대한 기원적 문제를 비과학적 · 비합리적인 영역으로 치부하곤 한다. 김지하 시인은 근대 과학과 기술의 발달이 인류에게 물질적 혜택을 주었지만 "인간이 자기 영혼의 고향을 잃어버리고 우주와 인간, 인간과 인간 사이의 유기적 삶의 관계를 더 이상 알 수 없게 되었으며, 그 결과 도처에서 삶은 황폐해지고, 부패하고, 폭력적인 절망에 빠져들게 되었다"고 지적한다(김지하, 2003: 81). 그러나 이러한 김지하의 '영혼의 고향'에 대한 갈망은 '객관적 진리' 추구라는 명분 하에 묵살되고 조롱받는다. 이 비판은 객관성과 과학성을 상실한 신화의 비학문성에 대한 분노이며, 태초의 역사, 자

<u>14</u> 이들이 지상에 처음 나타난 인간의 시조로, 네 부부가 각각 삼남삼녀를 낳았으므로 12쌍, 24명으로 이들이 4파로 나뉘어 동서남북으로 흩어졌다. 「한단고기」에서는 이러한 인류의 시조를 나반(那般)이라고 칭하고 있다(김은수, 2002: 32).

신의 뿌리에 대한 무관심의 표현이다. '학자들이 옛날로 돌아가는 것은 어떤 영감을 얻기 위해서가 아니라 당대의 문제를 비교하기 위함'이라는 주장 하에 '심오한 동양철학의 이치를 깨닫기보다는 문화상품을 하나 더 개발하라'는 경고 앞에서는 학문적 천박함까지 느끼게 된다(조흥, 1999).

그러나 과학성·객관성의 추구가 진리 자체를 의미하지는 않는다. 서양의 근대학문은 과학의 발달로 정점을 이루고, 학문은 '과학적'이고 '객관적'인 것이 되기 위해 모든 것을 끊임없이 눈에 보이는 어떤 형태로 증명하고자 노력해왔다. 대표적인 예로 마치 진리인 듯 이야기되는 통계수치가 얼마나 왜곡될 수 있는지 우리는 안다. 중요한 것은 통계수치 자체보다는 사실의 경향성을 보여주는 통계에 숨겨져 있는 사람과 사람의 구체적 관계가 의미하는 사회적 사실에 있다. 또한 일제가 우리나라의 역사가 담긴 고서들을 —특히 단군사를 중심으로— 불태워 기록으로 남기지 않았다고 해서 우리의 역사 자체가 사라져버리지 않는 것과 같이, 눈에 보이는 것만이 진리는 아니기 때문이다. 기초학문인 인문과학의 의미가 상실되어 가면서 '객관적 사실'만을 강조하는 과학이라는 이름의 학문은 —신화나 영성과 같은— 보이지 않는 세계에 대한 개념을 능멸한다. "학문은 과학이어야 한다는 주장이 오늘날 학문을 그릇되게 하는 가장 큰 장애 노릇을 한다"고 주장한 조동일은 천지인天地人 사상을 학문과 연결시켜 천문天文은 자연현상을, 지문地文은 사회현상을, 인문人文은 인문현상을 의미한다고 보았으니 어느 한 학문에 치우치는 것은 율려에서 어긋남을 의미한다고 하겠다(조동일 1997: 212). 자연과학은 증명에 의존한다면, 인문학은 통찰에 의존한다. 통찰은 증명해야 하는 것이 아니고 그냥 알아지는 것이다. 인문학이 과학이 아니라고 해서 학문이 아닌 것은 아니다. "통찰은 과학의 합리성을 갖춘 것은 아니지만 그렇다고 해서 비합리적이지는 않다"(조동일, 1997: 298).

율려에 대한 논의에서 중요한 것은 무엇이 옳고 그르며, 이 옳고 그름을 증명할 수 있느냐 없느냐 하는 문제보다 인간의 우주와의 조화 감각을 다시 회복하는 문제이다. 즉 우주에 깃들인 생명의 리듬인 율려를 회복함으로써 병든 사람과 자연을 치유하는 문제이다. 왜냐하면 율려는 언어를 넘어선 세계에 있기 때문이다. "그동안 우리가 배워온 지식들 – 종교, 음악, 무용, 미술은 도리어 율려의 세계를 가로 막았다"(이승헌, 1999: 23). 과학이라고 배워 왔던 것들이 그냥 있는 그대로의 존재하는 것들(율려)을 거부하게 만들고 끊임없이 지식의 체계 속에 해석하고 설명하기를 요구해 왔던 것이다. 그렇다면 다시 『부도지』로 돌아가 지혜의 눈으로 세상을 보아 말을 하지 않고도 통하고, 마음먹은 곳은 어디든지 가고 형상 없이도 행동할 수 있었던 마고성에서 살았던 인류의 시조들은 왜 율려 감각을 상실하게 되었는가 하는 질문을 던져 볼 필요가 있다. 마치 현대인들이 의식주는 삶의 수단일 뿐인데 목적인 듯 살아가는 것처럼.

마고성 사람들 중에 지소씨支巢氏라는 사람이 지유를 마시려다 사람이 많아 마시지 못하고 돌아오는 길에 숲에서 포도넝쿨을 보고 먹게 되었는데 이후 오감을 알게 되었다. 이로써 포도를 먹은 사람들은 번잡하고 사사로운 욕망과 감정에 휩싸이게 되었고 포도 먹은 것을 창피해하고 거짓말을 하고 점차 남을 믿지 못하게 되었다. 마침내 사람들의 마음은 어두워져 천성天性을 잃어갔다. 사람들은 유한한 육체의 한계 속에 갇혀 육체의 감각인 오감에 의존해서 살아야 했다(김은수, 2002).

현대사회와 율려문화

인간의 삶을 영위하기 위해 필수적인 조건은 의 · 식 · 주이며, 이것이 가능하도록 육체를 매개로 이루어지는 생산적 활동을 노동이라 한다. 현대의 물질문명이 발달한 사회일수록 의식주는 복잡해지고, 소비적이며 소모적이고, 화려하며 자연파괴적이다. 의식주는 삶의 목적이 아니라 수단일 뿐인데 현대인들은 수단에 매여 삶의 진정한 목적의식을 상실해간다. 삶의 목적에 대한 문제는 의식주보다 본질적이며 철학적이다. 따라서 삶의 본질에 대한 문제제기는 너무나 당연한 것이어서 고루하게 느껴지기도 한다. 대부분 당연한 것으로 받아들여져 새삼스럽게 질문하지 않는 삶의 목적에 대해 새삼 상기하는 이유는 인간은 자신의 행동에 대한 결과가 스스로 원하여 선택한 결과라는 사실을 자주 잊어버리기 때문이다. 이는 책임감의 문제와 연결된다. 자신의 행동에 대한 결과에 책임을 지려하지 않는 사람들은 결국 자신이 진정 원하는 것이 무엇인지 잘 모르며, 삶의 본질을 망각하고 있는 것이다.

노동을 기반으로 한 현대의 물질문명은 인간들이 그 이기를 향유하기를 스스로 원하고 선택했기 때문에 가능할 수 있었다. 따라서 그 결과로서 나타나는 물질 만능주의, 환경문제, 인간성 상실, 정신문명의 피폐, 영적 감각의 상실 역시 인간이 선택하고 원한 것일 수밖에 없다. 인간들이 원하지 않았다면 현대사회가 이렇게까지 물질 만능주의가 되지는 않았을 것이며 무엇을 어떻게 먹고, 입고, 잘 것인가 하는 문제에 거의 생사를 걸다시피 하지는 않을 것이다. 결국 자신의 노동결과에 대한 책임은 자기 자신에게 있을 수밖에 없다. 자본주의적 발전이 좋아 선택한 사람은 생태계 오염을 동시에 선택한 것이다.

그러나 현대사회에서는 자기 자신의 존재에 대한 부정이 노동현장에서 끊임없이 이루어지고 있다. 현대인들은 노동행위를 삶의 목적달성을 위한 수단으로 생각하기보다 처자식을 위해, 부모를 위해, 사랑하는 사람을 위해, 그 누군가를 위한 자기희생으로 보는 경향이 강하다. 자기 자신의 삶에 대한 명확한 목적의식 하에 이루어지는 합목적적 가치지향이라기보다 그 누구를 위해 내지는 누구에 의해서 행할 수밖에 없는 주체성이 상실된 자아의 왜곡으로 이해되는 경우가 많다. 따라서 그러한 행위의 결과로 나타나는 현대사회의 문제에 대해 우리는 책임보다는 외면을, 노동의 기쁨보다는 고통을 경험하게 된다.

결국 이러한 현대사회의 노동을 통한 자기 존재에 대한 부정은 율려의 상실에서부터 기인하는 것이다. 율려는 중국과 한국을 비롯한 고대 동아시아에서 우주와 인간의 관계를 표현하는 음악으로 이해되기도 하였으나 좀 더 사회학적으로 고찰하였을 때, 율려는 우주와 인간의 조화를 의미하는 천지인 사상의 발현으로 보아야 한다. 따라서 하늘과 땅, 사람이 조화를 이루는 율려문화를 회복하고 이를 위한 수행이 이루어질 때 현대사회에서 노동과 여가는 보다 새로운 의미로 다가올 것이다.

여가로서 수행의 수용가능성

현대사회의 쟁점, 노동과 여가의 분리

지유를 먹으며 조화로움 속에서 평화롭게 살던 마고성 사람들이 포도 맛을 본 후 오감을 느끼게 되고 서로에 대한 분별 속에 고통 받게 되듯이, 현대인들은 생존을 위한 노동 속에서 고통을 느끼며 고통을 주는 속박으로부터 해방을 꾀한다[15]. 지유가 고갈되는 마고성에서의 지소씨는 어쩌면 타락을 알면서도 오감의 늪에 빠질 수밖에 없었던 것인지도 모른다. 그처럼 현대인들도 의식주 해결을 위

---

15 마르크스의 노동소외론 이후 노동하는 인간의 노동권 확보는 그 어떤 것으로부터 침해 받을 수 없는 인간성의 핵심이 되었다(소병철, 2002).

한 노동이 삶의 목적이 아니라 수단인 줄을 알면서도 생존의 수단인 노동이라는 고통의 늪에 빠져들고 있는 것이다. 이 고통으로부터 해방되기 위해 인간들이 추구하는 것이 여가이지만, 사실 율려문화가 빠져있는 여가는 자본주의적 필요에 의해 생산된 소비일 뿐인지라 논리적으로 노동과 별반 다를 바 없다. 자본주의 사회에서 여가는 인간적이기 보다 소비적이기 때문이다(김미경, 2008a).

사회의 지배를 노동분업의 시각에서 접근한 아도르노 역시 여가를 노동의 연장으로 이해한다. 노동과 여가의 분리는 그저 인위적일 뿐이다. 사람들의 의식에서는 노동도 즐겁지 않으며, 노동의 고통으로부터 벗어나기 위해 여가를 소비하면서 행복을 느끼지 못한다. "후기 자본주의 사회에서 유흥amusement은 노동의 연장이다. 유흥을 하는 사람들은 기계화된 노동과정을 다시금 감당하기 위해 그로부터 벗어나려는 사람들이다"라는 아도르노의 지적처럼(Adorno, 1997), 노동도 여가도 현대인들에게 해방감과 자유를 안겨주지 못하는 듯하다. 따라서 아도르노는 현대사회의 자본주의적 문화를 대중문화가 아닌 문화산업이라고 지칭한다(이종하, 2006: 153).

그러나 노동자체가 문제가 아니라 노동이 고통스럽게 이루어지고 있는 노동문화가 문제이기 때문에 고통스럽지 않은 노동문화, 즉 율려가 회복된다면 노동과 여가라는 이분법적 분리는 애초에 필요하지 않을지도 모른다. 노동과 노동을 위한 재충전이 신명나는 율려 속에서 상호경계 없이 가능하다면 인간의 노동소외는 노동과 여가가 현저히 구분되고 있는 지금처럼 심각하게 나타나지 않을 것이다. 자원의 희소성에 기초한 공공선의 상실 때문에 율려 속에서 태어나 율려 속에서 살아가던 하나의 뿌리를 가진 인류가 율려를 상실하고 나와 남을 가르고 서로 비교하고 대적하는 갈등관계가 되었다지만, 최고조로 발전한 물질문명 속에서 비만 때문에 고민하게 된 현 시점에서는 자원의 고갈보다는 공공선의 부재가 오히려 더 큰 문제인 것으로 보인다. 따라서 노동에 대한 대안으로서 여가를 위한 문화산업의 활성화보다 공공선의 회복이 먼저 이루어져야 하는 것이 아닐까. 공공선은 인간에 대한 따뜻한 마음 없이는 회복 불가능하다. 각자의 공간 안에 갇혀 자신의 배를 불리기에 급급하고 부른 배를 소화하기 위해 다시금 막힌 실내공간에서 달리기로 땀을 빼내는 문화에서는 천지인 정신이 존재하지 않는다. 율려의 회복은 인간에 대한 따뜻한 마음을 쓸 수 있는 감각회복 운동이다. 우주만물의 근원이며 조화인 천지인 사상의 회복이며, 인간이 피폐화시킨 자연을 원래의 상태대로 복구하는 것이다.

율려문화를 위한 수행: 수행문화의 복지사회를 위하여

율려문화의 회복에 대한 강조는 과거로 돌아가자는 반동적·보수적 주장이 아니다. 도를 닦아 성인이 되자는 주장도 아니다. 물질 만능주의 시대의 자기중심적 성역에서 나와 이웃과 함께 하나 되자는 인간성 회복 운동이며, 인류의 근원인 '왔던 자리'로 다시 돌아가는 복본[16]을 위한 운동이다. 이 운동의 구심점에 자리하고 있는 것은 수행문화이다. 한韓민족은 복본을 위해 수행을 하였다. 선도 수행법인 지감, 조식, 금촉이 이루어질 때 삶의 수단인 의식주를 취하기 위한 오감에 빠지지 않고, 우리 민족 건국이념이자 교육철학인 홍익인간 이화세계를 위한 공공선이 이루어질 수 있다. "환인이 이루어낸 치신득도治身得道 무병장수의 수행은 신시에 전해져 5세 태우의太虞儀 환웅이 백성들에게 지감(청심), 조식, 금촉(보정)의 방법을 구체적으로 가르침으로써 삼법수행의 기틀을 마련했다"고 한다(선도문화

---

16 『부도지』에 따르면 '복본'은 포도 맛을 보인 지소씨에 대한 원망과 부끄러움으로 천성을 잃고 마고성을 떠난 무리들이 "스스로 하늘의 이치를 깨달아 마음이 다시 맑아지면 자연히 천성을 되찾아" 마고성과 같은 이상적인 공동체를 다시 세우는 것을 의미한다(김은수, 2002; 이승헌, 1999).

연구원, 2005: 318).

수행이 가능하기 위해서는 보이지 않는 세계에 대한 영적 감각을 회복해야 한다. 오감에 의존한 보이는 세계에 대한 증명에만 천착하여 보이지 않는 세계에 대한 감각을 키우는 일을 배척해서는 안 된다. 보이지 않는 영적 세계에 대한 감각은 맹신으로 만들어지는 것이 아니다. 어떠한 상황에서도 자신을 배신하지 않고 끝까지 믿어주는 믿음이 필요하다. 율려를 상실한 역사가 긴 만큼 율려를 회복하기 위한 노력의 시간도 그만큼 길 수밖에 없다. 그리고 "생명의 신비함을 발견하는 것이 곧 율려를 회복하는 길"이기에 인간에 대한 믿음이 우선되어야 한다. 그것은 먼저 나에 대한 믿음과 우리 생명의 존귀함에 대한 인식에서부터 출발한다(이승헌, 1999). 율려를 회복한 율려문화가 만들어질 때 노동은 인간성을 회복하여 어떠한 분별과 부딪힘 없이 인간과 인간이, 인간과 자연이 조화로운 ―따로 여가가 필요 없는― 신명나는 '좋은 노동'이 가능하게 될 것이다(김미경, 2008a).

율려는 우주와 우리 안에 있는 생명의 리듬, 생명의 에너지를 의미한다. 마음이 열리면 우리 안에 율려가 흐르기에 웃음과 노래는 마음이 열릴 때만 나온다. 내면에서 율려를 느끼고 사랑과 기쁨과 행복을 체험하는 것이 신명이다. 우리 옛 선조들의 노동에는 '신명'이 있었다. 율려가 살아있는, 잘 노는 가정과 국가는 자연스럽게 멋을 사랑하고 문화를 즐기게 된다. 현대인들은 소비적인 여가를 통해 신명을 유도하지만 이 여가를 가능하게 하기 위해 노동현장에서 고통을 감내한다. 서구적 산업화 결과로 인공적으로 만들어진 자연을 즐기는 소위 '환경친화적' 문화나 '웰빙' 문화 이전에 우리 민족에게는 오랜 선도의 역사 속에 서로 어울려 홍익하는 율려문화가 있어 왔다. 서구에서 '적자생존'의 경쟁적 산업화를 수입해 왔다면, 이제 율려가 있는 동양적 '좋은 노동'을 서구로 수출해야 할 때가 되었다.

자본주의의 도구화된 물질 만능주의로부터 인간성을 회복하고, 노동자들의 생산물로부터의 소외를 막고 소비의 주체로 세우기 위해 사회주의에 대한 대안으로서 복지국가가 탄생하였다. 그러나 복지국가가 시스템으로 정착해가는 과정에서 역시 제도화되고 관료제화됨에 따라 복지국가 안에서의 도구주의로 인한 인간성 상실이 심화되어 가고 있는 실정이다. 노동을 기반으로 한 고용 없이 성장이 가능한 시대에서의 복지국가의 구현은 알맹이가 빠진 껍데기를 붙들고 있는 것 같은 허전함을 현대인들에게 안겨주고 있다. 초기 자본주의의 '완전고용' 신화가 깨져가고 있지만, 현대인들의 노동시장 의존도는 사실 더욱 심화되어 가고 있는 실정이다.

우리는 분명 고용이 없는 '노동의 종말' 시대를 살아가고 있지만(리프킨, 1996; 소병철, 2002), 종말을 맞게 될 노동은 인간성 상실에 기초한 초기 자본주의의 노동집약적 노동일 뿐, 노동 그 자체는 아니다. 율려는 생명이며, 인류의 생명이 존재하는 한 그 생명의 유지를 위한 노동은 계속될 것이다. 노동시장에서 자본주의적 가치를 창출하는 노동만이 노동은 아닌 것이다. 자본주의적 가치를 생산하는 노동과 그 노동의 생산물을 소비하는 여가의 이분법적 구조로부터 자유로워지기 위해 율려문화의 회복이 필요하다. 율려는 생명의 작용이며, 율려를 회복한 노동과 여가문화가 가능할 때 인간과 인간이, 인간과 자연이 조화로운 사회가 될 것이며 노동과 여가에 대한 이분법적 인식을 초월할 수 있게 될 것이다(김미경, 2008a).

노동과 여가에서 율려가 회복되기 위해서는 수행문화가 정착되어야 한다. 그러나 수행은 무엇보다도 인간성을 회복하고자 하는 강한 의지에서부터 출발한다. 자본주의적으로 사회화된 노동과 소비의 주체로서 '나'의 의식에서 나아가 '참나'를 발견하고자 하는 의지(구도심)만이 수행을 가능하게 한다. 동시에 영혼이 빠져버린 오감을 만족해야 하는 육체의 관점으로부터 "영혼의 집으로서 몸의 관점"이 회복되어야 한다(정화열, 2005: 179). 이는 '노동사회'에서 소외된 사람들을 위한 정책을 제시하는 복지국가가 안고 있는 제도화되고 관료제화된 틀을 벗고 인간의 모습을 한 복지사회로 나아갈 수 있는 인식론적 전환이 필요함을 의미한다.

이 글은 대안적 여가로서 수행의 필요성을 제안하면서, 수행의 의미를 우리나라 전통 신선도의 율려문화를 통해 살펴보았다. 그러나 물질 만능주의 속에서 계급 간, 계층 간 차별과 소외를 경험하고 있는 현대인들에게 수행이 진정 하나의 대안적 여가로서 정착할 수 있기 위해서는 보다 현실적이고 구체적인 방법이 제시되어야 할 것이며, 이에 대한 논의는 본 연구자의 향후 과제로 남는다.

각 장의 출처

chapter 1.
2011, 『보건 · 복지교육연구』 2, 광주대학교 보건 · 복지교육연구소.

chapter 2.
2001, 『한국여성학』 17(1), 한국여성학회.

chapter 3.
2000, 『한국사회학』 34, 한국사회학회.

chapter 4.
2008, 《제23회 춘계학술대회》, 한국가족사회복지학회.

chapter 5.
1999, 『사회과학연구』 7, 서강대학교 사회과학연구소.

chapter 6.
2007, 『산경연구』 20(1), 광주대학교 경상복지연구소.

chapter 7.
2003, 「고령화시대 노인부양부담과 여성의 경제활동」, 『여성연구』 65, 한국여성정책연구원.

chapter 8.
2004, 『일과 가족사이: 고학력 여성의 선택과 한계』, 조은글터.

chapter 9.
2010, 「돌봄서비스 개선을 위한 비영리 조직화 가능성」, 『한국사회』 11(1), 고려대학교 사
　　회과학연구소.

chapter 10.
2004, 「이주와 여성노동 - 한국 노동시장의 성별, 민족별 분절화 현상을 중심으로」, 『여/성
　　이론』 통권 11, 여성문화이론연구소.

chapter 11.
2009, 『일-가족-젠더』, 강이수 엮음, 한울아카데미.

chapter 12.
2008, 『한독사회과학논총』 18(1), 한독사회과학회.

chapter 13.
2008, 『불교사회복지연구』 5, 한국불교사회복지연구소.

참고문헌

chapter 1.

강이수 외(2009), 『일-가족-젠더』, 한울아카데미.
공미혜 외(2010), 『여성복지론』, 신정출판사.
김귀옥 외(2006), 『젠더연구의 방법과 사회분석』, 다해.
김미경 외(2003), 「고령화시대 노인부양부담과 여성의 경제활동」, 『여성연구』 65, 한국여
　　　성개발원.
김미경(2006), 「여성주의적 사회복지」, 『여성사회복지사의 길 2』, 광주광역시여성발전센터
　　　· 한국복지교육.
＿＿＿(2008a), 「사회복지분야의 운동적 성격 및 NGO적 위상을 통해 본 사회복지사의 역
　　　할」, 『지역사회연구』 16(1): 95-121, 한국지역사회학회.
＿＿＿(2008b), 「가족복지의 근대성과 전근대성 — 한국 가족복지방법론에 대한 비판적
　　　성찰과 과제」, 《제23회 춘계학술대회 발표논문》, 한국가족사회복지학회.
김안나 외(2007). 『가족친화적 기업모형개발 연구』, 한국여성정책연구원 · 한국보건사회
　　　연구원.
김영란(1998), 「특집 1990년대, 성평등의 신화와 불평등의 현실: 빈곤의 여성화, 사회복지,
　　　세계화」, 『여성과 사회』 9: 64-79, 한국여성연구소.
로즈마리통 저(2010), 이소영 · 정정호 역, 『21세기 페미니즘 사상』, H. S. MEDIA.
마경희(2002), 『한국 사회정책 체계의 젠더계층화 논리와 여성의 사회권』, 이화여자대학교
　　　사회학과 박사학위논문.
이재경 외(2007), 『여성학』, 미래M&B.
이혜경 외(2003), 「성통합적 복지국가재편 논의를 위한 여성주의적 비판」, 『사회보장연구』
　　　19(1): 161-189, 한국사회보장학회.
조흥식 · 김혜련 · 신혜섭 · 김혜란(2000), 『여성복지학』, 학지사.
정재훈(2010), 「건강가정담론 전개과정에서 담론 공동체의 역할 연구 — 2003년 건강가
　　　정기본법 제정 과정을 중심으로」, 『한국가족복지학』 30: 5-40, 한국가족사회복지
　　　학회.

Beck, U./Beck-Gernsheim, E. (1990), *Das ganz nomale Caos der Liebe*, Frankfurt
　　　am Main: Suhrkamp.
Beer, U. (1989), *Klasse Geschlecht*, Bielefeld.
Bennholdt-Thomsen, V., Mies, M. & Werlhof von, C. (1992). *Frauen, die letzte
　　　Kolonie. Zur Hausfrauisierung der Arbeit*, Zurich: Rotpunkt.
Harbermas, J. (1968), "Erkenntnis und Interesse", *Technik und Wissenschaft als
　　　Ideologie*, Frankfurt a. M.: Suhrkamp.
Kim, Mi-Kyong(2000), *Frauenarbeit im Spannungsfeld zwischem Beruf und Fam-
　　　ilie -Arbeits- und Lebenssituation von Lehrerinen und Lehrern in Suedkorea*,
　　　Leverkusen: Leske+Budrich.
Mies, M. (1978), "Methodische Postulate zur Frauenforschung", *Beitraege zur fem-
　　　inistischen Theorie und Praxis*, Heft 1, Muenchen.
Mies, M. & Shiva, V. (1995), *Oekofeminismus. Beitraege zur Praxis und Theorie*,
　　　Zuerich: Rotpunktverlag.
Weber, M. (1988), "Die protestantische Ethik und der Geist des Kapitalismus",
　　　Gesammelten Aufsätzen zur Religionssoziologie, Stuttgart: UTB.

여성가족부 홈페이지 http://www.mogef.go.kr/korea/view/intro/intro04_01a.jsp

chapter 2.

가쯔코 다나카(2000), 「경제의 세계화와 여성노동: 여성의 노동권 확립을 향해」, 《한 · 중

· 일 국제학술대회, “동아시아의 근대성/세계화와 여성”》, 이화여자대학교 한국여성연구원.

강세영(1998), 「교직 여성화와 교직의 성별관계」, 『한국여성학』 14(2), 한국여성학회.

김미경(1999), 「직장과 가정의 긴장관계에 선 여성노동 - 광주지역 남녀교사들의 직장과 가정 내 성별분업 실태와 문제점」, 『사회과학연구』 7, 서강대학교 사회과학연구소.

______(2000), 『여성주의적 유토피아 - 그 대안적 미래』, 책세상.

김수영(2001), 「한국의 산업화 과정과 가족 · 여성」, 『진보평론』 7.

김태홍 · 김재원(1995), 『고학력 여성인력의 양성과 활용방안』, 한국여성개발원.

노동부(1992), 『임금구조기본통계조사보고서』.

민무숙(2001), 『여교사의 교단진입 증가에 따른 학교현장 실태분석』, 교육인적자원부.

박혜경(1993), 『여성의 경험을 통해 본 결혼과 사랑의 관계에 관한 연구』, 이화여자대학교 여성학과 석사학위논문.

송순영(1995), 『기혼취업여성의 계급정체감과 계급의식에 대한 연구』, 이화여자대학교 사회학과 박사학위논문.

이원표(1983), 『기혼 여교사의 이중역할에서 발생하는 갈등에 관한 연구』, 이화여자대학교 교육대학원 석사학위논문.

조 형(1997), 「도시중산층 전업주부의 권력: 구조적 무력화와 구성적 권력화」, 『한국여성학』 13(2), 한국여성학회.

최경희(1996), 『취업주부의 직업적, 가정적 역할 수행상의 갈등의식에 관한 연구』, 이화여자대학교 교육대학원 석사학위논문.

Althusser, L. (1977), *Ideologie und ideologische Staatsapparate*, Hamburg/Westberlin.

Barrett, M. (1990), “Das unterstellte Geschlecht”, *Umrisse eines marxistischen Feminismus*, Berlin.

Beck, U. & Beck-Gernsheim, E. (1990), *Das ganz normale Chaos der Liebe*, Frankfurt am Main.

Beck-Gernsheim, E. (1976), “Der geschlechtsspezifische Arbeitsmarkt”, *Zur Ideologie und Realitaet von frauenberufen*, frankfurt am Main/New York.

Becker-Schmidt, R(1980), “Widerspruechliche Realitaet und Ambivalenz: Arbeitserfahrungen von Frauen in Fabrik und Familie”, *Kaelner Zeitschrift fuer Soziologie*, Heft 4.

______________(1987), “Die doppelte Vergesellschaftung - die doppelte Unterdrueckung: Besonderheiten der Fauenforschung in den Sozialwissenschaften”, Unterkirchner, L. und Wagner, J. (Hg.), *Die andere Haelfte der Gesellschaft*, wien.

Lewis, E. C. (1968), “Women in the Labor Force”, *Developing Women's Potential*, Iowa State University Press.

Helson, R. (1972), “The Changing Image of the Career Women”, *Journal of Social Issue*, 28.

Fraser, N. (1997), “Die Gleichheit der Geschlechter und das Wohlfahrtssystem: Ein postindestrielles Gedankenexperiment”, Nagl-Docekal, H. & Pauer-Studer, H. (Hg.), *Politische Theorie, Differenz und Lebensqualitaet*, Frankfrut, am Main.

Haug, F. (1990), *Erinnerungsarbeit*, Hamberg.

Kim, Mi-Kyong(2000), *Frauenarbeit im Spannungsfeld zwischem Beruf und Familie -Arbeits- und Lebenssituation von Lehrerinen und Lehrern in Suedkorea*, Leverkusen: Leske+Budrich.

Leeds Tucric(1993), *Sexual Harassment of Women at Work*, Leeds.

Ostner, I. (1978), *Beruf und Hausarbeit, Die Arbeit der Frau in unserer Gesellschaft*, Frankfurt am Main/New York.

Prokop, U. (1976), *Weiblicher Lebenszusammenhang. Von der Beschraenktheit der Strategien und der Unangemessemheit der Wuensche*, Frankfurt am Main.

Reitz, G. (1974), *Die Rolle der Frau und die Lebenslannung der Maedchen*, Muenchen.

Schmidt, G. Sigusch, V. (1971), *Arbeiter - Sexualitaet*, Neuwied.

Trappe, H. (1996), "Work and Family in Women's Lives in the German Democratic Republic", *Work and Accupations*, 23(4).

교육부, 『교육통계연보』, 1996, 1998, 1999, 2000.
한국여성개발원(2000), 『여성통계연보』.

chapter 3.

기든스(1994), 김미숙 · 김용학 외 옮김, 『현대 사회학』(개정판), 을유출판사.
경제기획원 조사통계국(1988), 『최근 인구동태 현황 및 신인구추계』, 경제기획원.
김경신(1994), 「노인부양의 문제와 대안: 가족구조의 변화를 중심으로」, 『한국노년학연구』3, 한국노년학연구회.
______(1997), 「부양 및 효에 관한 노인의 가치관 연구」, 『한국노년학연구』6, 한국노년학연구회.
김미경(1999), 「직장과 가정의 긴장관계에 선 여성노동 - 광주지역 남 · 여교사들의 직장과 가정 내 성별분업 실태와 문제점」, 『사회과학연구』7, 서강대학교 사회과학연구소.
김태현(1994), 「노인정책과 가족」, 한국가족학회 편, 『현대사회와 가족』, 교육과학사.
남기민(1998), 『현대노인복지연구』, 청주대학교 출판부.
박재간(1995), 『고령화 사회의 위기와 도전』, 나남.
보건복지부(1997), 『1997 노인복지 사업지침』, 보건복지부
______(1999), 『1999년도 노인복지국고보조사업안내』, 보건복지부.
서혜경(1995), 「건강한 삶, 그리고 죽음」, 박재간 외, 『고령화 사회의 위기와 도전』, 나남.
성규탁(1989), 「현대한국인의 효행에 관한 연구: 가족 중심적 부모부양의 이념 및 실천」, 『한국노년학』9, 한국노년학회.
______(1995), 「부모 부양의지의 비교문화적 고찰」, 박재간 외, 『고령화 사회의 위기와 도전』, 나남.
성민선(1995), 「노인의 발달과업과 사회적 역할」, 박재간 외, 『고령화 사회의 위기와 도전』, 나남.
유성호(1995), 「노인지위에 대한 현대화 이론의 재고」, 박재간 외, 『고령화 사회의 위기와 도전』, 나남.
이가옥 · 서미경 · 고경환 · 박종돈(1994), 『노인생활 실태분석 및 정책과제』, 한국보건사회연구소.
이성희(1993), 『치매노인과 가족의 생활실태 및 복지욕구』, 북부노인복지관.
이원호(1985), 「전통윤리와 경노효친」, 『경노효친의 교육』, 서울시 교육위원회.
이청준(1997), 『할미꽃은 봄을 세는 술래란다』, 파랑새.
이혜원(1998), 『노인복지론』, 유풍출판사.
유성호(1995), 「노인지위에 대한 현대화이론의 재고」, 박재간 외, 『고령화 사회의 위기와 도전』, 나남.
정진경(1999), 「한국가족의 변화와 심리적 과제」, 《제16차 추계학술대회 자료집》, 한국여성학회.
최성재(1997), 「유럽 여러 나라 노인의 가족부양정책」, 한국노인문제연구소 편, 『각국 노인의 가족부양 현황과 과제』, 사단법인 한국노인문제연구소.
최순남(1999), 『현대노인복지론』, 한신대학교 출판부.
통계청(1997), 『장래인구추계』, 통계청.
______(1999), 『인구동태통계연보』, 통계청.

Beck, U. & Beck-Gernsheim, E. (1990), *Das ganz normale Chaos der Liebe*, Frankfurt a. M.
Becker-Schmidt, R. (1980), "Widersprüchliche Realität und Ambivalenz. Arbeitserfahrungen von Frauen in Fabrik und Familie", *Kölner Zeitschrift für Soziologie und Sozialpsychologie*, Heft 4.
Cowgil, D. O. (1981), "Aging in comparative cultural perspective", *Mid-America Review of Sociology* 6.
Cowgil, D. O. & Holmes, L. (Eds)(1972), *Aging and modernization*, New York: Appleton Century Crofts.
Cumming, E. & Henry, W. E. (1961), *Growing old: The process of disengagement,*

New York: Basic Books.

Erikson, E., et. al. (1986), *Childhood and society*(2nd Edition), New York: Norton & Co.

Giddens, A. (1996), "Leben in einer posttraditionalen Gesellschaft", Beck, U., Giddens, A. & Lash, S., *Reflexive Modernisierung*, Frankfurt a. M.

Harvighurst, R. J. (1963), "Successful aging", In Williams, R. H., Tibbitts, C. & Donahue, W. (Eds.), Processes of aging, vol. 1, New York: Atherton Press.

Hendricks, J. & Leedham, C. A. (1992), "Theories of aging implications for human services", Kim & Paul, K. H. (ed.), Serving the elderly: skills for practice, New York: Aldine De Gruyer.

Kim, Mi-Kyong(1999), Frauenarbeit im Spannungsfeld zwischen Beruf und Familie - Arbeits- und Lebenssituation von Lehrerinnen und Lehrern in SüdkKorea, Unveröffentlichte Dissertation, Bochum.

Kurz-Scherf, I. (1992), Nur noch Utopien sind realitisch. Feministische Perspektive in Deutschland, Bonn.

Lemon, B., Bengton, V. L. & Perterson, J. A. (1972), "An exploration of the activity theorie of aging: Activity Types and life satisfaction among in-movers to a retirement community", Journal of Gerontology 27.

Mies, M. (1983), "Subsistenzproduktion, Hausfrauisierung, Kolonialisierung", Beiträge zur feministischen Theorie und Praxis 9/10.

chapter 4.

강남식(2004), 「여성사연구방법론의 쟁점과 방향」, 이종구 외, 『1960~70년대 노동자의 생활세계와 정체성』, 한울아카데미.

기든스, 앤소니(1992), 김미숙 외 옮김, 『현대사회학』, 을유문화사.

기든스, 앤소니 외(1998), 임현진·정일준 옮김, 『성찰적 근대화』, 한울.

김미경(2000), 『여성주의적 유토피아, 그 대안적 미래』, 책세상.

______(2004a), 「사회구조와 제도」, 김미경 외, 『현대사회의 이해』, 동녘출판사.

______(2004b), 「이주와 여성노동」, 『여/성이론』 통권(11), 여이연.

______(2005), 「지구화시대 여성주의적 방법론에 대한 일고찰 - 성찰적 페미니즘을 위하여」, 《한국여성학회 추계학술대회 발표논문집》, 한국여성학회.

______(2008), 「사회복지 분야의 운동적 성격 및 NGO적 위상을 통해 본 사회복지사의 역할」, 『한국지역사회연구』16(1), 한국지역사회학회.

김병하(2005), 「21세기 사회정의와 장애인 당사자주의」, 《한국특수교육학회 추계발표논문집》, 한국특수교육학회.

김상천(2000), 「한국가족복지정책의 재조명」, 『한국가족복지학』5, 한국가족사회복지학회.

김유순·이기영(2002), 「사회복지전공학생들의 호주제에 대한 인식, 성역할태도, 교육적 함의」, 『한국가족복지학』9, 한국가족사회복지학회.

김인숙(2005), 「여성가족부 신설과 가족복지의 관점과 방향」, 『사회복지리뷰』2005, 가톨릭대학교 사회복지연구소.

김재엽(1997), 「부부권력구조와 갈등, 그리고 폭력」, 『한국가족복지학』1, 한국가족사회복지학회.

변화순 외(2001), 『가족유형에 따른 생활실태와 복지욕구에 관한 연구』, 한국여성개발원.

성정현(2007), 「이혼공동체의 현황과 특징: 온라인, 오프라인 공동체를 중심으로」, 『한국가족복지학』20, 한국가족사회복지학회.

신종화(2008), 「현대성(근대성)의 이론적 재해석: 역사성의 회복」, 《근대성을 다시 생각한다》, 동아시아문화포럼.

엥겔스, 프리드리히(1985), 『가족의 기원』, 아침.

윤홍식(2004), 「가족의 변화와 건강가족법의 대응 - 한국가족정책의 원칙과 방향정립을 위한 고찰」, 『한국가족복지학』14, 한국가족사회복지학회.

이영미·최승희(2005), 「미혼모의 자기결정력 증진을 위한 집단프로그램 개입에 관한 연구」, 『한국가족복지학』16, 한국가족사회복지학회.

이종구 외(2007), 『1960-70년대 노동자의 생활세계와 정체성』, 한울.

이혁구(1999), 「탈근대사회 가족변화와 가족윤리: 21세기 가족복지의 실천방향」, 『한국가족복지학』4, 한국가족사회복지학회.
조 형(1997), 「도시중산층 전업주부의 권력: 구조적 무력화와 구성적 권력화」, 『한국여성
　　학』13(2), 한국여성학회.
조성우(2006), 「사회복지학 커리큘럼 타당도 개선을 위한 사회복지사의 실천개입 및 능력
　　분석」, 《한국사회복지학회 2006년도 춘계학술대회 자료집》.
조혜정(1988), 『한국의 여성과 남성』, 문학과 지성사.
최희경·이인숙(2005), 「비정형가족의 특성과 가족복지에의 함의 - 강점관점을 중심으로」,
　　『한국가족복지학』15, 한국가족사회복지학회.

Beck, U., Giddens, A., Lash, S. (1996), *Reflexive Modernisierung*, Eine Kontro-
　　verse, Frankfurt a. M. : Suhrkamp.
Beck-Gernsheim, Ellizabeth(1988), *Vom Geburtenrueckgang zur neuen Muetter-
　　lichkeit? Ueber private und politische Interessen am Kind*, Frankfurt a. M.
Becker-Schmidt, R. (1985), "Probleme einer feministischen Theorie und Empirie
　　in den Sozialwissenschften", *Feministische Studien*, Nr. 2. Nov.
　　______________(1987), "Die doppelte Vergesellschaftung - die doppelte Un-
　　terdrueckung: Besonderheit der Frauenforschung in den Sizialwis-
　　senschaften", Unterkirchner, L. & Wagner, J., (Hg.), *Die andere Haelfte der
　　Gesellschaft*, Wien.
Bennhold-Thomsen, V., Mies, M. & Werlhof von, C. (1992), *Frauen, die letzte
　　Kolonie, Zur Hausfrauisierung der Arbeit*, Zurich: Rotpunkt.
Beyme, Klaus von(1991), *Theorie der Politik im 20*, Jahrhundert, Frankfurt a. M. :
　　Suhrkamp.
Hans-Boeckler-Stiftung(2000), *WSI-FrauenDatenReport*, Berlin: Sigma.
Harbermas, J. (1968), "Erkenntnis und Interesse", *Technik und Wissenschaft als
　　Ideologie*, Frankfurt a. M. : Suhrkamp.
　　______________(1976), "Legitimationsprobleme im modernen Staat", *ders., zur
　　Rekostruktion des historischen Materialimus*, Frankfurt a. M.
　　______________(1988), *Theorie des kommunikativen Handelns*, Bd. 1., Frankfurt
　　a. M. : Suhrkamp.
Kim, Mi-Kyong(2001), *Frauenarbeit im Spannungsfeld*, Opladen: Leske+Budrich.
Mies, M. (1978), "Methodische Postulate zur Frauenforschung", *Beitraege zur fem-
　　inistischen Theorie und Praxis*, Heft 1, Muenchen.
　　______(1994), "Freuenbewegung und 15 Jahre 《Methodische Postulate zur
　　Frauenforschung》", Diezinger, A., u. a., *Erfahrung mit Methode*, Freiburg:
　　Kore.
Weber-Kellermann, Ingeborg(1977), *Die Familie*, 2. Aufl., Frankfurt a. M.
Werlhof, Claudia von(1991), "Maennliche Natur und Kuenstliches Geschlecht",
　　Texte zur Erkenntniskrise der Moderne, Wien.

chapter 5.

Beck-Gernsheim, E. (1976), "Der geschlechtsspezifische Arbeitsmarkt", *Zur Ide-
　　ologie und Realität von Frauenberufen*, FFM/New York.
Becker-Schmidt, R(1980), "Widersprüchliche Realität und Ambivalenz: Arbeitser-
　　fahrungen von Frauen in Fabrik un Familie", *Kölner Zeitschrift für Soziologie
　　und Sozialpsychologie*, Heft 4.
Bell, D. (1979), *Die nachindustrielle Gesellscahft*, Rein bei Hamburg.
Gershuny, J. (1984), *The Future of Service Employment*, Berlin.
Kim, Mi-Kyong(2000), *Frauenarbeit im Spannungsfeld zwischem Beruf und Fam-
　　ilie -Arbeits- und Lebenssituation von Lehrerinen und Lehrern in Suedkorea*,
　　Leverkusen: Leske+Budrich.
Lappe, L. (1986), "Frauenarbeit und Frauenarbeitslosigkeit, Eine empirische über-
　　prüfung geschlechtsspezifischer Arbeitsmerktsegmentation", Arbeitspapiere
　　aus dem Arbeitskreis SAMF(Hg.), 1986-2 Paderborn.
Ostner, I. (1978), "Beruf und Hausafbeit", Die Arbeit der Frau in unserer

Gesellschaft, FFM/New York.
Seifert, H. (1976), "Frauenarbeit - Eine disponioble Arbeitskräftereserve?", *WSI-Mitteilung* 1/1976.
Song, D. Y. (1990), "Kapitalismus, Soziale Bewegung und Geselleschaftsformation in Südkorea", *Eine kritische Bestandsadufnahme*, Forschungsinstitut Dritten Welt/Industrieländer-Script, Münster.

chapter 6.

김미경 외(2001), 『채용과정에서의 남녀차별 방지를 위한 지침서개발』, 여성부.
김미경 외(2002), 『개정된 모성보호 관련 법제의 실시현황과 효과분석』, 여성부.
김미경·주재선(2003), 「고령화 시대 노인부양부담과 여성의 경제활동」, 『여성연구』, 2003년 2호, 한국여성개발원.
김태홍 외(1999), 『남녀고용평등지표의 개발』, 한국여성개발원.
노동부(2004), 『여성과 취업』.
여성부(2004), 《여성인적자원 개발 혁신방안 정책 포럼》.
조순경(1994), 「고용과 평등의 딜레마」, 『한국여성학』 10.
장지연(2001), 「고학력 여성 경제활동의 국제비교」, 『여성과 직업』, 부산대학교 여성연구소.
______(2003), 『고령화시대의 노동시장과 고용정책(Ⅰ)』, 한국노동연구원.
한국노동연구원·한국보건사회연구원·한국여성개발원(2002), 『고령화 시대의 사회정책 장기 발전방안』.
한국여성개발원(2001), 『한국여성의 삶과 일에 대한 국민체감 의식조사 연구』, 여성부.
한승희(2001), 「간접차별이란 무엇인가」, 『여성과 사회』 12, 창작과 비평사.

Walby, S. (1990), *Theorizing Patriarchy*, Basil Blackwell.
OECD(2004), 『OECD Employment Outlook』.

노동부, 『매월노동특별조사보고서』, 각년도.
노동부, 『임금구조기본조사보고서』, 각년도.
노동부, 통계 DB.
통계청, 『경제활동인구연보』, 각년도.
통계청, KOSIS DB.
한국여성개발원, 통계DB.

chapter 7.

김미경(2000), 「노인복지에 대한 가족사회학적 접근」, 『한국사회학』 34(봄), 한국사회학회.
김미경·송다영(2002), 『여성의 노인부양부담 완화를 위한 성인지적 정책개발』, 한국여성개발원.
김태홍·김미경(2002), 『제4차 여성의 취업실태조사』, 한국여성개발원.
박영란(1999), 「노인부양의 현황과 정책과제」, 『21세기 노인복지정책』, 한국노인문제연구소.
성지미·차은경(2001), 「세대간 동거와 기혼여성의 노동공급」, 『노동경제논집』 24(봄), 한국노동경제학회.
성향숙(2000), 『노인부양여성의 부양부담분석에 따른 여성복지대책』, 부산대학교 사회복지학과 박사학위논문.
이영자·김태현(1992), 「노인부양자 유형에 따른 스트레스인지와 대처방안에 관한 연구」, 『한국노년학』 12.
정경희 외(2001), 『장기요양보험대상 노인의 수발실태 및 복지욕구』, 한국보건사회연구원.
최혜경(1999), 「정책적 관점에서 본 여성취업과 노인부양」, 『노인복지연구』 1999(겨울), 한국노인복지학회.
한국여성개발원(2001), 『한국여성의 삶과 일에 대한 국민체감 의식조사 연구』, 여성부.
____________(2001), 『여성통계연보 2001』.
한국노동연구원·한국보건사회연구원·한국여성개발원(2002), 『고령화 시대의 사회정책 장기 발전방안』.
한국보건사회연구원(2001), 『노인 장기요양보호 욕구실태조사 및 정책방안』, 보건복지부.

Becker-Schmidt, R. (1987), "Die doppelte Vergesellschaftung - die doppelte Unterdrueckung: Besonderheiten der Frauenforschung in den Sozialwissenschaften", in Unterkirchner, L. & Wagner, J. (Hg.), *Die andere Haelfte der Gesellschaft, wien.* Cowgill, D. U. (1986), aging around the world, Belmont, CA: Wadsworth Publishing Company.

Brody, E. M., Kleban, M. H., Johnsen, P. T., Hoffman, C. & Schoonover, C. B. (1987), "Work Status and Parent Care: A Comparison of Four Groups of Women", *The Gerontologist,* Vol. 27, No. 2, 201-208.

Cantor, M. H. (1983), "Strain among Caregivers: A Study of Experience in the Unites States", *The Gerontologist,* vol. 23, no. 6.

Horwitz, A. (1985), "Family Caregiving to the Frail Ederly", Mitchell, J. & Oakley, A. (ed.), *What is Feminism? A Re-Examination,* New York: Pantheon.

Kim, Mi-Kyong(2000), *Frauenarbeit im Spannungsfeld zwischem Beruf und Familie -Arbeits- und Lebenssituation von Lehrerinen und Lehrern in Suedkorea,* Leverkusen: Leske+Budrich.

Kramer, Betty J. & Kipnis Stuart(1995), "Eldercare and Work-Role Conflict: Toward an Understanding of Gender Differencies in Caregiver Burden", *The Gerontologist,* Vol. 35, No. 3, 340-348.

Lewis Jane(eds)(1993), *Women and Social Policies in Europe,* London: Edward Elgar.

Montgomery Rhonda J. V. & Borgatta, Edgar F. (1987), "Value, Costs, and Hath Care Policy", in Borgatta, Edgar F. (ed.), *Critical Issues in Aging Policy - Linking Research and Values,* California: Sage.

Seifert, H. (1976), "Frauenarbeit - Eine disponible Arbeitskraeftereserve?", *WSI-Mitteilung.*

Steuve, A. & O'Donnell, L. (1984), "The Daughters of Aging Parents", Baruch, G. & Brooks-Gunne, J. (eds), *Women in Midlife,* New York: Plenum.

Stone, R., Cafferata, G. L. & Sangl, J. (1987), "Caregivers of the Frail Elderly: A National Profile", *The Gerontologist,* vol. 27, no. 5.

chapter 8.

김미경(1999), 「직장과 가정의 긴장관계에 선 여성노동 —광주지역 남녀교사들의 직장과 가정 내 성별분업 실태와 문제점」, 『사회과학연구』 7, 서강대학교 사회과학연구소.

______(2001), 「이중사회화과정을 통해 본 한국 여성해방전략의 제한성과 부적절성」, 『한국여성학』 17(1), 한국여성학회.

김미경 · 오정진(2001), 『채용과정에서의 남녀차별방지를 위한 지침서 개발』, 여성부.

김영옥(1997), 『공기업 여성고용 구조와 인력관리의 현황 및 과제』, 한국여성개발원.

김태홍(1997), 『기업의 여성 인력관리제도 현황과 개선방안』, 한국여성개발원.

노동부(1999), 『외국의 고용평등제도의 비교 · 분석』.

박기남(2002), 「관리직 여성의 사회적 자본과 성별 직무 분리」, 『한국사회학』 36(6), 한국사회학회.

손승영(1995), 「기업 내에서의 대졸여성」, 『연세여성연구』 1, 연세대학교 여성연구소.

양인숙 · 이소연(2003), 『지식기반산업의 여성지식근로자의 경력개발』, 한국여성개발원.

이주희 외(2002), 『기업 내 여성인적자원관리 현황 및 활성화방안 연구』, 여성부.

장지연(2001), 「고학력 여성 경제활동의 국제비교」, 『여성과 직업』, 부산대학교 여성연구소.

한국여성개발원(2003), 『여성통계연보』.

Gottschall, K. (1995), "Geschlechterverhaeltnis und Arbeitsmarktsegregation, in Beckerschmidt", R./Knapp, G. A. (Hg.), *Das Geschlechterverhaeltnis als Gegenstand der Sozialwissenschaften,* Frankfurt am Main/New York.

Gregory, J., Sales, R. & Hegewisch, A. (1999), *Women, Work and Inequality: The Challenge of Equal Pay in a Deregulated Labour Market,* Macmillan Press LTD.

Halford, S. (1997), *Gender, Careers and Organisations: Current Development in Banking, N. and Local, G.* Mike Savage and Anne Witz.

Ibarra, H. (1997), "Paving an Alternative Route: Gender diffrences in Network Structure and Access in an Advertising Firm", *Administrative Science Quarterly* 37.

ILO(2000), *ABC of women workers' rights and gender equality*.

Kim, Mi-Kyong(2000), *Frauenarbeit im Spannungsfeld zwischem Beruf und Familie -Arbeits- und Lebenssituation von Lehrerinen und Lehrern in Suedkorea*, Leverkusen: Leske+Budrich.

Knapp, G. A. (1987), "Arbeitsteilung und Sozialisation: Konstellation von Arbeitsvermoegen und Arbeitskraft im Lebenszusammenhang von Frauen", Beer, U. (Hg.), *Klasse Geschlecht: Feministische Gesellschaftsanalyse und Wissenschaftskritik*, Bielefeld.

Lutz, B. & Sengenberger, W. (1974), *Arbeitsmarktstrukturen und oeffentlicher Arbeitsmarkt*, Goettingen.

McLean, J. E. (1994), *Strategic Choices: Career Decisions of Elected Women*, Michigan: U. M. I.

Ridgeway, C. L. (1997), "Interaction and the Conservation of Gender Inequality: Considering Employment", *American Sociological Review* 62(April): 218-235.

Ronald, S. B. (1993), "The Social Structure of Competition", in Richard Schwedberg(ed.), *Explorations in Economics Sociology*, New York: Russel sage Foundation.

___________(1998), "The Gender of Social Capital", *Rationality and Society* 10(1).

Schlegelmilch, C. (1982), "Grauer Arbeitsmarkt fuer Hochschulabsolventen", *Soziale Welt*, H. 3/4.

Sengenberger, W. (1978), *Der gespaltene Arbeitsmarkt: Probleme der Arbeitsmarktsegmentation*, Frankfurt am Main/New York: Campus.

Song, Hyun-Joo(1996), *Korean women's career aspirations as result of resistance to the status quo*, Los Angeles: Univ. of Southern California.

UNDP. (2000), *Human Development Report*.

Watts, A. G. (et al.)(1996), *Rethinking Careers Education and Guidance: Theory, Policy and Practice*, London: Routledge.

Wetterer, A. (Hg.). (1992), *Profession und Geschlecht: Ueber die Marginalitaet von Frauen in hochqualifizierten Berufen*, Frankfurt am Main/New York.: Campus.

chapter 9.

김미경(2000), 『여성주의적 유토피아, 그 대안적 미래』, 책세상.

______(2007), 「경쟁적 노동사회의 소비적 여가 — 새로운 노동개념으로서 '좋은 노동'에 대한 논의를 중심으로」, 《춘천 국제여가학회 동양사회사상학회 분과 발표문》.

석재은(2007), 「공공부문 돌봄 서비스 제공현황과 정책과제」, 《"돌봄서비스 정책, 좋은 일자리 · 공공성 강화로 갈 것인가?" 토론회 발표집》, 한국여성노동자회.

한스 피터 마르틴 외(2003), 강수돌 역, 『세계화의 덫』, 영림카디널.

홍미희(2007), 「돌봄 노동의 사회적 조직방식 — 유형과 함의」, 인천여성노동자회, 《"인천지역 공공부문 돌봄 서비스 실태조사로 본 현황과 과제", 공공부문 돌봄 서비스 발전 · 방향을 위한 토론회 발표집》.

Berger J. & Offe C. (1985), "die Entwicklungsdynamic des Diestleistungssektors", *Leviathan* Heft 1.

Bennholdt-Thomsen, V., Mies, M. & Werlhof, C. V. (1992), "Frauen — die letzte Kolonie", *Hausfrauisierung der Arbeit*, Zürich.

Daheim, H. & Schoenbauer, G. (1993), *Soziologie der Arbeitsgesellschaft*, Muenschen: Juventa.

Kim, Mi-Kyong(2000), *Frauenarbeit im Spannungsfeld zwischem Beruf und Familie -Arbeits- und Lebenssituation von Lehrerinen und Lehrern in Suedkorea*, Leverkusen: Leske+Budrich.

Klenner, C. (2005), "Balance von Beruf und Familie — ein Kriterium guter Arbeit", *WSI-Mitteilung 4/2005*.
Pickshaus, K. & Urban, H. J. (2003), "Gute Arbeit - eine neue Perspektive Gewerkschaftliche Arbeitspolitik", in Perters, J. & Schmidtthenner, H. U. (hrsg.), *gute arbeit…Menschengerechte Arbeitsgestaltung als gewerkschaftliche Zukunftsaufgabe*, Hamburg.
Ruedke, H. (2001), *Freizeitsoziologie*, Muenster.
Thiehoff, R. (2004), "Gemeinsam Handeln, jeder in seiner Verantwortung. Die Initiative Neue Qualitaet der Arbeit", *Arbeit 3*, S. 197-204.
Wchncr, B. (1997), Der neue Sozialstaat, Opladen.
Werlhof, C., v. (1992), "Die Hausfrau als Gegenteil des Proletariers und das Kontinum zwischen beiden Prototypen: Hausarbeit als Modell von Arbeit", in Bennholdt-Thomsen, V. (u. a.), *Frauen - die letzte Kolonie. Hausfrauisierung der Arbeit*, Zürich: Rotpunkt.

chapter 10.

김미경(2000), 「노동사회의 미래와 대안사회를 위한 여성주의 정책」, 《한국여성단체연합 대안사회정책연구소 창립 심포지움》.
_____(2002), 『개정된 모성보호 관련법제의 실시현황과 효과분석』, 여성부.
김장호(1999), 『한국노동경제론 — 새로운 생산방식과 고용』, 한길사.
김태홍·김미경(2002), 『제4차 여성의 취업실태조사』, 한국여성개발원.
김해성(2003), 「외국인 노동자의 실태와 과제」, 자치단체의 외국인행정.
김현선(2001), 「한국 성산업에 유입된 이주여성의 실태와 해결방안」, 《아시아 성산업 근절을 위한 네트워크 결성과 성매매방지 특별법 제정을 위한 국제심포지움》, 새움터·이주여성인권연대.
노동부(2002), 『노동력수요동향조사보고서』.
대구여성회·대구외국인상담소(2001), 《이주여성노동자 권리보호방안마련을 위한 토론회 자료집》.
심영희(1992), 「노동시장구조의 변화와 여성노동의 실태 — 중화학 공업을 중심으로」, 이상화 외, 『일과 성』, 청하.
산업연구원(1993), 『3D 업종 인력난 해소를 위한 장단기 정책』.
성규택·한동석·김재연(1997), 『국내 외국인 노동자의 문제와 대책』, 집문당.
설동훈(1997), 「외국인 노동자와 한국사회의 상호작용」, 송병준 외, 『외국인 노동자의 현실과 미래』, 미래인력연구센터.
_____(1998), 『외국인 노동자와 한국사회』, 서울대학교 출판부.
이규용(2003), 「외국인 고용허가제 도입방안」, 『매월노동동향』 3월호, 한국노동연구원.
이수자(2004), 「이주여성 디아스포라: 국제성별분업, 문화혼성성, 타자화와 섹슈얼리티」, 『한국사회학』 38(2).
외국인노동자대책협의회(2001), 『외국인이주노동자 인권백서』, 다산글방.
_______________(2002), 《외국인 여성이주노동자 실태보고 및 토론회 토론집》.
유명기(1997), 「외국인 노동자와 한국문화」, 송병준 외, 『외국인 노동자의 현실과 미래』, 미래인력연구센터.
이금연(2001), 『국내여성이주노동자의 차별실태와 복지욕구에 관한 연구 — 수도권을 중심으로』, 가톨릭대학교 사회복지대학원 석사학위논문.
이주여성인권연대(2001), 《제1회 정책워크샵 자료집》, 외국인노동자대책협의회.
장지연(2001), 『경제위기와 여성노동』, 한국노동연구원.
제레미 리프킨(1996), 이영호 옮김, 『노동의 종말』, 민음사.
최동규(1997), 「산업기술연수생 제도보완으로 충분하다」, 『나라경제』 8(7).
한국노동연구원(1996), 『외국인 노동자 고용 및 관리실태와 정책대안』.
한국여성개발원(2002), 『외국인 여성노동자의 인권보장 연구』.
_______(2003), 『외국인노동자 가족관련 정책 비교연구』.
한국여성노동자회협의회(2003), 『2002년 평등의전화 상담사례집』.

Baumgartner & Maritza Le Breton(1998), "Die Feminisierung der Migration", Klingebiel Ruth, u. a., (Hg.), *Globalisierung aus Frauensicht*, Bonn: Dietz.

Bennholdt-Thomsen, Veronika, Mies, Maria, Werlhof von, & Claudia(1992), *Frauen, die letzte Kolonie, Zur Hausfrauisierung der Arbeit*, Zurich: Rotpunkt.
Han Petrus(2000), *Soziologie der Migration*, Stuttgart: Lucius&Lucius.
Harbermas Juergen(1981), *Theorie des kommunikativen Handelns*, Bd. 2, Zur Kritik der funktionalisierten Vernunft, Frankfurt a. M.: Suhrkamp.
Kim, Mi-Kyong(2000), *Frauenarbeit im Spannungsfeld zwischem Beruf und Familie -Arbeits- und Lebenssituation von Lehrerinen und Lehrern in Suedkorea*, Leverkusen: Leske+Budrich.
Lenz, Ilse(1997), "Grenzziehung und Oeffung: Zum Verhaeltnis von Geschlecht und Ethnizitaet zu Zeiten der Globalisierung", Lenz, I & Germer, A(Hrsg.), *Wechselnde Blicke Frauenforschung in internationaler Perspektive*, Opladen: Leske+Budrich.
Mies, M & Shiva, V(1995), *Oekofeminismus. Beitraege zur Praxis und Theorie*, Zuerich: Rotpunktverlag
Randeria, S. (1998), "Globalisierung und Geschlechterfrage: Zur Einfuehrung", Klingebiel Ruth, u. a., (Hg.), *Globalisierung aus Frauensicht*, Bonn: Dietz.
Wichterich, C. (1998), *Die globalisierte Frau Berichte aus der Zukunft der Ungleichheit*, Hamburg: Rororo.
World Bank(1995), *World Development Report 1995, Workers in an Intergration World*, Washigton D. C. USA: Oxford Unversity Press.

chapter 11.

강수돌(2000), 「기업의 고용조정과 노동조합 ― 현대자동차와 폴크스바겐사의 비교」, 『경상논총』 21: 1-30, 한독경상학회.
강이수(2007), 「산업화 이후 여성노동시장의 변화와 일-가족관계」, 『페미니즘연구』 7(2): 1-36, 한국여성연구소.
강이수 외(2007), 「산업화 이후 일-가족 영역 관계의 변화와 여성의 노동경험」, 《2005년 학술진흥재단 기초학문육성지원연구 발표회 자료집》, 상지대학교 민주사회정책연구소 · 한국여성연구소.
김미경(2000), 『여성주의적 유토피아, 그 대안적 미래』, 책세상.
_____(2008a), 「경쟁적 노동사회의 소비적 여가의 인간화 - 유럽의 '좋은 노동' 논의의 한국적 시사점을 중심으로」, 『한독사회과학논총』 18(1): 137-158, 한독사회과학회.
_____(2008b), 「생태, 왜 이 시대의 화두인가」, 『불교사회복지연구』 5: 10-37, 불교사회복지연구소.
김미경 외(2003), 『개정된 모성보호 관련법제의 실시현황과 효과분석』, 여성부.
김경희 · 류임양(2008), 「여성단체의 일-가족 양립 제도화를 위한 활동과 특성」, 『페미니즘연구』 8(2): 77-176, 한국여성연구소.
김성건(2004), 「유럽중심주의와 한국의 종교사회학」, 《2004년도 후기사회학대회 발표집》, pp. 879-882, 한국사회학회.
김안나 · 김미경 · 유계숙(2007), 『가족친화적 기업모형개발 연구』, 한국여성정책연구원 · 한국보건사회연구원.
김태홍 외(2004), 『우리나라 모성보호제도의 실시 현황 분석과 개선방안』, 한국여성개발원.
박기남(2007), 「일-가족 양립을 위한 시간갈등요인에 관한 연구」, 《2005년 학술진흥재단 기초학문육성지원연구 발표회 자료집》, 상지대학교 민주사회정책연구소 · 한국여성연구소.
백진아(2005), 「여성노동정책의 제도화와 패러다임 전환을 위한 시론」, 『사회이론』 2005(가을/겨울호), 한국사회이론학회.
송일호(2002), 「법정근로시간단축의 경제적 효과」, 『노동경제논집』 25(3): 1-34, 한노동경제학회.
신관호(2004), 「근로시간단축이 고용, 생산성, 및 단위노동비용에 미치는 효과에 대한 실증분석」, 『생산성논집』 18(1): 65-80, 한국생산성학회.
안관수(2000), 「문명의 위기와 노자의 생태학적 환경윤리」, 『교육연구』 19: 219-236, 원광대학교교육문제연구소.

유진호 외(1999), 『노동시간 단축과 노동조합의 정책과제』, 전국민주노동조합총연맹.
이규용 외(2004), 『육아휴직 활용실태와 정책과제』, 노동연구원.
이병희(1998), 「유연화와 한국의 노동시장」, 『노동사회』 1998년(3월): 108-120, 노동사회
　　연구소.
______(1999), 「노동시간단축을 '사회적 의제'로」, 『노동사회』 1999년(1월): 70-83, 노동
　　사회연구소.
이현지(2008), 「유교연구의 새로운 지평 - 근대성을 넘어서」, 《근대성을 다시 생각한다》,
　　동아시아문화포럼.
임춘식(1996), 「현대사회의 소외현상과 인간성 회복」, 『밝은사회연구』 17(1): 81-106.
재정경제부(2007), 『OECD 통계언보』.
장지연 외(2004), 『여성근로자 모성보호의 현황과 정책방안』, 노동연구원.
장지연 외(2005), 『일가족 양립 체계의 선진국 동향과 정책과제』, 노동연구원.
조용개(2001), 「생태학적 위기와 교육의 위기 극복을 위한 생태주의적 환경윤리 교육의 과
　　제와 방향」, 『국민윤리연구』 47(1): 121-139, 한국국민윤리학회.
통계청(2005), 『2004 생활시간조사』.
한국여성정책연구원(2006), 『여성통계연보 2006』.
황기돈(1998), 「노사합의를 통한 고용안정 — 폴크스바겐사 사례」, 원창희 외, 『노사화합
　　에 미래를』, 한국노동교육원.
홍승표(2005), 『동양사상과 탈현대』, 예문서원.
______(2007), 「신학문을 위한 시론」, 『동양사회사상』 15: 161-182, 동양사회사상학회.

Beck-Gernsheim, E. (1984), *Vom Geburtenrueckgang zur neuen Muetterlichkeit*,
　　Frankfurt am Main: Suhrkamp.
______________(2007), "Kinder, Krippen und Kulturkampf", *Blaetter fuer
　　deutsche und internationle Politik*, 7/07: 856-860.
Bennholdt-Thomsen, V., Mies, M. & Werlhof, C. V. (1992), *Frauen — die letzte
　　Kolonie. Hausfrauisierung der Arbeit*, Zürich: Rotpunkt.
Collatz, A. & Siebeneick, S. (2004), "Work-Life-Balance — Leben und Arbeit im
　　Einklang?", Klute, J., Schlender, H. & Sinagowitz, S. (hg.), *Gute Arbeit /
　　Good Work*, Muenster: Lit-Verlag.
Daheim, H. & Schoenbauer, G. (1993), *Soziologie der Arbeitsgesellschaft*, Muen-
　　schen: Juventa.
ILO(2005), *Decent Work Count: A Guide Book*, Geneva: ILO.
Kim, Mi-Kyong(2000), *Frauenarbeit im Spannungsfeld zwischem Beruf und Fam-
　　ilie -Arbeits- und Lebenssituation von Lehrerinen und Lehrern in Suedkorea*,
　　Leverkusen: Leske+Budrich.
Klammer, U. & Klenner, C. (2003), "Geteilte Erwerbstaetigkeit — gemeinsame Fuer-
　　sorge. Strategien und Perspektiven der Kombinationen von Erwerbs- und
　　Familienleben in Deutschland", *Jahresbuch fuer Europa- und Nordamerica-
　　Studien* 7: 177-207.
Klammer, U. & Klenner, C. (2004), "Geteilte Erwerbstaetigkeit, gemeinsame Fuer-
　　sorge. Strategien und Perspektiven der Kombination von Erwerbs- und Fam-
　　ilienleben in Deutschland", Leitner, S., Ostner, I. & Schratzenstaller.
　　M. (Hrsg.), *Wohlfahrtstaat und Geschlechterverhaeltnisse im Umbruch. Was
　　kommt nach dem Ernaehrermodell? Jahrbuch fuer Europa- und Nor-
　　damerikastudien*, pp. 177-207.
Klenner, C. (2005), "Balance von Beruf und Familie - ein Kriterium guter Arbeit",
　　WSI-Mitteilung 4/2005: 207-213.
Klenner, C. & Schmidt, T. (2007), *Beruf und Familie vereinbar? — Auf familien-
　　freundlichen Arbeitszeiten und ein gutes Betriebsklima kommt es an. Eine
　　empirische Analyse*, WSI-Diskussionspapper Nr. 155.
Klenner, C. & Pfahl, S. (2008), *Jenseits von Zeitnot und Karriereverzicht - Wege
　　aus dem Arbeitszeitdillemma. Arbeitszeiten von Muettern, Vaettern und Pfle-
　　genden*, WSI-Diskussionspapper Nr. 158.
Klenner, C. (2005), "Balance von Beruf und Familie - ein Kriterium guter Arbeit",
　　WSI-Mitteilung 4/2005: 207-213.
Klute, J., Schlender H. & Sinagowitz, S. (hg.)(2004), *Gute Arbeit / Good Work*,

Muenster: Lit-Verlag.

Kuhn, K. (2004), "Gute Arbeit -Die Europaische Dimension", Klute, J., Schlender H. & Sinagowitz, S. (hg.) (2004), *Gute Arbeit / Good Work*, Muenster: Lit-Verlag.

Pickshaus, K. & Urban, H. -j. (2003), "Gute Arbeit — eine neue Perspektive Gewerkschaftliche Arbeitspolitik", Perters, J. & Schmidtthenner, H. U. (hrsg.), *gute arbeit... Menschengerechte Arbeitsgestaltung als gewerkschaftliche Zukunftsaufgabe*, Hamburg.

Wehner, B. (1997), *Der neue Sozialstaat*, Opladen: VS-Verlag.

chapter 12.

강이수 · 김미경 외(2007), 「산업화 이후 일-가족 영역 관계의 변화와 여성의 노동 경험」, 《민주사회정책연구원 · (사)한국여성연구소 공동 워크숍 발표자료집》.

김동배 · 권중돈(1998), 『인간행동이론과 사회복지실천』, 학지사.

김미경(2000), 『여성주의적 유토피아, 그 대안적 미래』, 책세상.

______(2004), 「사회체계, 구조 그리고 제도」, 김미경 외, 『현대사회의 이해』, 형설출판사.

______(2007), 「일가족양립 정책과 노동사회의 미래 — '좋은 노동'에 대한 논의를 중심으로」, 《"산업화 이후 일-가족 영역 관계의 변화와 여성의 노동 경험" 워크숍 발표자료집》, 민주사회정책연구원 · (사)한국여성연구소.

이승헌(2006), 「홍익가정을 제안한다」, 『한국인에게 고함』 pp. 208-216, 한문화.

이현지(2006), 「탈현대적 가족어가를 위한 구상」, 『동양사회사상』 12, 동양사회사상학회.

장지연(2005), 『일가족 양립 체계의 선진국 동향과 정책과제』, 노동연구원.

한스 피터 마르틴 외(2003), 강수돌 역, 『세계화의 덫』, 영림카디널.

홍승표(2002), 『깨달음의 사회학』, 예문서원.

______(2007), 「신학문을 위한 시론」, 『동양사회사상』 15, 동양사회사상학회.

Beck, U. & Beck-Gernsheim, E. (1990), *Das ganz nomale Caos der Liebe*, Frankfurt am Main: Suhrkamp.

Beck-Gernsheim, E. (1984), *Vom Geburtenrueckgang zur neuen Muetterlichkeit*, Frankfurt ·am Main: Suhrkamp.

________________(2007), "Kinder, Krippen und Kulturkampf", *Blaetter fuer deutsche und internationle Politik* 7, 07, pp. 856-860.

Cowgill, D. O. & Holms, L. D. (Ed.) (1972), *Aging and Modernization*, New York: Applenton-Century-Crofts.

Daheim, H. & Schoenbauer G. (1993), *Soziologie der Arbeitsgesellschaft*, Muenchen: Juventa-verlag.

Hochschild, A. R. (2002), *Keine Zeit. wenn die Firmen zum Hause wird und zu hause nur Arbeit wartet*, Opladen: Leske+Budrich.

Kim, Mi-Kyong(2000), *Frauenarbeit im Spannungsfeld zwischem Beruf und Familie -Arbeits- und Lebenssituation von Lehrerinen und Lehrern in Suedkorea*, Leverkusen: Leske+Budrich.

Klammer, U. & Klenner, C. (2003), "Geteilte Erwerbstaetigkeit – gemeinsame Fuersorge. Strategien und Perspektiven der Kombinationen von Erwerbs und Familienleben in Deutschland", *Jahresbuch fuer Europa- und Nordamerica-Studien* 7, pp. 177-207.

Klenner, C. (2005), "Balance von Beruf und Familie – ein Kriterium guter Arbeit", *WSI-Mitteilung* 4.

Lee, I. (2005), *Human Technology*, Arizona: Healing Society.

Leitner, S., Ostner, I. & Schratzenstaller, M. (Hrsg.) (2004), "Wohlfahrtstaat und Geschlechterverhaeltnisse im Umbruch. Was kommt nach dem Ernaehrermodell?", *Jahrbuch fuer Europa- und Nordamerikastudien*, pp. 177-207.

Pickshaus, K. & Urban, H.-j. (2003), "Gute Arbeit - eine neue Perspektive Gewerkschaftliche Arbeitspolitik", Perters, J. & Schmidtthenner, H. U. (hrsg.), *gute arbeit... Menschengerechte Arbeitsgestaltung als gewerkschaftliche*

Zukunftsaufgabe, Hamburg.
Ruedke, H. (2001), Freizeitsoziologie, Muenster: Lit-Verlag.
Thiehoff, R. (2004), "Gemeinsam Handeln, jeder in seiner Verantwortung. Die Initiative Neue Qualitaet der Arbeit", Arbeit 3, pp. 197-204.
Wehner, B. (1997), Der neue Sozialstaat, Opladen: Westdt-verlag.

chapter 13.

강윤희(2004), 「여성과 평화: 국제적, 지역적 평화표준 사례를 중심으로」, 《한국국제정치학회 학술대회 발표집》.
김동배·권중돈(1998), 『인간행동이론과 사회복지실천』, 학지사.
김무경(2007), 『자연회귀의 사회학: 미셸 마페졸리』, 살림.
김미경(2000), 『여성주의적 유토피아, 그 대안적 미래』, 책세상.
______(2004), 「사회구조와 제도」, 김미경 외, 『현대사회의 이해』, 동녘출판사.
______(2005), 「지구화시대 여성주의적 방법론에 대한 일고찰 — 성찰적 페미니즘을 위하여」, 《한국여성학회 추계학술대회 발표논문집》, 한국여성학회.
______(2007), 「일가족양립 정책과 노동사회의 미래 — '좋은 노동'에 대한 논의를 중심으로」, 《"산업화 이후 일-가족 영역 관계의 변화와 여성의 노동 경험" 워크숍 발표자료집》, 민주사회정책연구원·(사)한국여성연구소.
______(2008a), 「경쟁적 노동사회의 소비적 여가의 인간화 — 유럽의 '좋은 노동' 논의의 한국적 시사점을 중심으로」, 『한독사회과학논총』 17(1), 한국한독사회과학회.
______(2008b), 「가족복지의 근대성과 전근대성 — 한국 가족복지방법론에 대한 비판적 성찰과 과제」, 《한국가족사회학회 춘계학술대회 발표집》, 한국가족사회학회.
김선미(1997), 『재생산의 정치학'의 가능성 — 생태여성해방론을 중심으로』, 서강대학교 대학원 사회학과 석사학위논문.
김지하(1997), 「조화와 생성의 생명정치를 위하여」, 『월간사회평론 - 길』, 사회평론.
______(1999), 『사상기행 2』, 실천문학사.
______(2001), 「접화군생: 인문학과 생태학」, 『인문학과 생태학』, 백의.
김항규(1986), 「사회과학에서의 과학주의와 가치중립성의 비판」, 『현대사상연구』 3: 102-125, 목원대학교현대사상연구소.
박영도(2003), 「신유가에서 내재적 초월의 구조와 의미」, 『한국사회학』 37(4): 175-200.
선도문화연구원(2006), 『한국선도의 역사와 문화』, 국제평화대학원대학교 출판부.
소기석(2004), 『현대환경윤리의 종교학적 고찰』, 서울대학교 종교학과 박사학위논문.
안관수(2000), 「문명의 위기와 노자의 생태학적 환경윤리」, 『교육연구』 19: 219-236, 원광대학교교육문제연구소.
우혜란(2006), 「기수련단체의 민족주의적 성향과 세계화 기획: 단월드를 중심으로」, 『인문과학연구』 11: 37-63.
유기쁨(2006), 『한국 종교생태운동의 전개와 특성』, 한국학중앙연구원 박사학위논문.
이득연(1998), 『환경운동의 사회학』, 민영사.
이승헌(1990), 『신성을 밝히는 길』, 한문화.
______(1992a), 『단학인』, 한문화.
______(1992b), 『천지인』, 한문화.
______(2006), 『한국인에게 고함』, 한문화.
이현지(2006), 「탈현대적 가족여가를 위한 구상」, 『동양사회사상』 12, 동양사회사상학회.
______(2008), 「유교연구의 새로운 지평 — 근대성을 넘어서」, 《근대성을 다시 생각한다》, 동아시아문화포럼.
임춘식(1996), 「현대사회의 소외현상과 인간성 회복」, 『밝은사회연구』, 17(1): 81-106.
임현진·정일준(1994), 『성찰적 근대화』, 한울.
양운덕(1989), 「헤겔과 맑스의 노동개념」, 『현상과 인식』, 13(4): 58-104, 한국인문사회과학회.
장지연(2005), 『일가족 양립 체계의 선진국 동향과 정책과제』, 노동연구원.
조동일(1997), 『인문학문의 사명』, 서울대학교출판부.
조혜정(2006), 「식민지적 근대화와 '일상'을 지운 학문을 넘어서」, 《2006 대한가정학회 제59차 춘계학술대회》.
조용개(2001), 「생태학적 위기와 교육의 위기 극복을 위한 생태주의적 환경윤리 교육의 과제와 방향」, 『국민윤리연구』 47(1): 121-139, 한국국민윤리학회.

카프라 프리초프(1989), 김용정·이성범 옮김, 『현대물리학과 동양사상』, 범양사.
홍승표(2005), 『동양사상과 탈현대』, 예문서원.

Beck, U. & Beck-Gernsheim, E. (1990), *Das ganz nomale Caos der Liebe*, Frankfurt am Main: Suhrkamp.
Beck, U., Giddens, A. & Lash, S. (1996), *Reflexive Modernisierung*, Eine Kontroverse, Frankfurt a. M.: Suhrkamp.
Beck-Gernsheim, E. (1984), *Vom Geburtenrueckgang zur neuen Muetterlichkeit*, Frankfurt am Main: Suhrkamp.
Becker-Schmidt, R. (1985), "Probleme einer feministischen Theorie und Empirie in den Sozialwissenschften", *Feministische Studien*, Nr. 2. Nov.
Bennholdt-Thomsen, V., Mies, M. & Werlhof von, C. (1992), *Frauen, die letzte Kolonie, Zur Hausfrauisierung der Arbeit*, Zurich: Rotpunkt.
Daheim, H. & Schoenbauer G. (1993), *Soziologie der Arbeitsgesellschaft*, Muenchen: Juventa-verlag.
Harbermas, J. (1968), "Erkenntnis und Interesse", *Technik und Wissenschaft als Ideologie*, Frankfurt a. M.: Suhrkamp.
___________(1988), *Theorie des kommunikativen Handelns*, Bd. 1., Frankfurt a. M.: Suhrkamp.
Harding, S. (1991), *Feministische Wissenschaftstheorie*, Hamburg: Argument.
Kim, Mi-Kyong(2000), *Frauenarbeit im Spannungsfeld zwischem Beruf und Familie -Arbeits- und Lebenssituation von Lehrerinen und Lehrern in Suedkorea*, Leverkusen: Leske+Budrich.
Lee, I. (2005), *Human Technology*, Arizona: Healing Society.
Mies, M. (1978), "Methodische Postulate zur Frauenforschung", *Beitraege zur feministischen Theorie und Praxis*, Heft 1, Muenchen.
Mies, M. & Shiva, V. (1995), *Oekofeminismus. Beitraege zur Praxis und Theorie*, Zuerich: Rotpunktverlag.
Ruedke, H. (2000), *Freizeitsoziologie*, Muenster: Lit-Verlag.
Starhawk(1990), "Power, Authority ans Mystery: Ecofeminism and Earth-based Spirituality", in Diamond, Irene & Gloria Feman Orenstein(eds), *Reweaving the World: Emergence of Ecofeminism*, Sanfrancisco: Sierra Club Books
Wehner, B. (1997), *Der neue Sozialstaat*, Opladen: Westdt-Verlag.

chapter 14.

김미경(2008a), 「경쟁적 노동사회의 여가의 의미」, 최석호 외, 『여가와 사회』 pp. 21-46, 일신사.
_____(2008b), 「생태, 왜 시대의 화두인가」, 『불교사회복지연구』 5: 9-37.
_____(2009), 「율려문화와 한국적 '좋은 노동'의 가능성」, 《동양사회사상학회 2009 기획학술대회 발표논문집》 pp. 49-53.
김명하(2002), 「한국 상고대 정치사상에서의 천인관계」, 『동양정치사상사』 1(1): 27-52.
김옥진(2007), 「여가와 노동의 선순환」, 『동양사회사상』 16: 237-262.
김은수(2002), 『부도지』, 한문화.
김지하(2003), 『생명학 1, 생명사상이란 무엇인가』, 화남.
리프킨(1996), 『노동의 종말』, 이영호 옮김, 민음사.
박 석(1995), 「수행과 깨달음에 있어서의 패러다임의 전환」, 《한국정신과학회 학술대회 논문집》 pp. 11-21.
박수호(2009), 「노동과 여가의 통합적 이해: 불교적 관점과 '좋은 노동'」, 『동양사회사상』 19: 21-50.
선도문화연구원(2005), 『한국선도의 역사와 문화』, 국제평화대학원대학교 출판사.
소병철(2002), 「노동종말시대의 노동」, 『철학』 73: 213-234.
오순환(2000), 「한국전통종교의 여가문화적 특성과 변용에 관한 고찰」, 『관광학연구』 24(2): 117-134.
이승헌(1999), 『사람안에 율려가 있네』, 한문화.
이종하(2006), 「문화사회에서 노동과 여가: 아도르노와 마르쿠제의 '노동과 여가' 논의의 현재성과 한계」,『철학과 현상학 연구』29: 147-172.
장지국(2008),「제주도 '돌하르방'에 나타난 한국의 선도문화」,『선도문화』5: 137-174.
정경희(2009),「한국 선도의 일·삼·구론(삼원오행론)에 나타난 존재의 형성·회귀론: 한국 선도의 수행이론」,『한국동서철학회 논문집』53: 277-307.
정화열(2005),『몸의 정치와 예술, 그리고 생태학』, 아카넷.
조광익(2008),「현대 자본주의 사회에서의 여가의 의미」, 최석호 외,『여가와 사회』pp. 73-127, 일신사.
조동일(1997),『인문학문의 사명』, 서울대학교 출판부.
조 휴(1999),「누구를 위한 율려노동인가」,『인물과 사상』18: 59-69, 인물과 사상사.
한문화 편집부(1992),『천지인』, 한문화.
황필호(2001),「장자와 로티의 잘못된 만남」, 한국도가철학회 엮음,『노자에서 데리다까지』pp. 408-432, 예문서원.
홍승표(2002),『깨달음의 사회학』, 예문서원.
______(2005),「통일체적 세계관과 새로운 여가관의 모색」,『동양사회사상』12.

저자 소개

김미경

■ 약력

서강대학교 사회학과 사회학사
서강대학교 사회학과 대학원 사회학 석사
독일 보쿰대학교 사회과학학부 사회정책학 박사

■ 주요경력

1999 - 2003 서강대 공공정책 대학원 사회정책전공 대우교수
2001 - 2003 한국여성개발원(현 한국여성정책연구원) 연구위원
2003 - 현재 광주대학교 사회복지대학원 교수
2005 - 현재 한국지역사회학회 이사
2006 - 현재 전남대학교 여성연구소 운영위원
2007 - 현재 한국동양사회사상학회 운영이사
2008 - 현재 한독사회학회 이사
2008 - 현재 광주여성노동자회 정책위원
2009 - 현재 광주 여성새로일하기지원본부 운영위원
2009 - 현재 광주전남 여성단체연합 정책위원장
2009 - 현재 (재)광주연구소 이사
2010 - 현재 광주여성노동자회 이사
2011. 3. - 현재 광주여성재단 감사

■ 저 · 역서

2000, 여성주의적 유토피아 그 대안적 미래, 책세상.
2004, 현대사회의 이해, 형설출판사. (공저)
2004, 일과 가족사이, 조은일터. (공저)
2004, 21세기 동북아 문화공동체의 구상, 법문사. (공저)
2008, 여가와 사회, 일신사. (공저)
2009, 일-가족-젠더, 한울아카데미. (공저)
2011, 현대사회를 진단한다 — 사회진단의 사회학, 논형출판사. (공역)
2011, 독일통일과 동독권력 엘리트, 한울아카데미. (공역)
2011, 여성복지론, 신광출판사. (공저)